ŒUVRES COMPLÈTES

DE

W. SHAKESPEARE

TOME VI

LES COMÉDIES DE L'AMOUR

E. DOLLFUS

SAINT-DENIS. — TYPOGRAPHIE DE A. MOULIN.

FRANÇOIS-VICTOR HUGO

TRADUCTEUR

ŒUVRES COMPLÈTES

DE

W. SHAKESPEARE

TOME VI

LES COMÉDIES DE L'AMOUR

LA SAUVAGE APPRIVOISÉE. — TOUT EST BIEN QUI FINIT BIEN.
PEINES D'AMOUR PERDUES.

PARIS

LIBRAIRIE PAGNERRE

RUE DE SEINE, 18

1869

Reproduction et traduction réservées.

A PAUL MEURICE

F.-V. H.

INTRODUCTION

Cette grande question que le moyen âge agita pendant des siècles : l'homme est-il libre ? revient posée en d'autres termes, dans le drame de Shakespeare. La théologie, partagée entre Pélage et saint Augustin, entre Abailard et saint Thomas, se demandait si le libre arbitre humain était conciliable avec la grâce divine. Le poëte, transportant la discussion de la scolastique dans la physiologie, se demande si ce même libre arbitre est conciliable avec la passion. La passion, condition d'être imposée à la créature par les sens, est pour Shakespeare la prédestination visible. Elle est, à ses yeux, le mobile suprême de l'action : elle est la plus formidable émanation de l'inconnu ; elle est la puissance nécessaire et mystérieuse qui règle à son gré nos penchants et nos répulsions, nos goûts et nos dégoûts. Devant cette puissance, qui peut l'entraîner indifféremment vers le bien ou vers le mal, l'homme n'est pourtant pas absolument inerte ; à la force pour ainsi dire extérieure de la passion, il peut opposer la force intime de la volonté.

Mais, à en croire le poëte, ces deux forces sont bien loin d'être égales. Dans une lutte contre la passion, la volonté est sûre d'être vaincue, grâce à l'inévitable défection de son meilleur allié, le désir. La volonté a d'avance perdu la bataille. Elle ne peut pas dompter la passion. Que peut-elle donc ? Elle peut la provoquer.

Oui, il faut reconnaître la loi qui nous est faite, quelque dure qu'elle soit. *Dura lex, sed lex*. C'est uniquement un pouvoir de provocation que Shakespeare accorde à la volonté dans ses rapports avec la passion. Iago est bien libre d'exciter la jalousie chez Othello ; mais Othello n'est pas libre de la dominer. Lady Macbeth est bien libre de déchaîner l'ambition chez Macbeth ; mais Macbeth n'est pas libre de s'en défendre. Périlleuse situation faite à la volonté ! Incapable de dominer son adversaire, elle n'est capable que de la défier. La résistance ne peut être de sa part qu'une stérile velléité. Impuissante à repousser la passion, elle ne peut que se livrer à elle et périr. Elle n'a d'initiative que pour le suicide !

Telle est la morale de l'œuvre shakespearienne. Cette conclusion philosophique va ressortir avec un lumineux éclat de l'examen approfondi des cinq grandes pièces que le poëte a consacrées à la plus haute des émotions humaines, à l'amour : *La Sauvage apprivoisée, Tout est bien qui finit bien, Peines d'amour perdues ; Antoine et Cléopâtre, Roméo et Juliette*, — trois comédies, deux drames.

Dans la *Sauvage apprivoisée*, comme dans *Tout est bien qui finit bien*, la volonté humaine, représentée ici par l'obstination de Petruchio et là par la patience d'Hélène, réussit à évoquer l'amour dans les deux cœurs rebelles de Catharina et de Bertrand.

Peines d'amour perdues, Antoine et Cléopâtre symbolisent la lutte désespérée de la volonté contre l'amour. Le roi de Navarre et Antoine s'évertuent vainement à combattre la passion qui les entraîne, l'un, vers la princesse de France, l'autre, vers Cléopâtre. Tous deux succombent ; et cette double défaite se termine, ici, comiquement, par les fiançailles du roi ; là, tragiquement, par la ruine du triumvir.

Roméo et Juliette nous montre l'amour ayant la force irrésistible de l'élément. En vain les deux prédestinés essaieraient de se débattre, avec toute l'énergie de leur volonté, contre la passion éperdue qui les emporte l'un vers l'autre ; aussi ils ne le tentent même pas. La fille des Capulets a aperçu au bal le fils des Montagus. Cela suffit : elle l'aime avant de savoir qui il est.

— Nourrice, quel est celui qui n'a pas voulu danser ?
— Je ne le connais pas.
— Va demander son nom ; s'il est marié, j'aurai mon cercueil pour lit nuptial.
— Son nom est Roméo Montagu, fils unique de votre grand ennemi.
— Il m'est donc né un prodigieux amour, puisqu'il faut que j'aime mon ennemi exécré !

Dans *Roméo et Juliette*, la liberté humaine n'existe plus.

L'amour, c'est la fatalité.

I

Le poëte est indulgent à la créature. Il ne la condamne pas ici-bas, il ne la damne pas ailleurs. Il la regarde comme un être mixte, moitié chair et moitié esprit, moitié fange et moitié lumière, pétri de défauts et de qualités, susceptible de grandeur aussi bien que de bassesse, toujours faillible, perfectible toujours. Les personnages tout d'une pièce n'existent pas chez lui plus que dans la nature. Il ne croit pas plus aux fanfaronnades de la vertu qu'à celles du vice. Shakespeare n'admet ni les héros parfaits ni les coquins irrémédiables. Chez lui les plus grandes figures, Hamlet, Othello, Posthumus, Timon, ont toutes une plaie au flanc ; les plus viles, à l'exception peut-être du prodigieux Richard III, ont encore une lueur au front. En dépit des anathèmes de la chaire, il restitue au juif le titre d'homme que le prêtre lui a retiré. Il se plaît à agacer de pitié la conscience du bourreau. Il ennoblit la bête elle-même, et, dans sa tendresse universelle, il fait briller une larme humaine à l'œil du daim que poursuit le chasseur.

Le poëte tend toujours la main à la créature : il l'aide à se relever, à se corriger, à se repentir. Sans cesse il cherche, comme il le dit superbement, l'âme du bien dans les êtres mauvais, *a soul of goodness in things evil*. Il se regarde comme le médecin des méchants; il les traite tour à tour par les rires et par les pleurs; et parfois, quand le patient est déclaré incurable, quand il a résisté à tous les remèdes vulgaires, Shakespeare emploie le mal même pour guérir le mal, et il a recours, comme dans la *Sauvage apprivoisée*, à une homéopathie souveraine.

Voyez-vous cette fille qui passe? Eh bien! pas un galant ne veut l'épouser. — Elle est donc laide? — Non, elle est jolie. — Elle est donc vieille? — Elle n'a pas vingt ans. — Elle est donc idiote? — Elle a beaucoup d'esprit. — Elle est donc pauvre? — C'est le plus beau parti de tout Padoue. Son père l'offre avec une prime splendide au premier soupirant venu. — Elle a donc la peste? — Non, elle n'a pas la peste, elle l'est. En fait d'humeur, elle n'a que la mauvaise ; l'emportement est son tempérament. Elle est méchante, méchante comme personne, méchante pour le plaisir. Elle passe son temps à contredire, à médire ou à maudire. Elle traite ses gens comme des chiens et ses parents comme ses gens. Elle fait de son père un Géronte et de sa sœur une Cendrillon.

Pauvre et douce Bianca ! pourquoi donc pleure-t-elle ? Ah ! c'est que sa sœur aînée vient de la battre et de lui arracher les cheveux, en lui enlevant une coiffe de dentelles qui lui allait trop bien. Catharina n'est pas une fille ; c'est une virago, une énergumène, une barbare. Le bonhomme Baptista, qui est un peu ganache, a fait tout au monde pour l'humaniser : il l'a câlinée, cajolée, dorlotée, gâtée. Concessions inutiles ! La furie en est devenue plus furieuse. Il reste au père un dernier espoir : la musique. Baptista a entendu dire que la lyre d'Orphée civilisait les bêtes féroces et que la guitare d'Amphion attendrissait les pierres ; il donne donc à sa fille un professeur de musique, espérant que Catharina se laissera attendrir par le luth de maître Licio. Fallacieuse illusion ! A peine la leçon a-t-elle commencé que l'élève a pris l'instrument et en a joué... sur la tête du professeur. Plus de remède ! Catharina est incurable. Qui donc essaiera maintenant d'apprivoiser cette sauvage ? Quel est le dompteur intrépide qui osera approcher amoureusement de cette fauve femelle ? Quel est le Daniel devant qui va ramper cette lionne ?

Vous apercevez bien là-bas cet étrange cavalier qui trottine sur la route de Vérone à Padoue ? Observez-le, et je vous défie de ne pas crever de rire en regardant cette silhouette qui semble échappée du crayon de Callot. Cet hidalgo ébouriffant porte « un chapeau neuf et un vieux justaucorps, de vieilles culottes retournées trois fois, des bottes ayant servi longtemps d'étuis à chandelles, une vieille épée sans poignée et sans fourreau. » Enfin il est assis « sur une selle vermoulue dont les étriers sont dépareillés ! » Si le cavalier sort de chez le fripier, le cheval arrive de chez l'équarrisseur : il est « pelé comme un rat, atteint de la morve, affligé d'un lampas, infecté de farcin, accablé d'éparvins, couvert d'avives, perdu de vertigos, rongé de mites ; l'échine rompue, les épaules disloquées ; muni d'un mors que retient une seule bride, d'une têtière en peau de mouton raccommodée par de gros nœuds, d'une sangle rapiécée six fois et d'une croupière de velours réparée çà et là avec de la ficelle. » Le don Quichotte de ce Rossinante s'appelle Petruchio et savez-vous quel est le nom de sa Dulcinée ? — Catharina ! Oui, cet original, ce lunatique, ce fou a demandé la main de Catharina, obtenu le consentement du père, et c'est dans ce burlesque équipage qu'il prétend se marier. Vous comprenez l'ébahissement des bons bourgeois de Padoue en voyant apparaître un pareil fiancé. Les gens de la noce supplient Petruchio de revêtir un costume plus digne de la circonstance, mais Petruchio s'y oppose énergiquement : « Trêve de discours, hurle-t-il, c'est moi qu'elle épouse et non mes habits ! » Et il traîne au pied de l'autel sa fiancée stupéfaite. Toute la procession est entrée dans l'église. Le moment est solennel. Le prêtre demande onctueusement à Petruchio s'il consent à prendre Catharina pour femme : — Oui, sacredieu ! rugit Petruchio. A ce cri peu orthodoxe, le curé interloqué a laissé choir son livre ; il se baisse pour le ramasser ; sur ce, Petruchio s'avance et lui allonge un tel horion que le prêtre va s'étaler à côté du livre. Devant cette incroyable violence, qu'a fait la terrible Catharina ? Sans doute, elle qui naguère s'impatientait de rien, elle a dû s'emporter fortement. Les deux époux ont dû se disputer, se quereller, se prendre aux cheveux. L'ogre et l'ogresse ont dû se dévorer. Nullement ; Catharina n'a rien dit, elle n'a pas murmuré, elle n'a pas soufflé. Gremio prétend même l'avoir vue trembler quand Petruchio a jeté à la barbe du curé le fond de la coupe de communion. Est-il possible ? Se pourrait-il que la farouche fût déjà effarouchée ! Nous le saurons bien tout à l'heure.

La fantastique cérémonie terminée, toute la procession s'en retourne au logis de Baptista. Un magnifique festival a été préparé chez le beau-père ; et chacun des convives a aiguisé son plus famélique appétit pour ce repas de Gamache. Cependant il est dit que ces noces ne ressembleront en rien aux autres épousailles. Au moment de se mettre à table, Petruchio annonce une résolution inouïe, celle de ne pas s'y mettre : des affaires urgentes, prétend-il, l'obligent à partir avant ce soir ; il partira donc avec sa femme. A cette déclaration malsonnante, tous se récrient : il est inadmissible qu'un dîner de mariage se passe de mariés. Pareille chose ne s'est jamais vue depuis qu'il y a des Padouans à Padoue. On entoure Petruchio ; on le conjure de ne pas gâter une fête qui menace d'être charmante. Baptista le supplie de rester : — Impossible, mugit Petruchio. Le jeune Tranio intercède ; même mugissement. Le vieux Gremio intercède ; même mugissement. Alors Catharina, Catharina la méchante, Catharina l'intraitable, Catharina la maudite, s'avance vers son mari et, lui serrant la main, lui dit de la voix la plus câline : Je vous en supplie !

— J'en suis fort aise, exclame Petruchio.

— Fort aise de rester ?

— Je suis fort aise que vous me suppliiez de rester, mais résolu à ne pas rester.

— Voyons, restez, si vous m'aimez.

— Grumio, mes chevaux !

Ce *Je vous en supplie* de Catharina est déjà un joli succès, convenez-en. C'est la première parole sympathique qui soit encore sortie de cette bouche hargneuse. C'est le premier cri vraiment féminin qu'elle ait jeté. Mais Catharina est loin d'être apprivoisée encore; et la preuve, c'est que, devant le refus formel de Petruchio, elle reprend son humeur opiniâtre : « Eh bien, soit! faites comme vous voudrez. Moi, je ne partirai pas aujourd'hui, ni demain, ni avant que cela me plaise. La porte est ouverte, monsieur, voici votre chemin! Il paraît que vous ferez un mari joliment maussade, puisque vous y allez si lestement... Messieurs, en avant pour le dîner de noces! »

Cet instant critique va décider de l'avenir des époux. Si Petruchio cède, adieu pour jamais sa légitime suprématie! Toute sa vie il sera mené par sa femme, heureux s'il n'est pas battu par elle. Ce sera Catharina qui, dans le ménage, portera les culottes. Mais Petruchio est à la hauteur du péril ; il est homme et il prétend le rester. « Allons, Cateau, s'écrie-t-il de sa voix la plus mâle, n'ayez pas l'air grognon, ne trépignez pas, n'ouvrez pas de grand yeux, ne vous irritez pas ; je veux être maître de ce qui m'appartient. Catharina est mon bien, ma chose, ma maison, mon mobilier, mon champ, mon cheval, mon bœuf, mon âne, mon tout! La voilà! y touche qui l'ose. » Et, ce disant, il enlève sa femme d'une main, brandit son épée de l'autre et se fraie un passage au milieu des convives ébahis.

Voilà les époux en route. La lune de fiel commence. Petruchio a juché sa moitié sur le cheval que vous connaissez, et lui-même s'est mis en croupe derrière elle. Sous le poids peu idéal du couple romanesque, la haridelle fait d'abord assez bonne contenance ; mais, après un trot de quelques milles, elle n'en peut déjà plus ; ses pieds flageolent, et bientôt, cédant aux séductions d'un magnifique bourbier, elle s'étale, ayant Catharina sous elle. Pour réparer l'accident, Petruchio laisse sa femme se dépêtrer toute seule et administre une raclée à ce maraud de Grumio qui accourait au secours. Catharina se relève et, s'oubliant elle-même, cédant au premier mouvement de charité qu'elle ait jamais éprouvé, elle dégage le malheureux valet des mains de son maître furieux. Confusion inexprimable : Petruchio jure, Catharina prie, Grumio crie et les chevaux fuient.

Les époux se dirigent clopin-clopant vers la maison conjugale, dont enfin ils aperçoivent à travers les arbres le toit hospitalier. Il souffle une bise glacée, et Grumio a été dépêché en avant pour allumer un grand feu dans la salle à manger. Catharina a un froid de loup et une faim de chien. Aussi, quelle fête de bien souper, de bien se chauffer et puis de bien dormir! Ils arrivent. Madame est servie.

Le repas a l'aspect succulent, et tous les plats ont un fumet exquis. Tous deux prennent place; Petruchio avise un magnifique gigot : — Qu'est ceci, fait-il d'un air de dégoût? du mouton? — Oui, monsieur, hasarde un valet. — Qui l'a apporté? — Moi, monsieur. — Il est brûlé, comme toute votre viande! Chiens que vous êtes! où est ce gueux de cuisinier?... Comment, maroufles, vous m'osez apporter ça du fourneau! Étourneaux! butors! chenapans! Allons, remportez ça, assiettes, verres et tout! — Et, pour desservir plus vite, Petruchio renverse la table. Il va falloir se coucher sans souper! — Pauvre Cateau, prends patience. Demain, on fera mieux, et pour ce soir nous jeûnerons de compagnie. Viens, je vais te conduire à la chambre nuptiale. — Et, ce disant, il entraîne aux délices de la nuit de noces la mariée affamée.

Les valets sont restés seuls maîtres du champ de

bataille où ils dînent. — Pierre, as-tu jamais rien vu de pareil? s'écrie Nathaniel. — Nathaniel, répond Pierre qui n'est pas bête, il la massacre avec sa propre humeur, *He kills her in her own humour.*

Pierre a dit là le mot de la comédie.

Oui, c'est la massacrante humeur de Catharina qui retombe sur elle avec la virile violence de Petruchio. Ce sont toutes les bourrasques de sa vie passée qui rejaillissent contre elle en ouragan. Le lendemain de ses noces, elle se plaint à Grumio des duretés de son mari. Mais elle-même, comment traitait-elle son père et sa sœur? Elle se plaint de ce que Petruchio la contredit toujours. Eh! ne contrarierait-elle pas tout le monde? Petruchio jure, peste, grogne, gronde. Ah! c'est affreux! Mais hier c'était elle qui jurait, pestait, grognait, grondait. Qu'elle réfléchisse donc et elle reconnaîtra dans les blasphèmes de Petruchio l'écho de ses imprécations. Sans doute, c'est un crève-cœur pour la jeune mariée de se voir enlever cette belle robe à manches tailladées et cette ravissante toque de velours qui lui iraient si bien. Mais que Catharina se souvienne de la jolie coiffe de dentelles qu'il y a deux jours elle arrachait si brutalement à Bianca; et, si toute conscience n'est pas éteinte chez elle, elle se dira que, dans sa rigueur apparente, l'époux rend à l'épouse ce que la fille a fait au père, ce que la sœur a fait à la sœur. Si Petruchio l'a enfermée dans cet enfer, c'est qu'elle était un démon!

Mais que Catharina se rassure; cet enfer est loin d'être éternel, et elle n'a qu'un mot d'amour à dire pour le changer en paradis.

Ainsi Catharina est guérie de sa mauvaise humeur par la mauvaise humeur de son mari. Grâce à cette homéopathie conjugale dont la recette toute-puissante est aujourd'hui connue de tous les ménages, la jeune convalescente reprend peu à peu la saine nature de son sexe, la bonté, l'affabilité, la bienveillance, l'humilité, la tendresse, la résignation, la timidité, la grâce, ces forces de la faiblesse. Elle se débarrasse de cette virilité maladive dont elle a vu les excès et elle redevient femme. En redevenant femme, elle recouvre tous ces titres augustes que la famille réserve à ses élues. Elle ressaisit le triple diadème des affections; elle ressent l'amour filial qui fait les Cordélia, l'amour conjugal qui inspire les Desdémona, en attendant qu'elle éprouve cet amour maternel qui exalte les Constance. Elle reprend son rang parmi ses pareilles, et, pour leur prouver qu'elle en est digne, elle leur fait elle-même la leçon. Elle s'adresse à toutes les femmes et leur prêche le devoir avec l'enthousiasme exalté d'une convertie : « Fi! fi! détendez ce front menaçant et rembruni. Cet air sombre ternit votre beauté. Une femme irritée est comme une source remuée, bourbeuse, désagréable, trouble; et, tant qu'elle est ainsi, nul, si altéré qu'il puisse être, ne daignera y tremper sa lèvre. Votre mari est votre seigneur, votre vie, votre gardien, votre chef, votre souverain, celui qui s'occupe de vous et de votre entretien, qui livre son corps à de pénibles labeurs et sur terre et sur mer, veillant la nuit dans la tempête, le jour dans le froid, tandis que vous dormez chaudement au logis. Il n'implore de vous d'autre tribut que l'amour, la mine avenante et une sincère obéissance, trop petit à-compte sur une dette si grande! »

La *Sauvage apprivoisée* devait devenir facilement populaire. Cette comédie de mœurs traitait de la façon la plus amusante un sujet intéressant pour tous; elle abordait publiquement le problème des rapports intimes entre l'homme et la femme, et elle le résolvait, sous une forme excentrique, à la satisfaction du bon sens général. S'adressant au peuple, elle lui parlait son langage. Dans la *Sauvage apprivoisée*, une des premières pièces de Shakespeare, le style du maître est aussi prosaïque qu'il peut l'être. Excepté dans le prologue où le lyrisme naissant du jeune poëte prend déjà des ailes, le dialogue affecte partout l'expression directe, le mot usuel, la locution familière. Peu de métaphores, point d'images. Le naturel de la phrase en est la seule parure. En écoutant tous ces personnages attablés chez Baptista, vous croiriez entendre de bons bourgeois de la Cité causant au coin de leur feu, vers la fin du règne de la reine Bess. L'auteur a si bien su déguiser son style que beaucoup de connaisseurs s'y sont trompés. Le commentateur Farmer est même allé jusqu'à déclarer la pièce apocryphe. Heureusement que l'authenticité n'en est pas douteuse; sans quoi peut-être nous aurions vu la critique en masse rejeter de l'œuvre de Shakespeare cette charmante comédie de jeunesse. Mais la *Sauvage apprivoisée*, bien que non imprimée du vivant de l'auteur, a été insérée dans l'édition générale de 1623. Et voilà qui suffit. Le ciel préserve les poëtes des commentateurs! Il n'est pas d'amis plus dangereux. Voyez Voltaire : que de mal n'a-t-il pas dit de Corneille sous prétexte de l'annoter! — Ne pouvant sérieusement contester son œuvre à Shakespeare, qu'ont fait les critiques? Ils lui en ont contesté l'idée première. Ils l'ont accusé de plagiat. Ils l'ont accusé d'avoir frauduleusement copié une pièce qui depuis longtemps appartenait au répertoire anglais et qui avait été jouée avec grand succès par la troupe du comte de Pembroke, sous ce titre : *Une Sauvage apprivoisée*. Dans cette vieille comédie, que l'imprimerie nous a conservée dès 1594 [1], on retrouve

---

[1] Voir aux notes les extraits que j'en ai traduits.

en effet les principaux incidents de la pièce signée Shakespeare : Ferando fait sa cour à Catherine juste comme Petruchio à Catharina; il l'épouse avec la même *humour* grotesque; il la dompte par les mêmes représailles; il éconduit avec la même brutalité le mercier et le tailleur chargés de la parure de noces; enfin, au dénoûment, il gagne de même le pari fait avec ses amis par la soumission exemplaire de sa femme. Dans toutes ces scènes, Shakespeare s'est contenté de broder le canevas primitif. Le prologue même, ce prologue exquis où le bonhomme Sly fait un si beau rêve, n'est que l'amplification du prologue de la pièce originale. Shakespeare est donc un plagiaire, allez-vous vous écrier? Oui, si la pièce originale n'est pas de lui. Non, si elle est de lui.

Voilà la question. Comment la résoudre? La vieille comédie est *anonyme*.

Les jurés de la critique anglaise ont longuement débattu ce procès, et, à l'exception de Pope qui a protesté, tous ont condamné Shakespeare sans l'entendre. Les uns l'ont déclaré coupable d'avoir volé Greene, les autres, d'avoir volé Marlowe, d'autres, d'avoir volé Peele. Mais où sont les preuves du vol? elles n'existent pas. Au contraire, toutes les présomptions sont à la décharge de Shakespeare. Il est un fait qu'aucun critique ne conteste, c'est que le grand poëte anglais avait l'habitude de revoir et de remanier ses œuvres. Il a retouché *Hamlet*, et, fort heureusement pour sa mémoire, la première esquisse était signée de lui, sans quoi les experts anglais n'auraient pas manqué de l'attribuer à tout autre qu'à son véritable auteur. Il a refait *le Roi Lear*, et, par bonheur encore, l'éditeur, Nathaniel Butter, n'a pas oublié de mettre le nom du poëte en tête de l'in-quarto de 1608. Il a refait les *Joyeuses épouses de Windsor* et, par une chance fortunée, son éditeur de 1602 a eu autant de mémoire que son éditeur de 1608; sans quoi, nous aurions eu peut-être de savants mémoires pour nous prouver en trois points que les deux chefs-d'œuvre de Shakespeare étaient d'un autre. Enfin Shakespeare a refait *Roméo et Juliette*, mais cette fois, il a commis une imprudence grave : le libraire John Danter n'ayant pas pensé à nommer l'auteur en tête de l'édition originale de 1597, rien n'empêche la critique de déclarer que Shakespeare a copié *Roméo et Juliette* sur l'œuvre anonyme de quelque contemporain. Voilà la déclaration que la critique anglaise non-seulement pourra, mais devra faire, pour peu qu'elle soit conséquente. Le cas de la *Sauvage apprivoisée* est exactement celui de *Roméo et Juliette*. Soyez logiques! Si vous affirmez que la conception de la première pièce n'appartient pas à Shakespeare, ne lui attribuez pas la conception de la seconde. Quant à moi, qui ai foi dans la probité du génie, j'affirme *à priori* que le poëte n'a pas plus volé cette comédie, qu'il n'a dérobé ce drame. Je ne suis pas de ceux qui condamnent sans preuve, même un grand homme. Or, le génie peut tout, excepté calquer. Nul autre que Michel-Ange n'a pu esquisser les fresques de la chapelle Sixtine. Nul autre que Shakespeare n'a pu ébaucher ces compositions magistrales, *la Sauvage apprivoisée*, *Roméo et Juliette*. Rendons au poëte ce qui est au poëte. Cessons de lui contester son œuvre et bornons-nous modestement à l'admirer.

Donc Shakespeare a deux fois mis la main à la *Sauvage apprivoisée*, et, comme toujours, la retouche a été d'un maître. Le lecteur a déjà pu voir par lui-même quel progrès immense il y a du premier *Hamlet* au second *Hamlet*, du premier *Roi Jean* au second *Roi Jean*. Eh bien, que le lecteur compare l'esquisse de la *Sauvage apprivoisée* avec l'œuvre définitive, et il reconnaîtra la même supériorité éclatante. Partout le dialogue a gagné en naturel et en vivacité ; la phrase gauche a pris de la tournure ; le mot jusque-là émoussé s'est changé en trait. Ce n'est pas le style seul qui a pris un mouvement nouveau, c'est l'action elle-même.

Dans la *Sauvage apprivoisée* primitive, le père Alfonso, qui tient la place de Baptista, a trois filles, Catherine, Émilia et Phylema. Ainsi que je l'ai déjà dit, Kate a pour amant Ferando, qui se charge de l'apprivoiser comme Petruchio. Quant aux deux sœurs puînées, Émilia et Phylema, elles ont pour galant, l'une, Aurelius, et l'autre, Polydor, deux amoureux insipides, qui font leur cour de la façon la plus monotone en attendant qu'ils épousent. Pour rendre cette seconde intrigue décidément amusante, qu'a fait Shakespeare? Il n'a laissé à Catherine qu'une sœur qui a pris le nom de Bianca, et il nous a montré cette sœur unique poursuivie par trois prétendants, Lucentio, Hortensio et Gremio, qui tous les trois la courtisent sous des travestissements divers. C'est à cette modification que nous devons cet imbroglio étourdissant qui donne à la pièce l'air d'une comédie italienne. Nous y avons gagné cette scène inoubliable que Beaumarchais a imitée dans le *Barbier*, la scène ou Lucentio traduit si drôlement ce distique :

Hac ibat Simoïs, hic est sigeia tellus ;
Hic steterat Priami regia celsa senis.

« *Hac ibat,* comme je vous l'ai dit, *Simoïs,* je suis Lucentio, *hic est,* fils de Vincencio de Pise, *Sigeia tellus,* ainsi déguisé pour gagner votre amour ; *hic steterat,* et ce Lucentio qui est venu vous faire la cour, *Priami,* est mon valet Tranio, *regia,* qui a pris ma place, *celsa senis,* afin de mieux tromper le vieux Pantalon. »

Traduction libre à laquelle Hortensio, digne rival de Lucentio, réplique par cette explication non moins libre de la gamme :

« *Gamme. Ut.* Je suis l'ensemble de tous les accords,
A. *Ré.* Unis pour déclarer la passion d'Hortensio.
B. *Mi.* Bianca, acceptez-le pour époux,
C. *Fa.* Lui qui vous aime en toute affection.
D. *Sol, Ré.* Pour une clef j'ai deux notes,
E. *La, Mi.* Ayez pitié ou je meurs ! »

Mais le changement le plus intéressant peut-être que le poëte ait apporté à la composition primitive, c'est la conclusion inattendue par laquelle il a terminé l'aventure du dormeur éveillé.

Tout le monde a lu dans les *Mille et une Nuits* l'aventure de ce marchand de Bagdad, Abou Hassan, qui, après avoir été endormi avec un narcotique et transféré dans le sérail impérial par ordre du calife Haroun, se réveille un beau matin commandeur des croyants, ayant pour favorites des sultanes, pour ministre le grand vizir Giafar et l'Asie entière pour esclave, puis rendormi de nouveau et rapporté chez lui, se trouve marchand comme devant, après avoir régné comme dans un rêve.

Cette belle légende, que Galland nous a traduite, n'était pas parvenue directement à nos pères du moyen âge. Rapportée inexactement, dès le treizième siècle, par Marco Polo, qui attribue l'idée du calife Haroun au Vieux de la Montagne, elle avait fini, chose étrange, par prendre en Europe la consistance d'un fait historique. En France, le chroniqueur Goulard, sur l'autorité de l'écrivain latin Heuterus, avait raconté l'aventure comme s'étant effectivement passée à Bruxelles, en vertu d'un caprice souverain du duc de Bourgogne, Philippe le

Bon[2]. Le récit de Goulard avait été à son tour traduit en anglais, et c'est par cette dernière version que le conte arabe, modifié par tant de migrations successives, a été révélé à Shakespeare. Dans la *Sauvage apprivoisée* primitive, le poëte met scrupuleusement en scène la narration qui lui a été transmise. Il transporte sur son théâtre les péripéties essentielles de la légende. Comme Abou Hassan, Christophe Sly endormi est transféré dans une demeure splendide où toutes les jouissances de ce monde lui sont offertes dès son réveil; transformé en grand seigneur, il a sa troupe de comédiens, comme Abou Hassan a son cortége d'odalisques; enfin, comme Abou Hassan, il cède à un nouveau sommeil durant lequel il est empoigné par des bras vigoureux et impitoyablement reporté dans son milieu de misère. Quand il rouvre les yeux, il se retrouve devant la porte du cabaret où il avait l'habitude de boire. L'aubergiste l'a réveillé d'un coup de pied, et Sly le considère d'un air ébahi :

— Qui est là? s'écrie-t-il. L'aubergiste!... Mon Dieu! l'ami, j'ai eu cette nuit le plus beau rêve dont tu aies jamais ouï parler dans toute ta vie.

— Ma foi! vous auriez mieux fait de rentrer chez vous, votre femme va vous gronder vertement pour être resté à rêver ici cette nuit.

— Bah! tu crois? réplique Christophe, encore sous l'impression du spectacle auquel il vient d'assister. Je sais maintenant comment on apprivoise une sauvage. J'en ai rêvé toute cette nuit. Je vais trouver ma femme; et je l'apprivoiserai à mon tour, si elle se met en colère.

Tel est le dénoûment, conforme à la tradition, que le poëte avait adopté d'abord. Mais plus tard, en revoyant son

---

[1] Voir ce récit aux Notes.

œuvre, Shakespeare fut choqué d'une scène qui terminait par une impression pénible la joyeuse comédie. Comme artiste et comme philosophe, il réprouva cette conclusion tout orientale qui assimilait l'homme à la chose. Eh quoi! vous avez fait un heureux de ce misérable; vous lui avez donné ce que le sort aveugle accorde à d'autres, on ne sait pourquoi; vous l'avez affublé de richesse, de luxe et de puissance; vous l'avez transporté, au milieu des symphonies, dans l'athmosphère embeaumée d'un paradis terrestre! Et, après lui avoir créé le goût de toutes ces splendeurs, après l'avoir habitué à toutes ces délices, après l'avoir élu à cet Éden, vous le repoussez du pied dans le ruisseau, vous le recrachez dans son enfer! Et vous voulez que, devant cette mystification cruelle, tous éclatent de rire! Eh bien, non! ce dénoûment que vous croyez drôle n'est que lugubre. Il a pu égayer le calife, mais il attriste le penseur. Aussi, que fait Shakespeare? Lui, qui d'abord avait accepté cette conclusion, il se ravise et la supprime de l'œuvre définitive.

Vous chercheriez vainement dans la comédie imprimée en 1623, la scène par laquelle finit la comédie publiée en 1594, — cette triste scène où le bonhomme Sly éprouve un si cruel désenchantement en se réveillant à la porte de la taverne. Comment ne pas voir dans cette suppression préméditée la généreuse intention du poëte? Ainsi modifiée, la légende du *Dormeur éveillé* devient une magnifique parabole. Cet ivrogne rencontré au coin d'un cabaret, ce gueux qui se querelle avec l'hôtesse qu'il ne peut pas payer, ce manant dont un grand seigneur s'amuse, cette espèce dont les valets se moquent, ce plastron à insultes, ce vagabond, ce chenapan, ce Christophe, — c'est l'homme du peuple au moyen âge, avili par la misère, abruti par la servitude, mais resté bon sous sa livrée d'ignorance. Eh bien, sublime inspiration! le poëte tend la main à cet homme conspué de tous et que le ruisseau lui-même éclabousse ; il l'arrache à son tas d'ordures et il le transporte pour toujours dans le monde enchanté qu'a évoqué son génie. Il s'adresse à ce misérable et il lui dit : « Toi aussi, tu auras ta part de poésie, de musique et de fête. Entre dans mon théâtre ; là tous les hommes sont égaux ; là, devant mes tréteaux, le dernier batelier de la Tamise fraternise avec la reine. Viens, reviens, et reviens encore : sans cesse j'accomplirai pour toi des miracles. Je te ferai oublier tes douleurs ; je te ferai passer tes souffrances. Tu cherchais au fond d'un broc l'oubli de ta détresse, je te le ferai trouver au fond de l'idéal. Tu voulais te soûler de petite bière, je t'enivrerai d'illusion et je verserai pour toi le meilleur crû de ma fantaisie. Crois-moi, quitte ta taverne pour mon théâtre. Là-bas, tu courtisais des servantes ; ici j'appellerai pour te plaire les plus belles créatures de mes rêves : Desdémona, Juliette, Imogène, Béatrice, Hélène, Cléopâtre ! Là-bas, tu avais pour hôtesse Marianne Hacket ; ici, tu auras Shakespeare pour échanson ! »

II

Au commencement du dix-septième siècle, un auteur dramatique, contemporain de Shakespeare, le poëte Fletcher, a voulu faire la contre-partie de la *Sauvage apprivoisée*. Dans une pièce intitulée *the Thamer tamed*, il a montré le dompteur Petruchio dompté à son tour par une seconde femme qui emploie pour le soumettre les moyens mêmes dont il s'était servi pour réduire Catharina. L'intention avouée du poëte était de venger le sexe faible de la prétendue défaite que lui avait fait subir le sexe fort représenté par Petruchio. Toute spirituelle qu'elle était, la comédie de Fletcher n'obtint qu'un succès médiocre ; elle reposait, en effet, sur une pensée aussi erronée que paradoxale. Sous prétexte de rétablir dans le ménage la supériorité de la femme, elle faussait la loi naturelle ; elle prêtait à l'épouse les excès du caractère viril, la violence et la rudesse, et à l'époux les exagérations du caractère féminin, la mollesse et la pusillanimité ; elle faisait de l'un une femmelette et de l'autre une virago. Singulière contradiction ! Pour établir l'ascendant de la femme, Fletcher avait commencé par la changer en homme.

Pour établir réellement cet ascendant, il fallait justement faire le contraire ; il fallait nous montrer la femme fondant son empire non sur un tempérament d'emprunt, mais sur son caractère véritable. Il fallait nous la montrer d'autant plus puissante qu'elle est plus humble, d'autant plus influente qu'elle est plus résignée, d'autant plus irrésistible qu'elle est plus femme. Il fallait nous la représenter dans son conflit avec l'homme, armée de faiblesse, cuirassée de patience, invulnérable de bonté. Il fallait enfin nous la faire voir dominant l'homme, non par l'abus de la force, mais par l'excès de la douceur.

Cette idée, traitée magistralement, contenait une œuvre profonde. Shakespeare s'en empara et en fit le sujet d'une ravissante comédie.

Tout est bien qui finit bien est la contre-partie exacte de la *Sauvage apprivoisée*. Ici, les rôles sont intervertis. Ce n'est plus l'homme qui doit apprivoiser la femme ; c'est la femme qui doit dompter l'homme. L'opiniâtreté de Bertrand est ici l'obstacle à vaincre, comme l'était là l'opiniâtreté de Catharina. Mais, il faut l'avouer, la tâche d'Hélène est plus difficile encore que celle de Pétruchio. Tout à l'heure, c'était une donzelle acariâtre qu'il s'agissait d'attendrir ; maintenant, c'est un fils de famille hautain qu'il faut convertir à l'amour.

Shakespeare a tout fait pour rendre malaisée la victoire de son héroïne. Il a incarné dans le comte de Roussillon l'aristocratie de l'épée. Bertrand est une figure toute féodale. Frivole, ingrat, astucieux, libertin, capricieux, vaniteux, il n'a guère qu'une bonne qualité : la bravoure. Élevé comme un prince qu'il est, nourri d'adulation, gorgé d'idolâtrie, Bertrand est moralement difforme, mais il est beau physiquement. Il a cette élégance de race, cette désinvolture patricienne, cette distinction de tournure, cette noblesse de traits qui sont les armoiries éclatantes de la grâce. Et voilà pourquoi il est si séduisant. Mais malheur à celles qui s'éprendront de ce cavalier ! C'est le don Juan de la guerre. Ce qu'il aime, lui, c'est la fanfare du boute-selle, c'est le roulement du tambour, c'est le frémissement des panaches au souffle de la mêlée, c'est le hennissement du cheval de bataille, c'est le cliquetis des estocs, c'est le choc des lances étincelantes au soleil ! Est-ce à dire que la femme lui est indifférente ? Non pas. Il la recherchera, comme il le dit lui-même, a la façon capricieuse de la jeunesse, *in the wanton way of youth*. Il aura pour elle des fantaisies. Il courra après les aventures d'alcôve et s'amusera à suivre les filles à la brune. Gourmet de sensualisme, il sera avide de primeurs friandes ; il revendiquera partout le droit du seigneur ; la chasteté ne fera qu'irriter son libertinage ; et pour tenter une vertu, il offrira tout, fût-ce l'anneau monumental de ses pères.

Hélas ! voilà l'homme dont Hélène est amoureuse !

Pauvre enfant ! Pourquoi s'est-elle mis en tête cette passion insensée ? Pour prétendre au comte de Roussillon, a-t-elle au moins la situation sociale que Boccace a accordée, dans sa légende [1], à Giletta de Narbonne ? Est-elle

---

[1] Voir cette légende à l'Appendice.

comme celle-ci « une riche damoiselle, ayant refusé déjà plusieurs partis à qui ses parents l'avaient voulu marier ? » Non. Hélène est une malheureuse qui possède pour tout bien quelques papiers jaunis que son père Gérard, un médecin de Narbonne, lui a légués en mourant. Orpheline dès son enfance, elle a été recueillie au château et élevée par les soins d'une grande dame, la comtesse douairière de Roussillon, dont elle est aujourd'hui la camériste. Fille d'un roturier, Hélène est roturière ; elle a la tache indélébile du berceau ; elle appartient à la classe infime des gens qui ne sont pas nés ; elle est de celles à qui l'on ne dira jamais que mademoiselle ; n'ayant pas de fortune, elle devrait s'estimer bien heureuse si quelque tabellion ou quelque procureur consentait à l'épouser pour ses beaux yeux. — Voulez-vous savoir combien la position d'Hélène est subalterne ? Écoutez-la causer avec le capitaine Paroles, qui part pour la cour de France à la suite de Bertrand. Avec quelle humilité elle essuie le tutoiement et dévore les impertinences de ce faquin : « Adieu, petite Hélène, si je puis me souvenir de toi, je penserai à toi là-bas. Je reviendrai parfait homme de cour, et alors mes leçons naturaliseront chez toi toute ma science, pour peu que tu sois capable de comprendre les conseils d'un courtisan. » Le respect de Paroles pour les gens est toujours en raison directe de leur puissance sociale. Vous pouvez mesurer l'importance d'Hélène à l'insolence de ce pied-plat.

Eh bien, c'est cette petite Hélène, tutoyée par Paroles, qui s'est enamourée du comte de Roussillon. Cette fille du peuple s'est éprise de ce fils des barons. Cette femme de chambre d'une comtesse aime ce pupille du roi de France. Cette vilaine est éperdue de ce gentilhomme. Cette vassale s'est affolée de ce suzerain. Entre elle et lui quelle vertigineuse distance ! « Autant vaudrait pour moi, se dit-elle, aimer quelque astre splendide et songer à l'épouser. Il est tellement au-dessus de moi !... C'est tout au plus à la lumière oblique de ses brillants rayons, ce n'est pas à sa sphère que je puis aspirer ! L'ambition de mon amour en est le supplice : la biche qui voudrait s'unir à un lion est condamnée à mourir d'amour. »

Cependant riez si vous voulez. Malgré l'abîme qui la sépare de Bertrand, Hélène ne se décourage pas ; elle a la foi qu'inspirent les grandes flammes ; elle est douée de cette crédulité rebelle que perpétue l'incessant désir. A force de penser à Bertrand, on dirait que parfois elle l'attire à elle dans l'invisible étreinte de l'extase. Alors elle croit toucher le but éblouissant : » Quelle est la puissance, se demande-t-elle, qui élève mon amour si haut et me fait apercevoir l'idéal dont ma vue ne peut se rassasier ? Souvent les êtres les plus éloignés par la nature, la fortune les rapproche pour les réunir dans le baiser d'une sympathie native. »

Tout à coup une nouvelle grave vient surprendre Hélène au milieu de ses rêveries : le roi de France se meurt ! La maladie de langueur dont il est atteint a été déclarée incurable par les docteurs assemblés, et Son Altesse abandonnée et condamnée s'est pieusement résignée à quitter le Louvre pour Saint-Denis. La rumeur publique répète avec attendrissement ce mot du royal moribond : « Puisque je ne puis plus rapporter ni miel ni cire à la ruche, il est grand temps que je sois emporté pour faire place à d'autres travailleurs. » Jamais les princes ne sont aussi populaires que quand ils sont sur le point d'abdiquer. Aussi la consternation est générale. Qui donc sauvera ce bon monarque légendaire qui unit la sagesse de Marc-Aurèle à l'indulgence de Louis XII ?

En apprenant la maladie désespérée du roi, Hélène se

frappe le front comme illuminée d'une idée soudaine : elle court à un vieux meuble dont elle tourne précipitamment la clef gothique, en tire les paperasses que lui a léguées son père, secoue la poussière qui les couvre, et y trouve, minutieusement écrite de la main de Gérard de Narbonne, la formule souveraine qui doit guérir le roi ! Pleine de foi dans la science de son père, Hélène n'attend pas un moment ; elle part pour la cour de France, emportant le grimoire enchanté qui contient, avec la santé du prince, la fortune du médecin. La paysanne de Domremy pénétrant chez le roi Charles dans le château de Chinon n'était pas plus palpitante que ne l'est Hélène entrant chez l'auguste agonisant. Présentée par Lafeu, un vieux seigneur qu'elle a connu au pays et que le poëte a amené tout exprès pour lui servir d'introducteur, la pucelle de Roussillon se jette aux pieds du roi pour le supplier de se laisser sauver. Le sage couronné commence par refuser ; Hélène insiste avec une éloquence entraînante : si dans les vingt-quatre heures le roi n'est pas rétabli, Hélène consent à être punie de mort ; s'il est guéri, elle ne demande pour honoraires qu'une faveur, le droit de choisir parmi les nobles du royaume l'époux qu'elle voudra. Enfin le prince se laisse fléchir ; il accepte le marché et engage sa parole royale.

L'ordonnance de Gérard de Narbonne fait miracle. Le vieux médecin protége sa fille du fond de la tombe. L'ombre du père plane sur l'orpheline et travaille pour elle, invisible. — A peine Son Altesse s'est-elle soumise à la magique formule qu'elle a éprouvé un soulagement extraordinaire. Le roi renaît comme à vue d'œil ; toute la cour est stupéfaite, et Paroles, écho servile de cet étonnement, répète que « c'est la plus grande merveille qui se soit produite dans les temps modernes. » Avant l'expiration du délai fixé, le patient est complètement remis. Hélène a tenu sa parole; au roi maintenant de tenir la sienne.

Le moment est solennel, et la scène est une des plus belles qui soient au théâtre. Par ordre du roi, l'élite de la seigneurerie française, les plus nobles gentilshommes, les plus riches, les plus beaux viennent en foule se ranger autour du trône et le comte de Roussillon est dans cette cohue. La fille du peuple, investie pour un moment de la redoutable toute-puissance, domine du haut de l'estrade royale les têtes les plus altières, et tour-à-tour les désigne du sceptre. Ils sont là tous, entassés aux pieds de l'humble enfant, les plus étincelants diadèmes, couronnes de princes, couronnes de ducs, couronnes de marquis. Ils sont là tous, à la portée de ces petites mains plébéiennes, les blasons aux plus splendides émaux. Hélène n'a qu'à choisir parmi ces hochets radieux. Veut-elle les armoiries de Vermandois, de Flandre ou de Champagne? Préfère-t-elle l'écusson de Bretagne ou d'Aquitaine? Elle n'a qu'un mot à dire.

Mais non ! Rangez-vous, altesses sérénissimes! Eloignez-vous, ducs et pairs! Arrière, marquis ! La fille du médecin Gérard ne veut pas de vous! Elle aurait pu s'appeler madame la duchesse de Bourgogne ; mais elle préfère déroger : elle aime mieux être comtesse de Roussillon. « Je n'ose pas dire que je vous prends, dit-elle au jeune comte, mais je me livre, pour vous servir toute ma vie, à votre souverain pouvoir... Voilà l'homme! » Et en prononçant ce tendre *Ecce homo*, Hélène a montré Bertrand.

Bertrand ne répond pas.

— Allons, jeune homme, dit le roi, prends-la : elle est ta femme!

Mais le roi de France a beau confirmer le choix d'Hélène de sa parole souveraine, Bertrand reste immobile. Le sang altier des barons pyrénéens se révolte et lui monte à la face.

— La fille d'un pauvre médecin, ma femme ! s'écrie-t-il, que plutôt un éternel opprobre me dégrade !

Le roi insiste paternellement. Ce prince idéal fait valoir auprès de son pupille les arguments de la philosophie la plus élevée, et lui explique le néant des distinctions sociales : — « Si elle est tout à fait vertueuse et si tu la dédaignes par cette seule raison qu'elle est fille d'un médecin, tu dédaignes la vertu pour un nom. Va, n'agis point ainsi. C'est par la qualité qu'il faut juger les choses et non par l'épithète. Si la vierge sans tache te plaît dans cette créature, je puis créer le reste. Sa vertu et sa personne, voilà la dot qu'elle t'apporte; les titres et la richesse, voilà celle que je lui donne.

— Je ne puis l'aimer et je ne ferai pas d'effort pour y parvenir.

A ce refus hautain le roi réplique par un ordre. Tout à l'heure la raison parlait, maintenant c'est la force. Le philosophe jette sa toge et le tyran paraît.

— Mon honneur est en péril; pour le dégager, je dois mettre en œuvre ma puissance... Allons, prends sa main, dédaigneux enfant. Songe que nous n'avons qu'à jeter notre pouvoir dans la balance pour que tu pèses moins qu'elle. Obéis à notre volonté qui travaille pour ton bien ; sinon, ma vengeance et ma haine se déchaîneront contre toi sans pitié. Parle! ta réponse !

— Pardon, murmure Bertrand atterré, pardon, mon gracieux seigneur. Je soumets mon goût à vos yeux.

Ce dialogue entre le roi de France et le comte de Roussillon résume dramatiquement toute la querelle de la monarchie et de l'aristocratie durant le moyen âge. La monarchie féodale, de suzeraine se faisant souveraine et revendiquant l'omnipotence impériale, devient révolutionnaire et niveleuse : elle prétend rendre toutes les classes égales au-dessous d'elle, et, pour cela, tend la main au peuple qu'elle élève au niveau de la noblesse. L'aristocratie militaire, invoquant ses antiques priviléges et forte de son indépendance immémoriale, s'oppose d'abord à l'empiétement et repousse la mésalliance. A la royauté demandant : Qui t'a fait comte ? elle répond d'abord comme Aldebert à Hugues : Qui t'a fait roi ? Mais la monarchie est la plus forte : elle ne parlemente plus, elle menace. Elle ne raisonne plus, elle commande. Gare la Bastille ! Gare la Tour de Londres ! Et l'aristocratie terrifiée obéit. Elle donne son consentement, mais seulement du bout des lèvres, et se mésallie au peuple, la rage dans le cœur.

— O mon Paroles, dit Bertrand à son confident, ils m'ont marié ! Jamais je n'admettrai cette femme dans mon lit. Je la renverrai chez moi. J'informerai ma mère de mon aversion pour elle et de la cause de ma fuite. J'écrirai au roi ce que je n'ai pas osé lui dire. Je pars pour la guerre de Toscane. La guerre, c'est le calme à côté du sombre intérieur que nous fait une femme détestée.

Voilà donc le prix qu'Hélène a obtenu de son immense amour. Bertrand la déteste ; Bertrand n'a que de l'aversion pour elle ; Bertrand la repousse de son lit. Hélène est veuve avant même d'avoir été épouse. Le comte lui a signifié ironiquement son divorce éternel ; il permet à Hélène de l'appeler son mari à deux conditions : la première, c'est qu'elle ait obtenu de lui l'anneau héréditaire dont il ne se défera jamais ; la seconde, c'est qu'elle lui montre un enfant né de ses entrailles et dont il sera le père ! Ainsi Bertrand ajoute le sarcasme à l'offense. Pour faire sa paix avec Hélène, il propose comme préliminaires, quoi ? l'impossible.

Dans la légende de Boccace dont s'est inspiré Shakespeare, Gilette, abandonnée par Bertrand, devient une femme politique ; comtesse de Roussillon, elle gouverne, comme régente, les États de son mari et s'en acquitte à la satisfaction du public : « Tout étant gâté et en désordre, elle remit comme sage dame et par grande sollicitude tout en ordre. Dont ses sujets se contentèrent grandement et eurent aussi amour pour elle, blâmant fort le comte de ce qu'il ne s'en contentait pas. » Mais Hélène est trop délicatement fière pour se parer ainsi d'un titre que son mari lui conteste ; elle ne se reconnaîtra comme comtesse de Roussillon que quand Bertrand l'aura saluée telle. D'ailleurs elle est trop follement éprise du comte pour rester calme tandis qu'il joue sa vie sur le champ de bataille, et elle se reproche comme autant de crimes les dangers qu'il court : « Pauvre seigneur, c'est moi qui te chasse de ton pays et qui t'expose à l'événement d'une guerre sans merci ! L'homme qui tire sur toi, c'est moi qui l'aposte ! L'homme qui lève le fer contre ton sein aventureux, je suis la misérable qui l'excite, et, si je ne te tue pas, je suis la cause de ta mort ! Ah ! que plutôt toutes les misères dont dispose la nature me soient infligées à la fois ! Je veux partir. Ma présence ici est ce qui t'éloigne : est-ce que je puis rester ? Viens, nuit ! Jour, disparais ! Je veux, triste voleuse, me dérober dans les ténèbres. »

La Gilette de Boccace quitte le Roussillon après avoir solennellement convoqué le notables de la comté et leur avoir notifié sa résolution. Elle part au grand jour comme une souveraine qui abdique. Hélène se sauve la nuit « comme une voleuse. »

Combien ce départ furtif est plus dramatique et plus touchant ! C'est qu'en effet, au fond de son âme, Hélène a un remords que n'éprouve pas Gilette. Elle sent, — et cela lui fait honneur, — que son amour l'a rendue coupable envers Bertrand d'un abus de pouvoir ; elle sent qu'elle s'est imposée à lui de par une autorité tyrannique et qu'en entrant ainsi de force dans cette grande maison seigneuriale, elle a commis une véritable effraction. La voleuse, elle a dérobé à Bertrand le plus précieux des priviléges humains, la liberté du cœur !

La critique anglaise presque unanime s'est élevée contre l'immoralité du caractère de Bertrand. Mistress Jameson, qui a été la plus indulgente, a dit de lui qu'il était plus facile à aimer qu'à excuser. Johnson, qui est un des plus sévères, trouve Bertrand si coupable, qu'il reproche à Shakespeare de l'avoir épargné au dénoûment : « Je ne puis, s'écrie-t-il réconcilier mon cœur avec Bertrand, un homme noble sans générosité et jeune sans franchise, qui épouse Hélène comme un lâche et l'abandonne comme un libertin; puis, dès qu'il la croit morte grâce à sa cruauté, manigance un second mariage, est accusé par la femme qu'il a outragée, se défend par le mensonge et est condamné... au bonheur. » Qu'est-ce donc que Johnson aurait voulu? Aurait-il souhaité par hasard que le comte fût condamné à mort pour le crime d'avoir préféré Diana à Hélène ? — Le poëte, je l'avoue, me paraît plus juste dans sa clémence que le critique dans son indignation. Ne l'oublions pas en effet : quelque antipathique que soit la nature de Bertrand, quelque répréhensible que devienne sa conduite, le premier tort n'est pas à lui. Toutes ses fautes sont les conséquences d'une union qui lui a été imposée par la force. Bertrand a été marié malgré lui. Cet homme, qui était fait pour l'indépendance du célibat et pour la vie active des camps, on l'a emprisonné dans un intérieur, on l'a claquemuré dans un ménage, on l'a lié à une femme. Que cette femme soit belle, vertueuse, désirable, n'importe ! c'est l'avis de tous, mais ce n'est pas l'avis de Bertrand. Le comte est donc autorisé à dire qu'on a fait violence à ses sentiments. On a forcé le sanctuaire de ses goûts. On a attenté à son âme. Eh bien, qu'a-t-il fait ? Il a protesté contre cet attentat à sa souveraineté intime ; il a fui le sombre intérieur que nous fait une femme détestée ; il a réclamé son droit d'aimer ; et, comme on lui mesurait la liberté du cœur, il l'a outrée jusqu'à la licence. On lui avait ordonné une femme, il a pris une maîtresse.

Et c'est ici qu'il faut admirer la ravissante conclusion indiquée par la légende et consacrée par Shakespeare. Pour devenir réellement la femme de son mari, Hélène est réduite... à quoi ? à se faire sa concubine. Elle ne peut se réconcilier avec Bertrand qu'en sanctionnant par sa propre humiliation les droits qu'elle avait méconnus. Elle ne parvient à se faire aimer de lui que grâce à la faculté qu'il a d'en aimer une autre. Elle est obligée de reconnaître, jusque dans son exagération même, ce grand principe que Bertrand n'a cessé de revendiquer, l'indépendance de l'âme. Elle n'entre dans le lit conjugal qu'en s'y substituant à une rivale. Dénoûment profond ! Hélène n'est réellement épouse que lorsque Bertrand est adultère.

Ainsi c'est grâce à son humilité qu'Hélène prend possession de son hautain mari. Si, enorgueillie de son titre de comtesse, elle n'avait voulu rien rabattre de ses prétentions légitimes, si elle avait refusé fièrement d'entrer par la porte dérobée dans l'alcôve nuptiale, la séparation entre elle et Bertrand eût été un éternel divorce. Mais Hélène a fait abnégation d'elle-même ; elle a trouvé dans son adorable nature la résignation nécessaire au triomphe ; elle a daigné accorder comme une faveur ce qu'elle pouvait réclamer comme un droit. Elle a rejeté de son corsage le chaste bouquet d'oranger pour y poser la ceinture dorée de la vierge folle; elle a consenti à donner à sa nuit de noces les lascives allures d'une nuit de débauche. Concession suprême, elle a donné au devoir accompli les apparences de la faute. Grâce à cet avilissement héroïque, Hélène a atteint son but. Par un miracle de tendresse, elle a rempli les deux conditions impossibles que le comte a mises à son amour : elle a au doigt la bague héréditaire avec laquelle Bertrand a cru la payer du déshonneur, et elle sent tressaillir dans ses flancs l'enfant qu'elle a conçu de lui. O prodige! après être entrée furtivement, la tête basse, dans la chambrette d'une maison suspecte, elle en sort, l'auréole au front. La courtisane s'est transfigurée en épouse. La prostituée est devenue mère.

Comte de Roussillon, à genoux!

Le dénoûment de *Tout est bien qui finit bien* symbolise dans une réconciliation grandiose la société rêvée par Shakespeare. Il consacre par le triomphe d'Hélène ces grands principes proclamés par le poëte au commencement de son œuvre : — Quand des actes vertueux procèdent d'un rang infime, ce rang est ennobli par la conduite de leur auteur. Être enflé de titres pompeux et manquer de vertu, c'est avoir l'honneur hydropique. Le bien est le bien, sans nom; le mal de même. C'est par la qualité qu'il faut classer les choses, non par l'épithète. L'honneur du meilleur aloi, nous le dérivons de nos actes et non de nos aïeux. Quant au mot honneur, ce n'est qu'un esclave prostitué à toutes les tombes. — Maximes toujours vraies qu'à sa gloire immortelle Shakespeare a jetées comme l'audacieux défi de l'avenir à la face du moyen âge!

Telle est la portée morale que le poëte a voulu donner à son œuvre. Et pour que sa pensée ressortît mieux encore, il a rattaché à l'intrigue principale cet épisode amusant où la bonne renommée du capitaine Paroles s'évanouit dans les éclats de rire et dans les huées. Paroles est un chevalier d'industrie qui a escroqué la confiance et l'estime par la flatterie et la vantardise. Ce même Bertrand qui n'a pour Hélène que de la haine accorde à Paroles toute sa faveur. Le poëte a démasqué impitoyablement ce fanfaron d'honneur, ce Tartufe de vaillance, et l'a voué au mépris public par une mystification des plus bouffonnes. La dégradation de Paroles confirme sous une forme merveilleusement comique la leçon donnée presque tragiquement par l'élévation d'Hélène. Au faux mérite, la disgrâce; au vrai, la réhabilitation et le triomphe. Ainsi le veut la providence shakespearienne.

Jugé au point de vue philosophique où l'auteur lui-même s'est placé, *Tout est bien qui finit bien* n'est plus une légende, c'est un symbole. Le comte de Roussillon, personnage mixte, croisé de chevalerie et de duplicité, généreuse nature faussée par une éducation détestable, représente l'oligarchie des privilégiés; Hélène, type achevé de grâce, de constance et de vertu, incarne la caste laborieuse des déshérités. Reléguée par sa naissance dans les rangs infimes, elle engage une lutte désespérée avec les préjugés qui l'accablent; elle concentre en elle toutes les forces vives de l'intelligence et du cœur, appelle à son aide la science et la foi, traverse toutes les épreuves, subit toutes les humiliations et enfin, au moment où la victoire semble perdue, s'élève par l'héroïsme de l'amour jusqu'au lumineux sommet du plateau social. Hélène alors nous apparaît transformée : ce n'est plus une femme, c'est la figure radieuse du peuple étreignant dans l'embrassement de l'union définitive l'aristocratie pardonnée.

III

L'Angleterre, comme la France, a eu ses précieuses. La pédanterie que Molière reprocha, dans son immortelle comédie, à certaines femmes de son siècle, avait existé chez les contemporaines de Shakespeare, exagérée encore par le fort enseignement classique que la Renaissance donnait aux filles. Un écrivain qui a peint fidèlement la société anglaise vers la fin du règne d'Élisabeth, Harrison, disait : « N'omettons pas de déclarer, à la louange singulière des courtisans des deux sexes, que presque tous ont l'usage de plusieurs langages. Il me serait impossible de dire le nombre de gentilhommes et de dames qui, outre la connaissance du grec et du latin, sont versés dans l'italien, l'espagnol et le français [3]. » Cette éducation polyglotte avait produit de singuliers résultats : elle avait mis à la mode, parmi les gens du bel air, une espèce de jargon cosmopolite, composé du mélange de l'anglais avec une foule de citations empruntées à toutes les littératures de l'Europe. La langue usuelle, regardée comme du *dernier bourgeois*, avait été passée au crible et épurée de sa rudesse primitive. L'énergique prononciation populaire avait été amollie par une sorte de zézaiement aristocratique qui prétendait donner au vieil idiome saxon une harmonie toute méridionale. Dès l'an de grâce 1581, le poëte Lyly avait adopté le charabias naissant dans un roman alors célèbre, intitulé : *Euphus*. Toutes les subtilités de la scolastique courtoise, toutes les afféteries d'étiquette, toutes les emphases en vogue, toutes les extravagances du pathos fashionable avaient reçu là leur consécration définitive. Dé-

---

[1] Holinshed's Chronicles, VI, p. 230 (1807).

sormais l'Angleterre n'avait plus rien à envier aux autres nations ; le sublime Marini était dépassé ; l'incomparable Gongora était égalé. L'Angleterre du seizième siècle se pâmait devant l'*Euphuës*, comme la France du dix-septième devant le *Grand Cyrus*. Les petits-maîtres de l'époque savaient par cœur le roman nouveau, et, comme l'écrivait sir Henri Blount en 1592, il n'était pas une lady qui ne parlât l'*Euphuisme*. La préciosité britannique avait trouvé son La Calprenède dans Lyly ; elle eut son Saumaise dans John Florio. Barbouilleur classique, entiché d'Aristote et des trois unités, grand adversaire du drame national qu'il déclarait « n'être ni la vraie comédie, ni la vraie tragédie, mais une représentation d'histoires sans décorum [1], » le susdit Florio avait compilé un dictionnaire de précieuses qu'il publia en 1598, sous ce titre : *Un monde de mots*, avec une préface où Shakespeare, sans être nommé, était attaqué assez clairement. A en croire l'auteur lui-même, qui vantait son œuvre avec l'outrecuidance de Vadius, ce glossaire inouï n'était pas « de moindre valeur que le trésor de la langue grecque par Estienne. » Soutenu par les raffinés, ce pédant passa pour avoir définitivement fixé la langue nouvelle : il fut proclamé l'arbitre suprême des mots, le juge en dernier ressort des locutions, et toute expression non absoute par lui fut irrévocablement proscrite. Vaugelas lui-même n'obtint pas chez nous plus d'autorité, et nul doute que mainte précieuse anglaise eût chassé sans scrupule une servante coupable d'avoir prononcé *un mot sauvage et bas* condamné par Florio en termes décisifs.

Ainsi, à la fin du seizième siècle, la langue nationale et coutumière, la langue de Shakespeare, était menacée

---

[1] The plaies that they plaie in England are neither right comedies nor right tragedies, but representation of histories without decorum. (*Florio's Works.*)

par l'argot factice des ruelles exactement *comme devait l'être*, soixante-dix ans plus tard, la langue de Molière. Mais le danger était beaucoup plus sérieux au delà qu'en deçà de la Manche. En France, la compagnie précieuse n'était qu'une coterie littéraire où s'étaient innocemment retranchés les mécontentements politiques de la Fronde; repoussée de la Cour, elle faisait à l'absolutisme cette petite guerre de salon qui est souvent la dernière escarmouche de l'opposition mourante. L'inoffensif hôtel de Rambouillet était son quartier général; pour munitions, elle n'avait guère que les causeries de Mme de Longueville, les idylles de Mme Deshoulières et les pastorales de Ségrais; en fait d'armes, ses plus terribles étaient les épigrammes de l'abbé Cotin; et, en cas de défaite, c'est tout au plus si elle pouvait compter sur l'asile princier que lui offrait la grande Mademoiselle. Dans sa lutte contre la coterie précieuse, Molière était d'avance sûr de la victoire, car il avait pour allié naturel cet auxiliaire invincible, le roi Louis XIV.

Mais il n'en était pas de même en Angleterre. Là, la réunion précieuse n'était pas un club toléré, c'était une société fort puissante; elle n'était pas confinée, comme ici, à quelques hôtels aristocratiques, elle entrait, comme chez elle, dans les châteaux royaux; elle ne donnait pas de petites soirées dans de petits salons, elle tenait ses grands levers dans des palais qui s'appelaient Windsor, Greenwich, Westminster; pour ruelle, elle avait l'alcôve impériale; elle n'était pas cabale, elle était camarilla; elle ne boudait pas la Cour, elle la gouvernait; car elle avait à sa tête, non pas Mme la marquise de Rambouillet, mais Sa Majesté la reine Élisabeth.

Figurez-vous une femme savante ayant pour canif le glaive et le globe pour serre-papier, régnant, non sur des cuisines, mais sur un empire, dirigeant, non un ménage, mais une société, et donnant des ordres, non pas à Martine, mais à tout un peuple. A ce bas-bleu qui porte la jarretière d'Édouard III, prêtez tous les travers féminins que Molière a dénoncés, la minauderie de Cathos, la pruderie d'Arsinoë, la vanité de Bélise, l'afféterie d'Armande et la violence de Philaminte, et grandissez ces défauts de la redoutable hauteur des Tudors. Représentez-vous cette femme vraiment savante, cette reine qui apostrophe en français l'ambassadeur de France, en italien l'envoyé de Venise, en allemand le nonce de l'Empire, en castillan le parlementaire d'Espagne, et en latin le représentant de Pologne ; cette souveraine qui a traduit Platon, Isocrate, Euripide, Xénophon, Plutarque, Salluste, Horace, Boèce, Sénèque et Cicéron de la même main qui a signé la mise à mort de Marie Stuart; représentez-vous-la, non pas assise, comme chez Molière, entre des Vadius et des Trissotins, mais servie à genoux par les plus jeunes et les plus beaux Clitandres et trônant au milieu des adulations et des encens, dans une perpétuelle apothéose.

Telle était l'adversaire que devait affronter l'auteur de *Peines d'amours perdues*. Et n'allez pas croire que j'exagère en attribuant à la reine Élisabeth tous les ridicules que notre grand Poquelin a distribués entre ses précieuses. Il est curieux de voir avec quelle minutie l'histoire confirme la justesse de ce rapprochement. Toutes les mièvreries que le poëte des *Femmes savantes* a raillées, toutes les fausses théories qu'il a bafouées dans le salon de Chrysale, toutes les excentricités qu'il a châtiées sur le dos de ce pauvre Mascarille, étaient hautement patronées par la toute-puissante fille de Henri VIII. — La carte du Tendre, tracée avec tant de scrupule par Mlle de Scudéry, n'était qu'une copie dégénérée de la précieuse mappemonde autorisée par Élisabeth : sur cette mappemonde-modèle, la capitale du pays de Passion était désignée, non comme une ville ouverte, mais comme une impénétrable place forte ; de sa plume souveraine, Élisabeth avait biffé le château de Petits-Soins, détruit le hameau de Billets-Doux, et posé en deçà du fleuve d'Inclination les colonnes d'Hercule de l'univers galant. Malheur au téméraire qui eût osé franchir les limites fixées ! Il eût entendu gronder aussitôt la foudre de la colère impériale.

Traductrice de Platon, la prude Élisabeth imposait à ceux qui l'entouraient toutes les rigueurs de l'amour platonique. Elle commandait le plus austère célibat à ses filles d'honneur comme à ses gentilshommes. « La reine, écrivait en 1589 M. Fenton à sir J. Harrington, exhorte toutes ses femmes à rester à l'état vierge autant que possible [1]. » A celle qui lui eût parlé d'un mari, elle eût répondu avec les mêmes dégoûts qu'Armande à Henriette :

> Mon Dieu que votre esprit est d'un étage bas !
> Que vous jouez au monde un petit personnage,
> De vous claquemurer aux choses du ménage,
> Et de n'entrevoir point de plaisirs plus touchants
> Qu'une idole d'époux et des marmots d'enfants !...
> Loin d'être aux lois d'un homme en esclave asservie,
> Mariez-vous, ma sœur, à la philosophie !

L'aversion d'Élisabeth pour le sacrement du mariage tenait de la frénésie. Les Dangeaux de l'époque racontaient maints exemples de cette horreur épileptique. — Un jour Son Altesse avise la charmante cousine de sir Mathieu Arundel qu'elle savait éprise d'un des gentilshommes de sa chambre ; elle l'appelle et lui demande insidieusement si elle voudrait se marier. La belle en-

---

[1] The queene doth still exhort all her women to remain in the virgin state as much as may be. (*Nugæ antiquæ*, v, 1, p. 232.)

fant, toute nouvelle venue, répond naïvement qu'elle en serait heureuse, « si son père lui laissait choisir qui elle aime. » — « Ma foi, vous semblez honnête, réplique Son Altesse, je demanderai pour vous le consentement de votre père. » Quelque temps après, arrive sir Mathieu Arundel. Dès qu'elle aperçoit le vieux seigneur, la reine lui annonce que sa fille a grande envie de se marier, et l'invite à donner son autorisation, si le parti est convenable. Sir Mathieu, courtisan avant d'être père, répond qu'il veut tout ce que voudra la reine. « Eh bien ! laissez-moi faire, » s'écrie Sa Majesté ; et aussitôt elle annonce à la jeune lady qu'elle a obtenu la permission paternelle. — « Je vais donc être heureuse, exclame l'amoureuse ravie, s'il plaît à Votre Grâce. » — « Tu le seras, rétorque Sa Majesté avec un accent de fureur concentrée, mais non en faisant la folie de te marier. Ton père m'a cédé son consentement et je jure que je ne te l'accorderai pas. Va à tes affaires. Tu es bien effrontée de m'avoir avoué si promptement ta sottise. » — Un autre jour, Sa Majesté va faire visite au lord archevêque Parker qui venait de prendre femme. Lady Parker accourt offrir à la reine un cadeau splendide : « Je ne peux pas vous appeler Madame, répond superbement Sa Majesté, et j'ai honte de vous appeler Mistress ; je ne sais pas comment vous appeler, mais je vous remercie. » — Quelque temps après, la reine apprend que le lord évêque Still vient d'épouser la fille de sir John Horner. — Horner [1] ! s'écrie Son Altesse, qui aime beaucoup les jeux de mots, c'est un nom de mauvais augure pour une entrée en ménage.

Voilà les anecdotes dont s'entretenait toute la cour. Passe encore si ce beau zèle de la reine en faveur du cé-

---

[1] *Horner*, littéralement cornard.

libat avait été désintéressé. Mais non, en prêchant ainsi à tous le renoncement à la chair, Élisabeth obéissait à une préoccupation tout égoïste : elle ne voulait pas permettre à d'autres un bonheur qui lui avait été refusé. On se rappelait son désespoir lorsque avait été rompue l'union projetée entre elle et le duc d'Anjou. Toute sa vie, elle avait soupiré vainement après ces joies défendues : un mari, une famille, un intérieur ! Oh ! si elle avait eu un fils, quels transports ! quelle ivresse ! Elle n'eût pas été obligée de léguer sa couronne au fils de sa rivale Marie, et le sceptre des Tudors ne serait pas tombé entre les mains dégénérées des Stuarts. Cet enchantement de se survivre dans un enfant, la reine toute-puissante l'enviait à la dernière de ses sujettes. Chaque fois que quelqu'un de son entourage se mariait, c'était pour elle comme une plaie mal fermée qui se rouvrait. Elle s'emportait ; elle jurait, elle criait contre ces fiancés qui lui rappelaient qu'elle était vieille fille, contre ces époux qui lui reprochaient de ne pas être mère. Aussi c'était avec un fanatisme monacal qu'elle propageait la religion mystique des précieuses. Non contente d'en être la prêtresse, elle en voulait être l'idole. Ses courtisans la déclaraient divine ; elle les prit au mot et exigea d'eux un culte perpétuel dont la première condition était le plus rigoureux célibat. Pressés par elle, les plus jeunes et les plus beaux de la cour, le comte d'Essex, sir Walter Raleigh et le comte Henri de Southampton, durent s'engager à adorer exclusivement la Madone septuagénaire.

« La reine, écrivait alors le voyageur Hentzner, est très-majestueuse ; elle a le visage oblong, clair, mais ridé, les yeux petits, mais noirs et agréables, le nez un peu crochu, les lèvres étroites et les dents noires. Elle porte une perruque rousse et a le sein découvert comme toutes les Anglaises avant d'être mariées. » Pauvre Essex ! Pauvre Raleigh ! Pauvre Southampton ! Voilà donc la majestueuse beauté dont ils sont les Sigisbés ! Ils sont condamnés à rivaliser de grâces, d'attentions, de petits soins auprès de cette Philaminte surannée ! Il faut qu'ils l'accompagnent partout, qu'ils la suivent partout et qu'ils promènent l'ennui royal de palais en palais, de châteaux en châteaux, de prisons en prisons ! Il faut qu'ils aient pour étoiles les pattes d'oie de ces petits yeux ! Il faut qu'ils admirent sans repos ni trêve ce visage ridé, ce nez crochu, ces lèvres pincées, cette perruque rousse, cette gorge de vieille fille, — trop heureux si, en échange de leurs compliments et de leurs tendresses platoniques, ils obtiennent de la momie couronnée un sourire aux dents noires ! Misérables courtisans, captifs de la faveur royale, galériens de la fadaise, forçats de l'adulation !

O supplice ! ô torture de chaque minute ! effrayante expiation de la grandeur ! Pour plaire à cette vieille, ces jeunes gens ont dû renoncer à tous les priviléges charmants de la jeunesse. Le droit qu'a le premier venu de regarder une femme qui passe, ils ne l'ont plus. Ils n'ont plus même la liberté du caprice ; ils ont donné leur démission de l'amour. Pour se consacrer à la majesté souveraine, ils ont abjuré la vie de famille, les joies du ménage, les ineffables ravissements de la paternité. Comme les moines, ils ont fait serment du célibat, afin d'être les ascètes à jamais prosternés devant la Vierge-Reine.

En imposant un pareil vœu à ses courtisans, la fille de Henri VIII montrait jusqu'où peut aller l'outrecuidance du pouvoir humain. Par cette incroyable exigence, elle jetait un défi à la Providence elle-même. En disant à ces trois jeunes gens : je vous défends d'aimer, elle leur ordonnait de désobéir à la nature. Plus folle que Xerxès donnant le fouet à l'Océan, elle prétendait commander à cet élément indomptable, la passion. Mais la passion ne connaît pas les digues ; mystérieuse et fatale, elle suit son cours, en dépit de tous les obstacles, — engagement, promesse, foi jurée, — et elle envahit l'âme, jetant à la face des téméraires les épaves de leurs serments brisés.

Voyez donc. Quelle est cette femme en deuil devant qui tous s'inclinent? Comme ses vêtements noirs rehaussent sa pâle et fière beauté ! C'est la fille unique de sir Francis Walsingham, c'est la veuve de sir Philipp Sidney, ce chevalier-poëte qui refusa d'être roi de Pologne, aimant mieux servir la muse que gouverner un peuple. — Dès qu'il a vu entrer lady Sydney dans le salon royal, le magnifique comte d'Essex a ressenti un trouble étrange. Le regard de la jeune femme et celui du jeune homme se sont rencontrés ; et dès ce moment Essex ne voit plus la reine qui trône au-dessus de lui. Il ne distingue plus la majesté de la couronne, tout ébloui qu'il est par cette majesté de la grâce. Désormais le favori de la souveraine n'a plus qu'une ambition : se parjurer en épousant la sujette. O déchéance ! l'amant platonique de la reine Élisabeth a pour idéal d'être le prosaïque mari de lady Sydney. Il demande en secret le consentement de la belle veuve, il l'obtient, mais comment conclure cette union tant souhaitée? Le péril était grand. Essex se trouvait juste dans la situation où était le feu comte de Leicester au moment d'épouser lady Essex ; il se rappelait la longue disgrâce de son beau-père et songeait en frémissant à la rancune de la reine qui encore maintenant proscrivait de la cour lady Leicester. Le jeune amoureux s'exposerait-il à cette disgrâce ? affronterait-il cette rancune ? Les fiancés crurent conjurer le danger en s'épousant clandestinement. Mais bientôt une malveillante indiscrétion les trahit. La reine apprit la grande nouvelle : lady Sydney s'appelait lady Essex ! Élisabeth manda sur-le-champ le jeune comte dans sa chambre privée. Il y eut entre la maîtresse et le favori une explication terrible, où les grands mots de haute trahison, de lèse-majesté, de prison perpétuelle retentirent au milieu des imprécations. La cour, qui écoutait aux portes, s'attendait à tout moment à voir le jeune favori sortir du boudoir royal pour se rendre à la Tour. Essex n'esquiva le coup qu'à force de platitude ; il promit de renvoyer sa femme chez sa mère et s'excusa humblement de son incartade conjugale ; bref, il fut si suppliant, si agenouillé, si lâche, qu'il resta libre. Toutefois, malgré cette réconciliation apparente, la reine ne cessait pas de l'accabler de reproches. « Dieu soit loué, écrivait John Stanhope à lord Talbot, que Sa Majesté ne frappe pas autant qu'elle menace [1]! » L'existence qu'Élisabeth faisait à son favori était devenue telle que le malheureux implora comme une grâce la permission de s'engager au service du roi de Navarre, aimant mieux être exposé aux balles des Ligueurs qu'aux invectives de sa maîtresse.

Le funeste mariage de lord Essex avait réjoui ses nombreux ennemis ; et celui de tous qui en était le plus enchanté était le spirituel capitaine des gardes, sir Walter Raleigh. Rival du comte dans la faveur de la reine, Raleigh croyait son triomphe assuré par la disgrâce, selon lui inévitable, du nouveau marié. D'après son calcul, l'insurrection conjugale de Robert Devereux ne pouvait que faire ressortir l'édifiante humilité avec laquelle lui, Walter, persistait dans le célibat pour se morfondre au pied du trône en génuflexions platoniques. Ce courtisan émérite qui, pour mieux plaire à la reine, avait adopté le jargon précieux patroné par elle, ne reculait devant

---

[1] *God be thanked she doth not strike all she threats.* (Lodge's *Illustrations*, v. II, p. 422.)

aucune hyperbole pour exprimer sa fidélité au fossile royal. Sonnets, madrigaux, odes, élégies, il chantait sur tous les rhythmes son éternelle constance. —Cependant, un beau jour, que vient-on dire à Sa Majesté ? Que ce galant modèle, ce Céladon accompli, cet Amadis idéal aurait... séduit une des suivantes de la reine, la jolie mistress Élisabeth Trockmorton, et que, pour rendre l'honneur à cette fille d'honneur, il aurait été obligé de l'épouser! Non, ce n'est pas possible! c'est une calomnie! On veut perdre ce cher Raleigh! Tout en se refusant à croire à une monstruosité pareille, Sa Majesté établit une enquête. La suivante est interrogée, examinée et forcée enfin d'avouer tout : l'histoire était vraie d'un bout à l'autre. La reine, cette fois, agit en digne fille de Henri VIII : elle chasse lady Raleigh, enlève à Raleigh son épée de capitaine des gardes et le fait jeter à la Tour. On conçoit la douleur du pauvre courtisan tombé tout à coup des marches du trône sur le grabat d'un cachot. Le voilà enfermé entre quatre murailles, et Dieu sait quand il sortira de là! Le prisonnier étouffe sous ces épaisses parois et continuellement se met à la fenêtre pour aspirer l'air libre. De sa lucarne, percée au haut du donjon, il plonge sur la Tamise et regarde filer les navires, prisons ailées dont le plus humble captif lui fait envie. Oh! que ne donnerait-il pas pour être le matelot aux mains noires qui chante là-bas dans les huniers! — Tout à coup, une rayonnante vision passe sous les yeux de Raleigh : c'est la gondole royale qui, au bruit d'une sérénade, sous l'escorte de ses Néréides et de ses Tritons dorés, emporte la reine Élisabeth de Greenwich à Westminster. Walter peut nettement distinguer Son Altesse, qui, nonchalamment étendue au fond de la barque, passe devant lui avec l'air de la plus complète indifférence. A cette vue, le prisonnier est pris d'une frénésie extraordinaire. Il s'écrie « qu'il subit les tortures de Tantale et qu'il ira sur cette eau pour accompagner sa maîtresse [1], fallût-il pour cela s'élancer par le soupirail! » Heureusement le gouverneur de la prison, sir Georges Carew, se trouvait là. Il arrête Raleigh par le collet. Raleigh exaspéré riposte en arrachant la perruque neuve de son gardien et en le menaçant de sa dague. Une lutte corps à corps s'engage entre les deux chevaliers. Les geôliers, attirés par le bruit, prêtent main-forte au gouverneur; enfin, après une résistance acharnée, Raleigh, hors d'haleine, épuisé, vaincu, se laisse garrotter sur sa paillasse. Comme on devait s'y attendre, sir Georges Carew porta plainte contre son prisonnier, et, pour se justifier, Walter adressa à son allié politique, le secrétaire d'État Cécil, une lettre d'excuse dont le style n'eût pas été désavoué par don Adriano d'Armado. « Comment puis-je vivre en prison, écrivait-il, tandis qu'Elle est loin de moi, de moi qui étais accoutumé à la voir chevaucher comme Alexandre, chasser comme Diane, marcher comme Vénus, tandis que le doux zéphir soufflait sur ses joues immaculées ses cheveux blonds comme ceux d'une nymphe! de moi qui la voyais tantôt assise à l'ombre comme une déesse, tantôt jouant du luth comme Orphée!... Dès qu'elle m'a manqué, tout m'a fait défaut... Tant de tendresses, de soupirs, de chagrins, de désirs ne peuvent-ils contrebalancer une malheureuse faiblesse? »

La Philaminte couronnée ne fut pas insensible à cette apothéose de ses charmes septuagénaires; quelque deux mois plus tard, elle fit relâcher le prisonnier, mais jamais elle ne lui restitua la faveur royale. Exilé de la cour, où il cessa d'être capitaine des gardes, Raleigh se

---

[1] He suffered all the horrors of Tantalus, and would go on that water to see his mistress. (Camden's *Elisabeth*.)

jeta de désespoir dans les aventures de voyage, et ce fut alors qu'il entreprit cette triste expédition qui, au lieu d'aboutir à l'Eldorado, devait échouer en Guyane.

Ainsi, des trois principaux néophytes qui avaient juré d'observer avec la reine-vierge le plus strict célibat, deux avaient déjà rompu leurs vœux : Essex et Raleigh, — Essex pour épouser lady Sidney, Raleigh pour s'unir à mistress Trockmorton. Un seul tenait bon encore : c'était Henry Wriotesley, comte de Southampton, celui-là même à qui Shakespeare avait déjà dédié deux poëmes, monuments impérissables de son amitié, *Vénus et Adonis* et *Lucrèce*. Beau, jeune, érudit, riche et magnifique, Henri représentait une des grandes maisons de l'Angleterre. Si noblesse oblige, c'est d'abord à la paternité. Le respect des aïeux exige l'amour des enfants. Henri allait-il donc, pour un caprice de vieille fille, laisser finir en lui cette dynastie seigneuriale dont la fondation avait coûté tant de terreurs au chancelier de Henri VIII ? Allait-il donc éteindre en sa personne le souffle héréditaire ? Devait-il gaspiller stérilement cette fière beauté que lui avaient non pas donnée, mais prêtée ses ancêtres ? Devait-il, pour une fantaisie même royale, faire banqueroute à son père ? — Non, lui disait courageusement Shakespeare dans ses *Sonnets*.

« Est-ce par crainte de mouiller l'œil d'une veuve que tu te consumes dans le célibat ? Ah ! si tu viens à mourir sans enfants, le monde te pleurera, comme une épouse son époux. Le monde sera ta veuve et se désolera toujours de ce que tu n'aies pas laissé d'image de toi derrière toi [1]... Qui donc laisserait tomber en ruines une maison si belle quand, avec des soins de ménage, il pourrait la conserver avec honneur contre les rafales des

---

[1] Voir le sonnet CXXIX dans l'édition que j'ai publiée.

jours d'hiver et la rage funeste de cette bise éternelle, la mort ? Oh ! nul autre qu'un prodigue. Cher ami, vous avez eu un père, puisse votre fils en dire autant [1]. »

Mais Henry restait sourd aux conseils de son ami. Il observait religieusement cet égoïste célibat que lui rendait si facile encore l'indifférence de son cœur : « O honte ! reprenait Shakespeare, avoue que tu n'aimes personne, puisque tu es si imprévoyant pour toi-même. Tu es tellement possédé de haine meurtrière, que tu persistes à conspirer contre toi-même en cherchant à ruiner ce toit splendide qu'il devrait être ton plus cher désir de réparer [2]. »

Pour que le jeune comte fût convaincu de ce que lui disait le poëte, il ne fallait qu'une occasion. Les beaux vers sont moins puissants à faire aimer que les beaux yeux. En écoutant Shakespeare, Southampton doutait ; en regardant mistress Élisabeth Varnon, il fut persuadé.

Parente du comte d'Essex, spirituelle, lettrée, voire même un peu savante, belle de cette beauté blonde qui est la splendeur du type anglais, Élisabeth Varnon était digne de séduire le noble maître ès-arts de l'Université de Cambridge. Les deux jeunes gens étaient fiancés par la nature : ils se reconnurent et s'aimèrent. Mais pour qu'ils pussent s'épouser impunément, il fallait que la reine relevât Henri de ses vœux. Se passerait-il du consentement de Sa Majesté ? C'était, on l'a vu, chose bien périlleuse. Le comte se décida sagement à faire demander par ses amis la permission royale ; mais la fille de Henri VIII fut inexorable, elle se refusa obstinément aux instances les plus vives. Un des courtisans les mieux informés, Rowland White, racontait ainsi l'infructueux

---

[1] Sonnet CXXXIII.
[2] Sonnet CXXX.

résultat de cette intercession dans une lettre à sir Henry Sydney, datée du 23 septembre 1595 : « Milord Southampton voit en grande familiarité la belle mistress Varnon, tandis que ses amis, observant l'humeur de la reine envers milord d'Essex, font ce qu'ils peuvent pour la décider à favoriser ses amours : mais jusqu'ici c'est en vain [2]. »

Rien ne put vaincre la cruelle résistance de la reine, — ni l'éloquence d'Essex, ni les prières de Southampton, ni la douleur si touchante d'Élisabeth Varnon. Vainement les fiancés éplorés embrassaient les genoux de Sa Majesté pour obtenir d'elle l'autorisation de s'épouser. L'auguste précieuse les renvoyait sèchement en leur prêchant le renoncement à des joies toutes mondaines. Que venait-on lui parler de mariage? Ah! fi! s'écriait-elle comme l'Armande de Molière :

> Ne concevez-vous point ce que, dès qu'on l'entend,
> Un tel mot à l'esprit offre de dégoûtant,
> De quelle étrange image on est par lui blessée,
> Sur quelle sale vue il traîne la pensée?

Le pauvre Southampton était désolé. Que faire? Comment lui, vassal impuissant, pouvait-il entrer en lutte avec cette volonté inflexible comme le sceptre? Il restait une dernière ressource au malheureux comte : c'était de faire plaider sa cause par la poésie et d'appeler la Muse au secours de l'Amour.

Ce fut alors que Shakespeare, ami et confident de Southampton, imagina le plan de la comédie, jusqu'ici incomprise, qui nous occupe en ce moment. — Montrer tous les ridicules auxquels s'expose la petite toute-puis-

---

[2] « Mylord Southampton doth with much familiarity the faire Mrs Varnon while his friends observing the queen's humors towards my Lord of Essex, do what they can to bring her to favour him; but it is yet in vain. » (*Sydney Papers.*)

sance humaine en bravant l'omnipotence suprême, prouver le néant des petits codes du despotisme en face des règles immuables de la création, opposer victorieusement le droit primordial aux statuts de l'arbitraire, abolir, au milieu des éclats de rire, les prohibitions bizarres qui entravent la satisfaction des besoins et des instincts élémentaires, dénoncer comme grotesques toutes les habitudes que le préjugé social veut imposer à l'homme en dépit de la raison, proclamer enfin à la face de toutes les tyrannies, — tyrannie du pouvoir, tyrannie de la mode, tyrannie du faux goût, tyrannie de la vanité, tyrannie du succès, — la souveraineté imprescriptible de la nature, telle fut la pensée du poëte en composant *Peines d'amour perdues*.

On le voit, le projet de l'auteur était plus qu'audacieux. C'était une véritable satire que Shakespeare allait lancer contre la Cour, contre ses mœurs, contre ses affections les plus chères. Toutes les manies royales allaient être publiquement critiquées, raillées et bafouées. L'afféterie précieuse, si hautement recommandée sous le nom d'Euphuïsme, devait avoir son représentant dans cet incroyable don Adriano d'Armado, « l'homme des mots nouvellement frappés, le véritable chevalier de la mode. »

— Est-ce que cet homme-là sert Dieu? demande la princesse de France à Biron.

— Pourquoi cette question?

— C'est qu'il ne parle pas comme un homme de la façon de Dieu.

Par contre, la pédanterie polyglotte, si fort en vogue, devait trouver son héros dans l'assommant Holopherne : « Le daim était, comme vous savez, *in sanguis*, en sang, mûr comme une reinette pendue à l'oreille du *cœlo*, du ciel, du firmament, de l'empyrée, et le voilà qui tombe comme une pomme sauvage sur la face de la *terra*, du sol, du continent, de la terre. » Ainsi parle ce cuistre. Holopherne n'est pas plus intelligible dans son genre qu'Armado. Ce n'est plus un homme, c'est un glossaire de barbarismes, une grammaire de solécismes, un épitomé de latin de cuisine. Le commentateur Warburton a le premier reconnu dans ce pédant la silhouette bouffonne de John Florio, l'auteur du *Dictionnaire des précieuses britanniques*. Shakespeare s'est vengé de Florio comme Molière de l'abbé Cotin, en l'immortalisant. L'Holopherne de *Peines d'amour perdues* est aussi éternellement ridicule que le Trissotin des *Femmes savantes*.

Mais c'était à la fameuse doctrine du célibat que le poëte réservait ses épigrammes les plus rudes. Le célibat était, comme on l'a vu, le principal article de foi de la religion précieuse : on se rappelle avec quelle ténacité la reine-vierge en imposait à ses familiers la rigoureuse observation. Pour avoir violé cet article, Essex avait dû s'exiler momentanément, Raleigh avait été emprisonné tout de bon et, rien que pour avoir désiré s'y soustraire, Southampton avait subi de terribles mercuriales. En attaquant une doctrine si puissamment soutenue, Shakespeare allait-il s'exposer à toutes les colères du pouvoir offensé? Cette Élisabeth Tudor, si jalouse de son autorité, cette reine si scrupuleusement despotique qui, pour une parole indépendante, venait de faire arrêter en pleine chambre des Communes le député Wentworth, comment supporterait-elle, sur un point si délicat, la contradiction du poëte? Comment ce César en vertugadin, qui imposait si brutalement silence à la tribune, accueillerait-il la remontrance du théâtre? Ces questions, je ne sais si l'auteur de *Peines d'amour perdues* se les posa ; mais je suis sûr que, s'il vit le danger, il n'en fut pas intimidé. Shakespeare avait une trop haute idée de la fonction du poëte pour ne pas l'accomplir à tout risque. D'ailleurs il comptait à juste titre sur les ressources infinies de l'imagination. La pensée n'est-elle pas par excellence l'élément incompressible ? Quand la formule nue lui est interdite, est-ce qu'elle n'a pas à sa disposition les voiles à la fois transparents et impalpables de l'allégorie ? Quand elle est traquée sur le terrain du réel, est-ce qu'elle ne peut pas d'un coup de plume se réfugier au fond du ciel bleu inaccessible de la fantaisie ?

La scène est en Navarre. Le roi qui gouverne ce petit État par la grâce de Dieu et la volonté de Shakespeare est le digne émule de la reine Élisabeth. Comme elle, il a transformé sa cour en « une académie vouée, paisible et contemplative, à la vie de l'art. » Comme elle, pour fonder cette académie, il s'est associé les plus brillants seigneurs de sa cour : c'est Du Maine, « jouvenceau assez spirituel pour rendre la laideur agréable et assez beau pour plaire sans esprit ; » c'est Longueville, « homme de souverain mérite, fort instruit dans les arts et glorieux sous l'armure ; » c'est enfin Biron, Biron, « l'homme le plus gai qui soit dans les limites d'une gaieté décente ; si charmante, si inépuisable est sa causerie que l'attention des vieillards vagabonde au gré de ses récits et que le jeune auditoire en est enchanté. » Le roi de Navarre a imposé à ses trois familiers les mêmes vœux que la reine d'Angleterre à ses courtisans. De même que Southampton, Essex et Raleigh, — Du Maine, Longueville et Biron ont juré de « faire la guerre à leurs propres passions et à l'immense armée des désirs de ce monde ; « ils ont juré de « mourir à l'amour pour vivre dans la philosophie. » Le roi a fait lui-même serment de chasteté, et, pour éloigner les chances de parjure, il a prudemment promulgué un édit qui défend à aucune femme d'approcher à plus d'un mille de la cour sous peine de perdre la langue. Cet édit peu courtois, signé par Sa Majesté, a été contresigné par les trois seigneurs, et, afin que nul n'en ignore, proclamé à son de trompe par toute la Navarre.

Mais à peine le crieur public a-t-il annoncé à tous le bon plaisir royal qu'un membre correspondant de l'académie précieuse, l'Espagnol don Adriano d'Armado, signale au roi une monstrueuse contravention : le pastoureau Trogne (Costard) a été surpris, dans l'enceinte même du parc royal, en flagrant délit de... causerie avec la paysanne Jacquinette. Le procès-verbal dressé par Armado est un chef-d'œuvre de littérature euphuïste : « Grand député, vice-gérant du ciel et seul dominateur de la Navarre ! Dieu terrestre de mon âme ! Patron nourricier de mon corps ! Voici la chose. Assiégé par une mélancolie au champ de sable, j'ai voulu soumettre cette humeur noire à l'action salutaire de ton atmosphère vivifiante, et, foi de gentilhomme, je me suis livré à la promenade... C'est alors que j'ai vu ce pastoureau à l'âme basse, ce minuscule objet de ta gaieté, cet esprit illettré et de mince savoir, ce chétif vassal qui, autant que je m'en souviens, a nom Trogne, s'associer et s'unir, en dépit de tes pudiques canons, avec... avec... eh ! avec !... c'est pour moi la passion de le dire... avec une enfant de notre grand-mère Ève, une femelle, ou, pour employer un terme plus suave, une femme ! C'est lui que moi, stimulé par mon éternel respect du devoir, je t'envoie, pour qu'il reçoive sa rétribution de châtiment, sous la garde d'un sergent de ta suave Altesse, Antoine Balourd ! Quant à Jacquinette (ainsi s'appelle le faible vase que j'ai surpris avec le susdit pastoureau), je la ferai comparoir au plus léger signe de ta suave volonté ! ! ! A toi avec tous les hommages de l'ardent dévouement qui consume mon cœur ! ! ! Don Adriano d'Armado. »

Un crime dénoncé en termes si congrus ne peut rester impuni. Il faut un exemple. Le roi condamne Trogne à

« une semaine de jeûne au pain et à l'eau. » En vain le berger demande que sa peine soit commuée en « un mois de prière au mouton et à la soupe. » Son Altesse est inflexible ; et le misérable Trogne, remis à don Ariano par le garde-champêtre Balourd, va expier en prison ses familiarités avec Jacquinette.

Au moment même où cette sentence est mise à exécution, un messager apporte une épouvantable nouvelle. La fille du roi de France arrive en personne pour entamer, au nom de son père, une importante négociation diplomatique ; et, pour comble d'horreur, elle est escortée par un bataillon de dames d'atours, toutes plus jolies, toutes plus séduisantes les unes que les autres. Saint Antoine, à l'approche de la Tentation, était moins embarrassé que ne l'est alors ce pauvre roi de Navarre. Après avoir promis si solennellement de ne parler à aucune femme avant trois ans révolus, le prince va-t-il donc se parjurer en recevant la princesse ? D'un autre côté, s'il ne la reçoit pas, est-il en mesure de supporter les conséquences de cet outrageant refus ? Va-t-il risquer une guerre inégale avec le Français justement offensé ? Non. Un royaume vaut bien... un serment. Ainsi pense le roi de Navarre. Il recevra donc la princesse ; mais, pour montrer que violence lui est faite, il ne la recevra pas dans son palais : il la laissera coucher à la belle étoile. Comme dit Boyet : « il la fera camper dans la plaine ainsi qu'un ennemi venu pour assiéger sa cour. »

Son parti une fois pris, le roi se rend auprès de la princesse, escorté de ses trois chambellans, et donne, pour excuse de son apparente impolitesse, le vœu sacré qu'il a prononcé. La princesse répond fièrement qu'il ne tiendra qu'à lui d'abréger cette importune visite en cédant immédiatement aux réclamations de la France, et, ce disant, elle lui tend une lettre du roi son père. Tandis que leur maître est tout occupé à lire et à commenter la dépêche, les chambellans se sont rapprochés des filles d'honneur et ont entamé avec elles une conversation animée : Longueville parle tout bas à Maria ; Du Maine conte fleurettes à Catherine ; et quant au sémillant Biron, il engage avec la coquette Rosaline une guérilla d'esprit qui rappelle les tendres escarmouches de Bénédict et de Béatrice, dans *Beaucoup de bruit pour rien*. Le roi de Navarre pourrait terminer d'un mot ces dangereux pourparlers, en accédant bien vite à la demande de Sa Majesté Très-Chrétienne. Mais il soulève des objections ; il réclame un reçu de cent mille écus qu'il faut faire venir de Paris ; et pendant ce temps-là, l'imprudent ! il se charge de distraire la princesse. Sur quoi, ces messieurs se séparent de ces dames en prenant rendez-vous pour le lendemain.

Voilà donc nos personnages en pleine pastorale, et qui n'en connaît les périls ? La campagne double de tous ses charmes les séductions de la beauté ; elle provoque les tendres confidences par son ineffable discrétion ; elle offre aux doux épanchements tout le comfort mystérieux de la nature, rideaux de branchage, tapis de gazon, oreillers de mousse ; à chaque pas elle tente la galanterie par quelque pente irrésistible ; elle excite la familiarité en même temps qu'elle la voile. Le parc du roi de Navarre s'est bien vite transformé en jardin du Décaméron. Les couples s'égarent sous le charme et s'étendent à l'ombre du sycomore. On devise, on babille, on minaude le prétentieux charabias à la mode des cours d'amour. Au milieu des tentations de la villégiature, que vont devenir tant de beaux serments d'austérité ?

Hélas ! voulez-vous le savoir ? Voici justement Biron qui traverse la grande allée tout rêveur. Regardez ce papier qu'il froisse dans l'entraînement de son monologue.

C'est un canzone à la louange de Madame Rosaline. Biron a déjà composé en l'honneur de la belle brune un sonnet qu'il a fait porter par cet imbécile de Trogne : le pauvre garçon en est à son second madrigal ! Écoutez-le et jugez combien le mal est irréparable : « Non, je ne veux pas aimer; si j'aime, je veux être pendu ; décidément je ne veux pas... Oh! mais cet œil noir! Par la lumière d'en haut, n'était son œil, n'étaient ses deux yeux je ne l'aimerais pas... Par le ciel! je ne fais que me démentir et me donner le démenti par la gorge... Par le ciel! j'aime. C'est l'amour qui m'a appris à rimer et à être mélancolique, et voici un échantillon de ma rime et de ma mélancolie... »

Mais chut! quel est ce bruit? Eh! c'est Sa Majesté qui arrive en déclamant. Biron n'a que le temps de sauter dans un chêne pour se placer à l'affût de la poésie royale :

Va ! ne réponds pas à mon amour, et tu pourras toujours
Te mirer dans mes larmes en me faisant pleurer sans cesse.
O reine des reines ! Combien tu es sublime,
La pensée ne peut le concevoir ni la langue humaine le dire.

Ainsi soupire le roi de Navarre en songeant à la princesse de France. Mais chut! quel est ce nouveau bruit? Eh! c'est ce cher Longueville qui arrive en déclamant. Le roi, pris de curiosité comme Biron, n'a que le temps de se jeter derrière un arbre pour se mettre aux écoutes :

J'ai renoncé à une femme, mais je prouverai
Qu'étant déesse, mon renoncement ne s'adresse pas à toi...
Et quand ce serait une faute, quel fou n'est pas assez sage
Pour sacrifier un serment, afin de gagner un paradis?

En entendant ces strophes que Longueville décoche *à la suave Maria, impératrice de son amour,* le roi et Biron ont peine à contenir leur joie. — Douce camaraderie de honte ! chuchote l'un. — Un ivrogne aime toujours un ivrogne comme lui, murmure l'autre.

Mais chut ! quel est ce nouveau bruit ? Eh ! c'est cet excellent Du Maine qui arrive en déclamant, lui aussi... Longueville, fils d'Ève comme le roi et comme Biron, n'a que le temps de se précipiter dans un taillis pour se tenir aux aguets :

> Ne m'accuse pas d'un péché,
> Si je me parjure pour toi,
> Toi, près de qui Jupiter jurerait
> Que Junon n'est qu'une Éthiopienne ;
> Toi, pour qui, voulant être mortel,
> Il nierait être Jupiter !

La situation atteint alors le plus haut comique. A peine Du Maine a-t-il éventé son bouquet à Chloris-Catherine, que Longueville sort de sa cachette et lui fait une scène. A son tour, le roi quitte son arbre et fait une scène à Longueville. Sur quoi, Biron dégringole de son chêne, tombe au milieu de tous comme la foudre, et fait une scène au roi, à Longueville et à Du Maine. Biron a la raillerie cruelle : il se moque des trois amoureux avec une verve impitoyable. « A quel spectacle il a assisté ! de quelle patience il a fait preuve pour voir si tranquillement un roi se transformant en bourdon, le grand Hercule pirouettant une ronde et le profond Salomon entonnant une gigue !... Où est ton mal ? Oh ! dis, bon Du Maine ? Où souffres-tu, gentil Longueville ? Où souffre mon roi ? Dans la poitrine ? Holà, du gruau ! »

Mais... rira bien qui rira le dernier ! Biron n'a pas eu le temps d'achever sa réjouissante apostrophe que voici venir, tout essoufflé, ce butor de Trogne, apportant une lettre qui, à ce que prétend M. le curé, contient une trahison certaine. Le roi commande à Biron de lui lire ce grave monument. Biron prend la lettre et pâlit : « C'est une niaiserie, une niaiserie ; que Votre Majesté ne s'inquiète pas. » Et, en balbutiant ces mots, Biron déchire le papier. Mais tous ont remarqué son trouble extraordinaire. Du Maine, véritable enfant terrible, ramasse les morceaux épars : « C'est l'écriture de Biron et voici son nom. » Hélas ! Du Maine a dit vrai. La lettre en question n'est autre que le premier sonnet inspiré par Rosaline à Biron. Cet imbécile de Trogne a fait une méprise. Chargé d'un double message, il a porté à Rosaline la déclaration d'amour qu'Armado destinait à Jacquinette, et il a remis à Jacquinette le madrigal que Biron dédiait à Rosaline. Jacquinette, ne sachant pas lire, est allée consulter M. le curé, qui sur-le-champ l'a renvoyée à Monseigneur le roi. Et voilà comment l'amant de Rosaline a été trahi. Devant l'accablante évidence, Biron n'a plus qu'à se résigner ; il prend le bon parti et avoue sa faute : « Je suis coupable, Sire, je suis coupable ! »

Le roi a perdu tout droit d'être sévère. Il ne peut plus punir chez autrui le doux crime qu'il a commis lui-même. Plus heureux que les courtisans de la reine Élisabeth, les familiers du roi de Navarre peuvent aimer impunément. Biron peut épouser Rosaline, Longueville peut épouser Maria, Du Maine peut épouser Catherine, sans craindre l'exil ou la prison. Leur maître les absout d'avance en demandant humblement la main de la princesse de France. Sa Majesté se hâte de décréter une amnistie générale dont elle a besoin la première, et Biron se charge d'improviser les considérants du décret : « Chers seigneurs, chers amants, oh ! embrassons-nous. Nous sommes ce que peuvent être la chair et le sang. Il faut que la mer ait son flux et son reflux et que le ciel montre sa face. Le sang jeune ne saurait obéir aux prescriptions de l'âge. Nous ne pouvons pas aller contre la cause pour laquelle nous sommes nés. Aussi a-t-il fallu à toute force que nous fussions parjures. »

Ainsi l'avocat de l'amour a recours à cet argument irréfutable, la nécessité. Les vœux les plus solennels prononcés en dépit de nos instincts sont fatalement brisés. A quoi bon la rébellion humaine contre les règlements organiques de la création? Que peut notre volonté naine contre les forces mystérieuse de la nature? Arrêtez donc les oscillations de l'Océan d'un continent à l'autre ; arrêtez donc la marée du sang dans nos artères! — Puissances terrestres, inclinez-vous devant la toute-puissance divine. Il y a des statuts suprêmes que vos édits ne rapporteront jamais. Vous avez beau être le pape infaillible et ouvrir avec les clefs de saint Pierre les cachots de l'inquisition, vous n'abrogerez jamais la loi qu'a découverte Galilée. Vous avez beau être reine d'Angleterre et châtelaine de la Tour de Londres : il est une loi que vous ne casserez pas, c'est celle qu'Harvey va proclamer.

Le despotisme, quand il veut régir la passion, n'est que ridicule. Vous défendez à ces jeunes gens de s'aimer, madame? Eh! commencez donc par interdire à leur cœur de battre.

Voilà ce que Shakespeare disait, par la voix éloquente de son personnage, à la fille des Tudors.

La comédie de *Peines d'amour perdues* fut jouée devant Son Altesse, le jour de Noël, en 1597. La reine écouta, impassible, la remontrance du poëte, et nul ne put dire tout d'abord quelle impression avait faite sur elle cette vaillante plaidoirie en faveur de l'amour.

Onze mois après cette représentation, en novembre 1598, Henry Wriothesly, comte de Southampton, voulut mettre à profit la leçon donnée par Biron. Il épousa sa Rosaline à lui, mistress Varnon, qu'il aimait depuis plus de quatre ans.

Mais la reine-vierge ne suivit pas l'exemple du roi de Navarre : elle ne fit pas grâce. Le lendemain des noces, elle donna l'ordre d'arrêter les nouveaux mariés et de les enfermer à la Tour dans deux cachots séparés.

On connut alors le véritable sentiment d'Élisabeth sur la pièce nouvelle. La reine condamnait le dénoûment indiqué par le poëte. De la comédie elle avait fait un drame.

Hauteville house, 24 février 1860.

LA SAUVAGE APPRIVOISÉE [1]

PERSONNAGES DU PROLOGUE.

UN LORD.
CHRISTOPHE SLY, chaudronnier ivrogne (2).
L'HOTESSE d'une taverne.
UN PAGE.
DES COMÉDIENS.
VALETS, PIQUEURS, GENS DE SERVICE.

PERSONNAGES DE LA COMÉDIE.

BAPTISTA, riche gentilhomme de Padoue.
VINCENTIO, vieux gentilhomme de Pise.
LUCENTIO, fils de Vincentio, amoureux de Bianca.
PETRUCHIO, gentilhomme de Pise, amoureux de Catharina (3).
GREMIO } amoureux de Bianca.
HORTENSIO
TRANIO } valets de Lucentio.
BIONDELLO
GRUMIO } valets de Petruchio.
CURTIS
UN PÉDAGOGUE.
CATHARINA } filles de Baptista.
BIANCA
UNE VEUVE.
UN TAILLEUR, UN MERCIER, GENS DE LA NOCE, DOMESTIQUE, etc.

La scène est tantôt à Padoue, tantôt dans la maison de campagne de Petruchio.

PROLOGUE

SCÈNE I.

[Sur la bruyère. Devant un cabaret.]

Entrent L'Hotesse et Sly

SLY, d'une voix avinée.

Je vais vous étriller, ma parole!

L'HOTESSE.

Aux ceps, vagabond!

SLY.

Vous êtes une gueuse; les Sly ne sont pas des vagabonds. Regardez dans les chroniques; nous sommes venus avec Richard le Conquérant. Ainsi, *paucas pallabris*! laissez filer le monde! *Sessa!*

L'HOTESSE.

Vous ne voulez pas payer les verres que vous avez cassés?

SLY.

Non, pas un denier. Par saint Jérominie, va-t'en! Va dans ton lit glacé et réchauffe-toi!

L'HOTESSE.

Je connais mon remède. Je vais chercher le quartenier.

SLY.

Quartenier, vingtenier ou centenier, je lui répondrai la loi à la main ; je ne bougerai pas d'un pouce ; qu'il vienne et poliment !

Il s'affaisse à terre et s'endort.

Fanfare de corps. Entre un LORD, *en habit de chasse, suivi de piqueurs et de valets.*

LE LORD.

— Piqueur, je te recommande de bien soigner mes chiens, — surtout *Frétillant*; le pauvre animal est tout enflé ! — Accouple *Nébuleuve* avec la braque à large geule. — As-tu vu, mon garçon, comme *Argent* a bien relancé — au coin de la haie, quand tous les autres étaient en défaut ? — Je ne voudrais pas perdre ce chien-là pour vingt livres.

PREMIER PIQUEUR.

— Eh ! *Carillon* le vaut bien, milord ; — il a aboyé au moindre écart du gibier, — et deux fois aujourd'hui il a retrouvé la piste la plus éventée. — Croyez-moi, c'est le meilleur chien.

LE LORD.

— Tu es un imbécile. Si *Écho* était un peu plus leste, — j'estime qu'il en vaudrait douze comme *Carillon*. — Mais fais-les bien souper, et veille sur eux tous. — J'entends chasser demain encore.

PREMIER PIQUEUR.

C'est bien, milord.

LE LORD, *apercevant Sly.*

— Qu'est cela ? un homme mort ou ivre ? Vois donc, respire-t-il ?

DEUXIÈME PIQUEUR.

— Il respire, milord. S'il n'était pas échauffé par la bière, — ce serait un lit bien froid pour y dormir si profondément.

LE LORD.

— Quel monstrueux animal ! Le voilà vautré comme un porc ! — O mort sinistre, combien affreuse et répulsive est ton image !... — Mes maîtres, je veux m'amuser de cet ivrogne. — Qu'en pensez-vous ? s'il était transporté dans un lit, — enveloppé dans des draps fins, et s'il se réveillait, ayant des bagues à ses doigts, — un banquet délicieux devant son lit, — et près de lui des gens en riche livrée, — ce mendiant-là n'oublierait-il pas qui il est ?

PREMIER PIQUEUR.

— Certainement, milord. Je n'en doute pas.

DEUXIÈME PIQUEUR.

— Il serait bien étonné en s'éveillant.

LE LORD.

— Cela lui ferait l'effet d'un rêve flatteur ou d'une chimérique hallucination... — Allons, enlevez-le et ménagez bien la plaisanterie ; — portez-le doucement dans ma plus belle chambre, — et ornez-la de mes plus voluptueux tableaux ; — embaumez sa sale tête avec de tièdes eaux de senteur, — et brûlez des bois parfumés pour parfumer l'appartement ; — procurez-moi un orchestre prêt, quand il s'éveillera, — à faire entendre les sons les plus doux et les plus célestes ; — et, si par hasard il parle, offrez-vous vite, — et, avec la plus humble et la plus respectueuse révérence, — dites-lui : Qu'ordonne Votre Grandeur ? — Que l'un se présente avec un bassin d'argent, — rempli d'eau de rose et jonché de fleurs ; — qu'un autre apporte l'aiguière, un troisième un linge damassé — et dise : Plaît-il à Votre Seigneurie de se rafraîchir les mains ? — Que quelqu'un se tienne prêt avec une somptueuse garde-robe, — et lui demande quelle parure il veut mettre ; — qu'un autre lui parle de sa meute et de ses chevaux, — et de sa chère milady que sa maladie désole. – Qu'on lui persuade qu'il a été lunatique ; – et, s'il vous dit qu'il est un tel, dites-lui qu'il rêve, – et qu'il n'est rien moins qu'un puissant seigneur. – Faites cela, mes amis, et faites-le avec naturel ; – ce sera une scène plus que divertissante, – si elle est menée avec discrétion.

PREMIER PIQUEUR.

– Milord, comptez sur nous ; – nous jouerons notre rôle avec un zèle si vrai, qu'il se croira réellement – ce que nous lui dirons qu'il est.

LE LORD.

– Enlevez-le doucement, et mettez-le au lit ; – et que chacun soit à son poste quand il s'éveillera.

Des valets emportent Sly. On entend une trompette.

A un valet.

– Maraud, va voir quelle est cette trompette qui sonne.

Le valet sort.

– Sans doute quelque noble gentilhomme – en voyage, qui désire se reposer ici.

Le Valet *revient.*

– Eh bien ! qu'est-ce ?

LE VALET.

Ne vous déplaise, milord, – ce sont des comédiens qui offrent leurs services à Votre Seigneurie.

LE LORD.

– Dis-leur d'approcher.

Entrent les Comédiens.

Compagnons, vous êtes les bienvenus.

PREMIER COMÉDIEN.

– Nous remercions Votre Honneur.

LE LORD.

— Vous proposez-vous de rester avec moi ce soir?

DEUXIÈME COMÉDIEN.

— S'il plaît à Votre Seigneurie d'accepter nos services.

LE LORD.

— De tout mon cœur.

Montrant le premier comédien.

Voilà un gaillard que je me rappelle — avoir vu jouer une fois le fils aîné d'un fermier; — c'était dans une pièce où vous faisiez si bien la cour à la grande dame; — j'ai oublié votre nom; mais certainement, ce rôle — était habilement soutenu et joué avec naturel.

PREMIER COMÉDIEN.

— C'est de Soto (4), je crois, que Votre Honneur veut parler.

LE LORD.

— C'est vrai, tu étais excellent... — Allons, vous êtes venus dans un bon moment; — d'autant plus à propos que j'ai en projet un divertissement — où votre savoir-faire pourra m'être d'un grand secours. — Il y a ici un lord qui veut vous voir jouer ce soir; — mais je doute fort de votre retenue; — je crains qu'en remarquant son maintien bizarre — car Sa Seigneurie n'a pas encore assisté à une représentation, — vous ne soyez pris de quelque fol accès de gaieté, — et que vous ne l'offensiez, car, je vous le déclare, messieurs, — pour peu qu'il vous voie sourire, il se fâche.

PREMIER COMÉDIEN.

— Ne craignez rien, milord, nous saurons nous contenir, — fût-il le personnage le plus grotesque du monde.

LE LORD, à un valet.

— Va, drôle, conduis-les à l'office, et offre à chacun

d'eux une cordiale hospitalité ; — qu'ils ne manquent de rien de ce que mon château peut fournir.

Sortent le valet et les comédiens.

LE LORD, continuant, à un autre valet.

— Toi, drôle, va trouver mon page Barthélemy, — et fais-le habiller des pieds à la tête comme une lady ; — cela fait, conduis-le à la chambre de l'ivrogne, — appelle-le Madame et témoigne-lui le plus profond respect. — Dis-lui de ma part que, s'il veut gagner ma faveur, — il prenne les nobles manières — qu'il a observées chez les grandes dames — dans leurs rapports avec leurs maris ; — qu'il ait avec l'ivrogne ces façons obséquieuses, — et que, d'une voix douce, avec une humble révérence, — il lui dise : « Que daigne ordonner votre Seigneurie ? — En quoi votre dame, votre obéissante femme, — peut-elle vous montrer son zèle et vous prouver son amour ? » — Et qu'alors, avec de tendres embrassades et des baisers tentateurs, — la tête inclinée sur le sein de l'époux, — il verse des pleurs de joie — en voyant le retour à la santé de son noble seigneur — qui, pendant deux fois sept années, s'est figuré — n'être qu'un misérable et immonde mendiant. — Si mon page n'a pas ce don tout féminin — de faire pleuvoir à volonté une averse de larmes, — un oignon en fera la farce, — et, soigneusement enveloppé dans un mouchoir, — lui donnera, en dépit de lui-même, un regard larmoyant. — Fais exécuter cela avec toute la promptitude possible ; — tout à l'heure je te donnerai de nouvelles instructions.

Le valet sort.

— Je sais que mon damoiseau usurpera à merveille la grâce, — la voix, le port et le geste d'une femme de qualité. — Il me tarde de l'entendre appeler l'ivrogne son époux, — et de voir comment mes gens se retiendront de rire — en rendant hommage à ce simple rustre. — Je vais rentrer pour leur faire la leçon : peut-être ma présence — suffira pour comprimer l'explosion de leur gaieté — qui menace de dépasser les bornes.

Tous sortent.

SCÈNE II.

[Une chambre à coucher dans un château.]

On aperçoit SLY, revêtu d'une somptueuse robe de chambre. Des VALETS l'entourent, les uns portant de riches costumes, d'autres tenant à la main un bassin, une aiguière et autres objets de toilette. Entre le LORD, habillé en laquais.

SLY.

— Au nom de Dieu, un pot de petite bière !

PREMIER VALET.

— Votre Seigneurie veut-elle boire un verre de vin des Canaries ?

DEUXIÈME VALET.

— Votre Honneur veut-il goûter de ces conserves ?

TROISIÈME VALET.

— Quel costume Votre Honneur veut-il mettre aujourd'hui ? —

SLY.

Je suis Christophero Sly; ne me qualifiez pas d'Honneur ni de Seigneurie; je n'ai bu de ma vie du vin des Canaries; et, si vous voulez me donner des conserves, donnez-moi des conserves de bœuf. Ne me demandez jamais quel costume je veux mettre; car je n'ai pas plus de pourpoints que je n'ai de dos, pas plus de chausses que de jambes, pas plus de souliers que de pieds; parfois même j'ai plus de pieds que de souliers, ou j'ai des souliers qui laissent voir mes orteils à travers l'empeigne.

LE LORD.

— Que le ciel délivre Votre Honneur de cette humeur fantasque ! — Oh ! se peut-il qu'un homme si puissant, de si grande naissance, — jouissant d'une telle fortune et d'une si haute considération, — soit possédé d'un si indigne esprit ? —

SLY.

Quoi, vous voulez donc me rendre fou ! Est-ce que je ne suis pas Christophe Sly, fils du vieux Sly de Barton-heath (5), colporteur par naissance, faiseur de cartes par éducation, par mutation montreur d'ours, et présentement chaudronnier par état ? Demandez à Marianne Hacket, la grasse aubergiste de Wilmecote (6), si elle ne me connaît pas ; si elle ne dit pas que je suis sur son compte pour quatorze deniers de pure ale, comptez-moi pour le plus fieffé menteur de la chrétienté. Voyons, je n'ai pas de délire ! Voici...

PREMIER VALET.

— Oh ! voilà ce qui désole milady !

DEUXIÈME VALET.

— Oh ! voilà ce qui accable vos serviteurs !

LE LORD.

— Voilà ce qui fait que vos parents fuient votre château, — dont ils sont comme repoussés par votre étrange égarement. — Oh ! noble lord, songe à ta naissance ; — rappelle à toi du bannissement tes anciennes idées, — et bannis ces rêves abjects et dégradants. — Vois comme tes serviteurs s'empressent autour de toi, — tous prêts à ton premier signe à remplir leur office ! — Veux-tu de la musique ? Écoute !

La musique se fait entendre.

Apollon joue, — et vingt rossignols en cage chantent ! — Veux-tu dormir ? nous te déposerons sur une couche — plus molle et plus suave que le lit voluptueux —

dressé exprès pour Sémiramis. — Dis que tu veux te promener : nous tapisserons la route ! — Veux-tu monter à cheval ? nous mettrons à tes palefrois — leurs harnais tout chamarrés d'or et de perles ! — Aimes-tu la fauconnerie ? tu as des faucons dont l'essor — est plus haut que celui de l'alouette matinale ! — Préfères-tu la vénerie ? — ta meute va faire résonner le firmament — et évoquer l'écho strident des cavernes !

PREMIER VALET.

— Dis que tu veux une chasse à courre : tes lévriers sont aussi rapides — que le cerf à longue haleine et plus lestes même que la biche.

DEUXIÈME VALET.

— Aimes-tu les tableaux ? nous t'irons chercher sur-le-champ — un Adonis au bord d'un ruisseau — et une Vénus cachée dans les roseaux, — que son souffle semble remuer et agacer, — juste comme le vent joue avec les roseaux houleux.

LE LORD.

— Nous te montrerons Io, au moment où, vierge encore, — elle fut séduite et surprise ; — la peinture est si vivante qu'on croirait voir la chose.

TROISIÈME VALET.

— Ou bien Daphné, errant à travers un fourré d'épines — et s'écorchant les jambes ; vous jureriez vraiment qu'elle saigne — et qu'à cette vue Appollo désolé pleure, — tant le sang et les larmes sont peints artistement !

LE LORD.

— Tu es un lord et rien qu'un lord ; — tu possèdes une lady bien plus belle — que toutes les femmes de cet âge dégénéré.

PREMIER VALET.

— Avant que les larmes qu'elle a versées pour toi —

eussent inondé son aimable face de leurs flots envieux, — elle était la plus belle créature du monde, — et même encore elle n'est inférieure à aucune.

SLY.

— Suis-je un lord et ai-je pour femme une lady? — Est-ce que je rêve? ou bien ai-je rêvé jusqu'à présent? — Je ne dors point; je vois, j'entends, je parle; — je sens de suaves parfums et je touche de molles choses. — Sur ma vie, je suis un lord en effet — et non un chaudronnier, et non Christophero Sly... — Allons, qu'on amène céans notre dame; — et encore une fois, un pot de petite bière!

DEUXIÈME VALET.

— Votre Grandeur veut-elle se laver les mains?

Les valets lui présentent une aiguière, un bassin et une serviette.

— Oh! que nous sommes heureux de voir votre raison rétablie! — si vous pouviez reconnaître, une fois pour toutes, qui vous êtes! Depuis quinze ans plongé dans un rêve; — et même en vous éveillant, vous restiez comme endormi.

SLY.

— Depuis quinze ans! ma foi, c'est un joli somme. — Et je n'ai rien dit pendant tout ce temps-là?

PREMIER VALET.

— Oh! si, milord; mais seulement des paroles extravagantes. — Quoique vous fussiez couché ici dans cette belle chambre, — vous prétendiez qu'on vous avait flanqué à la porte, — et vous déblatériez contre l'hôtesse du lieu, — et vous disiez que vous la citeriez en justice — pour vous avoir apporté des cruches de grès au lieu de bouteilles cachetées. — Quelquefois vous appeliez Cécile Hacket.

SLY.

— Oui, la servante du cabaret.

TROISIÈME VALET.

— Eh bien, seigneur, vous ne connaissez ni cabaret ni servante, — ni tous ces hommes que vous nommiez, — comme Stephen Sly et le vieux John Naps de Graisse, — et Péter Turf, et Henri Pimprenelle, — et une vingtaine d'autres individus de cet acabit — qui n'ont jamais existé et que personne n'a jamais vus.

SLY.

— Enfin, Dieu soit loué de mon rétablissement!

TOUS.

— Amen!

SLY, à un valet.

— Je te remercie; tu n'y perdras rien.

Entre le PAGE, habillé comme une femme de qualité, avec sa suite.

LE PAGE, à Sly.

— Comment se porte mon noble lord?

SLY.

— Corbleu, fort bien; car on fait ici assez bonne chère. — Où est ma femme?

LE PAGE.

— La voici, noble lord. Que veux-tu d'elle?

SLY.

— Vous êtes ma femme et vous ne m'appelez pas votre mari! — C'est bon pour mes gens de m'appeler milord; je suis votre bon homme.

LE PAGE.

— Mon mari et milord, milord et mon mari; — je suis votre femme en toute obéissance.

SLY.

— Je sais cela... Comment faut-il que je l'appelle?

LE LORD.

— Madame.

SLY.

— Alice madame ou Jeanneton madame?

LE LORD.

— Madame tout court; c'est ainsi que les lords appellent leurs ladies.

SLY, au page.

— Madame ma femme, on dit que j'ai rêvé et dormi — pendant plus de quinze ans.

LE PAGE.

— Oui, et ces quinze ans m'en ont semblé trente, — ayant été tout ce temps éloignée de votre lit.

SLY.

— C'est beaucoup... Laquais, laissez-moi seul avec elle... — Madame déshabillez-vous et venez vite au lit.

LE PAGE.

— Trois fois noble lord, je vous conjure — de m'excuser encore pour une nuit ou deux, — ou, du moins, jusqu'à ce que le soleil soit couché; — car vos médecins m'ont expressément recommandé, — sous peine de vous causer une rechute, — de m'absenter encore de votre lit. — J'espère que ce motif me servira d'excuse. —

SLY.

La situation est telle que j'aurai grand'peine à attendre si longtemps. Mais je ne voudrais pas non plus retomber dans mes rêves; j'attendrai donc, en dépit de la chair et des sens.

Entre un Valet.

LE VALET.

— Les comédiens de Votre Honneur, ayant appris votre rétablissement, — sont venus pour jouer devant vous une charmante comédie, — d'après le conseil formel de vos médecins. — Voyant que l'excès de la tristesse a congelé votre sang, — et comme la mélancolie est la nourrice de la frénésie, — ils trouvent bon que vous assistiez à une représentation, — pour disposer votre esprit à la gaieté et à la joie — qui préviennent mille maux et prolongent la vie.

SLY.

Corbleu! je veux bien. Qu'ils jouent! Une comédie, c'est des farces de Noël ou des tours de saltimbanque, n'est-ce pas?

LE PAGE.

— Non, mon bon seigneur, c'est un divertissement de plus agréable étoffe! —

SLY.

Sans doute quelque étoffe à ramages!

LE PAGE.

C'est une manière d'histoire.

SLY.

Bon, nous allons voir ça. Allons, madame ma femme, asseyez-vous à mes côtés, et laissez filer le monde: nous ne serons jamais plus jeunes.

Ils prennent place sur des siéges (7).

LA SAUVAGE APPRIVOISÉE

SCÈNE I.

[Padoue. Devant la maison de Baptista.]

Arrivent Tranio et Lucentio.

LUCENTIO.

— Enfin, Tranio, moi qui désirais tant — voir la belle Padoue, ce berceau des arts, — me voici arrivé dans cette fertile Lombardie, — le riant jardin de la grande Italie; — j'y viens avec l'affectueuse autorisation de mon père, armé — de sa bienveillance et de ta fidèle compagnie, — ô toi, mon loyal serviteur dont le dévouement est à toute épreuve! — Respirons donc ici, et commençons-y heureusement — un cours de science et de belles-lettres. — Pise, renommée par ses graves citoyens, — m'a vu naître; et Vincentio, mon père, — marchand dont le vaste trafic s'étend dans le monde entier, — descend des Bentivóglio. — Le fils de Vincentio, élevé à Florence, — doit maintenant, pour réaliser toutes les espérances qu'on a conçues de lui, — rehausser sa fortune par des actes vertueux. — Aussi, Tranio, veux-je, pendant tout le temps de mes études, — m'appliquer à la vertu et à cette partie de la philosophie — qui traite du bonheur — que la vertu procure spécialement. — Dis-moi ta pensée, car j'ai quitté Pise, — et je suis venu à Padoue comme un homme qui quitte — une mare peu profonde pour plonger dans un océan — et tâcher d'y éteindre sa soif ardente.

TRANIO.

— *Mi perdonate*, mon gentil maître ; — je partage en tout vos sentiments ; — heureux que vous persistiez ainsi dans votre résolution — d'aspirer les douceurs de la douce philosophie. — Seulement, mon bon maître, — tout en admirant — la vertu et la discipline morale, — ne devenons pas, je vous prie, des stoïques et des bûches. — Ne soyons pas tellement dévots aux préceptes d'Aristote, — qu'Ovide soit un proscrit à jamais renié par nous ! — Parlez logique avec les connaissances que vous avez, — et pratiquez la rhétorique dans votre causerie familière, — ayez recours à la musique et à la poésie pour vous inspirer ; — quant aux mathématiques et à la métaphysique, — prenez-en ce que votre estomac pourra en digérer ; — nul profit à la leçon prise sans plaisir. — En un mot, monsieur, choisissez l'étude la plus attrayante pour vous.

LUCENTIO.

— Grand merci, Tranio, de cet excellent avis. — Ah ! Biondello, que n'es-tu déjà sur ce rivage ! — Nous pourrions prendre immédiatement toutes nos dispositions, — et nous loger de manière à recevoir dignement — les amis que nous ne tarderons pas à trouver dans Padoue. — Mais arrêtons un peu : quelle est cette compagnie ?

TRANIO.

—· Mon maître, sans doute quelque procession pour fêter notre arrivée en ville.

Arrivent BAPTISTA, CATHARINA, BIANCA, GREMIO et HORTENSIO. Lucentio et Tranio se tiennent à l'écart.

BAPTISTA.

— Messieurs, ne m'importunez pas davantage ; — vous connaissez ma ferme résolution — de ne pas donner ma cadette — avant d'avoir un mari pour l'aînée. — Si l'un de vous deux aime Catharina, — comme je vous connais bien et que je vous aime bien, — il a ma permission de la mettre en ménage.

GREMIO.

— Plutôt la mettre à la ménagerie ! Elle est trop rude pour moi ! — Voyons, Hortensio, voyons, la voulez-vous pour femme ?

CATHARINA, à Baptista.

— Je vous le demande, monsieur, voulez-vous donc — me prostituer à ces épouseurs ?

HORTENSIO.

— Épouseurs, ma belle ? Comment l'entendez-vous ? Pas d'épouseurs pour vous, — tant que vous ne serez pas de plus aimable et plus douce humeur.

CATHARINA.

— Ma foi, monsieur, vous n'avez rien à craindre ; — vous n'êtes pas encore à mi-chemin de mon cœur ; — vous y seriez, que mon premier soin serait — de vous étriller la caboche avec un escabeau à trois pieds, — de vous barbouiller la figure et de vous berner !

HORTENSIO.

— De pareilles diablesses, bon Dieu, délivrez-nous !

GREMIO.

— Et moi aussi, bon Dieu !

TRANIO, bas à Lucentio.

— Chut ! mon maître ! voilà un réjouissant spectacle! — Cette fille est tout à fait folle ou étonnamment revêche.

LUCENTIO, bas à Tranio.

— Mais je vois dans le silence de l'autre — la timidité et la réserve d'une douce vierge. — Silence, Tranio!

TRANIO, bas à Lucentio.

— Bien dit, maître! Soyons cois et regardez tout votre soûl.

BAPTISTA.

— Messieurs, j'entends que les effets — suivent les paroles..... Bianca, rentre; — que cela ne te fâche pas, bonne Bianca; — je ne t'en aimerai pas moins, ma fille.

Bianca fond en larmes.

CATHARINA.

— La jolie petiote!...

A Baptista.

Vous feriez mieux — de lui fourrer le doigt dans l'œil! Elle saurait pourquoi elle pleure.

BIANCA.

— Ma sœur, soyez contente de mon mécontentement!

A Baptista.

— Monsieur, je souscris humblement à votre bon plaisir; mes livres et mes instruments feront ma société, — j'étudierai et je m'exercerai seule avec eux.

LUCENTIO, à part.

— Écoute, Tranio! tu peux entendre parler Minerve!

HORTENSIO.

— Signor Baptista, êtes-vous donc un père si étrange! — Je suis bien fâché que notre empressement auprès de Bianca lui vaille — ce chagrin.

GREMIO.

Quoi! vous voulez la mettre en cage, — signor Baptista, pour complaire à ce démon de l'enfer! — Vous voulez la punir de la mauvaise langue de sa sœur?

BAPTISTA.

— Messieurs, prenez-en votre parti; je suis résolu. — Rentre, Bianca!

Bianca sort.

Comme je sais qu'elle fait ses délices — de la musique, des instruments et de la poésie, — je veux faire venir chez moi des professeurs — capables d'instruire sa jeunesse. Si vous en connaissiez, Hortensio, — ou vous, signor Gremio, — amenez-les-moi; car je serai toujours plein d'égards — pour les hommes de talent, — et toujours généreux — pour la bonne éducation de mes enfants. — Sur ce, adieu. Catharina, vous pouvez rester; — car j'ai à causer avec Bianca.

Il sort.

CATHARINA.

— Eh mais, il me semble que je peux bien m'en aller aussi, n'est-ce pas? — Quoi! est-ce qu'on va me fixer des heures! comme si, apparemment, — je ne savais pas ce qu'il faut prendre et laisser! Ha!

Elle sort.

GREMIO.

— Tu peux aller rejoindre la femme du diable; tu as de si bonnes qualités que personne ne veut de toi!..... Notre amour n'est pas si grand, Hortensio, que nous ne puissions souffler dans nos doigts et le laisser jeûner. Notre gâteau n'est cuit d'aucun côté! Adieu donc. Toutefois, pour l'affection que je porte à ma chère Bianca, si je puis tomber sur un maître capable de lui enseigner les arts auxquels elle se plaît, je l'adresserai à son père.

HORTENSIO.

Je m'y engage aussi, signor Gremio. Mais un mot, je

vous prie. Bien que la nature de notre antagonisme n'ait pas jusqu'ici admis de pourparler, je crois, après réflexion, devoir vous dire que, si nous voulons de nouveau avoir accès auprès de notre belle maîtresse et prétendre, heureux rivaux, à l'amour de Bianca, il est une chose que nous sommes spécialement intéressés à tenter et à effectuer.

GREMIO.

Quelle est-elle, je vous prie?

HORTENSIO.

Eh bien, procurer un mari à sa sœur!

GREMIO.

Un mari! non, un diable!

HORTENSIO.

Je dis un mari.

GREMIO.

Je dis un diable. Croyez-vous, Hortensio, quelque riche que soit son père, qu'il y ait un homme assez fou pour épouser l'enfer?

HORTENSIO.

Bah! Gremio, bien qu'il soit au-dessus de votre patience et de la mienne de supporter ses criardes sorties, croyez, mon cher, qu'il y a de bons garçons dans le monde (il ne s'agit que de mettre la main dessus) qui la prendraient avec tous ses défauts et beaucoup d'argent.

GREMIO.

Je n'en sais rien; mais, pour ma part, j'aimerais mieux prendre la dot sans la fille, à la condition d'être fouetté chaque matin sur la place du marché.

HORTENSIO.

Effectivement, comme vous dites, il y a peu à choisir entre des pommes pourries. Mais, venez. Puisque cet obstacle légal nous rend amis, maintenons cette amitié jusqu'au jour où, ayant procuré un mari à la fille aînée de Baptista, nous aurons rendu à la cadette la liberté de se marier; et aussitôt rentrons en lutte!... Cette chère Bianca!... Alors, au plus heureux le succès! Au coureur le plus agile la bague! Qu'en dites-vous, Gremio?

GREMIO.

Nous sommes d'accord. Que volontiers je lui céderais le meilleur étalon de Padoue pour lui faire la cour, la séduire, l'épouser, la mener au lit et débarrasser d'elle la maison! Allons!

Gremio et Hortensio sortent.

TRANIO *et* LUCENTIO *reviennent sur le devant de la scène.*

TRANIO.

— De grâce, dites-moi, monsieur, est-il possible — que l'amour prenne brusquement un tel empire?

LUCENTIO.

— O Tranio, avant d'en avoir fait moi-même l'expérience, — je n'aurais jamais cru cela possible ni même probable. — Mais vois! tandis que j'étais là à regarder nonchalamment, — j'ai dans ma nonchalance subi l'influence de l'amour, — et maintenant, je te l'avoue en toute franchise, — à toi, mon confident, qui m'es aussi cher — que l'était Anna à la reine de Carthage, — Tranio, je brûle, je languis, je dépéris, Tranio, — si je n'obtiens pas cette modeste jeune fille. — Conseille-moi, Tranio, car je sais que tu le peux; — assiste-moi, Tranio, car je sais que tu le veux.

TRANIO.

— Maître, il n'est plus temps de vous gronder; — ce n'est pas par les reproches qu'une affection est bannie du cœur; — si l'amour vous a atteint, vous n'avez plus qu'une ressource : *redime te captum quam queas minimo.*

LUCENTIO.

— Grand merci, mon garçon ; poursuis ; ce que tu dis me satisfait déjà ; — il ne me reste plus, pour être consolé, qu'à écouter tes conseils.

TRANIO.

— Maître, vous regardiez si tendrement cette jeune fille, — que vous n'avez peut-être pas remarqué la chose essentielle.

LUCENTIO.

— Oh ! si fait ! j'ai vu sur son visage une beauté suave — comme celle de cette fille d'Agenor — qui réduisit le grand Jupiter à s'humilier devant elle — et à baiser de ses genoux le rivage de Crète.

TRANIO.

— Vous n'avez rien vu de plus? Vous n'avez pas remarqué comme sa sœur — s'est mise à grogner ! Elle a soulevé une telle tempête — que des oreilles humaines pouvaient à peine en supporter le vacarme !

LUCENTIO.

— Tranio, j'ai vu remuer ses lèvres de corail, — et elle parfumait l'air de son haleine ; — tout ce que j'ai vu en elle était céleste et ineffable !

TRANIO.

— Allons, il est temps de le tirer de son extase. — Je vous en prie, réveillez-vous, monsieur; si vous aimez cette jeune fille, — appliquez vos pensées et votre esprit à la conquérir. Voici la situation : — sa sœur aînée est si bourrue et si acariâtre — que, jusqu'à ce que son père se soit débarrassé d'elle, — votre amour doit se résigner, maître, à vivre vierge dans la réclusion ; — jusque-là, le père enferme la cadette, — afin de la soustraire aux importunités des soupirants.

LUCENTIO.

— Ah ! Tranio, quel père cruel ! — Mais n'as-tu pas

remarqué qu'il s'occupe — de lui obtenir des maîtres habiles pour l'instruire ?

TRANIO.

— Oui, pardieu, monsieur; et maintenant le plan est trouvé.

LUCENTIO.

— Je le tiens, Tranio.

TRANIO.

— Maître, je jurerais — que nos deux idées s'accordent et se confondent en une.

LUCENTIO.

— Dis-moi d'abord la tienne.

TRANIO.

— Vous serez le professeur, — et vous vous chargerez d'instruire la jeune fille : — voilà votre projet.

LUCENTIO.

— Oui, mais est-il exécutable ?

TRANIO.

— Il est impossible : car qui remplira ici votre place ? — Qui sera dans Padoue le fils de Vincentio, — occupé à tenir maison, à suivre les cours, à recevoir ses parents, — à visiter et à fêter ses compatriotes ?

LUCENTIO.

— Baste ! rassure-toi : le plan est tout fait. — Nous n'avons encore été vus dans aucune maison ; — et nul ne peut distinguer par nos visages — le valet du maître. Voici donc ce qu'il faut faire : — c'est toi, Tranio, qui qui seras le maître à ma place ; — tu auras une maison, un train et des gens, comme j'en aurais moi-même. — Moi, je serai quelque autre ; je serai un Florentin, — un Napolitain ou quelque pauvre jeune homme de Pise. — L'idée est éclose ; à l'œuvre donc ! Tranio, — déshabille-toi sur-le-champ ; prends mon chapeau et mon manteau de couleur ; — dès que Biondello arrivera, il sera à tes ordres ; — mais je veux lui recommander d'abord de retenir sa langue.

Ils échangent leurs habits.

TRANIO.

— Cela est fort nécessaire. — Bref, puisque c'est là votre bon plaisir, monsieur, — et que je suis tenu de vous obéir — (car votre père me l'a recommandé à notre départ : — *Rends tous les services à mon fils*, m'a-t-il dit, — bien qu'il l'entendît, je crois, dans un sens différent), — je consens à être Lucentio, — pour l'amour de Lucentio.

LUCENTIO.

— Sois-le, Tranio, pour l'amour qu'éprouve Lucentio : — quant à moi, je veux me faire esclave pour obtenir cette jeune vierge — dont la vue soudaine a enchaîné mon regard blessé.

Entre BIONDELLO.

— Voici le drôle !... Coquin, où avez-vous été ?

BIONDELLO.

— Où j'ai été ? Mais vous-même, où êtes-vous ? — Maître, mon camarade Tranio vous a-t-il volé vos habits ? — ou lui avez-vous volé les siens ? ou vous êtes-vous volés l'un l'autre ? Dites-moi, que s'est-il passé ?

LUCENTIO.

— Approchez, drôle ; ce n'est pas le moment de plaisanter ; — sachez donc conformer vos manières aux circonstances. — Votre camarade Tranio, ici présent, pour me sauver la vie, — prend mes habits et ma place, — et moi, pour m'évader, je prends les siens. — Car, depuis que je suis venu à terre, dans une querelle, — j'ai tué un homme et je crains d'avoir été aperçu. — Servez-le, je vous le commande, comme il sied, — tandis que je vais m'éloigner d'ici pour sauver ma vie : — vous me comprenez ?

BIONDELLO.

— Moi, monsieur? pas du tout.

LUCENTIO.

— Surtout, n'ayez pas à la bouche le nom de Tranio : — Tranio est changé en Lucentio.

BIONDELLO.

— Tant mieux pour lui. Je voudrais l'être aussi, moi !

TRANIO.

— Je le voudrais aussi, mon garçon, fût-ce à cette condition — que Lucentio épousât la fille cadette de Baptista ! — Çà, drôle, je vous conseille, par respect non pour moi, mais pour mon maître, — de vous conduire avec discrétion dans toute espèce de société. — Quand je suis seul, soit ! je suis Tranio ; — mais, partout ailleurs, je suis Lucentio votre maître !

LUCENTIO.

— Partons, Tranio. — Il ne te reste plus qu'une chose à exécuter : — tu vas prendre rang parmi ces soupirants. Si tu me demandes pourquoi, — qu'il te suffise de savoir que mes raisons sont bonnes et importantes. —

Ils sortent.

PREMIER VALET, à Sly.

Milord, vous sommeillez ; vous ne faites pas attention à la pièce.

SLY.

Si fait ; par sainte Anne ! C'est une bonne farce, vraiment ! Y en a-t-il encore ?

LE PAGE.

Milord, cela commence à peine.

SLY.

C'est un chef-d'œuvre fort excellent, madame lady. Je voudrais qu'il fût achevé.

SCÈNE II.

[Devant la maison d'Hortensio.]

Entrent PETRUCHIO et GREMIO.

PETRUCHIO.

— Vérone, je prends congé de toi pour quelque temps, — je viens à Padoue voir mes amis, mais surtout — le plus cher et le plus dévoué, — Hortensio... Voici, je crois, sa maison. — Ici, coquin de Gremio ! allons, cogne ! —

GREMIO.

— Que je cogne, monsieur ! qui cognerai-je ? quelqu'un a-t-il offensé Votre Seigneurie ?

PETRUCHIO.

— Allons, maraud, cogne-moi ici, et solidement.

GREMIO.

— Que je vous cogne ici, monsieur ? et que suis-je, monsieur, pour oser vous cogner ici, monsieur ?

PETRUCHIO.

— Drôle, cogne-moi à cette porte, te dis-je, — et frappe-moi bien, ou ce sera moi qui cognerai ta caboche de maroufle.

GREMIO.

— Mon maître est devenu querelleur... Si je vous cognais à présent, — je sais bien qui tout à l'heure attraperait les plus mauvais coups.

PETRUCHIO.

— Tu ne veux pas ? — Morbleu ! coquin, si tu ne veux pas frapper, je vais te tirer les oreilles ; — je vais voir si tu sais ton solfège et te faire chanter...

Il lui tire les oreilles.

GREMIO.

— Au secours ! au secours ! mon maître est enragé.

SCÈNE II.

PETRUCHIO.

— Cela t'apprendra à frapper quand je te le dis, coquin ! drôle !

Entre HORTENSIO.

HORTENSIO.

— Eh bien ! qu'y a-t-il ? mon vieil ami Grumio ! et mon cher Petruchio... Comment vous trouvez-vous à Vérone ?

PETRUCHIO.

—· Signor Hortensio, vous venez justement pour mettre le holà ! — *Con tutto in core bene trovato!* je puis le dire.

HORTENSIO.

Alla nostra casa bene venuto
Molto honorato signor mio Petruchio.

— Relève-toi, Grumio, relève-toi, nous arrangerons cette querelle. —

GREMIO.

Non. Peu importe tout ce qu'il allègue en latin ! Dites-moi si ce n'est pas pour moi un motif légal de quitter son service. Écoutez, monsieur : il m'ordonnait de le cogner et de le frapper solidement ; eh bien, monsieur, était-il convenable qu'un serviteur traitât ainsi son maître, un homme qui, autant que je sache, a peut-être plus de trente-deux ans ! — Plût à Dieu que je lui eusse donné un bon coup tout d'abord ! — Grumio n'aurait pas été ainsi étrillé !

PETRUCHIO.

— Stupide manant !... cher Hortensio, — je disais à ce faquin de cogner à votre porte, — et je ne pouvais pas obtenir ça de lui !

GRUMIO.

— Cogner à la porte !... ô ciel ! — est-ce que vous ne m'avez pas dit en propres termes... *Drôle, cogne-moi ici,*

— frappe-moi ici, cogne-moi bien et cogne-moi solidement?
— Et maintenant vous venez prétendre qu'il s'agissait de cogner à la porte !

PETRUCHIO.

— Drôle, va-t'en ou tais-toi, je te le conseille.

HORTENSIO.

— Patience, Petruchio ; je suis la caution de Grumio. — Vraiment voilà une altercation bien déplorable entre vous et lui, — votre ancien, votre fidèle et plaisant serviteur Grumio. — Mais dites-moi, mon doux ami, quelle est l'heureuse brise — qui vous a entraîné de l'antique Vérone à Padoue ?

PETRUCHIO.

— Le vent qui disperse les jeunes gens à travers le monde — et les envoie chercher fortune hors du pays natal — où ne s'acquiert que peu d'expérience. En peu de mots, — signor Hortensio, voici ma situation : — Antonio, mon père, est mort ; — et je suis lancé dans les errements de la vie — pour tâcher de me marier et de prospérer de mon mieux. — J'ai des écus dans ma bourse, un patrimoine dans mon pays, — et je me suis mis en voyage pour voir le monde.

HORTENSIO.

— Petruchio, veux-tu que je te parle sans détour ? — Je puis te présenter à une femme acariâtre et désagréable. — Tu ne me remercieras guère de mon offre, — et pourtant je te promets qu'elle sera riche — et très-riche ; mais tu es trop mon ami — pour que je souhaite te la voir épouser.

PETRUCHIO.

— Signor Hortensio, entre des amis tels que nous, — quelques mots suffisent; si donc tu connais — une personne assez riche pour être la femme de Petruchio, — comme l'argent est le refrain de ma chanson matrimoniale, — fût-elle aussi laide que l'amoureuse de Florent (8), — aussi vieille que la sibylle, aussi bourrue et aussi acariâtre — que la Xantippe de Socrate, ou pire encore, — fût-elle aussi rude que la mer Adriatique en fureur, — elle n'altérera pas, elle n'émoussera pas — en moi le tranchant de la passion ! — Je viens à Padoue faire un riche mariage ; — s'il est riche, il est heureux. —

GRUMIO.

Voyez-vous, monsieur, il vous dit tout bonnement ce qu'il pense. Donnez-lui de l'or suffisamment, et mariez-le à une poupée, à une figurine ou à une vieille stryge édentée, ayant autant d'infirmités que cinquante-deux chevaux ! Tout est bien, s'il y a apport d'argent.

HORTENSIO.

— Petruchio, puisque nous nous sommes tant avancés, — j'insisterai sur l'idée que j'ai émise par plaisanterie. — Je puis, Petruchio, te procurer une femme — riche à foison, et jeune, et belle, — élevée comme il convient à une fille de qualité. — Son seul défaut, et il est assez grand, — c'est qu'elle est intolérablement bourrue, — acariâtre et entêtée, à un point si démesuré — que, ma fortune fût-elle bien inférieure à ce qu'elle est, — je ne voudrais pas l'épouser pour une mine d'or.

PETRUCHIO.

— Silence, Hortensio, tu ne connais pas la vertu de l'or. — Dis-moi le nom de son père, et c'est assez ; — je prétends l'aborder, dût-elle gronder aussi haut — que le tonnerre quand crèvent les nuages d'automne.

HORTENSIO.

— Son père est Baptista Minola, — gentilhomme affable et courtois. — Elle se nomme Catharina Minola, — fameuse dans Padoue par sa langue querelleuse.

PETRUCHIO.

— Je connais son père, bien que je ne la connaisse

pas ; — il connaissait beaucoup feu mon père. - Je ne dormirai pas, Hortensio, que je ne l'aie vue. — Excusez donc la liberté que je prends — de vous quitter si tôt à cette première entrevue, — à moins que vous ne vouliez m'accompagner chez elle. —

GRUMIO, à Hortensio.

Je vous en prie, monsieur, laissez-le aller tant que ce caprice lui durera. Sur ma parole, si elle le connaissait aussi bien que je le connais, elle jugerait bien vite inutile de s'emporter contre lui. Elle peut l'appeler dix fois chenapan ou n'importe quoi, cela lui est bien égal ; si une fois il s'y met, il lui ripostera en argot de bagne. Voulez-vous que je vous dise, monsieur ? Pour peu qu'elle lui résiste, il lui laissera sa marque sur la figure, et la défigurera si bien qu'elle n'aura pas les yeux plus grands qu'un chat ébloui. Vous ne le connaissez pas, monsieur.

HORTENSIO.

— Attends, Petruchio, je vais avec toi, il le faut. — Baptista tient sous sa garde mon trésor ; — il a en son pouvoir le joyau de ma vie, — sa fille cadette, la belle Bianca. — Il la soustrait à mes poursuites et à celles — des autres galants, mes rivaux en amour. — Supposant, chose impossible — à cause des défauts dont je t'ai parlé, — que Catharina peut être demandée, — Baptista a pris cette résolution — que nul n'aurait accès auprès de Bianca, avant que Catharina la hargneuse ait trouvé un mari. —

GRUMIO.

Catharina la hargneuse ! Le pire de tous les surnoms pour une jeune fille !

HORTENSIO.

— Maintenant c'est à mon ami Petruchio à me rendre un service ; — il me présentera, déguisé sous un costume grave, — au vieux Baptista comme un habile professeur

— de musique qui s'offre pour instruire Bianca. — Au moins, par ce stratagème, j'aurai — la liberté et le loisir de lui faire la cour — et de lui parler en tête-à-tête, sans être soupçonné. —

Entre GREMIO, suivi de LUCENTIO déguisé et portant des livres sous son bras.

GRUMIO.

Il n'y a pas là la moindre fourberie ! non !... Voyez donc comme les jeunes gens savent s'entendre pour attraper les vieilles gens !

Apercevant Gremio et Lucentio.

Maître ! maître ! regardez donc derrière vous. Qui va là ? hé !

HORTENSIO.

Silence, Grumio, c'est mon rival. Petruchio, tenons-nous un instant à l'écart.

GRUMIO.

Un joli damoiseau et un bel amoureux, après tout !

Petruchio, Hortensio et Grumio se mettent à l'écart.

GREMIO, à Lucentio.

— Oh ! très-bien ! j'ai parcouru la note. — Écoutez bien, monsieur, je les veux magnifiquement reliés, — et tous livres d'amour, coûte que coûte ; — ayez soin de ne pas lui lire autre chose, — vous me comprenez. A ce que vous accordera — la libéralité du signor Baptista — je compte ajouter mes largesses... Prenez aussi vos papiers, — et qu'ils soient bien parfumés, — car elle est plus suave que le parfum même, — celle à qui ils sont destinés. Quel sera le sujet de votre leçon ?

LUCENTIO.

— Quel qu'il soit, je plaiderai votre cause, — soyez-en sûr, comme celle de mon patron, — aussi fermement que si vous-même étiez à ma place ; — oui, et peut-être en termes plus persuasifs — que vous, à moins que vous ne soyez un savant, monsieur.

GREMIO.

— Oh! quelle grande chose que la science!

GRUMIO, à part.

— Oh! quel âne que cet oison!

PETRUCHIO.

Silence, drôle!

HORTENSIO.

— Grumio, chut!

Allant à Gremio.

Dieu vous garde, signor Gremio!

GREMIO.

— Charmé de vous rencontrer, signor Hortensio. Savez-vous — où je vais?... Chez Baptista Minola. — Je lui ai promis de chercher avec soin — un professeur pour la belle Bianca, — et j'ai eu la bonne fortune de tomber — sur ce jeune homme qui, par sa science et par ses manières, — est un maître comme il le lui faut, très-versé dans la poésie — et autres livres, les bons livres, je vous le garantis.

HORTENSIO.

— C'est fort bien; moi, de mon côté, j'ai rencontré un gentilhomme — qui m'a promis de me procurer — un excellent musicien pour instruire notre maîtresse. — Ainsi je ne resterai pas en arrière dans ce que je dois — à la belle Bianca, si tendrement aimée de moi.

GREMIO.

— Et de moi aussi, comme mes actes le prouveront.

GRUMIO, à part.

Et comme ses sacs le prouveront.

HORTENSIO.

— Gremio, ce n'est pas le moment de jeter au vent notre amour. — Écoutez-moi, et, si vous me parlez raison, — je vous dirai une nouvelle, assez bonne pour tous deux. — Voici un gentilhomme que j'ai rencontré, par hasard, — et qui, d'après une convention faite entre nous, à l'amiable, — se charge de faire la cour à la maudite Catharina, — voire même de l'épouser, si sa dot lui convient.

GREMIO.

— Ainsi dit, ainsi fait, et tout est pour le mieux. — Hortensio, lui avez-vous dit tous ses défauts?

PETRUCHIO.

— Je sais que c'est une insupportable braillarde; — si c'est là tout, mes maîtres, je n'y vois pas de mal.

GREMIO.

Ah! vraiment, l'ami! De quel pays êtes-vous?

PETRUCHIO.

— Je suis né à Vérone et fils du vieil Antonio. — Mon père étant mort, ma fortune survit pour moi; — et j'espère voir de bons et de longs jours.

GREMIO.

— Oh! monsieur, une telle vie, avec une telle femme, serait au moins étrange. — Pourtant, si le cœur vous en dit, au nom de Dieu, en avant! — Vous pouvez compter sur mon assistance en tout. — Mais, vraiment, voulez-vous faire la cour à cette chatte sauvage?

PETRUCHIO.

— Veux-je vivre?

GRUMIO, à part.

— S'il lui fera la cour! Certes! je la pendrais plutôt!

PETRUCHIO.

— Pourquoi suis-je venu ici, sinon dans ce but? — Croyez-vous qu'un peu de tapage puisse effaroucher mes oreilles? — Est-ce que je n'ai pas, dans mon temps, entendu les lions rugir? — Est-ce que je n'ai pas entendu la mer, soulevée par les vents, — faire rage, toute suante d'écume, comme un sanglier furieux? — Est-ce que je n'ai pas entendu gronder les grandes batteries dans la plaine, — et l'artillerie du ciel dans les nuages? — Est-ce que je n'ai pas, dans une bataille rangée, entendu — les bruyantes alarmes, le hennissement des coursiers et le cri des trompettes? — Et vous venez me parler de la langue d'une femme, — qui frappe bien moins l'oreille — qu'une châtaigne éclatant dans l'âtre d'un fermier! — Bah! bah! gardez vos épouvantails pour faire peur aux enfants.

GRUMIO, à part.

— Car lui, il n'en a pas peur.

GREMIO.

— Écoutez, Hortensio! — Ce gentilhomme est venu fort à propos, — à ce que je présume, pour son bien et pour le nôtre.

HORTENSIO.

— Je lui ai promis que nous contribuerions pour lui — et que, pendant qu'il fera sa cour, nous défrayerions ses dépenses.

GREMIO.

— J'y consens, pourvu qu'il réussisse auprès d'elle.

GRUMIO, à part.

— Je voudrais être aussi sûr de bien dîner.

Entre TRANIO, richement vêtu, suivi de BIONDELLO.

TRANIO.

— Messieurs, Dieu vous garde! Excusez la liberté que je prends, — et veuillez me dire, je vous prie, quel est le plus court chemin — pour aller chez le signor Baptista Minola.

BIONDELLO.

— Celui qui a deux jolies filles!

A Tranio.

C'est bien celui-là que vous demandez?

TRANIO.

— Lui-même, Biondello.

GREMIO, à Tranio.

— Écoutez, monsieur; vous ne voulez sans doute pas parler de celle qui...

TRANIO.

— Peut-être de l'une et de l'autre, monsieur; qu'est-ce que cela vous fait?

PETRUCHIO.

— En tout cas, vous n'avez pas affaire à celle qui querelle toujours, n'est-ce pas?

TRANIO.

— Je n'aime pas les querelleuses, monsieur. Biondello, partons.

LUCENTIO, à part.

— Bien débuté, Tranio.

HORTENSIO, à Tranio.

— Monsieur, un mot avant que vous partiez. — Avez-vous des prétentions sur la jeune fille dont vous parlez, oui ou non?

TRANIO.

— Quand cela serait, monsieur, y aurait-il du mal?

GREMIO.

— Non, pourvu que sans plus de paroles vous vous retiriez au plus vite.

TRANIO.

— Ah çà, monsieur, je vous le demande, la rue n'est-elle pas libre — pour moi comme pour vous?

GREMIO.

— Soit, mais la jeune fille ne l'est pas.

TRANIO.

— Et pour quelle raison, je vous prie?

GREMIO.

— Pour cette raison, si vous voulez la savoir, — qu'elle est la bien-aimée du signor Gremio.

HORTENSIO.

— Qu'elle est la préférée du signor Hortensio.

TRANIO.

— Doucement, mes maîtres? si vous êtes gentilshommes, — ayez la loyauté de m'écouter avec patience. — Baptista est un noble gentilhomme, — à qui mon père n'est pas totalement inconnu ; — et, quand sa fille serait plus jolie qu'elle n'est, — elle pourrait encore avoir de nouveaux galants, et moi dans le nombre. — La fille de la belle Léda a eu mille amoureux ; — la belle Bianca peut donc en avoir un de plus ; — elle l'aura. Lucentio se mettra sur les rangs — avec l'espoir de réussir seul, quand Pâris lui-même se présenterait.

GREMIO.

— Quoi! sera-t-il dit que ce gentilhomme nous fermera la bouche à tous ?

LUCENTIO.

— Monsieur, laissez-lui prendre la corde ; vous verrez qu'il se dérobera.

PETRUCHIO.

— Hortensio, à quoi bon toutes ces paroles ?

HORTENSIO, à Tranio.

— Monsieur, excusez la liberté de ma demande : — avez-vous vu la fille de Baptista ?

TRANIO.

— Non, monsieur, mais je sais qu'il a deux filles, — l'une fameuse par sa mauvaise langue, — l'autre par sa charmante modestie.

PETRUCHIO.

— Monsieur, monsieur, la première est pour moi ; ne vous en occupez pas.

SCÈNE II.

GREMIO.

— Oui, laissons cette tâche à ce grand Hercule, — et elle dépassera les douze travaux d'Alcide.

PETRUCHIO.

— Monsieur, comprenez bien ce que je vais vous dire. — La cadette, à laquelle vous aspirez, — est soustraite à tous les galants par son père, — qui ne veut pas la promettre à qui que ce soit, — avant que sa sœur aînée soit mariée. — Elle sera libre alors, mais pas avant.

TRANIO.

— S'il en est ainsi, monsieur, si vous êtes l'homme — qui doit nous rendre à tous, à moi comme aux autres, un tel service, — si vous rompez la glace, si vous accomplissez cet exploit — de conquérir l'aînée en nous ouvrant accès — auprès de la cadette, celui qui aura le bonheur de la posséder — ne sera certes pas disgracieux au point d'être ingrat envers vous.

HORTENSIO.

— Vous parlez bien, monsieur, et vous pensez bien; — puisque vous déclarez vous mettre sur les rangs, — vous devez, ainsi que nous, vous montrer reconnaissant envers ce gentilhomme — à qui nous sommes tous également obligés.

TRANIO.

— Monsieur, je ne lésinerai pas; pour commencer, — je vous propose de passer ensemble cette après-midi — et de vider les verres à la santé de notre maîtresse. — Faisons comme les avocats, qui, adversaires acharnés devant le juge, — n'en vont pas moins manger et boire ensemble comme des amis.

GREMIO ET BIONDELLO.

— Oh! l'excellente motion! Camarades, partons.

HORTENSIO.

— La motion est bonne, en effet. Ainsi soit-il ! — Petruchio, je serai votre *benvenuto*.

Ils sortent.

SCÈNE III.

[Toujours à Padoue, chez Baptista.]

Entre CATHARINA traînant BIANCA.

BIANCA.

— Bonne sœur, ne me faites, ne vous faites pas à vous-même l'injure — de me traiter en prisonnière et en esclave ; — je trouve cela indigne ; quant à cette garniture, — lâchez-moi les mains, et je vais l'arracher, — même, j'ôterai toute ma parure, jusqu'à ma jupe ! — Oui, tout ce que vous me commanderez, je le ferai, — tant je connais mes devoirs envers mon aînée.

CATHARINA.

— Entre tous tes galants, je te somme de me dire — celui que tu aimes le mieux ; songe à ne rien dissimuler.

BIANCA.

— Croyez-moi, ma sœur, parmi tous les hommes vivants — je n'ai pas encore vu un visage spécial — que je puisse préférer à un autre.

CATHARINA.

— Mignonne, tu mens ! n'est-ce pas Hortensio ?

BIANCA.

— Si vous avez du goût pour lui, ma sœur, je vous jure — que je plaiderai moi-même pour vous, afin que vous l'obteniez.

CATHARINA.

— Oh ! c'est qu'apparemment vous préférez la richesse, — vous voulez avoir Gremio pour qu'il vous fasse belle !

BIANCA.

— Est-ce pour lui que vous me jalousez ainsi? — Allons, vous plaisantez, et je m'aperçois à présent — que vous n'avez fait que plaisanter tout ce temps. — Je t'en prie, sœur Cateau, lâche-moi les mains.

CATHARINA.

— Si ceci est une plaisanterie, le reste en était une.

Elle la frappe.

Entre BAPTISTA.

BAPTISTA.

— Eh bien, qu'est-ce à dire, donzelle? d'où vous vient cette insolence?... — Bianca, éloigne-toi... Pauvre fille! elle pleure... — Va reprendre ton aiguille, et n'aie plus affaire à elle. — Fi, pécore d'humeur diabolique! — pourquoi lui fais-tu du mal, à elle qui ne t'en a jamais fait? — Quand t'a-t-elle seulement contrariée par une parole amère?

CATHARINA.

— Son silence m'injurie, et je veux me venger.

Elle court sur Bianca.

BAPTISTA, *s'interposant.*

— Quoi! sous mes yeux! Bianca, rentre chez toi.

Bianca sort.

CATHARINA.

— Vous ne pouvez donc plus me souffrir! Ah! je le vois à présent, — c'est elle qui est votre trésor et il faut qu'elle ait un mari; — moi, il faut que je danse pieds nus le jour de sa noce, — et que, pour l'amour d'elle, je mène des singes en enfer (9). — Ne me parlez plus; je vais m'enfermer et pleurer — jusqu'à ce que je trouve une occasion de me venger.

Elle sort.

BAPTISTA.

— Y eut-il jamais un homme aussi affligé que moi? — Mais qui vient là?

Entre Gremio, avec Lucentio vêtu comme un pauvre homme ; puis Petruchio, avec Hortensio en tenue de musicien ; puis Tranio, avec Biondello portant un luth et des livres.

GREMIO.

Bonjour, voisin Baptista.

BAPTISTA.

— Bonjour, voisin Gremio ; Dieu vous garde, messieurs !

PETRUCHIO.

— Et vous aussi, cher monsieur ! Pardon ! n'avez-vous pas une fille — nommée Catharina, jolie et vertueuse ?

BAPTISTA.

— J'ai une fille nommée Catharina, monsieur.

GREMIO, bas à Petruchio.

— Vous êtes trop brusque, allez-y méthodiquement.

PETRUCHIO, bas à Gremio.

— Vous me faites injure, signor Gremio ; laissez-moi faire...

Haut, à Baptista.

— Je suis, monsieur, un gentilhomme de Vérone ; — ayant ouï parler de la beauté de votre fille, de son esprit, — de son affabilité, de sa pudique modestie, de ses qualités merveilleuses et de sa douceur de caractère, — j'ai pris la liberté de m'introduire sans façon — chez vous, pour vérifier de mes yeux — un récit qui m'a été fait si souvent. — Et, pour mon entrée en galanterie, — je vous présente un homme à moi.

Montrant Hortensio.

— très-fort en musique et en mathématiques, — pour compléter l'éducation de votre fille — à qui ces sciences, je le sais, ne sont pas inconnues. — Acceptez-le, pour ne pas m'offenser ; son nom est Licio, il est né à Mantoue.

BAPTISTA.

— Vous êtes le bienvenu, monsieur ; et lui aussi, à votre

considération ; — mais quant à ma fille Catharina, je sais — qu'elle n'est pas votre fait, et j'en suis désolé.

PETRUCHIO.

— Je vois que vous ne voulez pas vous séparer d'elle, — ou que du moins mon alliance vous déplaît.

BAPTISTA.

— Ne vous méprenez pas, monsieur; je parle comme je pense. — D'où êtes-vous, monsieur? Pourrais-je vous appeler par votre nom?

PETRUCHIO.

— Petruchio est mon nom ; je suis le fils d'Antonio, — un homme bien connu dans toute l'Italie.

BAPTISTA.

— Je le connais bien; soyez le bienvenu à sa considération.

GREMIO.

— Pour vous épargner les paroles, permettez, Petruchio, — que nous autres, pauvres pétitionnaires, nous nous exprimions à notre tour. — Peste! vous êtes merveilleusement pressé.

PETRUCHIO.

— Oh ! pardonnez-moi, signor Gremio ; je tiendrais à finir.

GREMIO.

— Je n'en doute pas, monsieur, mais vous gâtez votre cause. — Voisin, ce présent de monsieur vous a été fort agréable, j'en suis sûr. Voulant vous faire la même gracieuseté, à vous qui, plus que personne, m'avez obligé, je m'empresse de vous présenter ce jeune savant

Montrant Lucentio.

qui a longtemps étudié à Reims, et qui est aussi fort en grec, en latin et autres langues que l'autre en musique et en mathématiques : il se nomme Cambio : je vous en prie, acceptez ses services,

BAPTISTA.

Mille remercîments, signor Gremio! Bienvenu, bon Cambio!...

<small>Apercevant Tranio.</small>

Mais vous, mon aimable monsieur, vous avez l'allure d'un étranger. Prendrai-je la liberté grande de vous demander les motifs de votre venue?

TRANIO.

— C'est à vous, monsieur, de me pardonner ma liberté grande : — étranger dans cette cité, — j'ose prétendre à la main de votre fille, — la belle et vertueuse Bianca. — Je n'ignore pas votre ferme résolution — de pourvoir d'abord sa sœur aînée. — L'unique grâce que je vous demande, — c'est, dès que vous connaîtrez ma famille, de me faire le même accueil qu'aux autres galants, — et de m'accorder un libre accès aussi cordialement qu'à eux. — Pour concourir à l'éducation de vos filles, — je vous offre le simple instrument que voici, — et cette petite collection de livres grecs et latins; — ils auront une grande valeur, si vous les acceptez.

BAPTISTA.

— Lucentio est votre nom? De quel pays, je vous prie?

TRANIO.

— De Pise, monsieur; je suis fils de Vincentio.

BAPTISTA.

— Un puissant personnage de Pise, je le connais beaucoup — de réputation; vous êtes le très-bienvenu, monsieur.

<small>A Hortensio.</small>

— Vous, prenez ce luth,

<small>A Lucentio.</small>

et vous, ce paquet de livres. — Vous allez voir vos élèves sur-le-champ. — Holà! quelqu'un!

Entre un Valet.

Maraud, conduis — ces messieurs près de mes filles, et dis-leur à toutes deux — que ce sont leurs professeurs ; recommande-leur de les bien accueillir.

Le valet sort avec Hortensio, Lucentio et Biondello.

— Nous allons nous promener un peu dans le jardin, — et ensuite à table ! Vous êtes vraiment les bienvenus, — je vous prie tous de vous considérer comme tels.

PETRUCHIO.

— Signor Baptista, mon affaire veut qu'on se hâte, — et je ne puis tous les jours venir faire ma cour. — Vous connaissiez bien mon père ; vous le revoyez en moi, — l'héritier unique de ses terres et de ses biens, — qui entre mes mains ont plutôt prospéré que décru. — Dites-moi donc, si j'obtiens l'amour de votre fille, — quelle dot elle m'apportera en mariage.

BAPTISTA.

— Après ma mort, la moitié de mes terres ; — et dès à présent un capital de vingt mille écus.

PETRUCHIO.

— En retour de cette dot, si elle me survit, — je lui assure comme douaire — toutes mes terres et tous mes revenus. — Rédigeons donc les clauses du contrat — pour que nos conventions soient bien observées de part et d'autre.

BAPTISTA.

— Oui, quand le point principal sera obtenu, — c'est-à-dire l'amour de ma fille ; car tout dépend de là.

PETRUCHIO.

— Bah ! c'est la moindre des choses ; car, je vous en préviens, mon père, — je suis aussi obstiné qu'elle est hautaine ; — et, quand deux feux violents se rencontrent, — ils consument l'objet qui alimente leur furie. — Un faible vent ne fait que grandir une faible flamme, — mais l'ouragan furieux éteint un incendie. — C'est un ouragan que je serai pour elle, et il faudra bien qu'elle me cède ; — car je suis énergique et je ne fais pas ma cour en enfant.

BAPTISTA.

— Puisses-tu lui faire la cour, et puisses-tu réussir ! Mais ne sois pas désarmé par quelques malheureux mots.

PETRUCHIO.

— Je suis à l'épreuve, comme les montagnes que les vents — ne sauraient ébranler, quand ils souffleraient continuellement.

Rentre HORTENSIO, *la tête en sang.*

BAPTISTA.

— Eh bien, mon ami, pourquoi donc es-tu si pâle?

HORTENSIO

— Si je suis pâle, c'est de peur, je vous assure.

BAPTISTA.

— Quoi? est-ce que ma fille ne ferait pas une bonne musicienne ?

HORTENSIO.

— Je crois qu'elle fera plutôt un soldat : — le fer peut résister avec elle, mais pas les luths.

BAPTISTA.

— Comment tu ne peux donc la rompre au luth?

HORTENSIO.

— Certes, non ; car c'est elle qui a rompu le luth sur moi. — Je lui disais simplement qu'elle se trompait de touches, — et je lui pliais la main pour lui apprendre le doigté, — quand, dans un accès d'impatience diabolique : — *Des touches,* s'écrie-t-elle, *vous appelez ça des touches? Eh bien, je vais les faire jouer!* — et à ces mots, elle m'a frappé si fort sur la tête — que mon crâne a traversé l'instrument. — Et ainsi je suis resté quelque temps pétrifié, — comme un homme au pilori, ayant un luth pour carcan, — tandis qu'elle me traitait de misérable râcleur, — de musicien manqué, et de vingt autres noms injurieux, — comme si elle avait appris une leçon pour mieux m'insulter.

PETRUCHIO.

— Ah! par l'univers, voilà une robuste donzelle! — Je l'en aime dix fois davantage! — Oh! combien il me tarde d'avoir avec elle une petite causerie!

BAPTISTA, à HORTENSIO.

— Allons, viens avec moi et ne sois pas si déconfit; — poursuis tes leçons avec ma fille cadette; — elle a des dispositions, et elle est reconnaissante du bien qu'on lui fait. — Signor Petruchio, voulez-vous venir avec nous, — ou bien vous enverrai-je ma fille Catharina?

PETRUCHIO.

— Envoyez-la, je vous prie ; je l'attendrai ici.

Sortent Baptista, Gremio, Tranio et Hortensio.

PETRUCHIO, seul.

— Dès qu'elle viendra, je vais lui faire lestement ma cour. — Supposons qu'elle vocifère; eh bien, je lui dirai tout net — qu'elle chante aussi harmonieusement qu'un rossignol. — Supposons qu'elle fasse la moue, je lui déclarerai — qu'elle a l'air aussi riant — que la rose du matin encore baignée de rosée. — Si elle reste muette et s'obstine à ne pas dire un mot, — alors je vanterai sa volubilité — et je lui dirai que son éloquence est entraînante ; — si elle me dit de déguerpir, je la remercierai, — comme si elle m'invitait à rester près d'elle une semaine. — Si elle refuse de m'épouser, je lui demanderai tendrement — quand je dois faire publier les bans et quand nous devons nous marier. — Mais la voici. Allons, Petruchio, parle...

Entre CATHARINA.

— Bonjour, Cateau ; car c'est votre nom, m'a-t-on dit.

CATHARINA.

— Vous avez entendu, mais un peu de travers ; — ceux qui parlent de moi me nomment Catharina.

PETRUCHIO.

— Vous vous trompez, sur ma parole : car on vous appelle Cateau tout court, — la bonne Cateau, et parfois la hargneuse Cateau, — mais enfin Cateau, la plus jolie Cateau de la chrétienté, — Cateau de la halle aux gâteaux ; ma friande Cateau, — car qui dit gâteau dit friandise ; Cateau, — ma consolation, Cateau, écoute-moi ! Ayant entendu dans toutes les villes vanter ta douceur, — célébrer tes vertus et chanter ta beauté, — bien moins cependant qu'elles ne le méritent, — j'ai été porté à te rechercher pour femme.

CATHARINA.

— Porté !... à merveille ! Eh bien, que le diable qui vous a porté — vous remporte ! Vous m'avez tout de suite eu l'air — d'un meuble transportable.

PETRUCHIO.

— Qu'est-ce à dire, d'un meuble ?

CATHARINA.

— Oui, d'une chaise percée !

PETRUCHIO.

— Tu as dit juste : assieds-toi donc sur moi.

CATHARINA.

— Les ânes sont faits pour porter, et vous aussi.

PETRUCHIO.

— Les femmes sont faites pour porter, et vous aussi.

CATHARINA.

— Je ne suis pas la rosse qui vous portera, si c'est moi que vous avez en vue.

SCÈNE III.

PETRUCHIO.

— Hélas! bonne Cateau, je ne te chargerai pas trop; — car, te sachant jeune et légère...

CATHARINA.

— Trop légère pour qu'un rustre comme vous m'attrape; — et néanmoins je pèse ce que je dois peser!

PETRUCHIO.

— Oui, si l'on vous baise.

CATHARINA.

— Bien dit! pour une buse!

PETRUCHIO.

— O tourterelle au faible vol! Une buse te prendra donc!

CATHARINA.

— Oui, pour une tourterelle, et il trouvera un oiseau de proie!

PETRUCHIO.

— Allons, allons, ma guêpe, vraiment, vous vous irritez trop.

CATHARINA.

— Si je tiens de la guêpe, gare à mon aiguillon!

PETRUCHIO.

— J'en serai quitte pour l'arracher.

CATHARINA.

— Oui, si un imbécile est capable de trouver où il est!

PETRUCHIO.

— Qui ne sait où la guêpe porte son aiguillon? — Au bout de son corsage!

CATHARINA.

Au bout de ses lèvres!

PETRUCHIO.

Les lèvres de qui?

CATHARINA.

— Peut-être les vôtres, si vous aviez un corps sage! Adieu.

PETRUCHIO, la retenant.

— Un corsage! Mes lèvres trouveraient vite le vôtre! Allons, — revenez, bonne Cateau, je suis un gentilhomme.

CATHARINA.

C'est ce que je vais voir.

Elle lui donne un soufflet.

PETRUCHIO.

— Je jure que je vous le rendrai, si vous recommencez.

CATHARINA.

— Vous y perdriez vos armes. — Si vous frappez une femme, vous n'êtes pas gentilhomme; — et si vous n'êtes pas gentilhomme, les armes vous manqueront.

PETRUCHIO.

— Seriez-vous un héraut, Catherine? Oh! alors mettez-moi dans votre armorial.

CATHARINA.

— Quel est votre cimier? une crête de coq?

PETRUCHIO.

— Un coq sans crête, pourvu que Cateau soit ma poule.

CATHARINA.

— Je ne veux pas de vous pour mon coq; vous chantez trop comme un chapon.

PETRUCHIO.

— Allons, Cateau, allons; ne montrez pas tant d'aigreur.

CATHARINA.

— C'est mon air habituel devant un cornichon.

PETRUCHIO.

— Il n'y a pas de cornichon ici; renoncez donc à votre aigreur.

CATHARINA.

— Il y en a un, il y en a un.

SCÈNE III.

PETRUCHIO.

Alors montrez-le moi.

CATHARINA.

Ah! si j'avais un miroir!

PETRUCHIO.

— Vous voulez dire que vous me montreriez mon visage!

CATHARINA.

— Pas mal deviné pour un si jeune gars!

PETRUCHIO.

— Par saint Georges, décidément je suis trop jeune pour vous.

CATHARINA.

— Vous êtes pourtant bien flétri.

PETRUCHIO, lui prenant la taille.

— Ce sont les soucis.

CATHARINA, essayant de se dégager.

— Je ne m'en soucie guère.

PETRUCHIO, la retenant.

— Voyons, écoutez-moi, Cateau; en vérité, vous ne vous échapperez pas ainsi.

CATHARINA.

— Je vais vous exaspérer, si je reste; laissez-moi.

PETRUCHIO.

— Non, pas du tout. Je vous trouve plus que gentille. — On m'avait dit que vous étiez brusque, et morose, et hargneuse, — et je vois que tous ces récits étaient menteurs; — car tu es charmante, enjouée, plus que courtoise; — tu as la parole lente, mais suave comme une fleur de printemps, — tu ne sais pas faire la moue, tu ne sais pas regarder de travers, — ni te mordre la lèvre, comme font les filles en colère, — tu ne prends point plaisir à contredire; — mais tu accueilles tes soupirants avec douceur, — avec un langage gracieux, caressant et affable. — Pourquoi le monde prétend-il que Catharina est boiteuse? — O monde calomniateur! Catharina est droite et svelte — comme la tige du coudrier; elle est brune — comme la noisette et plus douce que son amande. — Oh! que je te voie marcher! Tu ne boites pas!

CATHARINA.

— Imbécile, va donner des ordres à ceux que tu payes.

PETRUCHIO.

Diane a-t-elle jamais embelli la forêt — autant que Catharina pare cette chambre avec son élégance princière? — Oh! sois Diane, et que Diane devienne Catharina; — et qu'alors Catharina soit chaste et que Diane devienne tendre!

CATHARINA.

— Où avez-vous étudié ce beau discours?

PETRUCHIO.

— C'est un impromptu né de mon esprit!

CATHARINA.

— Il faut que l'auteur ait de l'esprit pour que l'œuvre en ait!

PETRUCHIO.

— Ne suis-je pas spirituel?

CATHARINA.

— Oui! Alors tenez-vous chaudement (10).

PETRUCHIO.

— Morbleu, c'est mon intention, suave Catherine, dans ton lit! — Et sur ce, laissant de côté tout ce babil, — je m'explique en termes clairs. Votre père consent — à ce que vous soyez ma femme, votre dot est réglée; — et bon gré, mal gré, je vous épouse. — Croyez-moi, Cateau, je suis le mari qu'il vous faut; — car, par cette lumière qui me fait voir ta beauté, — ta beauté qui me rend si amoureux de toi, — tu n'épouseras pas un autre homme que moi! — Car je suis né, Cateau, pour t'apprivoiser; — et pour faire de toi, au lieu d'une chatte sauvage, — une Cateau aimable comme toutes les Cateaux familières! — Voici votre père; n'allez pas refuser; — il faut que j'aie Catharina pour femme, je l'aurai!

Rentrent Baptista, Gremio et Tranio.

BAPTISTA.

Eh bien, — signor Petruchio? Comment cela va-t-il avec — ma fille?

PETRUCHIO.

Parfaitement, comme de juste! Parfaitement! — Il était impossible que je ne réussisse pas.

BAPTISTA.

— Eh bien, Catherine, ma fille? Avez-vous toujours l'humeur sombre?

CATHARINA.

— Vous m'appelez votre fille! Sur ma parole, — vous me donnez une belle preuve de tendresse paternelle — en voulant me marier à un demi lunatique, — à un ruffian sans cervelle, à un moulin à serments — qui croit vous en imposer avec ses jurons!

PETRUCHIO.

— Beau-père, voici le fait : vous et tous les gens — qui parlent d'elle, vous vous méprenez sur son compte: — si elle est hargneuse, c'est par politique, — car, loin d'être arrogante, elle est modeste comme la colombe; — loin d'être violente, elle est paisible comme le matin. — Pour la patience, c'est une seconde Griselle (11), — et une Lucrèce romaine pour la chasteté. — Bref, nous nous sommes si bien accordés — que les noces sont fixées à dimanche.

CATHARINA.

— Je te verrai plutôt pendre dimanche.

GREMIO.

— Tu entends, Petruchio! Elle dit qu'elle te verra plutôt pendre.

TRANIO, à Petruchio.

— Est-ce là tout votre succès! Alors, adieu notre pacte!

PETRUCHIO.

— Patience, messieurs! je la choisis pour moi-même. — Si elle et moi nous sommes satisfaits, que vous importe, à vous? — Il a été convenu entre nous deux, quand nous étions seuls, — qu'elle continuerait à être hargneuse en compagnie. — Je vous dis que c'est incroyable — comme elle m'aime. Oh! la tendre Catherine! — Elle se pendait à mon cou, elle me prodiguait — baiser sur baiser, faisant serment sur serment — qu'en un clin-d'œil elle s'était éprise de moi! — Ah! vous êtes des novices! C'est merveille de voir — comment, dans le tête-à-tête, — le plus chétif galant peut apprivoiser la plus intraitable sauvage... — Donne-moi ta main, Cateau : je vais à Venise — acheter le trousseau nécessaire pour la noce. — Préparez la fête, beau-père, et invitez les convives ; — je veux être sûr que ma Catherine sera belle.

BAPTISTA.

— Je ne sais que dire : mais donnez-moi vos mains... — Que Dieu vous envoie la joie, Petruchio! C'est une affaire conclue.

GREMIO ET TRANIO.

— Amen, nous servirons de témoin.

PETRUCHIO.

— Adieu, beau-père; adieu, femme; adieu, messieurs. — Je pars pour Venise; dimanche viendra vite.

SCÈNE III.

— Nous aurons des bagues, une belle parure, toutes sortes de choses. — Ah ! embrasse-moi, Cateau.

Il l'embrasse.

Nous serons mariés dimanche.

Petruchio et Catharina s'en vont par des côtés opposés (12).

GREMIO.

— Jamais mariage a-t-il été bâclé si vite !

BAPTISTA.

— Ma foi, messieurs, je joue le rôle d'un négociant — qui s'aventure follement dans une entreprise désespérée.

TRANIO.

— C'était une denrée qui se détériorait près de vous : — maintenant ou elle vous rapportera un bénéfice ou elle périra sur la mer.

BAPTISTA.

— Le bénéfice que je cherche en cette affaire, c'est la paix.

GREMIO.

— Il faut avouer qu'il a fait là une conquête étrangement pacifique. — Mais, maintenant, Baptista, parlons de votre fille cadette. — Voici enfin le jour que nous avons si longtemps attendu ; — je suis votre voisin, et je suis le premier amoureux en date.

TRANIO.

— Et moi, je suis un soupirant qui aime Bianca plus — que des paroles ne peuvent l'exprimer, et vos pensées le concevoir.

GREMIO.

— Marmouset ! tu ne saurais aimer aussi tendrement que moi.

TRANIO.

— Barbe grise ! ton amour n'est que de la neige.

GREMIO.

— Le tien n'est que de la mousse. — Arrière, freluquet; la maturité, c'est le fruit.

TRANIO.

— Mais la jeunesse, aux yeux des belles, c'est la fleur.

BAPTISTA.

— Calmez-vous, messieurs, je vais arracher ce différend; — c'est par des faits qu'il faut gagner le prix; et celui de vous deux — qui peut assurer à ma fille la plus grosse dot aura l'amour de Bianca. — Dites, signor Gremio, que pouvez-vous lui assurer?

GREMIO.

— Et d'abord, comme vous savez, ma maison de ville — est richement fournie de vaisselle d'or et d'argent, — de bassins et d'aiguières pour laver ses mains délicates. — Mes courtines sont toutes des tapisseries de Tyr; — j'ai rembourré d'écus mes coffres d'ivoire; — tenture de haute lice, courte-pointes, — vêtements, rideaux et lambrequins coûteux, — linge fin, coussins de Turquie rehaussés de perles, — dentelle de Venise lamée d'or, — service d'étain et de cuivre, j'ai dans des caisses de cyprès tout ce qui est nécessaire — à une maison et à un ménage. En outre, dans ma ferme, — j'ai cent vaches à l'abreuvoir, — cent vingt bœufs gras à l'étable, — et tout le reste en proportion. — Je suis moi-même chargé d'années, je dois le confesser; — mais, que je meure demain, et tout cela est à elle, — si ma vie durant elle consent à être à moi.

TRANIO.

— Il n'y a de bon dans tout cela que la conclusion.

A Baptista.

Monsieur, écoutez-moi. — Je suis l'unique fils et héritier de mon père. — Si je puis avoir votre fille pour femme, — je lui laisserai dans les murs de l'opulente

Pise — trois ou quatre maisons aussi belles que celle — qu'a dans Padoue le vieux signor Gremio; — sans compter une rente de deux mille ducats — en bonne terre, qui constituera son douaire. — Eh bien, signor Gremio, êtes-vous pincé?

GREMIO.

— Une rente de deux mille ducats en terre! — Tout mon fonds ne se monte pas à cette somme! — Mais elle aura en outre un bâtiment — qui est maintenant à l'ancre dans la rade de Marseille. — Eh bien, ce bâtiment-là vous coupe la respiration!

TRANIO.

— Gremio, il est connu que mon père n'a pas moins — de trois grands navires, plus deux galéaces — et douze belles galères : je les lui assure, — et je double vos offres, quelles qu'elles soient.

GREMIO.

— J'ai tout offert, je n'ai pas davantage, — et je ne puis donner que ce que j'ai; — si vous m'agréez, elle m'aura avec tout ce que je possède.

TRANIO, à Baptista.

— La fille m'appartient, à l'exclusion de tout autre, — d'après votre solennelle promesse. Gremio est évincé.

BAPTISTA.

— Je dois l'avouer, votre offre est la plus considérable; — et, si votre père veut bien lui garantir cette fortune, — elle est à vous; autrement, vous voudrez bien m'excuser; — car, si vous mouriez avant lui, où serait son douaire?

TRANIO.

— C'est là une argutie; il est vieux, je suis jeune.

GREMIO.

— Est-ce que les jeunes gens ne peuvent pas mourir aussi bien que les vieux?

BAPTISTA.

Il suffit, messieurs. — Voici ma résolution. Vous savez que dimanche prochain — ma fille Catherine doit se marier ; — eh bien, le dimanche suivant,

A Tranio.

vous épouserez — Bianca, si vous obtenez la garantie de votre père ; — sinon, elle est au signor Gremio. — Et sur ce, je prends congé de vous en vous remerciant tous deux.

Il sort.

GREMIO.

— Adieu, cher voisin…

A Tranio.

Maintenant, je ne vous crains pas ; — morbleu, jeune farceur, votre père serait bien niais — de vous donner tout ce qu'il a, pour que, sur ses vieux jours, — vous le renvoyiez au bas-bout de la table. Bah ! c'est un enfantillage ! — Un vieux renard italien n'est pas si débonnaire, mon garçon.

Il sort.

TRANIO, seul.

— Peste soit de ta peau flétrie, vieux malin ! — Heureusement que j'ai riposté par le plus gros atout ! — Je me suis mis en tête de faire le bien de mon maître ; — je ne vois pas pourquoi le prétendu Lucentio — ne se ferait pas un prétendu père appelé Vincentio. — Chose merveilleuse ! ordinairement, ce sont les pères — qui font leurs enfants ; mais, dans ce cas amoureux, — grâce à mon adresse, c'est l'enfant qui fait le papa !

Il sort.

SCÈNE IV.

[L'appartement de Bianca.]

Entrent Lucentio, Hortensio et Bianca.

LUCENTIO.

— Musicien, arrêtez ; vous prenez trop de liberté, monsieur ; — avez-vous donc oublié sitôt la réception — que vous a faite sa sœur Catherine ?

HORTENSIO.

— Mais, pédant braillard, je suis ici — devant la patronne de la céleste harmonie ; — laissez-moi prendre le pas sur vous. — Quand nous aurons consacré une heure à la musique, — vous prendrez, comme moi, votre temps pour faire votre leçon.

LUCENTIO.

— Ane stupide ! qui n'a pas même lu assez — pour savoir le but de la musique ! — N'est-elle pas faite pour rafraîchir l'esprit de l'homme, — après ses études ou ses travaux habituels ? — Laissez-moi donc donner ma leçon de philosophie, — et, dès que je ferai une pause, servez votre harmonie.

HORTENSIO.

— Faquin, je n'endurerai pas tes bravades.

BIANCA.

— Allons, messieurs, vous me faites tous deux injure — en vous querellant pour une chose qui dépend de mon choix. — Je ne suis pas un écolier à qui l'on donne le fouet ; je ne suis pas astreinte à des heures ni à des délais déterminés, — mais je prends mes leçons comme il me plaît. — Sur ce, pour trancher toute discussion, asseyons-nous ici.

A Hortensio.

— Prenez votre instrument et jouez-nous un morceau ; — sa leçon sera finie avant que vous ayez accordé votre luth.

HORTENSIO, à Bianca.

— Vous laisserez là sa leçon dès que je serai d'accord ?

LUCENTIO.

— Jamais... Accordez toujours votre instrument !

Hortensio se retire à l'écart.

BIANCA.

— Où en étions-nous restés ?

LUCENTIO.

Ici, Madame :

Hac ibat Simois ; hic est Sigeia tellus ;
Hic steterat Priami regia celsa senis.

BIANCA.

Traduisez.

LUCENTIO.

Hac ibat, comme je vous l'ai dit, *Simois,* je suis Lucentio, *hic est,* fils de Vincentio de Pise, *Sigeia tellus,* ainsi déguisé pour gagner votre amour, *hic steterat,* et ce Lucentio qui est venu vous faire la cour, *Priami,* est mon valet Tranio, *regia,* qui a pris ma place, *celsa senis,* afin de mieux tromper le vieux Pantalon.

HOTENSIO, revenant.

— Madame, mon instrument est d'accord.

BIANCA.

Voyons, jouez.

Hortensio joue quelques notes.

— Oh ! fi ! la corde haute détonne.

LUCENTIO.

— Crachez dans le trou, l'ami, et raccordez.

Hortensio se retire de nouveau.

SCÈNE IV.

BIANCA.

Maintenant voyons si je puis traduire. *Hac ibat Simois*, je ne vous connais pas ; *hic steterat Priami*, prenez garde qu'il ne nous entende ; *regia*, ne présumez pas trop ; *celsa senis*, ne désespérez pas.

HORTENSIO, revenant.

— Madame, le voici d'accord.

LUCENTIO.

Oui, sauf la basse.

HORTENSIO.

— La basse est juste.

A part.

C'est ta bassesse, maroufle, qui détonne. — Comme notre pédant est enflammé et audacieux ! — Sur ma vie, le drôle fait la cour à ma bien-aimée ! — Pédascule, je vais te surveiller de plus près.

Il se rapproche.

BIANCA.

— Un jour je puis vous croire, maintenant je me méfie encore.

LUCENTIO.

— Ne vous méfiez pas.

Apercevant Hortensio

Car certainement Œacides — désigne Ajax, ainsi appelé du nom de son grand-père.

BIANCA.

— Je dois croire mon maître ; sans quoi, je vous promets — que j'argumenterais encore sur ce point doudeux ; — mais restons-en là...

A Hortensio.

Maintenant, Licio, à vous. — Mes chers maîtres, ne m'en veuillez pas, je vous prie, — d'avoir ainsi badiné avec vous.

HORTENSIO, à Lucentio.

— Vous pouvez aller faire un tour et me laisser libre un moment; — dans mes leçons, je n'ai pas de musique à trois parties.

LUCENTIO.

— Vous faites bien des cérémonies, messire!...

A part.

C'est bon, je vais rester — et me mettre à l'affût; car, si je ne me trompe, — notre beau musicien devient amoureux.

HORTENSIO.

— Madame, avant que vous touchiez l'instrument — pour apprendre de moi le doigté, — je dois commencer par les rudiments de l'art. — Je veux vous enseigner la gamme par une méthode plus courte, — plus agréable, plus fructueuse et plus efficace — que la manière usitée par mes collègues; — la voici, sur ce papier, indiquée en beaux caractères.

Il lui remet un papier.

BIANCA.

— Mais il y a longtemps que j'ai passé la gamme.

HORTENSIO.

— Lisez toujours la gamme d'Hortensio.

BIANCA.

Gamme. Ut. Je suis l'ensemble de tous les accords
A. ré. Unis pour déclarer la passion d'Hortensio.
B. mi. Bianca, acceptez-le pour époux,
C. fa. Lui qui vous aime en toute affection.
D. sol, ré. Pour une clé j'ai deux notes.
E. la, mi. Ayez pitié ou je meurs.

— Vous appelez ça une gamme! Bah! elle ne me plaît pas; — j'aime mieux l'ancien système : je ne suis pas assez capricieuse — pour échanger les véritables règles contre des inventions fantasques.

Entre un VALET.

LE VALET.

— Madame, votre père vous prie de laisser là vos livres — pour aider à décorer la chambre de votre sœur ; — vous savez que c'est demain le jour des noces.

BIANCA.

— Au revoir, mes chers maîtres ; il faut que je vous quitte.

LUCENTIO.

— Dès lors, madame, je n'ai nulle raison de rester.

Sortent Bianca et le valet, puis Lucentio.

HORTENSIO, seul.

— Et moi, j'ai des raisons pour surveiller ce pédant ; — il m'a tout à fait l'air d'un amoureux. — Ah ! Bianca, si tu as des goûts assez humbles — pour jeter tes regards égarés sur le premier venu, — te prenne qui voudra ! Si je te trouve volage, — Hortensio en sera quitte pour changer.

Il sort.

SCÈNE V.

[Devant la maison de Baptista.]

Entrent, en procession, BAPTISTA, GREMIO, TRANIO, CATHARINA, BIANCA et LUCENTIO, suivis des gens de la noce.

BAPTISTA, à Tranio.

— Signor Lucentio, voici le jour fixé — pour le mariage de Catharina et de Petruchio, — et pourtant nous n'avons point encore de nouvelles de notre gendre. — Que dira-t-on ? Quel scandale fera — l'absence du fiancé au moment où le prêtre l'attendra — pour procéder à la cérémonie du mariage ? — Que dit Lucentio de l'affront qui nous est fait ?

CATHARINA.

— Tout l'affront est pour moi. Pardieu, l'on me force, — en dépit de mon cœur, à donner ma main — à un écervelé, à un malotru, à un excentrique — qui, après avoir fait sa cour à la hâte, prend toutes ses aises pour épouser ! — Je vous avais bien dit que c'était un fou, un frénétique, — qui cachait une amère raillerie sous une apparence de rude franchise. — Afin de passer pour un plaisant personnage, — il ferait la cour à mille femmes, fixerait à chacune le jour de son mariage avec elle, — inviterait des amis et ferait même publier les bans, — sans avoir jamais la moindre intention d'épouser. — Ainsi, désormais, le monde montrera au doigt la pauvre Catherine, — et dira : « Tenez, voilà la femme de ce fou de Petruchio, — pour le jour où il lui plaira de venir l'épouser ! »

TRANIO.

— Patience, bonne Catharina, patience, Baptista. — Sur ma vie, Petruchio n'a que de bonnes intentions, — quel que soit le hasard qui l'empêche de tenir parole. — Tout brusque qu'il est, je le sais parfaitement sensé ; — tout jovial qu'il est, il n'en est pas moins honnête homme.

CATHARINA.

— Plût au ciel que Catharina ne l'eût jamais connu !

Elle sort en pleurant, suivie de Bianca et des gens de la noce.

BAPTISTA.

— Va, ma fille, je ne puis te blâmer de pleurer ; — car une pareille injure vexerait une sainte, — à plus forte raison une fille emportée et impatiente comme toi. —

Biondello arrive en courant.

BIONDELLO.

Maître ! maître ! une nouvelle ! une vieille nouvelle ! Une nouvelle comme vous n'en avez jamais entendu ?

BAPTISTA.

Une vieille nouvelle! Qu'est-ce que cela veut dire?

BIONDELLO.

Quoi! n'est-ce pas une nouvelle que d'apprendre l'arrivée de Petruchio?

BAPTISTA.

Est-ce qu'il est arrivé?

BIONDELLO.

Eh! non, monsieur!

BAPTISTA.

Que veux-tu dire, alors?

BIONDELLO.

Il arrive.

BAPTISTA.

Quand sera-t-il ici?

BIONDELLO.

Quand il sera où je suis et qu'il vous verra là.

TRANIO.

Mais voyons, parle! ta vieille nouvelle!

BIONDELLO.

Eh bien, Petruchio arrive avec un chapeau neuf et un vieux justaucorps, de vieilles culottes trois fois retournées; une paire de bottes ayant servi d'étui à chandelles, l'une bouclée, l'autre lacée; une vieille épée rouillée tirée de l'arsenal de la ville, avec la poignée brisée, et sans fourreau; les ferrets de ses deux aiguillettes rompus. Son cheval est affublé d'une vieille selle vermoulue dont les étriers sont dépareillés; il est de plus atteint de la morve, avec le dos pelé comme celui d'un rat, affligé d'un lampas, infecté de farcin, criblé d'écorchures, accablé d'éparvins, marqué de jaunisse, couvert d'avives incurables, perdu de vertigos, rongé de mites; l'échine rompue, les épaules disloquées; tout à fait fourbu; muni d'un mors auquel tient une seule guide, d'une têtière en peau de mouton, qui, à force d'avoir été tendue pour empêcher la bête de broncher, s'est brisée en maints endroits et a été raccommodée par de gros nœuds, d'une sangle rapiécée six fois et d'une croupière de velours pour femme portant deux initiales écrites en gros clous et rapiécée çà et là avec de la ficelle.

BAPTISTA.

Qui vient avec lui?

BIONDELLO.

Oh! monsieur, son laquais, caparaçonné dans le même goût que son cheval, avec un bas de fil à une jambe et une chausse de grosse laine à l'autre, jarreté d'un cordon rouge et d'un bleu, coiffé d'un vieux chapeau où est fiché en guise de plume le *Pot pourri des quarante fantaisies* (13) ; enfin un monstre, un vrai monstre par le costume, ne ressemblant en rien au page d'un chrétien ou au laquais d'un gentilhomme.

TRANIO.

— Quelque fantaisie bizarre l'aura poussé à s'équiper ainsi ; — ce n'est pas que parfois il ne sorte fort mesquinement vêtu.

BAPTISTA.

— Je suis heureux qu'il soit venu n'importe comment ! —

BIONDELLO.

Mais, monsieur, il ne vient pas !

BAPTISTA.

Est-ce que tu n'as pas dit qu'il venait?

BIONDELLO.

Qui? que Petruchio venait?

BAPTISTA.

Oui, que Petruchio venait.

SCÈNE IV.

BIONDELLO.

Non, monsieur, j'ai dit que son cheval venait avec lui sur son dos.

BAPTISTA.

Eh! c'est tout un.

BIONDELLO.

Nenni, par saint Jacques! je vous parie deux sous qu'un homme et un cheval font plus qu'un, sans néanmoins faire plusieurs.

Arrivent PETRUCHIO et GREMIO, tous deux costumés comme Biondello les a décrits.

PETRUCHIO.

— Allons, où sont ces galants? Qui donc est au logis?

BAPTISTA.

— Vous êtes le bienvenu, monsieur.

PETRUCHIO.

Et pourtant je pourrais être mieux venu.

BAPTISTA.

— Vous ne boitez pourtant pas.

TRANIO.

Seulement vous n'êtes pas aussi bien paré — que je l'aurais souhaité.

PETRUCHIO.

— Il fallait avant tout se presser d'arriver... — Mais où donc est Catharina? Où est mon aimable fiancée?... — Comment va mon beau-père?... Messieurs, vous me semblez avoir la mine bien sombre. — Pourquoi toute cette belle compagnie reste-t-elle ébahie, — comme si elle voyait quelque étrange monument, — quelque comète ou quelque prodige extraordinaire?

BAPTISTA.

— Voyons, Monsieur. Vous savez que c'est aujourd'hui le jour de vos noces. — D'abord nous étions tristes, craignant que vous ne vinssiez pas; — à présent nous sommes encore plus tristes de vous voir venu en si triste état. — Fi! ôtez ces vêtements qui font honte à votre rang — et tache à notre fête solennelle.

TRANIO.

— Et dites-nous quel sérieux motif — vous a si long-temps retenu loin de votre femme — et vous a fait venir si différent de vous-même.

PETRUCHIO.

— Ce serait chose fastidieuse à dire et désagréable à entendre. — Il vous suffira de savoir que je suis venu pour tenir ma promesse, — malgré quelques excentricités forcées — que, dans un moment plus opportun, j'excuserai — à vos yeux par les raisons les plus satisfaisantes. — Mais où donc est Catharina? Je suis trop longtemps loin d'elle; — la matinée s'écoule; nous devrions déjà être à l'église.

TRANIO.

— Ne vous présentez pas à votre fiancée sous ce costume irrévérend; — allez dans ma chambre mettre des vêtements à moi.

PETRUCHIO.

— Je n'en ferai rien, croyez-moi, c'est ainsi que je veux la voir.

BAPTISTA.

— Mais ce n'est pas ainsi, je pense, que vous voulez vous marier.

PETRUCHIO.

— Si fait, vive Dieu! Ainsi trêve de discours. — C'est moi qu'elle épouse et non mes habits. — Si je pouvais réparer ce qu'elle usera en moi — aussi facilement que je puis changer ce pauvre acoutrement, — Catharina s'en trouverait bien et moi mieux encore. — Mais quel imbécile je suis de jaser avec vous, — quand je devrais souhaiter le bonjour à ma fiancée — et sceller mon titre d'un amoureux baiser !

Sortent Petruchio, Grumio et Biondello.

TRANIO.

— Il a quelque intention dans ce fol équipage ; — tâchons de le décider, s'il est possible, — à mieux s'habiller avant d'aller à l'église.

BAPTISTA.

— Je vais le suivre pour voir l'issue de tout ceci.

Il sort (14).

TRANIO, à Lucentio.

— Mais, monsieur, à l'amour de Bianca il nous importe d'ajouter — le consentement de son père. Pour l'obtenir, — ainsi que je l'ai déjà confié à Votre Honneur, — je vais me procurer un homme (quel qu'il soit, — peu importe, nous lui ferons la leçon) — qui sera Vincentio de Pise, — et qui ici, à Padoue, se portera garant — de sommes plus fortes que celles mêmes que j'ai promises. — Et ainsi vous jouirez tranquillement de votre bonheur espéré, — et vous épouserez la charmante Bianca avec l'agrément de son père.

LUCENTIO.

— N'était que mon camarade le professeur — surveille si étroitenent les pas de Bianca, — il serait bon, ce me semble, de nous marier clandestinement ; — la chose une fois faite, le monde entier aurait beau me dire non, — je garderais mon bien en dépit du monde entier.

TRANIO.

— Nous tâcherons d'en venir là peu à peu, — et nous attendrons pour cette affaire le moment favorable. — Il nous faudra circonvenir ce barbon de Gremio, — et le paternel surveillant, Minola, — et ce précieux musicien, l'amoureux Licio, — tout cela au profit de mon maître Lucentio.

Rentre GREMIO.

— Signor Gremio, venez-vous de l'église?

GREMIO.

— Oui, et d'aussi bon cœur que je suis jamais revenu de l'école.

TRANIO.

Le marié et la mariée s'en reviennent-ils?

GREMIO.

— Le marié, dites-vous? C'est plutôt un palefrenier, — un palefrenier fort brutal; la pauvre fille ne le verra que trop.

TRANIO.

— Est-il plus intraitable qu'elle? Ah, c'est impossible.

GREMIO.

— Lui! c'est un diable, un diable, un vrai démon.

TRANIO.

— Eh bien, elle, c'est une diablesse, une diablesse, la femme du diable!

GREMIO.

— Bah! elle n'est qu'un agneau, une colombe, une niaise à côté de lui. — Je vais vous dire, messire Lucentio. Quand le prêtre — lui a demandé s'il voulait Catharina pour femme : — *Oui, sacredieu!* s'est-il écrié avec une telle imprécation — que, tout ébahi, le prêtre a laissé tomber son livre; — puis, comme il se baissait pour le ramasser, — ce fou furieux d'époux lui a porté un tel horion — que prêtre et livre, livre et prêtre sont tombés par terre. — *A présent*, a-t-il ajouté, *les ramasse qui voudra!*

TRANIO.

— Et qu'a dit la pauvrette quand le prêtre s'est relevé?

GREMIO.

— Elle tremblait, elle frissonnait, tandis que l'autre

frappait du pied et pestait — comme si le vicaire avait voulu le berner. — Enfin, après plusieurs cérémonies, — il a demandé le vin : *A votre santé*! s'est-il écrié, comme — s'il avait été à bord buvant à ses camarades — après une tempête. Le muscat avalé, — il a jeté le fond de la coupe à la face du sacristain, — disant pour toute raison — que la barbe du bonhomme poussait rare et affamée — et semblait lui demander son resté tandis qu'il buvait. — Cela fait, il a pris la mariée par le cou — et lui a appliqué sur les lèvres un baiser si bruyant — que toute l'église lui a fait écho. — Moi, voyant cela, je me suis enfui de honte ; — et je sais que toute la procession arrive derrière moi. — Jamais on n'a vu mariage si extravagant. — Écoutez! j'entends jouer les ménestrels.

Musique. Arrivent PETRUCHIO, CATHARINA, BIANCA, BAPTISTA, HORTENSIO, GRUMIO et tous les invités.

PETRUCHIO.

—Messieurs et amis, je vous remercie pour vos peines; — je sais que vous comptiez dîner aujourd'hui avec moi — et que vous aviez préparé un copieux repas de noces ; — mais malheureusement des affaires pressantes m'appellent loin d'ici, — et je dois en conséquence prendre congé de vous.

BAPTISTA.

— Est-il possible que vous veuilliez partir ce soir?

PETRUCHIO.

— Je dois partir aujourd'hui, avant que le soir vienne ; — n'en soyez pas étonnés; si vous connaissiez mes raisons — vous me prieriez plutôt de partir que de rester. — Je remercie toute l'honnête compagnie — qui a été témoin de mon union — avec la plus patiente, la plus douce et la plus vertueuse des femmes. — Dînez avec mon beau-père, buvez à ma santé, — car il faut que je parte. Adieu, vous tous!

TRIANO.

— Laissez-nous vous supplier de rester jusqu'après dîner!

PETRUCHIO.

— C'est impossible.

GREMIO.

Laissez-moi vous supplier!

PETRUCHIO.

— C'est impossible.

CATHARINA.

Je vous en supplie.

PETRUCHIO.

— J'en suis fort aise.

CATHARINA.

Fort aise de rester?

PETRUCHIO.

— Je suis fort aise que vous me suppliiez de rester, — mais résolu à ne pas rester, quand vous me supplieriez de toutes vos forces.

CATHARINA.

— Voyons! si vous m'aimez, restez.

PETRUCHIO.

Grumio! mes chevaux! —

GRUMIO.

Oui, monsieur, ils sont prêts, l'avoine a mangé les chevaux.

CATHARINA.

— Eh bien, — faites comme vous voudrez, moi, je ne partirai pas aujourd'hui, — non! ni demain, ni avant que cela me plaise. — La porte est ouverte, monsieur, voici votre chemin ; — vous pouvez trottiner, tant que vos bottes ne sont pas trop mûres. — Quant à moi, je ne partirai que quand cela me plaira. — Il paraît que vous ferez un mari joliment maussade, — puisque déjà vous y allez si rondement.

PETRUCHIO.

— Oh! calme-toi, Cateau; je t'en prie, ne te fâche pas.

CATHARINA.

— Je veux me fâcher... Qu'est-ce que tu as donc à faire? — Soyez calme, mon père, il restera tant que je voudrai.

GREMIO, à Baptista, montrant Petruchio.

— Oui, pardieu : il commence à se rendre.

CATHARINA.

— Messieurs, en avant pour le dîner de noces! — Je vois qu'une femme risque d'être bernée, — si elle n'a pas le cœur de résister.

PETRUCHIO.

— Ces messieurs iront dîner, Catherine, comme tu le leur commandes... — Obéissez à la mariée, vous tous qui lui faites cortége; allez au banquet, mettez-vous en liesse et faites bombance, — buvez à plein bord à sa virginité, — soyez gais jusqu'à la folie... ou allez à tous les diables; — mais quant à Cateau, ma mie, elle va partir avec moi.

A Catharina.

— Allons, n'ayez pas l'air grognon, ne trépignez pas, ne vous effarez pas, ne vous irritez pas. — Je veux être maître de ce qui m'appartient. — Catharina est mon bien, ma chose, elle est ma maison, — mon mobilier, mon champ, ma grange, — mon cheval, mon bœuf, mon âne, mon tout.

Il met l'épée à la main.

La voilà; y touche qui l'ose! — Je mettrai à la raison le plus hardi — qui dans Padoue me barre le passage....

Grumio, — dégaîne; nous sommes cernés par des brigands; — sauve ta maîtresse, si tu es un homme!... — Ne crains rien, chère petite! Ils ne te toucheront pas, ma Catherine! — Je serai ton bouclier, fût-ce contre un million!

Petruchio sort, emmenant Catharina et suivi de Grumio.

BAPTISTA.

— Allons! laissez aller ce couple pacifique (15).

GREMIO.

— S'ils n'étaient pas partis si vite, je mourrais de rire.

TRANIO.

— Entre toutes les unions folles, celle-ci n'a pas de pareille!

LUCENTIO, à Bianca.

— Madame, qu'elle est votre opinion sur votre sœur?

BIANCA.

— Que c'est une folle assortie à un fou.

GREMIO.

— Je le lui garantis, voilà Petruchio Catherin.

BAPTISTA.

— Voisins et amis, si le marié et la mariée nous manquent — pour remplir leurs places à table, — vous savez que la bonne chère ne manque pas à la fête. — Lucentio, vous occuperez la place du mari, — et Bianca prendra celle de sa sœur.

TRANIO.

— La charmante Bianca s'esseyera donc à faire la mariée?

BAPTISTA.

— Certainement, Lucentio... Allons, messieurs, partons.

Ils sortent.

SCÈNE VI.

[Chez Petruchio.]

Entre GRUMIO.

GRUMIO.

— Foin! foin de toutes les rosses éreintées, de tous les maîtres extravagants et de tous les mauvais chemins! Y eut-il jamais homme aussi étrillé, aussi crotté, aussi harassé que moi? Je suis envoyé en avant pour faire du feu; et ils vont arriver pour se chauffer. Si je n'étais pas une petite cruche qui devient chaude aisément, mes lèvres pourraient bien se geler à mes dents, ma langue à mon palais, et mon cœur à ma bedaine, avant que j'aie du feu pour me dégeler... Mais je vais me réchauffer en soufflant le feu; car, vu le temps qu'il fait, un homme plus grand que moi attraperait aisément un rhume... Holà! oh! Curtis!

Entre CURTIS.

CURTIS.

Qu'est-ce qui appelle de cette voix transie?

GREMIO.

Un monceau de glace. Si tu en doutes, tu peux glisser de mon épaule à mon talon, rien qu'en prenant ton élan de ma tête à mon cou. Du feu, bon Curtis.

CURTIS.

Est-ce que mon maître et son épouse viennent, Grumio?

GRUMIO.

Oh! oui, Curtis, oui. Du feu, donc! du feu, et ne jette pas d'eau dessus.

CURTIS.

A-t-elle la tête chaude comme on dit?

GRUMIO.

Elle l'avait, bon Curtis, avant cette gelée-là : mais, tu le sais, l'hiver dompte l'homme, la femme et la bête. Car il a dompté mon vieux maître, ma nouvelle maîtresse et toi-même, camarade Curtis.

CURTIS.

Au diable, pantin de trois pouces! Je ne suis pas une bête, moi.

GRUMIO.

Pantin de trois pouces! Allons, les cornes que tu portes ont bien un pied de long, et je suis pour le moins aussi haut qu'elles!..... Ah çà, veux-tu nous faire du feu ou faudra-t-il que je me plaigne de toi à notre maîtresse? Tu vas recevoir de sa main de froides caresses, si tu es si lent à faire ta chaude besogne.

CURTIS.

Je t'en prie, bon Grumio, dis-moi comment va le monde.

GRUMIO.

Bien froidement, Curtis, en dehors de ton office d'allumeur. Allons, messire, fais ton devoir pour avoir ton dû. Car mon maître et ma maîtresse sont presque morts de froid.

CURTIS.

Il y a du feu préparé. Ainsi, bon Grumio, donne-moi des nouvelles.

GRUMIO.

Autant de nouvelles que tu voudras, sur l'air de : *Jacquot! holà! Jacquot* (16)!

CURTIS.

Allons! tu aimes toujours à attraper les gens!

SCÈNE VI.

GRUMIO.

Non, je n'ai attrapé qu'un froid extrême. Du feu, donc!... Où est le cuisinier? Le souper est-il prêt, la maison décorée, les nattes étendues, les toiles d'araignée balayées? Les gens sont-ils dans leur futaine neuve et dans leurs bas blancs, et tous les officiers de bouche ont-ils leurs habits de noces? Nos dames-jeannes sont-elles belles en dedans, et nos Jeannetons sont-elles belles en dehors? Les tapis sont-ils posés et tout est-il en ordre?

CURTIS.

Tout est prêt. Ainsi, je t'en prie, quoi de nouveau?

GRUMIO.

D'abord, tu sauras que mon cheval est épuisé, et que mon maître et que ma maîtresse sont tombés.

CURTIS.

Comment?

GRUMIO.

De leurs selles dans la boue. Ah! c'est une longue histoire.

CURTIS.

Conte-nous-la, bon Grumio.

GRUMIO.

Approche ton oreille.

CURTIS.

La voici.

GRUMIO, lui donnant une gifle.

Tiens!

CURTIS.

C'est ce qui s'appelle sentir une histoire, ce n'est pas l'entendre.

GRUMIO.

C'est le moyen de rendre une histoire sensible. Cette taloche n'était que pour frapper à ton oreille et la prier d'écouter. Maintenent je commence. *Imprimis*, nous avons descendu une côte épouvantable, mon maître étant en croupe derrière ma maîtresse...

CURTIS.

Tous deux sur un seul cheval?

GRUMIO.

Qu'est-ce que ça te fait?

CURTIS.

Ça fait beaucoup au cheval.

GRUMIO.

Alors, raconte toi-même l'histoire. Si tu ne m'avais pas interrompu, tu aurais appris comme quoi le cheval est tombé, et elle sous le cheval, et dans quel bourbier! Tu aurais appris comme quoi elle était toute souillée; comme quoi il l'a laissée avec le cheval sur elle; comme quoi il m'a battu parce que son cheval avait bronché, comme quoi elle a pataugé dans la bourbe pour l'arracher de moi; comme quoi il jurait; comme quoi elle priait, elle qui n'avait jamais prié; comme quoi je criais; comme quoi les chevaux se sont échappés; comme quoi la bride qu'elle tenait s'est rompue; comme quoi j'ai perdu ma croupière; et mille autres choses mémorables qui vont mourir dans l'oubli, tandis que toi, tu rentreras dans ta tombe avec toute ton ignorance.

CURTIS.

A ce compte, il est plus intraitable qu'elle.

GRUMIO.

Oui, et c'est ce que toi et le plus faraud d'entre vous reconnaîtrez quand il sera de retour. Mais à quoi bon te dire tout ça? Appelle Nathaniel, Joseph, Nicholas, Philippe, Walter, Biscuit et le reste; que leurs cheveux soient bien lissés, leurs habits bleus bien brossés, et leurs jarretières bien uniformes; qu'ils fassent la révérence de la jambe gauche et qu'ils ne s'avisent pas de toucher un poil de la queue du cheval de mon maître

avant d'avoir baisé leur main. Sont-ils tous prêts?
CURTIS.
Tous!
GRUMIO.
Appelle-les!
CURTIS, appelant.
Holà! entendez-vous? Il faut que chacun de vous aille au-devant de mon maître pour faire son salut à ma maîtresse.
GRUMIO.
Son salut! elle peut bien le faire toute seule.
CURTIS.
Qui le nie?
GRUMIO.
Toi, il paraît : tu invites la compagnie à lui faire son salut.
CURTIS.
Je l'invite à rendre à madame l'honneur qui lui est dû.
GRUMIO.
L'honneur! Elle l'avait donc perdu, s'il faut qu'on le lui rende

Entrent PLUSIEURS VALETS.

NATHANIEL.
Bienvenu, Grumio!
PHILIPPE.
Comment va, Grumio?
JOSEPH.
Eh bien, Grumio?
NICHOLAS.
Camarade Grumio!
NATHANIEL.
Comment va, vieux?

GRUMIO.

Bienvenu, toi!... Comment va, toi?... Te voilà, toi!... C'est toi, camarade!... Voilà les bonjours finis. Maintenant, mes gaillards, tout est-il prêt? tout est-il nettoyé?

NATHANIEL.

Tout est prêt. A quelle distance est notre maître?

GRUMIO.

A deux pas! Il est déjà à bas de cheval. Ainsi ne soyez pas... Tudieu! Silence! j'entends mon maître.

Entrent Petruchio et Catharina.

PETRUCHIO.

— Où sont donc ces drôles? Quoi! personne à la porte — pour tenir mon étrier et emmener mon cheval! — Où est Nathaniel, Grégoire, Philippe?

TOUS LES VALETS.

Voilà! voilà! monsieur! Voilà, monsieur!

PETRUCHIO.

— Voilà, monsieur! voilà, monsieur! voilà, monsieur! voilà, monsieur! — Têtes de bûches! grossiers palefreniers que vous êtes! — Quoi, plus de service! plus d'attention! plus de respect! — Où est le stupide drôle que j'avais envoyé devant?

GRUMIO.

— Me voilà, monsieur! aussi stupide que devant.

PETRUCHIO.

— Manant! fils de putain! cheval de bât! bête de somme! — Est-ce que je ne t'avais pas dit de venir me trouver dans le parc, — et d'amener avec toi tous ces chenapans-là?

GRUMIO.

— Monsieur, l'habit de Nathaniel n'était pas tout à fait fini, — et les escarpins de Gabriel étaient tout décousus au talon; — il n'y avait pas de torche allumée pour noircir le chapeau de Pierre, — et la dague de Walter n'avait pas encore de fourreau! — Il n'y avait d'équipé qu'Adam, Ralph et Grégoire; — les autres étaient déguenillés, fripés et misérables; — mais, tels qu'ils sont, les voilà tous venus au devant de vous!

PETRUCHIO.

— Allez, coquins, allez me chercher à souper.

Quelques valets sortent.

Il chante.

« Où est la vie que je menais? »

— Où sont ces... Asseyez-vous, Catharina, et sois la bienvenue.

Il s'assied.

— Ouf! ouf! ouf! ouf!

Les valets reviennent, apportant le souper.

— Eh bien, dépêchons!... Voyons, ma bonne et douce Cateau, soyez gaie. — Otez-moi mes bottes, chenapans, gueux que vous êtes! Dépêchons.

Il chante.

« C'était un moine de l'ordre gris
Qui se promenait sur la route. »

Il tend une de ses bottes à un valet, qui le déchausse.

— Au diable, chenapan! tu me tords le pied! — Attrape!

Il le frappe.

Et apprends à mieux tirer l'autre — Soyez gaie, Cateau... Holà! de l'eau!... — Où est mon épagneul Troylus? Faquin, décampe — et dis à mon cousin Ferdinand de venir ici.

Un valet sort.

— C'est quelqu'un, Cateau, qu'il faudra que tu embrasses et que tu connaisses... — Où sont mes pantoufles?... Aurai-je enfin de l'eau?

On lui présente une cuvette.

— Allons, Cateau, lavez-vous, et soyez la bienvenue, là, à cœur ouvert.

Frappant un valet qui a laissé tomber l'aiguière.

— Comment, misérable fils de garce ! tu la laisses tomber !

CATHARINA.

— Patience, je vous en prie ; c'est une faute involontaire.

PETRUCHIO.

— Fils de putain ! tête de maillet ! coquin à longues oreilles !...— Allons, Cateau, asseyez-vous ; je sais que vous avez de l'appétit.

Ils se mettent à table.

— Voulez-vous dire les grâces, Cateau, ou bien les dirai-je ? — Qu'est ceci ? du mouton ?

PREMIER VALET.

En effet.

PETRUCHIO.

Qui l'a apporté ?

PREMIER VALET.

Moi.

PETRUCHIO.

— Il est brûlé, comme toute votre viande ! — Chiens que vous êtes !... Où est ce gueux de cuisinier ? — comment, maroufles, avez-vous osé apporter ça du fourneau, — et le servir ainsi, à moi qui ne l'aime pas ? — Allons, remportez cela, assiettes, verres et tout.

Il jette sur la scène tout ce qui est sur la table.

— Étourneaux ! butors ! manants malappris que vous êtes ! — Quoi, vous murmurez ! Je suis à vous tout à l'heure.

CATHARINA.

— Je vous en prie, cher mari, ne vous agitez pas ainsi.
— Cette viande était bonne, si vous vous en étiez contenté.

SCÈNE VI.

PETRUCHIO.

— Je te dis, Cateau, qu'elle était brûlée et desséchée ; — et il m'est expressément défendu de la manger ainsi ; — car elle engendre la colère et enracine la fureur ; — étant tous deux assez colériques par nature, — il vaudrait mieux pour nous rester à jeun — que de nous nourrir ainsi de viande par trop cuite. — Prends patience ; demain on fera mieux. — et, pour ce soir, nous jeûnerons de compagnie... — Viens, je vais te conduire à ta chambre nuptiale.

Petruchio et Catharina sortent, suivis de Curtis.

NATHANIEL, s'avançant.

— Pierre, as-tu jamais rien vu de pareil?

PIERRE.

— Il la massacre avec sa propre humeur.

Revient CURTIS.

GRUMIO.

— Où est-il?

CURTIS.

Dans la chambre de Madame — à lui faire un sermon de continence ; et il peste, et il jure, et il gronde si bien, qu'elle, la pauvre âme, — ne sait plus comment se tenir, regarder, ni s'exprimer, — et reste ébahie, comme éveillée en sursaut d'un rêve... — Sortons! sortons! car le voici qui vient.

PETRUCHIO, seul.

— Ainsi j'ai commencé mon règne en profond politique, — et j'espère arriver à bonne fin. — Voilà mon faucon stimulé par les privations ; — et, jusqu'à ce qu'il soit dressé, je ne veux pas le rassasier ; — car alors il ne serait plus attiré par le leurre (17). — J'ai encore un autre moyen de dompter mon oiseau sauvage, — et de lui apprendre à revenir et à connaître la voix de son maître, — c'est de le tenir éveillé, comme on tient le milan

— qui se débat, résiste et ne veut pas obéir. — Elle n'a rien mangé et ne mangera rien aujourd'hui ; — la nuit dernière, elle n'a pas dormi, elle ne dormira pas encore cette nuit ; — de même qu'au souper, je trouverai quelque défaut imaginaire — à la manière dont le lit est fait ; — et alors je jetterai l'oreiller par ici, le traversin par là, — la couverture d'un côté, les draps de l'autre... — C'est cela ! Et, au milieu de ce tohu-bohu, je prétendrai — que tout ce que j'en fais, c'est par prévenance et par sollicitude pour elle. — Conclusion : elle veillera toute la nuit, — et, s'il lui arrive de fermer l'œil, je pesterai, je braillerai — et je la tiendrai sans cesse éveillée par mes clameurs. — Voilà comme on accable une femme par tendresse ; — et ainsi je courberai son humeur violente et opiniâtre. — Que celui qui sait mieux s'y prendre pour apprivoiser une sauvage — dise son moyen ; c'est charité de le faire connaître (18).

Il sort.

SCÈNE VII.

[Padoue. Un parc attenant à la maison de Baptista.]

Entrent Tranio et Lucentio.

TRANIO.

— Est-il possible, ami Licio, que Bianca ait du goût — pour un autre que Lucentio ? — Je vous répète, monsieur, qu'elle me donne les meilleurs encouragements.

HORTENSIO.

— Monsieur, pour vous convaincre de ce que j'ai dit, — tenez-vous à l'écart et observez la manière dont il lui donne sa leçon.

Ils se mettent de côté.

SCÈNE VII.

Entrent BIANCA et LUCENTIO.

LUCENTIO.

— Eh bien, madame, profitez-vous dans vos lectures?

BIANCA.

— Et vous, maître, que lisez-vous? répondez-moi d'abord à cela.

LUCENTIO.

— Je lis ce que je professe, l'Art d'aimer.

BIANCA.

— Puissiez-vous, monsieur, être maître dans votre art!

LUCENTIO.

— Aussi longtemps, douce amie, que vous serez maîtresse de mon cœur!

Ils s'éloignent en causant.

HORTENSIO.

— Morbleu, c'est marcher lestement!... Ah çà! qu'en dites-vous, je vous prie, — vous qui n'hésitiez pas à jurer que votre maîtresse Bianca — n'aimait personne au monde autant que Lucentio!

TRANIO.

— O dépit amoureux! ô sexe inconstant!... — Je te le déclare, Licio, c'est étonnant.

HORTENSIO.

— Cessez de vous méprendre. Je ne suis pas Licio, — ni un musicien comme j'en ai l'air; — je répugne à vivre plus longtemps sous ce déguisement — pour une créature capable de planter là un gentilhomme — et de se faire un dieu d'un pareil malotru. — Sachez, monsieur, que je m'appelle Hortensio.

TRANIO.

— Signor Hortensio, j'ai souvent ouï parler — de votre profonde affection pour Bianca; — et, puisque mes yeux sont témoins de sa légèreté, — je veux avec vous, si vous le permettez, — abjurer pour jamais Bianca et son amour.

HORTENSIO.

— Voyez-les! que de baisers et de tendresses!..... Signor Lucentio, — voici ma main : je m'engage fermement — à cesser de lui faire la cour et à la renier — comme une créature indigne des hommages — dont je l'ai follement flattée jusqu'ici.

TRANIO.

— Comme vous, je fais ici sans réticence le serment de — ne jamais l'épouser, quand elle m'en supplierait. — Foin d'elle! Voyez quelles tendresses bestiales elle a pour lui!

HORTENSIO.

— Je voudrais que tout le monde, hormis lui, renonçât à elle. — Quant à moi, pour être plus sûr de tenir mon serment, — je veux me marier à une riche veuve, — avant que trois jours se passent; oui, à une veuve qui n'a cessé de m'aimer — tout le temps que j'ai aimé cette fière et dédaigneuse coquette. — Et sur ce, adieu, signor Lucentio. — Dans la femme, c'est la tendresse et non la beauté extérieure — qui désormais obtiendra mon amour. Je prends donc congé de vous, résolu à faire ce que j'ai juré.

Hortensio sort. Lucentio et Bianca reviennent sur le devant de la scène.

TRANIO.

— Madame Bianca, le ciel vous accorde tous les bonheurs — que peuvent avoir les amants heureux! — Ah! je vous ai surprise à faire la sieste, ma mie, — et nous avons, Hortensio et moi, renoncé à vous.

BIANCA.

— Vous plaisantez, Tranio; avez-vous vraiment renoncé à moi tous deux?

SCÈNE VII.

TRANIO.

— Oui, madame.

LUCENTIO.

Nous voilà donc débarrassés de Licio!

TRANIO.

— Ma foi, oui; il va trouver une veuve plantureuse — qu'en un jour il aura courtisée et épousée.

BIANCA.

— Dieu le tienne en joie.

TRANIO.

— Oh! il est bien sûr de l'apprivoiser.

BIANCA.

A ce qu'il dit, Tranio.

TRANIO.

— D'honneur, il est allé à l'école où l'on apprend à apprivoiser.

BIANCA.

— Comment! il y a une école comme celle-là.

TRANIO.

— Oui, madame, et c'est Petruchio qui en est le maître; — il enseigne je ne sais combien de tours — pour apprivoiser la femme la plus sauvage et pour exorciser une bavarde.

BIONDELLO arrive en courant et prend Lucentio à part.

BIONDELLO.

— O maître! maître! j'ai tant fait le guet, — que je suis échiné; mais enfin, j'ai aperçu — un angélique vieillard qui descendait la colline — et qui fera l'affaire.

LUCENTIO.

Qu'est-il, Biondello?

BIONDELLO.

— Maître, c'est un négociant ou un pédagogue, — je ne sais pas quoi; mais la gravité de son costume, — de sa marche et de sa contenance lui donne tout à fait la mine d'un père.

LUCENTIO.

— Eh bien, après, Tranio?

TRANIO.

— S'il est crédule et s'il a foi dans mes récits, — je lui ferai prendre avec empressement le rôle de Vincentio, — et il se portera caution auprès de Baptista Minola, — comme s'il était le véritable Vincentio. — Emmenez votre bien-aimée et laissez-moi seul.

Lucentio et Bianca sortent.

Entre un Pédagogue.

LE PÉDAGOGUE.

— Dieu vous garde, monsieur!

TRANIO.

Et vous aussi, monsieur! vous êtes le bienvenu. — Poursuivez-vous plus loin ou arrêtez-vous ici votre voyage?

LE PÉDAGOGUE.

— Monsieur, je l'arrête ici pour une semaine ou deux; — et alors je poursuis plus loin, je vais jusqu'à Rome, — et de là à Tripoli, si Dieu me prête vie.

TRANIO.

— De quelle contrée, je vous prie?

LE PÉDAGOGUE.

De Mantoue.

TRANIO.

— De Mantoue, monsieur! morbleu, à Dieu ne plaise! — Et vous venez à Padoue, sans souci de votre vie!

LE PÉDAGOGUE.

— De ma vie, monsieur! comment cela? voilà qui est sérieux.

TRANIO.

— C'est la mort pour tout habitant de Mantoue — que de venir à Padoue. Est-ce que vous n'en savez pas la cause? — L'embargo est mis sur vos navires à Venise, et notre duc, — pour une querelle privée entre votre duc et lui, — a fait publier et proclamer partout cette peine. — C'est étonnant; mais, si vous étiez venu un peu plus tôt, — vous auriez entendu faire la proclamation.

LE PÉDAGOGUE.

— Hélas! monsieur, c'est d'autant plus triste pour moi — que j'ai des lettres de change — de Florence que je dois présenter ici.

TRANIO.

— Eh bien, monsieur, pour vous rendre service, — je vais faire une chose. Voici ce que je vous conseille... — Mais d'abord, dites-moi, avez-vous jamais été à Pise?

LE PÉDAGOGUE.

— Oui, monsieur, j'ai souvent été dans Pise, — Pise, renommée par ses graves citoyens.

TRANIO.

— Parmi eux, connaissez-vous un nommé Vincentio?

LE PÉDAGOGUE.

— Je ne le connais pas, mais j'ai entendu parler de lui : — un marchand d'une incomparable richesse!

TRANIO.

— Il est mon père, monsieur, et, à dire vrai, — il vous ressemble un peu de visage.

BIONDELLO, à part.

— Juste comme une pomme à une huître.

TRANIO.

— Pour vous sauver la vie dans cette extrémité, — voici la faveur que je vais vous faire ; — songez quelle bonne fortune c'est pour vous — de ressembler à Vincentio. — Vous prendrez son nom, vous passerez pour lui, —

et vous serez logé en ami chez moi. — Veillez à bien jouer votre rôle, — vous me comprenez, monsieur. Vous resterez chez moi, — jusqu'à ce que vous ayez terminé vos affaires dans la ville. — Si cette offre vous oblige, monsieur, acceptez-la.

LE PÉDAGOGUE.

— Oh! volontiers, monsieur, et je vous considérerai toujours — comme le protecteur de ma vie et de ma liberté.

TRANIO.

— Venez donc avec moi pour mettre la chose à exécution. — Ah! à propos, je vous dirai — que mon père est attendu ici chaque jour — pour assurer par contrat la dot — de la fille de Baptista avec qui je me marie. — Pour toutes ces circonstances, je vous mettrai au courant. — Venez avec moi, monsieur, pour vous vêtir comme il sied.

Ils sortent.

SCÈNE VIII.

[Chez Petruchio.]

Entrent CATHARINA et GRUMIO.

GRUMIO.

— Non, non, en vérité, je n'oserai pas, sur ma vie!

CATHARINA.

— Sa cruauté se révèle sans cesse par une vexation nouvelle. — Quoi! est-ce qu'il m'a épousée pour m'affamer? Les mendiants qui viennent à la porte de mon père — n'ont qu'à prier pour obtenir aussitôt l'aumône; — leur refuse-t-on la charité? ils la trouvent ailleurs. — Mais moi, qui n'ai jamais su supplier, — je suis affamée faute d'aliments et défaillante faute de sommeil! — Je suis tenue éveillée avec des jurons et nourrie de vacarme! —

SCÈNE VIII.

Et ce qui me dépite plus encore que toutes ces privations, — c'est qu'il fait tout cela au nom du parfait amour. — Il semblerait, à l'entendre, qu'un peu de sommeil ou de nourriture — serait pour moi une maladie mortelle, voire même la mort immédiate! Je t'en prie, va me chercher de quoi manger, — n'importe quoi, pourvu que ce soit un aliment sain.

GRUMIO.

— Que direz-vous d'un pied de veau?

CATHARINA.

— C'est exquis; je t'en prie, fais-m'en avoir.

GRUMIO.

— Je crains que ce ne soit une viande trop irritante. — Et que diriez-vous de tripes grasses, bien grillées?

CATHARINA.

— Je les aime beaucoup; bon Grumio, va m'en chercher.

GRUMIO.

— Je ne sais pas trop; je crains que ce ne soit irritant. — Que diriez vous d'un morceau de bœuf à la moutarde?

CATHARINA.

— C'est un plat dont j'aime me nourrir.

GRUMIO.

— Oui, mais la moutarde est un peu trop échauffante.

CATHARINA.

— Eh bien, la tranche de bœuf! et laisse la moutarde de côté.

GRUMIO.

— Non, ça, je ne le ferai pas; vous aurez la moutarde — ou vous n'aurez pas de bœuf de Grumio.

CATHARINA.

— Eh bien! les deux choses, ou l'une sans l'autre, ou ce que tu voudras.

GRUMIO.

— Soit! alors la moutarde sans le bœuf.

CATHARINA, le battant.

— Va-t'en! décampe, fourbe qui te moques de moi! — Ah! tu me nourris rien qu'avec le nom des plats! — Malheur à toi et à toute la clique de ceux — qui triomphent ainsi de ma misère! — Allons, décampe, te dis-je!

Entrent Petruchio, portant un plat de viande, et Hortensio.

PETRUCHIO.

— Comment va ma Catharina? Comment, ma charmante, toute abattue!

HORTENSIO.

— Madame, comment vous trouvez-vous?

CATHARINA.

Aussi froide que possible.

PETRUCHIO.

— Redresse tes esprits, et regarde-moi gaiement. — Tiens, amour, tu vois combien je suis enmpressé; — j'ai préparé moi-même ton repas, et je te l'apporte.

Il met le plat sur la table.

— Je compte bien, chère Catharina, que cette attention — mérite un remercîment. — Quoi! pas un mot! Ah! je le vois, tu n'aimes pas cela, — et toutes mes peines sont en pure perte.

A un valet.

— Allons, emportez ce plat.

CATHARINA.

Je vous en prie, laissez-le là.

PETRUCHIO.

— On paye de remercîments le plus pauvre service. — Vous payerez le mien avant de toucher à ce plat.

CATHARINA.

— Je vous remercie, monsieur.

Elle s'assied à table. Petruchio reste debout.

SCÈNE VIII.

HORTENSIO, s'asseyant en face de Catharina.

— Signor Petruchio, fi! vous êtes à blâmer! — Allons, madame Catharina, je vous tiendrai compagnie.

PETRUCHIO, bas, à Hortensio.

— Mange tout, Hortensio, si tu m'aimes...

Haut, à Catharina.

— Puisse ce repas faire du bien à ton petit cœur! — Cateau, mange vite... Et tout à l'heure, mon aimable rayon de miel, — nous allons retourner chez ton père, — pour y étrenner les plus belles parures, — les vêtements de soie, les toques et les bagues d'or, — les fraises, les manchettes, les vertugadins, je ne sais quoi encore, — les écharpes, les éventails, les garnitures de rechange, — les bracelets d'ambre, les colliers et tout le clinquant possible... — Eh bien, tu as dîné? Le tailleur attend ton bon plaisir — pour orner ta personne de ses plus riches falbalas.

Entre un GARÇON TAILLEUR, apportant une robe.

PETRUCHIO.

— Venez, tailleur, et voyons cette parure; — déployez la robe.

Entre un MERCIER, apportant une toque.

LE MERCIER.

— Voici la toque que Votre Honneur a commandée.

PETRUCHIO.

— Allons donc! elle est moulée sur une écuelle; — c'est un vase de velours. Fi! fi! c'est inconvenant et malpropre. — Eh! mais, c'est une coquille, une écaille de noix, — un brimborion, un hochet, une attrape, une toque de poupon! — Emportez-la, allons, et donnez-m'en une plus grande.

CATHARINA.

— Je n'en veux pas de plus grande; celle-ci est à la mode, — les gentilles femmes portent ces toques-là.

PETRUCHIO.

— Quand vous serez gentille, vous en aurez une aussi, mais pas avant.

HORTENSIO, à part.

Ce ne sera pas de sitôt.

CATHARINA.

— Ah çà, monsieur, je compte bien qu'il me sera permis de parler, — et je parlerai; je ne suis pas une enfant ni un poupon. — Des gens qui valaient mieux que vous ont enduré ma franchise; — si vous ne le pouvez pas, bouchez-vous les oreilles. — Il faut que ma langue exprime le ressentiment de mon cœur, — ou que mon cœur se brise en le comprimant. — Plutôt que de m'exposer à cela, je prendrai — en paroles toute la liberté qui me plaît.

PETRUCHIO.

— Ma foi, tu dis vrai; cette toque est affreuse : — une croûte de pâté! une billevesée! un pâté de soie! — Je t'aime de ne pas aimer cela.

CATHARINA.

— Aimez-moi, ou ne m'aimez pas, j'aime cette toque; — et je l'aurai et je n'en veux pas d'autre.

PETRUCHIO.

— La robe, à présent?... Allons, tailleur, montre-nous-la! — O mon Dieu! miséricorde! quelle est cette mascarade!... — Qu'est cela! une manche? C'est comme une bombarde! — Quoi, du haut en bas, découpée comme une tarte aux pommes! — Piquée et surpiquée, taillée, crevée et trouée, — comme une chaufferette dans la boutique d'un barbier! — Au nom du diable, tailleur, comment appelles-tu ça?

HORTENSIO, à part.

— Je vois qu'elle n'aura probablement ni toque ni robe.

LE TAILLEUR.

— Vous m'avez commandé de la faire soigneusement — à la mode du jour.

PETRUCHIO.

— Oui, morbleu! Mais si vous vous rappelez, — je ne vous ai pas dit de la gâter à la mode du jour. — Allons, enjambez-moi tous les ruisseaux jusque chez vous; — vous n'emporterez pas ma pratique, messire. — Je ne veux pas de cela. Allez, faites-en ce qu'il vous plaira.

CATHARINA.

— Je n'ai jamais vu une robe de meilleure façon, — plus élégante, plus charmante, ni plus comme il faut. — Il paraît que vous voudriez faire de moi une poupée.

PETRUCHIO.

— C'est ma foi vrai, il voudrait faire de toi une poupée.

LE TAILLEUR.

— Elle dit que c'est Votre Seigneurie qui voudrait faire d'elle une poupée.

PETRUCHIO.

— O monstrueuse arrogance! Tu mens, fil, — tu mens, dé, — tu mens, verge, trois-quarts, moitié et quart de verge, tu mens, clou, — puce, ciron, grillon d'hiver! — Je serai bravé chez moi par un écheveau de fil! — Arrière, oripeau, arrière, chiffre, arrière, reste! — ou je vais te mesurer avec ta verge de manière — à te faire souvenir toute ta vie d'avoir bavardé! — Je te dis, moi, que tu as gâté sa robe!

LE TAILLEUR.

— Votre Seigneurie est dans l'erreur; — la robe est faite — juste comme mon maître avait injonction de la faire; — c'est Grumio qui a donné les ordres.

GRUMIO.

— Je n'ai pas donné d'ordre ; j'ai donné l'étoffe.

LE TAILLEUR.

— Mais comment avez-vous demandé qu'elle fût faite?

GRUMIO.

— Parbleu, avec une aiguille et du fil.

LE TAILLEUR.

— Mais n'avez-vous pas recommandé qu'elle fût taillée? —

GRUMIO.

Tu as toisé bien des étoffes? je suppose.

LE TAILLEUR.

Oui.

GRUMIO.

Eh bien, ne me toise pas. Tu as bien fait des hommes superbes ; eh bien, ne fais pas le superbe avec moi ; je ne veux pas qu'on me toise ni qu'on me brave. Je te répète que j'ai dit à ton maître de tailler la robe, mais je ne lui ai pas dit de la tailler en pièces. *Ergo*, tu mens.

LE TAILLEUR.

Eh bien, pour preuve de ce que je dis, voici le devis de la façon.

PETRUCHIO.

Lis-le.

GRUMIO.

Le devis en a menti par la gorge, s'il dit que j'ai dit ça.

LE TAILLEUR, lisant.

« Imprimis, une robe à corsage ample. »

GRUMIO, à Petruchio.

Maître, si j'ai jamais dit une robe à corsage ample, qu'on me couse dans la jupe et qu'on me batte à mort avec un peloton de fil brun ! J'ai dit une robe.

PETRUCHIO.

Continue.

SCÈNE VIII.

LE TAILLEUR.

« Avec un petit collet arrondi... »

GRUMIO.

Je confesse le collet.

LE TAILLEUR.

« Avec une manche large... »

GRUMIO.

Je confesse deux manches.

LE TAILLEUR.

« Les manches minutieusement découpées...»

PETRUCHIO.

Oui, voilà l'infamie.

GRUMIO.

Erreur dans le mémoire, monsieur ! erreur dans le mémoire ! J'ai commandé que les manches fussent découpées d'abord, et ensuite recousues ; et cela, je te le prouverai, quand ton petit doigt serait armé d'un dé.

LE TAILLEUR.

Ce que je dis est vrai ; si je te tenais ailleurs, je te le ferais reconnaître.

GRUMIO.

Je suis à ta disposition ! Sur-le-champ ! munis-toi du mémoire, passe-moi ta verge, et ne me ménage pas.

HORTENSIO.

Dieu me pardonne, Grumio ! la partie ne serait pas égale.

PETRUCHIO, au tailleur.

Ah çà, monsieur, en deux mots, cette robe n'est pas pour moi.

GRUMIO, à Petruchio.

Vous avez raison, monsieur ; elle est pour ma maîtresse.

PETRUCHIO.

Allons ! emporte-la et remets-la à la disposition de ton maître.

GRUMIO, au tailleur.

Maraud ! ne t'en avise pas. — Mettre la robe de ma maîtresse à la disposition de ton maître !

PETRUCHIO, à Grumio.

— Eh bien, monsieur, quelle idée vous prend ?

GRUMIO.

— Oh ! monsieur, l'idée est beaucoup plus sérieuse que vous ne pensez : — mettre la robe de ma maîtresse à la disposition de son maître ! — Oh ! fi ! fi ! fi !

PETRUCHIO, bas à Hortensio.

— Hortensio, veille à ce que le tailleur soit payé...
Haut.
— Allons, emporte ça ; décampe, et plus un mot.

HORTENSIO, bas au tailleur.

— Tailleur, je te payerai ta robe demain. — Ne prends pas en mauvaise part ces paroles un peu brusques. — Va-t'en, te dis-je ; mes compliments à ton maître.

Le tailleur sort.

PETRUCHIO.

— Allons, venez, ma Catharina ; nous allons nous rendre chez votre père — dans ce simple et honnête accoutrement ; nos bourses seront superbes, si nos habits sont humbles. — C'est l'âme qui fait la richesse du corps ; et, de même que le soleil darde à travers les nuages les plus sombres, — de même l'honneur perce à travers le plus pauvre vêtement. — Quoi ! le geai est-il plus précieux que l'alouette — parce que ses plumes sont plus belles ? — Ou la vipère vaut-elle mieux que l'anguille — parce que les couleurs de sa peau charment le regard ?
— Oh ! non, ma bonne Cateau, tu ne perds rien de ton prix — dans ce pauvre équipage et sous cette humble

toilette. — Si c'est une honte à tes yeux, mets-la à ma charge ; ainsi, sois joviale ; nous allons partir — pour banqueter et nous amuser chez ton père...

A Grumio.

— Va, appelle mes gens et mettons-nous en route ; — amène nos chevaux au bout de la grande allée ; — c'est là que nous monterons en selle ; nous irons à pied jusque-là... — Voyons, il est, je crois, environ sept heures, — nous pouvons fort bien arriver là-bas pour dîner.

CATHARINA.

— J'ose vous assurer, monsieur, qu'il est près de deux heures ; — et nous n'arriverons pas avant l'heure du souper.

PETRUCHIO.

— Il sera sept heures avant que je monte à cheval. — Voyez, dans ce que je dis, ou fais, ou veux faire, — vous êtes toujours à me contrecarrer...

A ses gens.

Mes maîtres, laissez-nous, — je ne partirai pas aujourd'hui ; et quand je partirai, — il sera l'heure qu'il me plaira de dire.

HORTENSIO.

Oui-dà ? ce galant-là veut commander au soleil !

Ils sortent (19).

SCÈNE IX.

[Devant la maison de Baptista.]

Entrent Tranio et le Pédagogue sous le costume de Vincentio.

TRANIO.

— Monsieur, voici la maison ; vous plaît-il que j'appelle ?

LE PÉDAGOGUE.

— Oui ; que faire sans cela ?... Si je sais bien mon rôle, — le signor Baptista peut se rappeler m'avoir vu, — il y a près de vingt ans, à Gênes, où — nous logions tous deux à l'hôtel de Pégase.

TRANIO.

C'est bien cela ; — et tenez-vous, en tout cas, avec l'austérité — qui convient à un père.

Entre BIONDELLO.

LE PÉDAGOGUE.

— Je vous le garantis... Mais, monsieur, voici votre page qui vient : — il serait bon de lui faire la leçon.

TRANIO.

Rassurez-vous sur lui. Morbleu, Biondello, — voici le moment de bien faire ton devoir, je t'en avertis ; — figure-toi que c'est le vrai Vincentio.

BIONDELLO.

— Bah ! soyez sans inquiétude.

TRANIO.

— Mais as-tu fait ta commission auprès de Baptista ?

BIONDELLO.

— Je lui ai dit que votre père était à Venise, — et que vous l'attendiez aujourd'hui même à Padoue.

TRANIO.

— Tu es un gaillard immense ; tiens voilà pour boire.
— J'aperçois Baptista... Prenez votre contenance, monsieur.

Entrent BAPTISTA *et* LUCENTIO.

TRANIO.

— Signor Baptista, heureux de vous rencontrer !...
Au Pédagogue.
— Monsieur, voici le gentilhomme dont je vous ai

parlé. — Je vous en prie, soyez un bon père à mon égard, — donnez-moi Bianca pour mon patrimoine.

LE PÉDAGOGUE.

— Doucement, mon fils!

A Baptista.

— Monsieur, avec votre permission, étant venu à Padoue — pour recouvrer quelques dettes, mon fils Lucentio — m'a mis au courant d'une importante affaire — d'amour entre votre fille et lui-même. — Or, vu les bons rapports qui me parviennent sur vous, — vu l'amour qu'il porte à votre fille — et qu'elle lui porte, pour ne pas le faire attendre trop longtemps, — j'accorde, dans ma sollicitude paternelle, — mon consentement à son mariage; et, si vous êtes disposé — aussi favorablement que moi, monsieur, nous ferons nos conventions, — et vous me trouverez tout prêt et tout porté — à approuver cette union avec votre fille; — car je ne puis pas être méticuleux avec vous, — signor Baptista, dont j'ai entendu tant de bien.

BAPTISTA.

— Monsieur, pardon de ce que je vais vous dire. — Votre franchise et votre concision me plaisent beaucoup. — Il est très-vrai que votre fils Lucentio ici présent — aime ma fille et qu'il est aimé d'elle, — ou bien tous deux dissimulent profondément leurs sentiments. — En conséquence, vous n'avez qu'à promettre — de vous conduire en père envers lui, — et qu'à assurer à ma fille un douaire suffisant; — et le mariage est conclu, et c'est chose faite. — Votre fils aura ma fille avec mon consentement.

TRANIO.

— Je vous remercie, monsieur... Où désirez-vous — que nous soyons fiancés et que le contrat soit dressé, — conformément aux conventions des parties!

BAPTISTA.

— Pas chez moi, Lucentio. Car, vous savez, — les murs ont des oreilles, et j'ai un nombreux domestique. — Et puis, le vieux Gremio est toujours aux écoutes ; — et il se pourrait que nous fussions interrompus.

TRANIO.

— Alors, ce sera dans mon logis, si vous le trouvez bon, monsieur. — Là réside mon père ; là ce soir même, — nous terminerons l'affaire à merveille entre nous. — Envoyez chercher votre fille par le valet qui vous suit, — et mon page ira immédiatement quérir le notaire. — Le pire de l'affaire, c'est que, faute d'avoir été prévenu à temps, — vous risquez fort de trouver une maigre et chétive pitance.

BAPTISTA.

— Votre proposition me plaît.

A Lucentio.

Cambio, vous allez courir à la maison — dire à Bianca de se tenir prête ; — apprenez-lui, si vous voulez, ce qui se passe : — que le père de Lucentio est arrivé à Padoue, — et que, selon toute probabilité, elle sera la femme de Lucentio.

LUCENTIO.

— Je prie les dieux qu'elle le soit, et de tout mon cœur.

TRANIO.

— Ne badine pas avec les dieux, et pars. — Signor Baptista, vous montrerai-je le chemin ? — Vous êtes le bienvenu, mais un seul plat sera sans doute tout votre souper. — Venez toujours ; nous ferons mieux les choses à Pise.

BAPTISTA.

Je vous suis. —

Sortent Tranio, le Pédagogue et Baptista.

SCÈNE IX.

BIONDELLO, à Lucentio qui s'en va.

Cambio!

LUCENTIO, revenant.

Que dis-tu, Biondello?

BIONDELLO.

Vous avez vu mon maître cligner de l'œil et vous sourire?

LUCENTIO.

Qu'est-ce que cela voulait dire, Biondello?

BIONDELLO.

Rien, ma foi; mais il m'a laissé ici en arrière pour expliquer le sens et la moralité de ses signes et de ses gestes.

LUCENTIO.

Voyons leur moralité.

BIONDELLO.

La voici. Baptista est en lieu sûr, causant avec le père postiche d'un fils illusoire.

LUCENTIO.

Et après?

BIONDELLO.

Sa fille doit être amenée par vous au souper.

LUCENTIO.

Et ensuite?

BIONDELLO.

Le vieux prêtre de l'église Saint-Luc est à toute heure à vos ordres.

LUCENTIO.

Et la fin de tout cela?

BIONDELLO.

Voici tout ce que je puis vous dire. Tandis qu'ils sont occupés à dresser un faux contrat, assurez-vous d'elle, vous, *cum privilegio et ad imprimendum solum*, — et puis à l'église! Ayez un prêtre, un clerc et quelques témoins suffisamment honnêtes !... — Si ce n'est pas là l'occasion que vous attendez, je n'ai plus qu'à vous conseiller, — de dire adieu à Bianca pour l'éternité et un jour.

Il va pour s'éloigner.

LUCENTIO.

Écoute, Biondello.

BIONDELLO.

Je ne puis rester plus longtemps. Je connais une fille qui a été mariée une après-midi, comme elle allait au jardin chercher du persil pour farcir un lapin ; vous pourriez bien épouser de même, monsieur ; et sur ce, adieu, monsieur. Mon maître m'a enjoint d'aller à Saint-Luc dire au prêtre de se tenir prêt pour le moment où vous arriverez avec votre appendice.

Il sort.

LUCENTIO.

— Je puis et veux tout cela, pourvu qu'elle y consente. — Elle en sera charmée ; pourquoi donc en douterais-je ? — Advienne que pourra, je vais l'aborder rondement, — et Cambio jouera de malheur s'il revient sans elle.

Il sort.

SCÈNE X.

[Une route.]

Entrent PETRUCHIO, CATHARINA et HORTENSIO.

PETRUCHIO.

— En marche, au nom de Dieu ! remettons-nous en marche vers la maison de notre père... — Seigneur ! comme la lune est brillante et sereine !

CATHARINA.

— La lune ! bah ! c'est le soleil ! Il n'y a pas de clair de lune à présent.

PETRUCHIO.

— Je dis que c'est la lune qui brille si vivement.

CATHARINA.

— Je sais que c'est le soleil qui brille si vivement.

PETRUCHIO.

— Ah! par le fils de ma mère, c'est-à-dire par moi-même! — ce sera la lune ou une étoile ou ce que bon me semblera, — avant que je continue ma route pour aller chez votre père... — Allons! qu'on remmène nos chevaux! — Sans cesse contrarié, et contrarié, toujours contrarié!

HORTENSIO, bas à Catharina.

— Dites ce qu'il dit, ou nous ne partirons jamais.

CATHARINA.

— De grâce, poursuivons notre chemin, puisque nous sommes venus si loin, — et que ce soit la lune, le soleil ou ce qui vous plaira : — et, s'il vous plaît de l'appeler un lumignon, — je vous jure que c'en sera un pour moi.

PETRUCHIO.

— Je dis que c'est la lune.

CATHARINA.

Je le sais bien.

PETRUCHIO.

— Alors, vous mentez : c'est le soleil béni.

CATHARINA.

— Alors, Dieu soit béni! c'est le soleil béni; — mais ce n'est plus le soleil quand vous dites que ce n'est pas lui; — et la lune change au gré de votre pensée. — C'est exactement ce que vous voudrez, — et ce le sera toujours pour Catharina.

HORTENSIO.

— Petruchio, va ton chemin; la campagne est à toi!

PETRUCHIO.

— En avant! en avant! Ainsi la boule doit courir, —

sans se laisser maladroitement dévoyer par l'obstacle...
— Mais, doucement, qui vient ici?

    Entre Vincentio, en habit de voyage.

    PETRUCHIO, à Vincentio.

— Bonjour, gentille dame, où allez-vous? — Dis-moi, suave Catharina, dis-moi franchement, — as-tu jamais vu une femme plus fraîche? — Quelle guerre de blanc et de rouge sur ses joues! — Les étoiles diamantent-elles le ciel aussi splendidement — que ces deux yeux parent cette figure céleste? — Aimable et jolie fille, encore une fois bonjour! — Suave Catharina, embrasse-la pour l'amour de sa beauté. —

    HORTENSIO.

Il va rendre cet homme fou, à vouloir en faire une femme.

    CATHARINA.

— Jeune vierge en bouton, fraîche et suave beauté, — où vas-tu? où est ta demeure? Heureux les parents d'une si jolie enfant! — Plus heureux l'homme à qui les astres favorables — te destinent pour tendre compagne de lit!

    PETRUCHIO.

— Eh bien, qu'est-ce à dire, Cateau? Tu n'es pas folle, j'espère. — C'est un vieillard ridé, fané, flétri que tu vois, — et non une vierge, comme tu dis (20).

    CATHARINA.

— Vieux père, pardonne à mes yeux leur méprise: — ils ont été tellement éblouis par le soleil — que tout ce que je vois me paraît vert; — je m'aperçois à présent que tu es un vieillard vénérable. — Pardon, je te prie, de ma folle méprise!

    PETRUCHIO.

— Oui, pardon, bon vieux aïeul; dis-nous — quel

chemin tu dois suivre; si c'est le même que nous, — nous serons heureux de ta compagnie.

VINCENTIO.

— Beau sire, et vous, ma joyeuse dame, — qui m'avez si étrangement surpris par votre premier abord, — mon nom est Vincentio, ma demeure est à Pise, — et je me rends à Padoue pour y voir un mien fils que je n'ai pas vu depuis longtemps.

PETRUCHIO.

— Quel est son nom?

VINCENTIO.

Lucentio, gentil sire.

PETRUCHIO.

— La rencontre est heureuse, surtout pour ton fils : — sache en effet que la loi, aussi bien que ton âge vénérable, — m'autorise à t'appeler mon père bien-aimé. — La sœur de ma femme, de cette dame que tu vois — a en ce moment épousé ton fils. N'en sois ni surpris ni affligé. Elle est de bonne renommée, — richement dotée et de naissance honorable; — d'ailleurs, douée de telles qualités qu'elle serait la digne épouse du plus noble gentilhomme.. — Embrassons-nous, vieux Vincentio, — et faisons route ensemble pour voir ton estimable fils — qui sera bien joyeux de ton arrivée.

VINCENTIO.

— Tout cela est-il vrai ou vous amusez-vous, — en voyageurs goguenards, à faire des plaisanteries — aux gens que vous rencontrez?

HORTENSIO.

Je t'assure, vieillard, que c'est la vérité!

PETRUCHIO.

— Allons! viens avec nous pour t'en assurer toi-même. — Car je vois que notre premier badinage t'a rendu défiant.

Sortent Petruchio, Catharina et Vincentio.

HORTENSIO.

— Fort bien, Petruchio, voici qui m'a donné du courage. — Je cours près de ma veuve; pour peu qu'elle soit revêche, — tu m'auras appris à être intraitable. —

Il sort.

SCÈNE XI.

[Padoue. Devant la maison de Lucentio.]

Gremio *se promène sur le devant de la scène. Arrivent à l'autre extrémité, sans être aperçus par lui,* Biondello, Lucentio *et* Bianca.

BIONDELLO.

Doucement et lestement, monsieur; car le prêtre attend.

LUCENTIO.

Je vole, Biondello; mais on peut avoir besoin de toi à la maison; ainsi, quitte-nous.

BIONDELLO.

Non, ma foi. Je veux voir l'église au-dessus de votre tête; et alors je reviendrai près de mon maître le plus vite possible.

Ils sortent.

GREMIO.

Je m'étonne que Cambio ne soit pas encore arrivé.

Entrent Petruchio, Catharina, Vincentio, *suivis de leurs gens.*

PETRUCHIO, à Vincentio.

— Monsieur, voici la porte, c'est ici la maison de Lucentio; — celle de mon père est plus loin, vers la place du marché; — il faut que je m'y rende, et je vous laisse ici, monsieur.

VINCENTIO.

— Vous ne me refuserez pas de trinquer avant de partir; — je crois pouvoir vous assurer ici un bon accueil, — et, selon toute vraisemblance, nous trouverons bonne chère. —

Il frappe à la porte.

GREMIO.

Ils sont occupés en dedans; vous ferez très-bien de frapper plus fort.

Vincentio frappe à coups redoublés.

Le Pédagogue paraît à la fenêtre.

LE PÉDAGOGUE.

Qui est-ce donc qui frappe comme s'il voulait enfoncer la porte?

VINCENTIO.

Le signor Lucentio est-il chez lui, monsieur?

LE PÉDAGOGUE.

Il est chez lui, monsieur, mais on ne peut lui parler.

VINCENTIO.

Comment! si un homme lui apportait cent ou deux cents livres pour ses menus plaisirs?

LE PÉDAGOGUE.

Gardez vos cent livres pour vous-même; il n'en aura pas besoin tant que je vivrai.

PETRUCHIO, à Vincentio.

Quand je vous disais que votre fils était adoré à Padoue! Vous entendez, monsieur...

Au pédagogue.

Pour en finir avec de frivoles circonlocutions, veuillez, je vous prie, dire au signor Lucentio que son père est arrivé de Pise et qu'il attend ici à la porte pour lui parler.

LE PÉDAGOGUE.

Tu mens; son père est déjà arrivé de Pise, et c'est lui qui vous regarde de cette fenêtre.

VINCENTIO.

Tu es son père?

LE PÉDAGOGUE.

Oui, monsieur, si du moins je puis en croire sa mère.

PETRUCHIO, à Vincentio.

Eh bien, messire, que signifie?... C'est une coquinerie fieffée d'usurper ainsi le nom d'un autre.

LE PÉDADOGUE.

Empoignez ce drôle; je le soupçonne de vouloir sous mon nom faire quelque dupe dans cette ville.

Biondello revient.

BIONDELLO.

Je les ai vus tous deux dans l'église. Dieu les mène à bon port!... Mais que vois-je? mon vieux maître Vincentio! Ah! nous sommes perdus, réduits à néant!

VINCENTIO, apercevant Biondello.

Viens ici, gibier de potence!

BIONDELLO.

Je puis en prendre à mon aise, je suppose!

VINCENTIO.

Approche, chenapan! M'as-tu donc oublié?

BIONDELLO.

Oublié? non, monsieur; je ne puis pas vous oublier, ne vous ayant jamais vu de ma vie.

VINCENTIO.

Comment, insigne coquin, tu n'as jamais vu le père de ton maître, Vincentio?

BIONDELLO.

Qui? mon vieux, mon véritable vieux maître? Si, morbleu, monsieur. Tenez, le voilà à la fenêtre.

VINCENTIO, le battant.

Ah! vraiment?

SCÈNE XI.

BIONDELLO.

Au secours! au secours! au secours! Voilà un fou furieux qui veut m'assassiner!

Il se sauve.

LE PÉDAGOGUE.

Au secours, mon fils! Au secours, signor Baptista!

Il se retire de la fenêtre.

PETRUCHIO.

Je t'en prie, Catharina, mettons-nous à l'écart, et voyons la fin de cette controverse.

Ils se retirent.

Le PÉDAGOGUE reparaît, suivi de BAPTISTA, *de* TRANIO *et de plusieurs laquais.*

TRANIO.

Monsieur, qui êtes-vous, vous qui osez battre mes gens?

VINCENTIO.

Qui je suis, monsieur? Eh! qui êtes-vous vous-même, monsieur?... Oh! dieux immortels! Oh! le beau coquin! Pourpoint de soie! haut de chausses de velours! manteau écarlate! chapeau en pointe!... Oh! je suis ruiné! je suis ruiné! Tandis que j'économise à la maison, mon fils et mon valet dépensent tout à l'université!

TRANIO.

Comment? qu'est-ce à dire?

BAPTISTA.

Ça, est-ce que cet homme est lunatique?

TRANIO.

Monsieur, vous avez tout l'extérieur d'un vieillard sensé et respectable, mais vos paroles sont celles d'un fou. En quoi cela vous concerne-t-il, monsieur, si je porte des perles et de l'or? J'en rends grâce à mon bon père, j'ai les moyens de le faire.

VINCENTIO.

Ton père! oh! scélérat! il est fabricant de voiles à Bergame.

BAPTISTA.

Vous faites méprise, monsieur, vous faites méprise, monsieur; comment croyez-vous qu'il se nomme? Je vous prie.

VINCENTIO.

Comment il se nomme? comme si je ne le savais pas! Je l'ai élevé depuis l'âge de trois ans, et son nom est Tranio.

LE PÉDAGOGUE.

Foin! foin! âne furieux! son nom est Lucentio; il est mon fils unique, et l'héritier de tout ce que je possède, moi, le signor Vincentio.

VINCENTIO.

Lucentio! oh! il aura assassiné son maître... Emparez-vous de lui, je vous l'enjoins au nom du duc... Oh! mon fils! mon fils! Dis-moi, scélérat, où est mon fils Lucentio?

TRANIO.

Qu'on appelle un exempt!..

Un valet arrive suivi d'un exempt.

Emmenez ce furieux drôle en prison!.. Père Baptista, Je vous somme de veiller à ce qu'il comparaisse!

VINCENTIO.

M'emmener en prison, moi!

GREMIO.

Exempt, arrêtez; il n'ira pas en prison.

BAPTISTA.

Pas d'observation, signor Gremio; je dis qu'il ira en prison.

SCÈNE XI.

GREMIO.

Prenez garde, signor Baptista, d'être dupe dans cette affaire : j'ose jurer que voici le véritable Vincentio.

Il montre Vincentio.

LE PÉDAGOGUE.

Jure-le, si tu l'oses.

GREMIO.

Non, je n'ose pas le jurer.

TRANIO.

Alors, tu ferais mieux de dire que je ne suis pas Lucentio.

GREMIO.

Si fait, je te reconnais pour être le signor Lucentio.

BAPTISTA.

Dehors ce radoteur ! en prison, vite !

VINCENTIO.

C'est ainsi qu'on maltraite et qu'on insulte les étrangers !... Oh ! monstrueux drôle !

Biondello revient accompagné de Lucentio et de Bianca.

BIONDELLO.

Oh ! nous sommes perdus !... Tenez, le voilà ; reniez-le, désavouez-le, ou c'est fait de nous.

LUCENTIO, *se jetant aux pieds de Vincentio.*

— Pardon, cher père !

VINCENTIO.

Mon fils bien-aimé est donc vivant !

Biondello, Tranio et le Pédagogue se sauvent.

BIANCA, *s'agenouillant devant Baptista.*

— Pardon, mon bon père !

BAPTISTA.

Quelle faute as-tu donc commise ?... — Où est Lucentio ?

LUCENTIO.

C'est moi qui suis Lucentio, — le fils véritable du véritable Vincentio, — et qui par mariage ai fait mienne ta fille, — tandis que des pantins supposés abusaient tes yeux.

GRÉMIO.

— Voilà un complot avéré pour nous tromper tous !

VINCENTIO.

— Où est ce damné coquin, ce Tranio — qui a ainsi osé me braver en face ?

BAPTISTA, à Bianca.

— Ah çà, dites-moi, n'est-ce pas là mon Cambio ?

BIANCA.

— Cambio s'est métamorphosé en Lucentio.

LUCENTIO.

— C'est l'amour qui a opéré ces miracles. Mon amour pour Bianca — m'a fait changer de condition avec Tranio — qui a joué mon personnage dans la ville : — et enfin je suis heureusement arrivé — au havre désiré de ma félicité... — Ce que Tranio a fait, c'est moi qui l'y ai forcé ; — pardonnez-lui donc, mon cher père, à ma considération. —

VINCENTIO.

Je veux broyer le nez du drôle qui a voulu m'envoyer en prison.

BAPTISTA, à Lucentio.

Mais dites-moi, monsieur, auriez-vous épousé ma fille sans me demander mon consentement ?

VINCENTIO.

— Rassurez-vous, Baptista, nous vous satisferons, allez. — Mais je rentre, pour me venger de ce gueux !

Il entre chez Lucentio.

BAPTISTA.

— Et moi, pour approfondir cette coquinerie !

Il suit Vincentio.

LUCENTIO.

— Ne sois pas si pâle, Bianca ; ton père ne sera pas fâché !

Lucentio et Bianca entrent dans la maison.

GREMIO.

— Moi, je suis déconfit, tout m'étant enlevé, hormis ma place au banquet.

Il entre chez Lucentio.

Petruchio et Catharina reviennent sur le devant de la scène.

CATHARINA.

— Mon mari, suivons-les pour voir la fin de cette algarade.

PETRUCHIO.

— J'y consens, Cateau, mais d'abord embrasse-moi.

CATHARINA.

— Quoi ! au milieu de la rue ?

PETRUCHIO.

— Quoi ! as-tu honte de moi ?

CATHARINA.

— Non, monsieur, à Dieu ne plaise ! c'est d'embrasser que j'ai honte.

PETRUCHIO.

— Eh bien, alors retournons chez nous...

A un valet.

Allons, drôle, partons.

CATHARINA.

— Non ! je vais te donner un baiser !... A présent, je t'en prie, restons, mon amour !

Elle l'embrasse.

PETRUCHIO.

— N'est-ce pas que c'est bon ? Allons, ma charmante Cateau, — mieux vaut tard que jamais ! il n'est jamais trop tard (21).

Ils entrent chez Lucentio.

SCÈNE XII.

[Une salle à manger chez Lucentio. Un dessert dressé.]

Entrent BAPTISTA, VINCENTIO, GREMIO, LE PÉDAGOGUE, LUCENTIO, BIANCA, PETRUCHIO, CATHARINA, HORTENSIO et LA VEUVE qu'il a épousée. TRANIO, BIONDELLO, GRUMIO et d'autres valets servent.

LUCENTIO.

— Enfin, après nos longs désaccords, nous sommes en harmonie. — C'est le moment, quand une guerre furieuse est terminée, — de sourire aux dangers esquivés, aux périls évanouis!... — Ma belle Bianca, fais fête à mon père, — tandis qu'avec le même empressement je fais fête au tien... — Frère Petruchio, sœur Catharina, — et toi, Hortensio, près de ton aimable veuve, — banquetez à bouche que veux-tu ; vous êtes les bienvenus chez moi ! — Ce dessert va clore notre appétit, — après le festin que nous venons de faire. Je vous en prie, à table, — et cette fois pour causer autant que pour manger.

Tous prennent place.

PETRUCHIO.

— Oui, à table! à table! mais pour manger, rien que pour manger !

BAPTISTA.

— C'est Padoue qui fournit toutes ces douceurs, fils Petruchio.

PETRUCHIO.

— Padoue ne contient rien que de doux.

HORTENSIO.

— Je voudrais, pour nous deux, que le mot fût juste.

PETRUCHIO.

— Je crois, sur ma vie, qu'Hortensio a peur de sa veuve.

LA VEUVE.

— Ah çà, je suis donc à faire peur !

PETRUCHIO.

— Vous êtes sensée, et pourtant ici le sens vous manque… — Je veux dire qu'Hortensio vous redoute.

LA VEUVE.

— Celui qui est étourdi croit que le monde tourne en rond.

PETRUCHIO.

— Rondement répliqué.

CATHARINA.

Madame, qu'entendez-vous par là?

LA VEUVE.

— C'est ainsi que, grâce à lui, je conçois…

PETRUCHIO.

— Vous concevez, grâce à moi!… Qu'est-ce qu'en pense Hortensio?

HORTENSIO.

— Ma veuve dit que c'est ainsi qu'elle conçoit l'explication de la phrase.

PETRUCHIO.

— Fort bien réparé… Embrassez-le pour ça, bonne veuve.

CATHARINA.

— Celui qui est étourdi croit que le monde tourne en rond… — Je vous en prie, dites-moi ce que vous entendez par là.

LA VEUVE.

— Votre mari, étant affligé d'une femme acariâtre, — mesure à son malheur les chagrins de mon mari; — et maintenant vous savez ma pensée.

CATHARINA.

— Une pensée misérable.

LA VEUVE.

C'est juste, je pensais à vous.

CATHARINA.

— Je suis donc une misérable, à vous entendre?

PETRUCHIO.

Sus à elle, Cateau!

HORTENSIO.

Sus à elle, ma veuve!

PETRUCHIO.

— Cent marcs que ma Cateau la terrasse!

HORTENSIO.

Ça, c'est ma fonction.

PETRUCHIO.

— Voilà parler en fonctionnaire zélé... A toi, mon gars!

Il boit à Hortensio.

BAPTISTA.

— Que pense Gremio de cet assaut d'esprit?

GREMIO.

— Ma foi, monsieur, ils mugissent fort bien.

BIANCA.

— Allons donc! une personne à l'esprit vif dirait — que pour mugir il faut, comme vous, porter cornes.

VINCENTIO.

— Oui-dà, madame la fiancée, cela vous a donc réveillée!

BIANCA.

— Oui, mais pas inquiétée. Aussi vais-je me rendormir.

PETRUCHIO.

— Pour cela, non! puisque vous vous êtes risquée, — je vais vous lancer un ou deux traits!

BIANCA.

— Me prenez-vous pour un oiseau? Je vais changer de hallier, — et alors poursuivez-moi de vos flèches, si vous voulez... — Salut à tous!

Bianca, Catharina et la veuve sortent.

SCÈNE XII.

PETRUCHIO.

— Elle m'a prévenu... Voilà, signor Tranio, — l'oiseau que vous avez visé sans pouvoir l'atteindre. — Allons! je bois à tous les tireurs, heureux et malheureux!

TRANIO.

— Ah! monsieur, Lucentio m'a lâché comme un lévrier — qui court le gibier, mais qui ne l'attrape que pour son maître.

PETRUCHIO.

— Bonne et leste comparaison, mais qui sent le chenil!

TRANIO.

— Vous avez bien fait, monsieur, de chasser pour vous-même; — on dit pourtant que le cerf en perspective vous met aux abois.

BAPTISTA.

— Oh! oh! Petruchio, Triano tire sur vous à présent.

LUCENTIO.

— Merci du sarcasme, bon Tranio.

HORTENSIO.

— Avouez, avouez qu'il vous a touché, là!

PETRUCHIO.

— Il m'a un peu égratigné, je l'avoue; mais, comme le trait a ricoché, — il y a dix à parier contre un qu'il vous a estropiés tous deux.

BAPTISTA.

— Ça, pour parler sérieusement, fils Petruchio, — je crois que tu as la plus difficile de toutes.

PETRUCHIO.

— Eh bien, je dis que non; et, tenez! pour preuve, — que chacun de nous fasse demander sa femme : — celui dont la femme sera la plus obéissante — et se rendra la première à l'invitation, — gagnera le pari que nous allons régler.

HORTENSIO.

— D'accord. Que parions-nous?

LUCENTIO.

Vingt couronnes.

PETRUCHIO.

Vingt couronnes! — C'est ce que je risquerais sur mon faucon ou mon chien; — mais, sur ma femme, je gagerai vingt fois autant.

LUCENTIO.

— Eh bien! cent couronnes!

HORTENSIO.

J'y consens.

PETRUCHIO.

Le marché est fait; c'est dit.

HORTENSIO.

— Qui commmencera?

LUCENTIO.

Moi! Biondello, — va dire à ta maîtresse de venir.

BIONDELLO.

J'y vais.

Il sort.

BAPTISTA, à Lucentio.

— Mon gendre, je suis de moitié avec vous, Bianca viendra.

LUCENTIO.

— Je ne veux pas d'associé; je tiens tout moi seul.

Rentre BIONDELLO.

LUCENTIO.

— Eh bien, quelle nouvelle?

BIONDELLO.

Monsieur, ma maîtresse m'envoie vous dire — qu'elle est occupée et qu'elle ne peut pas venir.

SCÈNE XII.

PETRUCHIO.

— Comment ! elle est occupée, et elle ne peut pas venir ! — Est-ce là une réponse ?

GREMIO.

Oui, et polie encore ; — priez Dieu, monsieur, que votre femme ne vous en envoie pas de pire.

PETRUCHIO.

— J'en espère une meilleure.

HORTENSIO.

— Biondello, l'ami ! va conjurer ma femme — de venir ici sur-le-champ.

Biondello sort.

PETRUCHIO.

Oh ! oh ! la conjurer ! — Allons, il faudra bien qu'elle vienne.

HORTENSIO.

J'ai bien peur, monsieur, — quoi que vous fassiez, que la vôtre ne se laisse pas conjurer !

Rentre BIONDELLO.

HORTENSIO.

— Eh bien, où est ma femme ?

BIONDELLO.

— Elle dit que vous avez en tête quelque belle plaisanterie ; — elle ne veut pas venir ; elle vous dit d'aller la trouver.

PETRUCHIO.

— De pire en pire : elle ne veut pas venir ! C'est infâme, — intolérable, insupportable ! — Grumio, drôle, va trouver ta maîtresse ; — et dis-lui que je lui commande de venir.

Grumio sort.

HORTENSIO.

— Je sais sa réponse.

PETRUCHIO.

Quelle est-elle ?

HORTENSIO.

Qu'elle ne veut pas venir.

PETRUCHIO.

— Tant pis pour moi, voilà tout.

Entre CATHARINA.

BAPTISTA.

— Oui-dà, par Notre-Dame, voici Catharina !

CATHARINA.

— Quelle est votre volonté, seigneur, que vous m'envoyiez chercher?

PETRUCHIO.

— Où est votre sœur? où est la femme d'Hortensio ?

CATHARINA.

— Elles causent dans le salon, assises près du feu.

PETRUCHIO.

— Allez les chercher ; si elles refusent de venir, — envoyez-les à leurs maris à grands coups de houssine. — Dehors, vous dis-je, et ramenez-les vite.

Catharina sort.

LUCENTIO.

— Si vous parlez miracles, en voici un.

HORTENSIO.

— C'en est un, en effet ; que peut présager ce prodige ?

PETRUCHIO.

— Morbleu, c'est un présage de paix, d'amour, de vie tranquille, — de règle respectée et de légitime suprématie ; — en un mot, de toutes les jouissances et de tous les bonheurs.

BAPTISTA.

— Que la prospérité soit ton partage, bon Petruchio !

— Tu as gagné le pari, et je veux ajouter — à ce qu'ils ont perdu vingt mille couronnes, — comme une nouvelle dot que je dois à une fille nouvelle ; — car elle est si changée, que c'est une autre.

PETRUCHIO.

— Allons, je veux gagner ma gageure mieux encore, — en vous donnant une plus grande preuve de son obéissance — et de sa vertu récente.

CATHARINA revient avec BIANCA et la VEUVE.

PETRUCHIO.

— Tenez, la voici qui ramène vos rebelles épouses — prisonnières de sa féminine éloquence... — Catharina, cette toque ne vous va pas ; — à bas ce chiffon ! jetez-le sous vos pieds.

Catharina arrache sa toque et la jette à terre.

LA VEUVE.

— Seigneur ! puissé-je n'avoir de chagrin — que du jour où j'aurai été réduite à une si niaise soumission !

BIANCA.

— Fi ! comment qualifiez-vous une si folle obéissance !

LUCENTIO.

— Je voudrais que la vôtre fût aussi folle. — La sagesse de votre obéissance, belle Bianca, — m'a coûté cent couronnes depuis le souper.

BIANCA.

— Fou que vous êtes de parier sur mon obéissance !

PETRUCHIO.

— Catharina, je te somme de dire à ces femmes revêches — quels sont leurs devoirs envers leurs seigneurs et maris.

LA VEUVE.

— Allons, allons, vous vous moquez ; nous ne voulons pas de leçon.

PETRUCHIO, montrant la veuve.

— Parle, te dis-je, et adresse-toi d'abord à elle.

LA VEUVE.

— Elle n'en fera rien.

PETRUCHIO.

— Je dis que si... Adresse-toi d'abord à elle.

CATHARINA.

— Fi ! fi ! détends ce front menaçant et rembruni, — et ne lance pas de ces yeux-là tant de regards dédaigneux — pour blesser ton seigneur, ton roi, ton gouverneur. — Cet air sombre ternit ta beauté, comme la gelée flétrit la prairie ; — il ruine ta réputation, comme la bourrasque abat les plus beaux bourgeons ; — et il n'est ni convenable ni gracieux. — Une femme irritée est comme une source remuée, — bourbeuse, désagréable, trouble, dénuée de beauté ; — et tant qu'elle est ainsi, nul, si altéré, si pris de soif qu'il puisse être, — ne daignera y tremper sa lèvre ni en prendre une gorgée. — Ton mari est ton seigneur, ta vie, ton gardien, — ton chef, ton souverain, celui qui s'occupe de toi — et de ton entretien, qui livre son corps — à de pénibles labeurs, et sur terre et sur mer ; — veillant la nuit dans la tempête, le jour dans le froid, — tandis que tu dors chaudement au logis, en sécurité et en sûreté. — Il n'implore de toi d'autre tribut — que l'amour, la mine avenante et une sincère obéissance ; — trop petit à-compte sur une dette si grande ! — La soumission que le sujet doit au prince — est juste celle qu'une femme doit à son mari ; — et quand elle est indocile, maussade, morose, aigre — et qu'elle n'obéit pas à ses ordres honnêtes, — elle n'est qu'une méchante rebelle, — coupable envers son seigneur dévoué d'une impardonnable trahison. — J'ai honte de voir des femmes assez simples — pour offrir la guerre là où elles devraient demander la paix à genoux, — et pour prétendre au pouvoir, à la suprématie et au gouvernement, — là où elles sont tenues de servir, d'aimer et d'obéir. — Pourquoi avons-nous le corps délicat, frêle et tendre, — inhabile à la fatigue et aux troubles de ce monde, — si ce n'est pour que nos goûts et nos sentiments délicats — soient en harmonie avec notre nature extérieure? — Allez, allez, vers de terre obstinés et impuissants, — j'ai eu le caractère aussi altier que vous, — le cœur aussi ambitieux, et plus de raisons peut-être — de rendre parole pour parole, boutade pour boutade. — Mais à présent, je vois que nos lances ne sont que des fétus, — que notre force est faiblesse, notre faiblesse incomparable, — et que nous sommes le moins ce que nous affectons d'être le plus. — Rabattez donc votre orgueil, car il ne sert de rien, — et placez vos mains sous les pieds de vos maris. — Le mien n'a qu'à parler; et pour preuve de mon obéissance, — voici ma main toute prête, si cela lui est agréable.

PETRUCHIO.

— Allons! voilà une bonne fille. Viens m'embrasser, Cateau.

LUCENTIO.

— Bon! va ton chemin, vieux camarade : tu auras le dernier mot.

VINCENTIO.

— Qu'il est doux d'entendre des enfants dociles!

LUCENTIO.

— Mais qu'il est dur d'entendre des femmes indociles!

PETRUCHIO.

— Allons, Cateau, au lit! — Nous sommes trois mariés, mais vous êtes condamnés.

A Lucentio.

— C'est moi qui ai gagné le pari, bien que vous, en

épousant Bianca, vous ayez touché le blanc. — Sur ce, à titre de vainqueur, je vous souhaite une bonne nuit.

Sortent Petruchio et Catharina.

HORTENSIO.

— Oui, va ton chemin. Tu as apprivoisé la plus rude sauvage.

LUCENTIO.

— Permettez-moi de trouver étonnant qu'elle se soit laissé ainsi apprivoiser.

Ils sortent (22).

FIN DE LA SAUVAGE APPRIVOISÉE.

TOUT EST BIEN QUI FINIT BIEN [23]

PERSONNAGES :

LE ROI DE FRANCE.
LE DUC DE FLORENCE.
BERTRAND, comte de Roussillon.
LAFEU, vieux seigneur.
PAROLES, confident de Bertrand.
LE CLOWN.
SEIGNEUR FRANÇAIS, au service du duc de Florence.
UN INTENDANT.
UN PAGE.
COURTISANS, OFFICIERS, SOLDATS.

LA COMTESSE DE ROUSSILLON, mère de Bertrand.
HÉLÈNE, protégée de la Comtesse.
UNE VIEILLE VEUVE de Florence.
DIANA, fille de la veuve.
VIOLENTA } amies de la veuve.
MARIANA

La scène est tantôt en France, tantôt en Toscane.

SCÈNE I.

[Dans le château des comtes de Roussillon.]

Entrent BERTRAND, LA COMTESSE DE ROUSSILLON, HÉLÈNE et LAFEU, tous en deuil.

LA COMTESSE.

En me séparant de mon fils, j'enterre un second mari.

BERTRAND.

Et moi, en partant, madame, je pleure de nouveau la mort de mon père ; mais je dois obéir au commandement du personnage auguste dont je suis pour le moment le pupille et pour toujours le sujet.

LAFEU.

Dans le roi vous trouverez un époux, madame, et vous, monsieur, un père. Celui dont la bonté a été de tout temps universelle, doit nécessairement conserver cette vertu pour vous, dont le mérite attirerait la bienveillance là où elle fait défaut, bien loin de l'éloigner là où elle abonde.

LA COMTESSE.

Y a-t-il espoir que le roi se rétablisse ?

LAFEU.

Il a congédié ses médecins, madame, après avoir, sous leur direction, épuisé le temps en espérance, sans recueillir de leurs soins d'autre avantage que la perte de toute espérance avec le temps.

LA COMTESSE, montrant Hélène.

Cette jeune dame avait un père... oh! avait! quel triste souvenir éveille ce mot!... chez qui la science était presque égale à la probité; si elle l'avait été tout à fait, il aurait rendu la nature immortelle, et la mort, faute d'ouvrage, aurait eu vacance. Plût à Dieu que, pour le salut du roi, il fût encore vivant! Je crois que la maladie du roi serait déjà morte.

LAFEU.

Comment appelez-vous l'homme dont vous parlez, madame!

LA COMTESSE.

Il était fameux, messire, dans sa profession, et il l'était à bien juste titre : Gérard de Narbonne!

LAFEU.

En effet, madame c'était un homme supérieur; le roi, parlait de lui tout récemment avec une admiration et un regret profonds; grâce à son talent, il vivrait encore, si la science pouvait s'opposer à la mortalité.

BERTRAND.

Quel est le mal, mon bon seigneur, qui fait languir le roi?

LAFEU.

Une fistule, monseigneur.

BERTRAND.

C'est la première fois que j'en entends parler.

LAFEU.

La chose n'est que trop notoire... Est-ce que cette dame est la fille de Gérard de Narbonne?

LA COMTESSE.

Son unique enfant, monseigneur, et il l'a léguée à mes soins. J'attends d'elle le bel avenir que son éducation promet : elle hérite de dispositions qui embellissent les plus belles qualités ; car là où les talents s'allient à une âme déshonnête, ils deviennent des dons déplorables, ils ne sont plus que des vertus traîtresses, mais, en elle, ils sont rehaussés par la candeur ; elle a une loyauté naturelle qui achève son mérite.

LAFEU.

Vos éloges, madame, tirent d'elles des larmes.

LA COMTESSE.

Cette eau amère est la meilleure dont une jeune fille puisse assaisonner l'éloge reçu par elle... Le souvenir de son père n'approche jamais de son cœur sans que la tyrannie du chagrin retire à ses joues les couleurs de la vie. Assez, Hélène, allons, assez ; on pourrait croire que vous faites paraître plus de douleur que vous n'en éprouvez.

HÉLÈNE.

Si je fais paraître la douleur, c'est que je l'éprouve.

LAFEU.

Une affliction modérée est une dette envers les morts ; une douleur excessive est l'ennemie des vivants.

LA COMTESSE.

Si les vivants combattent résolûment la douleur, elle meurt vite de son excès même.

LAFEU.

Comment faut-il entendre cela ?

BERTRAND.

Madame, j'implore vos saintes prières.

LA COMTESSE.

— Sois béni, Bertrand ! et sois le successeur de ton père — par tes actes, comme tes traits ! que ta race et ta vertu — se disputent l'empire en toi, et que ta bonne grâce — égale ta naissance. Aime chacun, fie-toi à peu, — ne fais tort à personne. Arme-toi contre ton ennemi

— plutôt de menace que de violence, et garde ton ami — sous la clef de ta propre vie; qu'on te reproche de te taire, — jamais de parler! Puissent toutes les grâces nouvelles — que le ciel voudra t'accorder ou que mes prières pourront lui arracher — pleuvoir sur ta tête! Adieu!...

A Lafeu.

Monseigneur, — c'est un courtisan tout novice; mon bon seigneur, — donnez-lui vos conseils.

LAFEU.

Il peut attendre les meilleurs — de mon dévouement pour lui.

LA COMTESSE.

— Le ciel le bénisse!... Adieu, Bertrand. —

Elle sort.

BERTRAND, à Hélène.

Puissent les meilleurs souhaits que peut forger votre pensée se laisser atteindre par vous! Soyez la consolation de ma mère, votre maîtresse, et prenez grand soin d'elle.

LAFEU.

Adieu, jolie dame, c'est à vous de soutenir le renom de votre père.

Bertrand et Lafeu sortent.

HÉLÈNE, seule.

— Oh! s'il ne s'agissait que de cela!... Je ne pense pas à mon père, — et d'augustes larmes ont fait plus d'honneur à sa mémoire — que toutes celles que j'ai versées. Comment était-il? — je l'ai oublié; mon imagination — ne conserve d'autre image de celle de Bertrand. — Je suis perdue! Non, il n'y a plus d'existence possible, — si Bertrand est loin de moi. Autant vaudrait — pour moi aimer quelque astre splendide — et songer à l'épouser : il est tellement au-dessus de moi! — C'est tout au plus à la lumière oblique de ses brillants rayons, — ce n'est pas à sa sphère que je puis aspirer!... — L'ambition de mon amour en est le supplice : — La biche qui voudrait s'unir à un lion — est condamnée à mourir d'amour. C'était si charmant, quoique si douloureux, — de le voir à toute heure et d'être assise à peindre — ses sourcils arqués, son œil d'aigle, ses cheveux bouclés — sur le tableau de mon cœur, de mon cœur trop avide, — de chaque ligne, de chaque trait de son adorable visage! — Mais maintenant il est parti, et ma passion idolâtre — n'a plus qu'à sanctifier ses reliques..... Qui vient ici?

Entre PAROLES.

HÉLÈNE.

— C'est un homme de sa suite; je l'aime à cause de lui, — et pourtant je le connais pour un insigne menteur, — je le connais pour un sot presque complet, pour un couard achevé: — mais ces défauts invétérés lui vont si bien — qu'on leur fait bon accueil, tandis que la vertu est, jusque dans ses os d'acier, transie par le vent glacial; c'est ainsi que souvent nous voyons — le mérite indigent servir la fastueuse bêtise.

PAROLES.

Dieu vous garde, belle reine!

HÉLÈNE.

Et vous aussi, monarque!

PAROLES.

Monarque? non.

HÉLÈNE.

Reine? pas davantage.

PAROLES.

Étiez-vous à méditer sur la virginité?

HÉLÈNE.

Oui. Vous avez un vernis de soldat. Laissez-moi vous faire une question. L'homme est l'ennemi de la virginité : comment pourrions-nous la barricader contre lui ?

PAROLES.

Tenez-le à distance.

HÉLÈNE.

Oui, mais il revient à l'assaut ; et, toute vaillante qu'elle est dans la défense, notre virginité est faible. Révélez-nous donc quelque puissant moyen de résistance.

PAROLES.

Il n'y en a pas ; l'homme, une fois établi devant vous, fera jouer la mine et vous fera sauter.

HÉLÈNE.

Le ciel préserve notre virginité des mines et des explosions ! N'y a-t-il pas quelque stratagème militaire grâce auquel les vierges puissent faire sauter les hommes ?

PAROLES.

La virginité une fois à bas, l'homme n'en sera que plus vite en l'air ; mais, morbleu, quand il retombera à son tour par la brèche que vous aurez ouverte vous-même, vous aurez perdu votre cité. Dans la république de la nature, c'est chose impolitique de préserver la virginité. La perte de la virginité fait la richesse nationale. Jamais vierge ne serait née, s'il n'y avait pas eu d'abord une virginité perdue. Le métal dont vous êtes faite est celui dont on fait les vierges. La virginité, en se perdant, peut se retrouver jusqu'à dix fois ; la conserver, c'est la perdre pour toujours. C'est une compagne trop froide : défaites-vous-en.

HÉLÈNE.

Je veux attendre encore un peu, dussé-je m'exposer à mourir vierge.

PAROLES.

Il n'y a pas grand'chose à dire en sa faveur, elle est contraire à la loi de nature. Parler à l'éloge de la virginité, c'est accuser votre mère : ce qui est la plus flagrante irrévérence. Autant se pendre que mourir vierge : la virginité se suicide ; elle devrait être enterrée sur les grands chemins, loin de toute terre sainte, comme coupable envers la nature d'un attentat désespéré. La virginité engendre les vers, comme le fromage ; elle se consume jusqu'à la dernière rognure et meurt ainsi à force de rassasier son propre appétit. En outre, la virginité es morose, arrogante, vaine, pleine d'égoïsme, péché le plus expressément défendu par les canons. Ne la gardez pas ; vous ne pouvez que perdre avec elle. Délivrez-vous-en ; dans dix ans elle sera décuplée, ce qui est un fort bel intérêt ; et le principal lui-même n'en vaudra guère moins. Défaites-vous-en.

HÉLÈNE.

Que faut-il faire, messire, pour la perdre à son goût.

PAROLES.

Voyons... morbleu ! on ne peut que mal choisir ; il faut toujours favoriser qui ne lui est point favorable..... C'est une marchandise qui perd son lustre en magasin ; plus on la garde, moins elle vaut ; débarrassez-vous-en, tandis qu'elle est encore vendable ; profitez du temps où elle est recherchée. La virginité, semblable à un vieux courtisan, porte une toque qui n'est plus de mise ; elle a une parure riche, mais passée de mode, comme ces broches et ces cure-dents qui sont hors d'usage à présent. Une datte mûre fait mieux dans un gâteau ou dans un potage que sur votre figure ; et votre virginité, votre vieille virginité, est comme une de nos poires flétries, laide à voir, sèche au goût ; morbleu ! c'est une poire flétrie, elle était bonne autrefois; mais à présent, morbleu! c'est une poire flétrie. Qu'en voulez-vous faire?

HÉLÈNE.

Je ne veux encore rien faire de ma virginité... — Là-bas, à la cour, votre maître n'aura qu'à choisir entre mille; — il trouvera quelque maîtresse qui sera pour lui une mère et une amie, — et qu'il appellera son phénix, son capitaine et son ennemie, — son guide, sa déesse, sa souveraine, — sa conseillère, sa traîtresse, sa bien-aimée, — son humble ambition, sa fière humiliation, — sa mélodie discordante et son harmonieux désaccord, — sa religion et sa douce perdition; à qui il prodiguera enfin — les mille petits noms charmants et passionnés — que gazouille l'aveugle Cupidon! Alors il sera... — Je ne sais ce qu'il sera... Dieu lui soit en aide! — La cour est une instructive école; et c'est un homme, lui...

PAROLES.

— Quel homme est-ce? voyons.

HÉLÈNE.

Un homme à qui je veux du bien. Le malheur est...

PAROLES.

Quel est le malheur?

HÉLÈNE.

— C'est que nos vœux n'aient pas un corps — qui les rende palpables! En sorte que nous autres, pauvres créatures, — à qui notre humble étoile ne permet que les souhaits, — nous puissions en faire sentir l'efficacité à nos amis — et manifester des pensées qui, renfermées en nous, — ne nous attirent aucune reconnaissance! —

Entre UN PAGE.

LE PAGE.

Monsieur Paroles, monseigneur vous appelle.

Le page sort.

PAROLES.

Adieu, petite Hélène; si je puis me souvenir de toi, je penserai à toi, à la cour.

HÉLÈNE.

Monsieur Paroles, vous êtes né sous une constellation charitable.

PAROLES.

Moi? sous celle de Mars.

HÉLÈNE.

C'est ce que je crois justement, sous celle de Mars.

PAROLES.

Pourquoi sous celle de Mars?

HÉLÈNE.

Les guerres vous ont tant surmené, que vous devez être né sous la constellation de Mars.

PAROLES.

Dans sa prédominance.

HÉLÈNE.

Plutôt, je crois, dans son mouvement rétrograde.

PAROLES.

Pourquoi le croyez-vous?

HÉLÈNE.

Vous savez si bien rétrograder en combattant.

PAROLES.

C'est pour en prendre avantage.

HÉLÈNE.

C'est aussi pour notre avantage que nous fuyons, quand la peur nous promet le salut. Toutefois ce mélange de valeur et de peur qui est en vous est une vertu ailée qui sans doute vous rendra longtemps des services.

PAROLES.

Je suis tellement préoccupé d'affaires que je ne puis te

répondre d'une manière piquante. Je reviendrai courtisan parfait, et alors mes leçons naturaliseront chez toi toute ma science, pour peu que tu sois capable de comprendre les conseils d'un courtisan et de saisir les avis que je te jetterai. Autrement, tu dépériras dans une existence ingrate et ton ignorance te perdra. Adieu. Quand tu en auras le loisir, dis tes prières; quand tu ne l'auras pas, souviens-toi de tes amis, procure-toi un bon mari, et traite-le comme il te traitera; sur ce, adieu.

Il sort.

HÉLÈNE.

— Souvent, nous avons en nous les remèdes — que nous attendons du ciel. Les destins d'en haut — nous laissent une libre carrière; ils ne retardent — nos projets, que lorsque nous sommes nous-mêmes inertes. — Quelle est la puissance qui élève mon amour si haut, — et me fait apercevoir ce dont ma vue ne peut se rassasier? — Souvent les êtres les plus éloignés par la fortune, la nature les rapproche — pour les réunir dans le baiser d'une sympathie native. — Les entreprises extraordinaires sont impossibles à ceux — qui en mesurent les difficultés d'après le sens commun et qui s'imaginent — que ce qui n'a pas été ne saurait être. Quelle est celle qui, après avoir fait tous ses efforts — pour prouver son mérite, a échoué dans ses amours? — La maladie du roi!... Mon projet peut tromper mon espoir; — mais ma résolution est fixée, elle ne m'abandonnera pas.

Elle sort.

SCÈNE II.

[Paris. Dans le palais du roi.]

Fanfare. Entre le Roi de France, tenant des lettres à la main et suivi des Seigneurs et des Gentilshommes de sa cour.

LE ROI.

— Les Florentins et les Siennois sont aux prises; — ils ont combattu avec des chances égales et continuent — une guerre acharnée.

PREMIER SEIGNEUR.

C'est ce qu'on dit, Sire.

LE ROI.

— Et c'est fort croyable. Nous recevons ici — la confirmation de cette nouvelle dans une lettre de notre cousin d'Autriche — qui nous avertit que les Florentins vont implorer de nous — de prompts secours. Cet ami si cher — prévient leur demande et semble — désirer de nous un refus.

PREMIER SEIGNEUR.

Son dévouement et sa sagesse, — tant de fois éprouvés par Votre Majesté, réclament de votre part — la plus ample considération.

LE ROI.

Il a donné des armes à notre réponse, — et Florence est refusée avant d'avoir même demandé. — Toutefois, si, parmi nos gentilshommes, il en est qui désirent prendre — du service en Toscane, ils peuvent à leur gré — se ranger d'un côté ou de l'autre.

DEUXIÈME SEIGNEUR.

Cela pourra fort bien servir — d'école à notre noblesse que fait languir le — désir d'action et d'exploits.

LE ROI.

Qui vient ici?

Entrent Lafeu, Bertrand et Paroles.

PREMIER SEIGNEUR.

— Mon bon Seigneur, c'est le comte de Roussillon, — le jeune Bertrand.

LE ROI, à Bertrand.

Jouvenceau, tu portes la mine de ton père; — la nature libérale, plus zélée que pressée, — t'a soigneusement formé. Puisses-tu hériter — aussi des qualités morales de ton père? Sois le bienvenu à Paris.

BERTRAND.

— Mes remercîments et mes hommages à Votre Majesté!

LE ROI.

— Ah! si j'avais encore la même vigueur de santé — qu'au temps où ton père et moi-même nous fîmes en amis — nos premières armes! Il prit une large part — aux campagnes du temps, et il était — l'élève des plus braves; il se soutint longtemps; — mais enfin l'horrible vieillesse se saisit de nous — et épuisa notre activité. Cela me soulage — de parler de votre bon père. Dans sa jeunesse — il avait toute la verve que je puis observer — aujourd'hui dans nos jeunes seigneurs; mais ceux-ci peuvent plaisanter à leur aise, — leurs railleries ignorées retomberont sur eux-mêmes de tout leur poids, — tant que leur frivolité ne sera pas couverte par une gloire égale à la sienne. — Courtisan achevé, il n'avait ni dédain ni amertume — dans son orgueil et dans son ironie; ou s'il en avait, — ce n'était qu'après une provocation d'un de ses égaux. Son honneur — horloge de lui-même, lui indiquait la minute exacte — où il devait parler, et sa langue obéissait ponctuellement — au signal. Ceux qui étaient au-dessous de lui, — il les traitait comme des créatures d'un rang supérieur; — il abaissait sa grandeur éminente à leur humble niveau, — les rendant fiers de son humilité — et s'humiliant devant les pauvres éloges. Voilà l'homme qui — devrait être le modèle de notre jeunesse; — un tel exemple, bien suivi, lui prouverait que jusqu'ici — elle n'a fait que rétrograder.

BERTRAND.

Sire, son souvenir — est inscrit plus richement dans votre pensée que sur sa tombe; — et son épitaphe est moins à sa gloire — que votre royal éloge.

LE ROI.

— Ah! que ne suis-je avec lui! Il avait coutume de dire... — (il me semble l'entendre encore; il ne dispersait pas — ses sages paroles dans l'oreille, il les y greffait — pour y grandir et porter fruit) : *Que je cesse de vivre...* — ainsi intervenait souvent sa douce mélancolie — au dénoûment et à la suite de quelque plaisanterie... — *Que je cesse de vivre*, disait-il, — *quand ma lampe n'aura plus d'huile, plutôt que de servir de lumignon à ces jeunes générations dont l'intelligence — dédaigne tout ce qui n'est pas nouveau, dont le jugement — se borne à engendrer une toilette, et dont la constance — expire avant la mode adoptée par elles!* Tel était son souhait; — après et d'après lui, tel est aussi le mien. — Puisque je ne puis plus rapporter ni miel ni cire à la ruche, — il est grand temps que j'en sois emporté — pour faire place à d'autres travailleurs.

DEUXIÈME SEIGNEUR.

Vous êtes aimé, Sire; — et les plus récalcitrants seraient les premiers à vous regretter.

LE ROI.

— Je remplis une place, je le sais... Combien de temps y a-t-il, comte, — que le médecin de votre père est mort? — Il était bien renommé!

BERTRAND.

Il y a quelque six mois, Monseigneur.

LE ROI.

S'il était vivant, j'essayerais encore de lui... — Prêtez-moi un bras... Les autres médecins m'ont — épuisé à force de remèdes... Désormais la nature et la maladie — peuvent se débattre à leur aise. Soyez le bienvenu, comte, — mon fils ne m'est pas plus cher!

BERTRAND.

Je rends grâce à Votre Majesté. —

Ils sortent. Fanfare.

SCÈNE III.

[Dans le château des comtes de Roussillon.]

Entrent la Comtesse, l'Intendant et le Clown.

LA COMTESSE.

Maintenant je vous écoute : que dites-vous de cette jeune dame?

L'INTENDANT.

Madame, je souhaite que le besoin que j'ai toujours pris de satisfaire vos désirs soit noté dans le journal de mes services passés ; car nous blessons notre modestie et nous ternissons l'éclat de nos mérites en les publiant nous-mêmes.

LA COMTESSE, *se tournant vers le clown.*

Que fait ici ce maraud? Décampez, drôle ; les plaintes

SCÈNE III.

qui me sont parvenues sur vous, je veux bien ne pas les croire, mais c'est aveuglement de ma part, car, je le sais, vous êtes assez fou pour avoir voulu commettre et assez habile pour avoir accompli toutes ces coquineries.

LE CLOWN.

Vous n'ignorez pas, madame, que je suis un pauvre hère.

LA COMTESSE.

C'est bon, monsieur.

LE CLOWN.

Non, madame, il n'est pas bon que je sois pauvre, quoique la plupart des riches soient damnés. Mais, si Votre Excellence daigne m'autoriser à me mettre en ménage, la femme Isabeau et moi, nous ferons comme nous pourrons.

LA COMTESSE.

Tu veux donc devenir un mendiant?

LE CLOWN.

Je mendie seulement votre autorisation dans cette affaire.

LA COMTESSE.

Dans quelle affaire?

LE CLOWN.

L'affaire d'Isabeau et la mienne. Service n'est pas héritage; et je crois bien que je n'obtiendrai jamais la bénédiction de Dieu avant d'avoir une progéniture de mon corps; car, comme on dit, les poupons sont bénédiction.

LA COMTESSE.

Dis-moi la raison pour vouloir te marier.

LE CLOWN.

Mon pauvre corps l'exige, madame; je suis entraîné par la chair; et il faut marcher quand le diable nous entraîne.

LA COMTESSE.

Sont-ce là toutes les raisons de Votre Révérence?

LE CLOWN.

A dire vrai, madame, j'ai d'autres raisons telles quelles, des raisons de piété.

LA COMTESSE.

Le monde peut-il les connaître?

LE CLOWN.

J'ai été, madame, une créature perverse, comme vous et tous ceux qui sont de chair et de sang; et, en vérité, je me marie pour pouvoir me repentir...

LA COMTESSE.

De ton mariage bien plutôt que de ta perversité.

LE CLOWN.

Je n'ai plus d'amis, madame, et j'espère en avoir par ma femme.

LA COMTESSE.

Drôle! ces amis-là sont des ennemis.

LE CLOWN.

Vous en jugez à la légère, madame. Ce sont des amis, et de grands amis! Car ces coquins-là viennent faire pour moi ce dont je suis las! Celui qui laboure ma terre épargne mon attelage et me laisse recueillir la récolte; s'il me fait cocu, je le fais ma bête de somme. Celui qui console ma femme soigne ma chair et mon sang; celui qui soigne ma chair et mon sang, aime ma chair et mon sang; celui qui aime ma chair et mon sang, est mon ami : *ergo*, celui qui baise ma femme est mon ami. Si les hommes pouvaient se résigner à être ce qu'ils sont, il n'y aurait rien à craindre dans le mariage. En effet, le jeune Charbon le puritain et le vieux Poysam le papiste, tout différents que sont leurs cœurs en religion, ont la tête pareille. Ils peuvent croiser leurs cornes aussi bien que tous les cerfs du troupeau.

SCÈNE III.

LA COMTESSE.

Tu seras donc toujours mauvaise langue et calomniateur, coquin?

LE CLOWN.

Je suis prophète, madame, et je dis la vérité par le plus court chemin.

> Fredonnant :
>> Car je répéterai la ballade
>> Que tous trouveront véridique :
>> Le mariage advient par destinée ;
>> Le coucou chante par nature.

LA COMTESSE.

Décampez, monsieur ; je vous dirai deux mots tout à l'heure.

L'INTENDANT.

Voudriez-vous, madame, lui dire d'appeler Hélène? C'est d'elle que j'ai à vous parler.

LA COMTESSE.

Drôle, dis à ma dame de compagnie que je voudrais lui parler ; c'est Hélène que je veux dire.

LE CLOWN, chantant.

> Quoi! dit-elle, est-ce là ce beau visage qui fut cause
>> Que les Grecs saccagèrent Troie?
> Folle action! action folle! car Pâris
>> Était la joie du roi Priam!
> Sur ce, elle soupira en s'arrêtant,
> Sur ce, elle soupira en s'arrêtant,
>> Et prononça cette sentence :
> Pour neuf mauvaises s'il en est une bonne,
> Pour neuf mauvaises s'il en est une bonne,
> C'est qu'il en est encore une bonne sur dix.

LA COMTESSE.

Comment, une bonne sur dix? vous corrompez la chanson, drôle.

LE CLOWN.

Une bonne femme sur dix! je purifie la chanson, au contraire! Puisse le bon Dieu rationner ainsi le monde chaque année! Pour ma part, je ne me plaindrais pas d'avoir la dîme des femmes, si j'étais le recteur. Une sur dix! oui-dà, s'il pouvait seulement nous naître une bonne femme à l'apparition de chaque comète ou à chaque tremblement de terre, la loterie humaine serait bien améliorée! Il serait plus facile à un homme de s'arracher le cœur que d'attraper une bonne femme.

LA COMTESSE.

Voulez-vous sortir, messire drôle, et faire ce que je vous commande?

LE CLOWN.

Dieu veuille qu'un homme puisse obéir aux commandements d'une femme, sans faire le mal!... L'honnêteté chez moi a beau ne pas être puritaine, elle se refuse à mal faire; elle porte le surplus de l'humilité sur la robe noire d'un cœur indépendant... Je pars, décidément : il s'agit de faire venir Hélène ici.

Le clown sort.

LA COMTESSE.

Eh bien, j'écoute.

L'INTENDANT.

Je sais, madame, que vous aimez profondément votre dame de compagnie.

LA COMTESSE.

Oui, ma foi : son père me l'a léguée; et, à défaut d'autre recommandation, elle aurait par elle-même les titres les plus légitimes à tout l'amour que je lui porte. Je lui dois plus que je ne lui donne, et j'entends lui donner plus qu'elle ne demandera.

L'INTENDANT.

Madame, je me trouvais tout à l'heure beaucoup plus

près d'elle qu'elle ne l'eût, je crois, désiré. Elle était seule, et se parlait à elle-même, transmettant ses réflexions à son oreille, sans se douter, j'ose le jurer, que ses paroles parvinssent à une pensée étrangère. Son secret était qu'elle aimait votre fils : « La Fortune, disait-elle, n'est point un déesse, puisqu'elle a mis une telle différence entre nos deux conditions ; l'amour n'est point un dieu, puisque son pouvoir ne s'étend que là où les rangs sont égaux ; Diane n'est point la reine des vierges, puisqu'elle a laissé surprendre sa pauvre guerrière, à la première attaque, sans la secourir ou sans vouloir payer sa rançon. » Voilà ce qu'elle disait du ton le plus amèrement douloureux dont jamais vierge se soit exprimée devant moi. J'ai cru qu'il était de mon devoir de vous apprendre cela au plus vite ; puisque, quelque malheur pouvant arriver, vous êtes intéressée à le savoir.

LA COMTESSE.

Vous avez agi honnêtement. Gardez cela pour vous ; bien des présomptions me l'avaient fait soupçonner, mais elles étaient si vacillantes encore que j'étais balancée entre la croyance et le doute. Je vous en prie, laissez-moi ; renfermez ce secret dans votre âme ; je vous remercie de votre honnête sollicitude. Nous reparlerons de cela tout à l'heure.

Sort l'Intendant.

— Il en était ainsi de moi, quand j'étais jeune : — de par la nature, telle est notre condition ; cette épine-là — est inséparablement attachée à la rose de notre jeunesse ; — créatures de sang, nous avons cela dans le sang. — C'est la marque et le sceau de la vraie nature — qu'une énergique passion imprimée dans un jeune cœur. — Le souvenir de mes beaux jours passés — me rappelle les mêmes fautes. Oh ! alors elles n'en étaient pas pour moi !

— Son regard en est languissant; à présent je le vois bien.

Entre HÉLÈNE.

HÉLÈNE.

— Quel est votre bon plaisir, madame?

LA COMTESSE.

Vous savez, Hélène, — que je suis une mère pour vous.

HÉLÈNE.

Mon honorable maîtresse!

LA COMTESSE.

Non, une mère. — Pourquoi pas une mère? Quand j'ai dit : une mère, — il m'a semblé que vous voyiez un serpent : qu'y a-t-il donc dans une mère — qui vous fasse tressaillir? Je répète que je suis votre mère, — et que je vous mets au nombre de ceux — que mes entrailles ont faits miens. Cela se voit souvent, — l'adoption rivalise avec la nature : le choix produit pour nous — d'une semence étrangère comme un rejeton naturel. — Vous ne m'avez jamais coûté de maternelles douleurs, — et pourtant je vous témoigne une maternelle tendresse... — Dieu me pardonne, jeune fille! Est-ce que cela te tourne le sang — que je me dise ta mère? Comment se fait-il — que cette messagère orageuse de larmes, — cette Iris aux changeantes couleurs encercle ton regard? — Quoi! parce que vous êtes ma fille!

HÉLÈNE.

Parce que je ne le suis pas.

LA COMTESSE.

— Je dis que je suis votre mère.

HÉLÈNE.

Pardon, madame : — le comte de Roussillon ne peut

être mon frère? — Je suis d'humble, lui d'illustre origine. — Mes parents ne sont pas notables, tous les siens sont nobles. — Il est mon maître, mon cher seigneur; — je vis sa servante, et je mourrai sa vassale. — Il ne doit pas être mon frère!

LA COMTESSE.

Ni moi votre mère?

HÉLÈNE.

— Vous êtes ma mère, madame? Plût à Dieu — (pourvu que monseigneur, votre fils, ne fût pas mon frère) — que vous fussiez vraiment ma mère! Si même vous étiez notre mère à tous deux, — ce serait pour moi un bonheur qui vaudrait le ciel, — pourvu que je ne fusse pas sa sœur! Ne serait-il donc pas possible — que je fusse votre fille sans qu'il fût mon frère?

LA COMTESSE.

— Oui, Hélène, vous pourriez être ma belle-fille. — Dieu vous garde d'une telle pensée! Ces noms de fille et de mère — agissent tant sur votre sang!... Quoi, toute pâle encore! — mes soupçons ont surpris votre affection. Maintenant je pénètre — le secret de vos goûts solitaires et je découvre — la source de vos larmes amères. Maintenant il est d'une évidence grossière — que vous aimez mon fils... La dissimulation même a honte — de contester la proclamation de la passion — et de dire que tu ne l'aimes pas... Tiens! tes joues — l'avouent cet amour, et tes yeux, — le voyant si clairement révélé dans toutes tes manières, — l'expriment aussi dans leur langage; seule, une coupable — et infernale obstination enchaîne ta langue — pour empêcher que la vérité ne soit soupçonnée. Parle, cela est-il? — Si cela est, dévide-nous ce bel écheveau; — si cela n'est pas, jure que je me trompe... Dans tous les cas, je te somme, — au nom du ciel, qui peut m'employer à ton bonheur, — de me dire la vérité.

HÉLÈNE.

Bonne madame, pardonnez-moi.

LA COMTESSE.

— Aimez-vous mon fils?

HÉLÈNE.

Votre pardon, noble maîtresse!

LA COMTESSE.

— Aimez-vous mon fils?

HÉLÈNE.

Est-ce que vous ne l'aimez pas, madame?

LA COMTESSE.

— Point de détours. Mon amour pour lui est un attachement — que je laisse voir au monde entier. Allons! allons! révélez-moi — l'état de votre cœur; car votre émotion — vous accuse hautement.

HÉLÈNE, s'agenouillant.

Eh bien, je confesse — ici, à genoux, devant le ciel et vous, qu'avant vous-même et après le ciel, — votre fils a mon amour! — Mes parents étaient pauvres, mais honnêtes : ainsi est ma tendresse. — N'en soyez pas offensée, cela ne lui fait pas de mal — d'être aimé de moi; je ne le poursuis — d'aucune présomptueuse avance; — je ne voudrais pas de lui avant de l'avoir mérité, — et pourtant je ne sais pas comment je puis le mériter jamais. — Je sais que j'aime en vain, que je me débats contre l'espérance; — n'importe! le vaste crible a beau fuir, — je ne cesse d'y verser les eaux de mon amour — qui ne cessent de s'y perdre. Ainsi, pareille à l'Indien, — dans ma religieuse erreur, je rends un culte — au soleil qui rayonne sur son adorateur — et ne le connaît que pour l'illuminer. Bien chère madame, — ne me rendez pas en haine l'amour — que j'ai pour celui que vous aimez. Mais vous-même. — dont la vieillesse vénérable atteste la vertueuse jeunesse, — si jamais, brûlant d'une flamme aussi pure, — vous avez éprouvé à la fois les plus chastes désirs et la plus tendre passion, en sorte que votre Diane — était en même temps elle-même et l'Amour; oh! alors, ayez pitié — de la malheureuse qui ne peut s'empêcher — de placer son affection où elle est sûre de la perdre, — qui n'essaie pas de trouver l'objet de sa recherche, — et qui, comme l'énigme, vit du doux mystère où elle expire !

LA COMTESSE.

— N'avez-vous pas depuis quelques jours, parlez franchement, l'intention — d'aller à Paris?

HÉLÈNE.

Oui, madame.

LA COMTESSE.

Pourquoi? dites la vérité.

HÉLÈNE.

— Je vais la dire, j'en jure, par la grâce divine ! — Vous le savez, mon père m'a légué certaines recettes — d'une vertu merveilleuse et éprouvée, que ses lectures — et son expérience pratique lui avaient indiquées — comme des spécifiques souverains, et il m'a recommandé en mourant — de conserver dans le secret le plus scrupuleux — ces prescriptions dont l'efficacité intime est beaucoup plus puissante — que ne le ferait croire leur formule. Il y a là, entre autres, — un remède infaillible — contre les maladies de langueur désespérées comme celle — pour laquelle le roi est condamné.

LA COMTESSE.

C'était bien là votre motif — pour aller à Paris, n'est-ce pas? Parlez.

HÉLÈNE.

— C'est monseigneur votre fils qui m'y a fait penser ;

— sans cela Paris, la médecine et le roi — auraient été sans doute bien éloignés — du cours de mes réflexions.

LA COMTESSE.

Mais, Hélène, — si vous offriez au roi vos secours supposés, — croyez-vous qu'il les accepterait? Lui et ses médecins — sont d'accord pour penser, lui, qu'ils ne peuvent rien à son mal, — eux, qu'ils n'y peuvent rien. Quelle confiance auraient-ils — dans une pauvre jeune fille ignorante, quand déjà toute l'école, — au bout de sa science, a abandonné — le danger à lui-même.

HÉLÈNE.

Un pressentiment, — supérieur à la science même de mon père, qui était le plus grand — de sa profession, me dit que cette bonne recette — sera pour moi un patrimoine sanctifié — par les plus heureuses étoiles du ciel; et si vous daigniez, madame, — me permettre de tenter l'aventure, je m'engagerais, — au risque de ma vie, à guérir Sa Majesté — pour tel jour, à telle heure.

LA COMTESSE.

Le crois-tu?

HÉLÈNE.

— Oui, madame, décidément.

LA COMTESSE.

— Eh bien, Hélène, tu auras, outre mon affectueux consentement, — les moyens, la suite nécessaires, et mes pressantes recommandations — auprès de mes amis à la cour. Moi, je resterai ici, — et j'implorerai pour ton entreprise la bénédiction de Dieu. — Sois partie dès demain, et sois sûre — d'obtenir de moi tout l'appui possible.

Elles sortent.

SCÈNE IV.

[Paris. Dans le palais du roi.]

Fanfare. Entrent le Roi, suivi de DEUX JEUNES SEIGNEURS qui partent pour la guerre de Florence; puis BERTRAND, PAROLES et des gens de service.

LE ROI.

— Adieu, jeune seigneur. Ces principes guerriers, — ne les perdez pas de vue... Et vous aussi, seigneur, adieu. — Partagez mon conseil entre vous ; et si tous deux vous en tirez profit, — le don que vous aurez reçu aura doublé de valeur — en suffisant à tous deux.

PREMIER SEIGNEUR.

Nous espérons, — Sire, revenir soldats éprouvés — et trouver Votre Grâce en bonne santé.

LE ROI.

— Non, non, c'est impossible ; et pourtant mon cœur — ne veut pas se reconnaître atteint par la maladie — qui assiége ma vie. Adieu, jeunes seigneurs : — que je vive ou que je meure, soyez les — dignes fils de la France; que la haute Italie, — que cette race abâtardie, qui n'a hérité que de la décadence — du dernier empire, voie que vous venez — non pour courtiser la gloire, mais pour l'épouser; — quand les plus braves éclaireurs reculeront, sachez trouver, vous, ce que vous cherchez, — pour que la renommée vous acclame. Encore une fois, adieu.

DEUXIÈME SEIGNEUR.

— Que la santé se mette aux ordres de Votre Majesté !

LE ROI.

— Ces filles d'Italie, défiez-vous d'elles! — Elles disent que nos Français n'ont pas de mots pour refuser —

quand elles demandent. Prenez garde d'être captivés — avant même d'avoir pris service.

PREMIER SEIGNEUR.

Nos cœurs recueillent vos avis.

LE ROI.

Adieu.

A un de ses gens.

Venez m'aider.

Le Roi s'étend sur un lit de repos.

PREMIER SEIGNEUR, à Bertrand.

— O mon cher seigneur, vous laisser ainsi derrière nous !

PAROLES.

— Ce n'est pas sa faute, l'étincelle...

DEUXIÈME SEIGNEUR.

Oh ! une si belle campagne !

PAROLES.

— Admirable. J'ai vu ces guerres.

BERTRAND.

— Je reste ici par ordre, et l'on me tient en bride, en disant : — Trop jeune ! l'année prochaine ! c'est trop tôt.

PAROLES.

— Si le cœur t'en dit, enfant, dérobe-toi bravement !

BERTRAND.

— Il faut que je reste attelé ici à un cotillon, — je suis condamné à trotter sur la dalle unie, — jusqu'à ce que la gloire soit épuisée toute, et à ne porter qu'une épée — de danseur ! Par le ciel, je me déroberai.

PREMIER SEIGNEUR.

— Ce sera un vol honorable.

PAROLES.

Commettez-le, comte ! —

DEUXIÈME SEIGNEUR.

Je serai votre complice... Allons, adieu.

BERTRAND.

Je tiens tant à vous que notre séparation est le plus douloureux écartellement.

PREMIER SEIGNEUR, à Paroles.

Adieu, capitaine.

DEUXIÈME SEIGNEUR.

Suave monsieur Paroles!

PAROLES.

Nobles héros, mon épée et les vôtres sont sœurs. Bonnes et brillantes lames! Un mot, braves métaux! vous trouverez dans le régiment des Spinii un certain capitaine Spurio, avec sa cicatrice, emblème de guerre, ici sur la joue gauche, c'est cette épée même qui l'a ainsi balafré; dites-lui que je vis et recueillez ses récits sur mon compte.

DEUXIÈME SEIGNEUR.

Oui certes, noble capitaine.

PAROLES.

Soyez les novices chéris de Mars!

Les seigneurs sortent.

A Bertrand.

Qu'allez-vous faire?

BERTRAND.

Je reste. Le Roi...

PAROLES.

Traitez ces nobles seigneurs avec une plus ample cérémonie; vous vous êtes enfermé dans la lice d'un adieu trop froid. Soyez plus empressé près d'eux; car ils sont l'aigrette même du bon ton; ils alignent leurs manières, ils mangent, parlent et se meuvent sous l'influence de l'étoile la plus en vogue; et, quand ce serait le diable qui réglerait la mesure de la mode, ils voudraient encore la suivre. Courez les rejoindre et prenez plus longuement congé d'eux.

BERTRAND.

Oui, je m'en vais le faire.

PAROLES.

Ce sont de dignes compagnons, et qui ont tout l'air de devoir être de vigoureux hommes d'épée.

Bertrand et Paroles sortent.

Lafeu *entre et se jette aux pieds du roi.*

LAFEU.

— Pardon, monseigneur, pour moi et pour mon message !

LE ROI.

Oui, à condition que tu relèveras !

LAFEU, *se redressant.*

Eh bien, — vous voyez ici debout un homme qui a payé d'avance son pardon. Je voudrais, — monseigneur, que vous — vous fussiez mis à genoux devant moi pour me demander grâce, afin de — pouvoir, à mon commandement, vous redresser comme je viens de le faire !

LE ROI.

— Je le voudrais aussi, dussé-je, après t'avoir fracassé la tête, — t'en demander pardon !

LAFEU.

Vous frappez à côté, — mon bon seigneur. Voici la question : voulez-vous être guéri — de votre infirmité ?

LE ROI.

Non.

LAFEU.

Ah ! vous ne voulez pas — manger de raisins, mon royal renard ? Pourtant — ce sont de magnifiques raisins, et vous en voudriez, si — vous pouviez y atteindre. J'ai vu un médecin — qui est capable d'inspirer la vie à une pierre, — d'animer un roc, et de vous faire danser la gavotte — avec la fougue et la prestesse la plus entraînante ; son simple attouchement — est assez puissant pour ressusciter le roi Pépin, que dis-je ? — pour faire prendre la plume au grand Charlemagne, — et lui faire écrire à elle-même une lettre d'amour.

LE ROI.

Qui, elle?

LAFEU.

— Eh bien, le médecin, monseigneur. Il est arrivé ici un docteur femelle : — voulez-vous l'admettre?..... J'en jure sur ma foi et sur mon honneur, — s'il m'est permis d'exprimer sérieusement ma pensée — après cet exorde badin, je viens de parler à une personne — dont le sexe, l'âge, le projet, — la sagesse et la résolution m'ont causé une stupéfaction — que je ne puis imputer à ma faiblesse d'esprit. Voulez-vous la voir, Sire — (car c'est là ce qu'elle demande), et savoir son projet? — Cela fait, riez de moi tout à votre aise.

LE ROI.

Eh bien, mon bon Lafeu, — introduis cette merveille, afin que nous puissions — partager ton étonnement ou le dissiper — en nous en étonnant.

LAFEU.

Ah ! je vous persuaderai, — et cela avant la fin du jour.

Il sort.

LE ROI.

— Il fait toujours de ces longs prologues à des riens !

Lafeu *rentre avec* Hélène.

LAFEU.

— Allons, avancez.

LE ROI.

Voilà un empressement qui a des ailes.

LAFEU.

— Allons, avancez. — Voici Sa Majesté : dites-lui vos intentions. — Vous avez tout l'air d'un conspirateur ; mais les conspirateurs comme vous, — Sa Majesté les redoute rarement. Je suis l'oncle de Cressida, — et je ne crains pas de vous laisser tous deux ensemble. Au revoir.

Il sort.

LE ROI.

— Eh bien, ma belle, est-ce à moi que vous avez affaire ?

HÉLÈNE.

— Oui, mon bon seigneur. Gérard de Narbonne était — mon père, homme renommé dans sa profession.

LE ROI.

— Je l'ai connu.

HÉLÈNE.

— Je ne vous ferai donc pas son éloge : — vous le connaissez, il suffit... Sur son lit de mort, — il me remit plusieurs recettes, une entre autres, — le fruit le plus précieux de sa pratique, — l'œuvre favorite de sa vieille expérience, — qu'il me dit de garder soigneusement comme un troisième œil — plus précieux que les deux miens. Je l'ai fait... — Aujourd'hui, apprenant que Votre Majesté est atteinte — de cette affection funeste dont la cure — est le principal honneur du remède légué par mon cher père, — je viens vous l'offrir avec mes services, — dans l'humanité de ma sujétion.

LE ROI.

Nous vous rendons grâces, jeune fille, — mais nous ne pouvons pas croire à une telle guérison, — quand nos plus savants docteurs nous abandonnent, — quand leur collége assemblé a décidé — que l'art, malgré tous ses efforts, ne pourra jamais racheter la nature — de cette situation désespérée... Non, nous ne devons point — ternir notre jugement ni corrompre notre confiance — au point de prostituer notre incurable maladie — à l'empirisme; nous ne devons point — divorcer avec notre renom de sagesse en acceptant — un remède insensé dans un état que nous jugeons irrémédiable.

HÉLÈNE.

— Il me suffira d'avoir fait mon devoir pour être payée de mes peines. — Je ne veux pas vous imposer mes services, — et j'implore humblement de votre royale bonté — cette faveur modeste de me faire reconduire.

LE ROI.

— Je ne puis pas t'accorder moins, si je ne veux passer pour ingrat. — Tu as voulu me secourir; reçois donc les remercîments — que doit un mourant à ceux qui lui souhaitent de vivre. — Mais je sais à fond ce que tu ignores, — je sais le péril où je suis et tu ne saurais le conjurer.

HÉLÈNE.

— Quel mal y a-t-il à essayer ce que je puis faire, — puisque vous avez renoncé à toute guérison? — Celui qui achève les plus grandes œuvres — les accomplit souvent par le plus faible ministre. — Ainsi les saintes Écritures nous montrent la sagesse chez l'enfance, — quand les sages ne sont que des enfants. De grands fleuves ont coulé — de simples sources, et de grandes mers ont été mises à sec, — après que les plus grands avaient nié ces miracles. — Souvent la prévision manque le but, au milieu — des plus belles promesses; et souvent elle l'atteint, au milieu — des plus froides espérances, quand le désespoir est à son comble.

LE ROI.

— Je ne dois pas t'écouter. Adieu, obligeante fille. — Tes peines, restées inutiles, doivent trouver en toi-même leur paiement; — car les offres non agréées recueillent des remercîments pour tout salaire.

HÉLÈNE.

— Ainsi le mérite inspiré est rebuté d'un mot! — Il n'en est pas de celui qui connaît toutes choses — comme de nous qui mesurons nos conjectures sur des apparences; — c'est donc de notre part présomption suprême que — de prendre l'intervention du ciel pour l'action des hommes. — Ah! Sire, donnez votre consentement à ma tentative; — mettez à l'épreuve, non pas moi, le ciel! — Je ne suis pas de ces imposteurs qui se font fort — d'atteindre ce qu'ils savent inaccessible; mais, sachez-le, je le crois, et j'en suis sûre, — mon art n'est pas impuissant, ni votre mal incurable.

LE ROI.

— As-tu donc tant de confiance? Dans quel espace de temps — espères-tu me guérir?

HÉLÈNE.

— Si la Grâce suprême m'accorde cette grâce, — avant que les chevaux du soleil aient deux fois promené — sa torche enflammée dans le cercle diurne; avant que l'humide Hespérus ait deux fois éteint sa lampe léthargique — dans les vapeurs sombres de l'Occident; avant que le sablier du pilote lui ait indiqué vingt-quatre fois — l'écoulement furtif des minutes; ce qu'il y a d'infirme en vous s'envolera de la parti saine, — la santé revivra dégagée, et la maladie se dégagera pour mourir.

LE ROI.

— Sur la garantie de ta conviction, — à quoi t'exposerais-tu?

HÉLÈNE.

A l'accusation d'impudeur, — à l'infamie publique

d'une catin éhontée, — chansonnée par d'odieuses ballades! Oui, si j'échoue, que mon nom de vierge — soit déshonoré et que, soumise au châtiment des pires, — mon existence se termine dans les plus viles tortures!

LE ROI.

— Il me semble qu'un esprit sublime parle en toi; — j'entends sa voix puissante par ton faible organe. — Ce que le sens commun repousse comme impraticable, — un sens supérieur le replace dans le possible. — Ta vie est chose précieuse; car tous les biens qui, dans cette vie, — valent la peine de vivre sont accumulés en toi : — jeunesse, beauté, sagesse, courage, vertu, tous — les dons heureux que peuvent revendiquer le bonheur et le printemps de l'âge! — Pour hasarder, comme toi, tout cela, il faut avoir — ou une science infinie ou un monstrueux désespoir. — Charmant docteur, je veux essayer du remède que tu m'apportes — et qui t'administre la mort, si je meurs.

HÉLÈNE.

— Si je romps le délai fixé, si je fléchis dans l'accomplissement — de ce que je dis, que je meure maudite, — et je l'aurai mérité. Pas de guérison? la mort est mon payement; — mais, si je vous guéris, que me promettez-vous?

LE ROI.

— Fais ta demande.

HÉLÈNE.

Mais me l'accorderez-vous?

LE ROI.

— Oui, par mon sceptre et par mes espérances de ciel!

HÉLÈNE.

— Eh bien, tu me donneras, de ta royale main, — le mari, soumis à ta puissance, que je t'indiquerai. —

Loin de moi l'arrogante pensée — de le choisir du sang royal de France, — et d'allier mon nom obscur et humble — à aucune branche, à aucun représentant de ta dynastie; — je ne veux qu'un de tes vassaux que je sois — en droit de te demander, et toi en pouvoir de m'accorder.

LE ROI.

— Voici ma main; ton engagement une fois observé, — ta volonté recevra de moi une servile exécution. — Fixe toi-même le moment; car, — résolu à être ton malade, je me repose désormais sur toi. — Je devrais sans doute te questionner davantage; — mais ma confiance ne gagnerait rien à apprendre rien de plus : — quand je saurais d'où tu viens, qui t'a conduite ici, qu'importe! Sois — bienvenue sans question et bénie sans réserve!... — Qu'on vienne m'aider! holà! quelqu'un!... Si tu es à la hauteur — de ta parole, mes actes égaleront les tiens !

Fanfare. Tous sortent.

SCÈNE V.

[Dans le château des comtes de Roussillon.]

Entrent la Comtesse *et le* Clown.

LA COMTESSE.

Allons, monsieur, je vais mettre à l'épreuve votre savoir-vivre.

LE CLOWN.

Je me comporterai en homme richement nourri et pauvrement élevé. En somme, il s'agit pour moi de figurer à la cour, rien qu'à la cour!

SCÈNE V. 227

LA COMTESSE.

Rien qu'à la cour! oui-dà, de quel endroit faites-vous donc cas, si vous traitez celui-là avec un pareil dédain? Rien qu'à la cour!

LE CLOWN.

En vérité, madame, si Dieu a doué un homme de quelque civilité, à la cour il peut aisément la mettre à l'écart. Là, celui qui ne sait pas arrondir une jambe, ôter son chapeau, baiser sa main et ne rien dire, n'a ni jambes, ni mains, ni lèvres, ni chapeau; à parler précisément, un pareil être n'est pas fait pour la cour. Mais, quant à moi, j'ai une réponse qui peut servir en tout cas.

LA COMTESSE.

Ma foi! ce doit être une bien bonne réponse, si elle va à toutes les questions.

LE CLOWN.

Elle est comme la chaise du barbier qui va à toutes les fesses, fesses pointues, fesses carrées, fesses dodues, n'importe quelles fesses.

LA COMTESSE.

Est-ce qu'effectivement votre réponse va à toutes les questions?

LE CLOWN.

Comme une pistole à la main d'un procureur, comme votre écu français à votre gueuse enrubannée, comme la bague d'osier de Tibbie à l'index de Tom, comme les crêpes au Mardi Gras, comme la danse Moresque au Premier mai, comme le clou à son trou, comme le cocu à sa corne, comme la gourgandine querelleuse au maroufle tapageur, comme la lèvre de la nonne à la bouche du moine, enfin, comme le *pouding* à sa peau.

LA COMTESSE.

Tu as une réponse qui va aussi bien à toutes les questions?

LE CLOWN.

Depuis le duc jusqu'au dernier constable, elle va à toutes les questions.

LA COMTESSE.

Ce doit être une réponse de la plus monstrueuse étendue pour aller ainsi à toutes les demandes.

LE CLOWN.

Une vétille, en vérité, pour le savant qui l'apprécierait congrûment. La voici dans tout son développement. Demandez-moi si je suis un courtisan; il n'y a pas de mal à apprendre...

LA COMTESSE.

A redevenir jeune, si nous le pouvons. Je consens à être niaise dans ma question, espérant devenir plus spirituelle par votre réponse... Dites-moi, monsieur, êtes-vous un courtisan?

LE CLOWN.

Seigneur Dieu, monsieur! voilà une réplique expéditive! Encore, encore, faites-moi cent questions.

LA COMTESSE.

Monsieur, je suis un pauvre ami à vous qui vous aime.

LE CLOWN.

Seigneur Dieu, monsieur! (24) Ferme, ferme, ne m'épargnez pas.

LA COMTESSE.

Je pense, monsieur, que vous ne pouvez pas manger d'un plat aussi grossier.

LE CLOWN.

Seigneur Dieu, monsieur! Allez, mettez-moi à l'épreuve, n'ayez pas peur.

LA COMTESSE.

Vous avez reçu le fouet tout récemment, monsieur, à ce que je crois.

SCÈNE V.

LE CLOWN.

Seigneur Dieu, monsieur!... Ne m'épargnez pas.

LA COMTESSE.

Vous criez : *Seigneur Dieu, monsieur! ne m'épargnez pas,* quand on parle de vous donner le fouet! En vérité, voilà une exclamation fort bien placée; vous répondriez fort bien aux coups, si vous y étiez condamné.

LE CLOWN.

Jamais de la vie je n'avais eu moins de chance dans mon *Seigneur Dieu, monsieur!* Je vois que les choses peuvent servir longtemps, mais pas toujours.

LA COMTESSE.

Je fais un noble usage de mon temps, en vérité, de le passer à rire ainsi avec un fou.

LE CLOWN.

Seigneur Dieu, Monsieur! Tiens, le voilà qui ressert!

LA COMTESSE.

— C'est assez, monsieur. Maintenant à votre affaire :
  Elle lui donne un papier.

Vous remettrez ceci à Hélène, — et vous la presserez de me répondre immédiatement. — Recommandez-moi à mes parents et à mon fils; — ce n'est pas une grande...

LE CLOWN.

Une grande recommandation auprès d'eux.

LA COMTESSE.

Une grande tâche pour vous : vous me comprenez?

LE CLOWN.

Très-fructueusement; je serai là avant mes jambes.

LA COMTESSE.

Revenez vite.
  Ils sortent de deux côtés opposés.

SCÈNE VI.

[Paris. La salle du Trône dans le Palais.]

Entrent BERTRAND, LAFEU et PAROLES.

LAFEU.

On dit qu'il n'y a plus de miracles; et nous avons des philosophes qui déclarent toutes simples et toutes ordinaires les choses surnaturelles et inexplicables. Voilà ce qui fait que nous traitons de puérilités les plus redoutables prodiges, en nous retranchant dans une science prétendue, au lieu de nous résigner à une ignorante terreur.

PAROLES.

Oui-dà, c'est la plus rare merveille qui se soit produite dans nos temps modernes.

BERTRAND.

C'est vrai.

LAFEU.

Après avoir été abandonné des gens de l'art!

PAROLES.

C'est ce que je dis : de Galien et de Paracelse.

LAFEU.

Des maîtres les plus savants et les plus authentiques...

PAROLES.

Justement, c'est ce que je dis.

LAFEU.

Qui le donnaient pour incurable...

PAROLES.

Oui, voilà ! c'est ce que je dis aussi.

LAFEU.

Pour désespéré...

SCÈNE VI.

PAROLES.

Justement, pour un homme assuré d'une...

LAFEU.

D'une vie incertaine et d'une mort infaillible.

PAROLES.

C'est cela même; j'allais le dire.

LAFEU.

Je puis dire vraiment que c'est une nouveauté pour l'univers.

PAROLES.

Certainement; si vous en voulez la démonstration, vous la lirez dans... Comment appelez-vous donc cet ouvrage-là?

LAFEU.

« La démonstration de la puissance céleste sur la scène terrestre. »

PAROLES.

C'est exactement ce que j'allais dire.

LAFEU.

Ma foi, le Dauphin lui-même n'est pas plus vigoureux; je parle sous le rapport...

PAROLES.

Oui, c'est étrange, très-étrange! le mot est bref, mais il faut toujours y revenir; et il n'y a qu'un esprit profondément perverti pour ne pas reconnaître dans ceci...

LAFEU.

La main même du ciel.

PAROLES.

Oui, c'est ce que je dis.

LAFEU.

Par le plus faible...

PAROLES.

Et le plus débile ministre s'est manifestée l'action

suprême d'une autorité transcendante, à laquelle nous devons, outre le rétablissement du Roi...

LAFEU.

Une reconnaissance universelle.

PAROLES.

C'est ce que j'allais dire ; vous parlez à merveille. Voici le roi.

Entrent le Roi *et* Hélène, *puis des gens de service.*

LAFEU.

Tout gaillard, sur ma parole !.. Je m'engage à en aimer mieux les jeunes filles, tant qu'il me restera une dent dans la bouche. Eh ! mais il est capable de danser avec elle une courante !

PAROLES.

Mort du vinaigre ! n'est-ce pas là Hélène ?

LAFEU.

Vive Dieu ! je le crois.

LE ROI.

— Qu'on mande devant moi tous les seigneurs de la Cour !

Un des gens de service sort.

A Hélène.

— Ma bienfaitrice, assieds-toi à côté de ton malade ; — et de cette main vigoureuse où tu as rappelé — la sensation bannie, reçois une seconde fois — la confirmation de ma promesse. — Parle, tu n'as plus qu'à choisir.

Entrent plusieurs Seigneurs *qui se rangent devant le Trône, tandis que Lafeu et Paroles se retirent au fond du théâtre pour leur faire place.*

LE ROI.

— Belle enfant, promène autour de toi tes regards ; ce tas de jeunes — et nobles célibataires est à ma disposition ; — j'ai sur eux la puissance souveraine et l'autorité paternelle : — fais ton choix librement ; tu as le droit de choisir et ils n'ont pas celui de refuser.

HÉLÈNE.

— Que les chances de l'amour accordent à chacun de vous une maîtresse belle et vertueuse ! — Oui, à chacun de vous, hormis un seul !

LAFEU, au fond du théâtre, à Paroles.

— Je donnerais mon cheval bai, tout harnaché, — pour n'être pas plus édenté que ces jeunes gens et n'avoir pas la barbe plus longue.

LE ROI, à Hélène.

Examine-les bien : — pas un d'eux qui ne soit de noble race !

HÉLÈNE.

Messieurs, — le ciel a, par moi, rendu la santé au roi.

TOUS.

— Nous le savons, et nous en remercions le ciel.

HÉLÈNE.

Je suis une simple vierge, et ma plus grande richesse, — je le déclare, est simplement d'être vierge. — S'il plaît à votre Majesté, je suis prête. — La rougeur, en montant à mes joues, me dit tout bas : — « Je rougis de ce que tu aies à choisir ; mais, si tu éprouves un refus, — — qu'une pâleur mortelle règne pour toujours sur ton visage ! — Moi, je n'y reparaîtrai jamais. »

LE ROI.

Fais ton choix, et, sache-le bien, — quiconque se soustrait à ton amour, se soustrait au mien.

HÉLÈNE.

— Maintenant, ô Diane, je fuis tes autels, et c'est vers l'impérial Amour, ce Dieu si puissant, — que se pressent mes soupirs...

Au premier seigneur.

Monsieur, consentez-vous à écouter ma requête ?

PREMIER SEIGNEUR.

— Et à vous l'accorder.

HÉLÈNE.

Merci, monsieur ! Je n'ai rien de plus à vous dire. —

Elle se tourne vers le second seigneur.

LAFEU.

J'aimerais mieux courir la chance de son choix que de jouer ma vie sur un coup de dé.

HÉLÈNE, au second seigneur.

— Monsieur, la fierté qui flamboie dans vos beaux yeux, — avant même que j'aie parlé, m'a fait une décourageante réplique. — Puisse l'amour élever votre fortune vingt fois plus haut — que l'humble amour de celle qui fait pour vous ce vœu !

DEUXIÈME SEIGNEUR.

— Je n'aspire pas à mieux, si vous y consentez.

HÉLÈNE.

Agréez mon vœu, — et puisse le grand Amour l'exaucer ! Sur ce, je prends congé de vous. —

LAFEU, au fond du théâtre, à Paroles.

Est-ce qu'ils la refusent tous ? S'ils étaient mes fils, je les ferais fouetter, ou je les enverrais au Turc pour en faire des eunuques.

HÉLÈNE, au troisième seigneur.

— Ne soyez pas effrayé si je prends votre main ; — je vous estime trop pour vouloir vous nuire. — Que le ciel bénisse vos désirs ! et pour votre lit — puissiez-vous trouver mieux, si jamais vous vous mariez ! —

LAFEU, toujours au fond du théâtre.

Ces garçons-là sont de glace, aucun d'eux ne veut d'elle : à coup sûr, ils sont tous bâtards des Anglais ; ce ne sont pas des Français qui les ont faits.

HÉLÈNE, au quatrième seigneur.

— Vous êtes trop jeune, trop heureux et trop noble — pour vouloir un fils de mon sang.

LE QUATRIÈME SEIGNEUR.

— Charmante, je ne pense pas ainsi. —

LAFEU, montrant Bertrand.

Il reste encore une bonne grappe... Je suis bien sûr que le père de celui-là buvait du vin ; mais, s'il n'est pas un âne, lui, je suis un jouvenceau de quatorze ans : je le connais déjà.

HÉLÈNE, à Bertrand.

— Je n'ose pas dire que je vous prends, mais je me livre, — pour vous servir toute ma vie, — à votre souverain pouvoir... Voilà l'homme !

LE ROI.

— Allons, jeune Bertrand, prends-la ; elle est ta femme.

BERTRAND.

— Ma femme, Sire ! j'en supplie Votre Altesse, — qu'elle me permette, dans cette affaire, — de m'en rapporter à mes propres yeux.

LE ROI.

Est-ce que tu ne sais pas, Bertrand, — ce qu'elle a fait pour moi ?

BERTRAND.

Oui, mon bon seigneur ; — mais je ne crois pas savoir pourquoi je dois l'épouser.

LE ROI.

— Tu sais qu'elle m'a fait lever de mon lit de douleurs.

BERTRAND.

— Faut-il donc, monseigneur, qu'elle me fasse descendre — parce qu'elle vous a fait lever ! Je la connais bien ; — elle a reçu son éducation aux frais de mon père : — la fille d'un pauvre médecin, ma femme !... que plutôt un opprobre — éternel me dégrade !

LE ROI.

— Le titre qui lui manque pour être honorée par toi, — je puis le créer! Chose étrange que nos sangs divers — qui, pour la couleur, le poids et la chaleur, une fois versés pêle-mêle, — n'offriraient aucune différence, établissent entre nous — de si vastes distinctions! Si elle est tout à fait vertueuse et si tu la dédaignes par cette seule raison — qu'elle est la fille d'un pauvre médecin, tu dédaignes — la vertu pour un nom. Va, n'agis point ainsi. — Quand des actes vertueux procèdent d'un rang infime, — le rang est ennobli par la conduite de leur auteur. — Être enflé de titres pompeux et manquer de vertu, — c'est avoir l'honneur hydropique. Le bien — est le bien, sans nom; le mal de même. — C'est par la qualité qu'il faut classer les choses, — non par l'épithète... Elle est jeune, sage et belle: — c'est là l'héritage direct qu'elle tient de la nature, — et il constitue l'honneur. Il n'a de l'honneur que le rebut, — celui qui se prétend l'enfant de l'honneur — et qui ne ressemble pas à son père. L'honneur du meilleur aloi, — nous le dérivons de nos actes, — et non de nos aïeux. Quant au mot *honneur*, ce n'est qu'un esclave — prostitué à toutes les tombes! c'est un trophée menteur — qu'on verra sur le moins digne sépulcre et qui trop souvent se taira — pour laisser la poussière et l'oubli maudit ensevelir — des ossements honorés! Que te dirai-je? — Si la vierge te plaît dans cette créature, — je puis créer le reste; sa vertu et sa personne, — voilà la dot qu'elle apporte; les titres et la richesse, voilà celle que je lui donne.

BERTRAND.

— Je ne puis l'aimer, et je ne ferai pas d'efforts pour y parvenir.

LE ROI.

— Tu te ferais injure s'il te fallait un effort pour cela.

SCÈNE VI.

HÉLÈNE.

— Monseigneur, je suis heureuse que vous soyez guéri; — ne pensons plus au reste.

LE ROI.

— Mon honneur est en péril; pour le dégager, — je dois mettre en œuvre ma puissance... Allons, prends sa main, — dédaigneux enfant, indigne d'un si beau don; — toi qui oses accabler de tes insolents mépris — mon affection et son mérite; toi qui ne songes pas — que nous n'avons qu'à jeter notre autorité dans la balance — pour que tu pèses moins qu'elle, et qui ignores — que nous pouvons transplanter tes dignités — pour les faire croître où bon nous semble! Contiens tes mépris, — obéis à notre volonté, qui travaille pour ton bien; — n'écoute plus ton orgueil; et sur-le-champ — fais à tes intérêts cette concession d'obéissance — que ton devoir exige et que notre puissance réclame; — sinon, je te retire ma tutelle pour t'abandonner à jamais — aux vertiges et aux dangers inévitables — de la jeunesse et de l'inexpérience; et ma vengeance et ma haine, — au nom de la justice, se déchaîneront contre toi — sans pitié. Parle. Ta réponse !

BERTRAND.

— Pardon, mon gracieux seigneur! Je soumets — mon goût à vos yeux. Quand je considère — quelles vastes créations et quel essaim d'honneurs — vous pouvez évoquer d'un signe, alors, celle qui naguère — tenait une place si infime dans ma pensée trop fière, devient — grâce aux éloges du roi, aussi noble — que si elle l'était de naissance.

LE ROI.

Prends-lui la main, — et dis-lui qu'elle est tienne. Je lui promets — une fortune à la hauteur, — sinon au-dessus de ton rang.

BERTRAND.

Je prends sa main.

LE ROI.

— Que le bonheur, ainsi que la faveur du roi, — sourie à ce contrat! La cérémonie — nécessaire pour consacrer ce pacte nouveau-né — sera accomplie dès ce soir. Quant à la fête, — elle sera ajournée — jusqu'à la venue des parents absents. Si tu l'aimes, — tu prouveras à ton roi ta dévotion; sinon, ta désobéissance.

Sortent le roi, Bertrand, Hélène, les seigneurs et les gens de service.

LAFEU, à Paroles.

Écoutez, monsieur; un mot!

PAROLES.

Que désirez-vous, messire?

LAFEU.

Votre seigneur et maître a bien fait de se rétracter.

PAROLES.

Se rétracter! Mon seigneur et maître?

LAFEU.

Oui; est-ce que je ne parle pas un langage intelligible?

PAROLES.

Un langage fort rude et qui ne peut s'entendre sans effusion de sang. Mon maître!

LAFEU.

Seriez-vous l'égal du comte de Roussillon?

PAROLES.

De quelque comte que ce soit, de tous les comtes, de n'importe quel homme!

LAFEU.

De n'importe quel homme du comte. Le compagnon d'un comte est d'une autre espèce.

PAROLES.

Vous êtes trop vieux, monsieur; que cela vous suffise, vous êtes trop vieux.

LAFEU.

Je te dirai, faquin, que je m'appelle un homme, et c'est un titre que l'âge ne te procurera pas.

PAROLES.

Ce que j'oserais trop volontiers, je n'ose pas le faire.

LAFEU.

Pendant deux repas, je t'ai pris pour un garçon suffisamment sensé; tu as fait une narration tolérable de tes voyages; cela pouvait passer; mais déjà les banderoles dont tu te pavoisais m'avaient maintes fois porté à croire que tu n'es pas un navire de considérable tonnage. A présent je t'ai trouvé; quand je te perdrais, peu m'importe. Tu es un gaillard qu'il faudrait reprendre à chaque instant; et tu n'en vaux pas la peine.

PAROLES.

Si tu n'avais pas pour toi le privilége de l'antiquité!...

LAFEU.

Ne te plonge pas trop avant dans la colère, de peur de trop hâter ta mise à l'épreuve; et si une fois... Dieu ait pitié de toi, poule mouillée!... Sur ce, ma belle jalousie, adieu; je n'ai pas besoin de t'ouvrir, je vois à travers toi... Donne-moi ta main.

PAROLES.

Monseigneur, vous me faites un insigne outrage.

LAFEU.

Oui, de tout mon cœur : tu en es digne.

PAROLES.

Je ne l'ai pas mérité, monseigneur.

LAFEU.

Si fait! tu l'avaleras jusqu'à la lie. Je n'en rabattrai pas un scrupule.

PAROLES.

Soit! c'est une leçon pour moi.

LAFEU.

Mets-la vite à profit; car, pour être raisonnable, tu as un rude courant à remonter... Si jamais tu te vois garrotté dans ton écharpe et battu, tu sauras si tu dois tirer vanité de ton esclavage. J'ai envie de te connaître, ou plutôt de t'étudier davantage, afin de pouvoir dire, au besoin : « Voilà un homme que je sais par cœur! »

PAROLES.

Monseigneur, vous me vexez d'une intolérable façon.

LAFEU.

Je voudrais que ce fût pour toi le tourment de l'enfer et que ma rigueur durât éternellement; mais les forces m'ont quitté, et je te quitte de même, aussi vite que l'âge me le permet.

Il sort.

PAROLES.

Allons, tu as un fils qui me lavera de cet affront, immonde, vieux, sale, immonde vieillard... Allons, soyons patient; nul moyen de réprimer ces grands! Sur ma vie, je l'étrillerai si jamais je le rencontre dans un lieu favorable, fût-il quatre fois noble! Je n'aurai pas plus de pitié de son âge que je n'en aurais de... Je l'étrillerai, si je le rencontre encore!

Rentre Lafeu.

LAFEU.

Faquin, votre seigneur et maître est marié, voilà une nouvelle pour vous : vous avez une nouvelle maîtresse.

PAROLES.

Je supplie décidément Votre Seigneurie de m'épargner ses outrages. Le comte est mon cher seigneur; mais mon seul maître est celui que je sers là-haut.

LAFEU.

Qui? Dieu?

PAROLES.
Oui, monsieur.

LAFEU.
C'est le diable qui est ton maître. Pourquoi noues-tu tes bras de cette façon et fais-tu de tes manches un haut de chausses ? Les autres valets font-ils ça ? Tu ferais aussi bien de mettre ta partie inférieure où est ton nez. Sur mon bonheur, si j'étais plus jeune seulement de deux heures, je te battrais. Il me semble que tu es un scandale public, et que tout le monde devrait t'étriller. Je crois que tu as été créé exprès pour que les hommes se lâchent sur toi.

PAROLES.
Ce traitement est dur et immérité, monseigneur.

LAFEU.
Allons donc, monsieur ! vous avez été battu en Italie pour avoir soustrait un fruit d'un grenadier ; vous êtes un vagabond et non un honnête voyageur, vous êtes plus familier avec les seigneurs et les gens de qualité que le blason de votre naissance et de votre mérite ne vous y autorise. Vous ne méritez pas un mot de plus, sans quoi je vous appellerais manant ! Je vous laisse.

Il sort.

Entre BERTRAND.

PAROLES.
Bien, très-bien ! ah ! c'est comme cela... Bien, très-bien ! Dissimulons la chose pour quelque temps.

BERTRAND.
— Perdu et condamné à d'éternels soucis !

PAROLES.
Qu'avez-vous, cher cœur ?

BERTRAND.

— Quoi que j'aie juré tout à l'heure devant le prêtre solennel, — je ne l'admettrai pas dans mon lit.

PAROLES.

Quoi? quoi donc, cher cœur?

BERTRAND.

— O mon Paroles, ils m'ont marié! — Je pars pour la guerre de Toscane; jamais je ne l'admettrai dans mon lit!

PAROLES.

— La France est un chenil, elle ne mérite pas — d'être foulée par un homme. A la guerre!

BERTRAND.

— Voici des lettres de ma mère; quel en est le contenu, — je ne le sais pas encore.

PAROLES.

— Il serait bon de le savoir. En guerre, mon enfant, en guerre! — Il tient son honneur caché dans une boîte, — celui qui reste au logis à étreindre sa femelle légitime — et à dépenser dans ses bras la moelle virile — avec laquelle il soutiendrait si bien les bonds et le fier élan — de l'ardent coursier de Mars. A d'autres régions! — La France est une étable; et nous qui y demeurons, des rosses. — Ainsi, en guerre!

BERTRAND.

— Oui, il le faut... Je la renverrai chez moi; — j'informerai ma mère de mon aversion pour elle — et de la cause de ma fuite; j'écrirai au roi — ce que je n'ai pas osé lui dire. Le don qu'il vient de me faire — va m'équiper pour cette campagne italienne — où combattent tant de nobles gens. La guerre, c'est le calme, — à côté du sombre intérieur que nous fait une femme détestée!

PAROLES.

— Ce caprice te durera-t-il? en es-tu sûr?

BERTRAND.

— Viens avec moi dans ma chambre, tu me conseilleras. — Je veux la renvoyer sur-le-champ. Demain, — nous partons, moi pour la guerre elle, pour sa triste solitude.

PAROLES.

— Ah! voilà les balles dont j'admire le bond ; c'est là la vraie musique... C'est trop dur ; — un jeune homme marié ne peut être qu'un homme marri ! — En route donc, et quittez-la bravement, allez ; — le roi vous a fait outrage... Mais chut ! c'est comme cela ! —

Ils sortent.

SCÈNE VII.

[Une autre partie du palais.]

Entrent HÉLÈNE, une lettre à la main, et LE CLOWN.

HÉLÈNE.
Ma mère me parle tendrement... Est-elle bien ?
LE CLOWN.
Elle n'est pas bien, mais pourtant elle a toute sa santé ; elle est très-gaie, mais pourtant elle n'est pas bien ; mais, Dieu soit loué! elle est très-bien et elle n'a besoin de rien au monde; mais pourtant elle n'est pas bien.
HÉLÈNE.
Si elle est très-bien, quel est donc le mal qui l'empêche d'être très-bien ?
LE CLOWN.
En vérité, elle est très-bien, à deux choses près.
HÉLÈNE.
Quelles sont ces deux choses ?
LE CLOWN.
L'une, qu'elle n'est pas au ciel, où Dieu veuille l'expé-

dier promptement! L'autre, qu'elle est sur la terre, d'où Dieu veuille l'expédier promptement !

Entre PAROLES.

PAROLES.

Soyez bénie, mon heureuse dame?

HÉLÈNE.

Je compte, messire, que votre bon vouloir est acquis à mon bonheur.

PAROLES.

Vous avez mes vœux pour qu'il grandisse, et, pour qu'il dure, mes vœux encore...

Au Clown.

Ah! te voilà, mon drôle. Comment va ma vieille dame?

LE CLOWN.

Pourvu que vous eussiez ses rides et moi son argent, je voudrais qu'elle fût comme vous dites.

PAROLES.

Hé ! je ne dis rien.

LE CLOWN.

Morbleu, vous n'en êtes que plus sage ; car maintes fois la langue d'un homme décide sa perte. Ne rien dire, ne rien faire, ne rien savoir, ne rien avoir, voilà la plus grande partie de vos qualités, qui sont à peu près l'équivalent de rien.

PAROLES.

Arrière! tu es un manant.

LE CLOWN.

Vous auriez dû me dire : Tu es un manant en face d'un manant, c'est-à-dire un manant en face de moi : c'eût été la vérité, messire.

PAROLES.

Allons, tu es un fou madré : je t'ai découvert.

LE CLOWN.

Ne serait-ce pas en vous-même, messire, que vous m'auriez découvert ou que du moins on vous aurait dressé à me chercher? La perquisition, en effet, ne serait pas infructueuse; vous pourriez aisément découvrir en vous un grand fou, à la grande joie du monde et au redoublement des rires!

PAROLES.

— Un excellent drôle, en vérité, et bien nourri!... — Madame, monseigneur veut partir ce soir même. — Une affaire très-sérieuse l'appelle. — Les grandes obligations, les devoirs de l'amour, — dont le moment réclame envers vous l'accomplissement légitime, — il les reconnaît — mais une abstinence forcée les lui fait ajourner. — Patience! Dans ce délai vont s'amasser de délicieux baumes — qui se distilleront durant cette longue macération — et causeront plus tard un débordement de joie, — une inondation de plaisir.

HÉLÈNE.

Que veut-il encore?

PAROLES.

— Que vous preniez immédiatement congé du roi, — et que vous présentiez ce brusque départ comme un acte de votre volonté, — en le colorant du prétexte le plus plausible — que vous pourrez imaginer.

HÉLÈNE.

Que commande-t-il de plus?

PAROLES.

— Qu'après avoir obtenu congé, vous — attendiez ses ordres ultérieurs.

HÉLÈNE.

En tout je suis soumise à sa volonté.

PAROLES.

— C'est ce que je vais lui dire.

HÉLÈNE.

Je vous en prie.
Au Clown.
Viens, drôle.

Ils sortent.

SCÈNE VIII.

[Une autre partie du palais.]

Entrent Lafeu et Bertrand.

LAFEU.

Mais votre Seigneurie, j'espère, ne le regarde pas comme un soldat.

BERTRAND.

Si fait, monseigneur, comme un soldat d'une vaillance éprouvée.

LAFEU.

Vous croyez cela sur sa propre déclaration.

BERTRAND.

Et sur d'autres témoignages incontestables.

LAFEU.

Alors mon cadran va mal; j'ai pris cette alouette pour une mauviette.

BERTRAND.

Je vous assure, monseigneur, que c'est un homme de grand savoir et de non moindre vaillance.

LAFEU.

Alors j'ai péché contre sa science et transgressé contre sa valeur; et mon état est d'autant plus dangereux que je ne puis trouver dans ma conscience le moindre remords. Le voici qui vient; je vous en prie, réconciliez-nous, je veux rechercher son amitié.

SCÈNE VIII.

Entre Paroles.

PAROLES, bas à Bertrand.

Tout sera fait, monsieur.

LAFEU.

Pourriez-vous me dire, monsieur, quel est son tailleur?

PAROLES.

Monsieur?

LAFEU.

Oh! je le connais bien; oh! oui, monsieur. C'est vraiment, monsieur, un bon ouvrier, un fort bon tailleur.

BERTRAND, bas à Paroles.

A-t-elle vu le roi?

PAROLES.

Oui.

BERTRAND.

Partira-t-elle ce soir?

PAROLES.

Comme vous voudrez.

BERTRAND.

— J'ai écrit mes lettres, mis sous clef mes trésors, — donné mes ordres pour nos chevaux; et, ce soir, — au moment de prendre possession de la mariée, — je termine avant de commencer... —

LAFEU.

C'est quelque chose qu'un honnête voyageur à la fin d'un repas; mais celui qui ment dans les trois tiers de son récit et qui use d'une vérité connue pour faire passer mille riens, celui-là mérite d'être entendu une fois et battu trois...

A Paroles.

Dieu vous garde, capitaine!

BERTRAND, à Paroles.

Y a-t-il quelque désagrément entre ce seigneur et vous, monsieur?

PAROLES.

Je ne sais pas ce que j'ai fait pour tomber dans le déplaisir de ce seigneur.

LAFEU.

Vous avez réussi à y tomber tout entier, botté et éperonné, comme le bouffon qui fait la culbute dans le pâté; et je vous conseille d'en déguerpir au plus vite pour ne pas avoir à expliquer comment vous vous y êtes installé.

BERTRAND, à Lafeu.

Il se peut que vous l'ayez méjugé, monseigneur.

LAFEU.

C'est ce qui m'arrivera toujours, quand je le surprendrais en prières. Adieu, monsieur; et, croyez-moi, il n'y a point d'amande dans cette coquille légère. L'âme de cet homme est dans ses habits; ne vous fiez à lui dans aucune affaire de grande conséquence; j'en ai apprivoisé de pareils, et je connais leur nature.

A Paroles.

Adieu, monsieur; j'ai parlé de vous mieux que vous ne l'avez mérité et que vous ne le mériterez jamais, à mon avis; mais nous devons rendre le bien pour le mal.

Il sort.

PAROLES.

Ce seigneur a le cerveau léger, je le jure.

BERTRAND.

C'est ce que je crois.

PAROLES.

Comment! est-ce que vous ne le connaissez pas?

BERTRAND.

— Si fait, je le connais bien; dans l'opinion commune — il est fort estimé... Voici ma chaîne!

Entre HÉLÈNE.

HÉLÈNE.

— Comme vous me l'aviez commandé, monsieur, j'ai — parlé au roi et obtenu son congé — pour partir immédiatement; seulement, il désire — un entretien particulier avec vous.

BERTRAND.

J'obéirai à sa volonté. — Il ne faut pas, Hélène, vous étonner de ma conduite, — qui semble être en si grand disparate avec les circonstances, — ainsi qu'avec le ministère et les fonctions sacrées — qui me sont imposées. Je n'étais point préparé — à un tel événement; voilà pourquoi vous m'en voyez — si troublé. Ceci m'amène à vous prier — de retourner immédiatement au pays ; — demandez-vous à vous-même plutôt qu'à moi le motif de cette prière. — Mes raisons sont meilleures qu'elles ne le paraissent; — les affaires qui me réclament sont plus urgentes — qu'elles ne le semblent, à première vue, — à vous qui ne les connaissez pas.

Lui remettant un papier.

Ceci est pour ma mère. — Il se passera deux jours avant que je vous revoie ; sur ce, — je vous laisse à votre sagesse.

HÉLÈNE.

Monsieur, tout ce que je puis dire, — c'est que je suis votre très-respectueuse servante...

BERTRAND.

— Allons, allons, ne parlons plus de cela.

HÉLÈNE.

Et que sans cesse — je m'étudierai à combler — les lacunes que mon humble étoile a laissées en moi, — afin d'être à la hauteur de ma grande fortune.

BERTRAND

Laissez cela! Je suis très-pressé. Au revoir. Retournez vite.

HÉLÈNE.

— De grâce, monsieur, excusez-moi...

BERTRAND.

Eh bien, que voulez-vous dire?

HÉLÈNE.

— Je ne suis pas digne du trésor que je possède, — et je n'ose pas dire qu'il est mien, et pourtant il l'est; — mais je déroberais bien volontiers, en voleuse timide, — ce que la loi m'adjuge.

BERTRAND.

Que voudriez-vous?

HÉLÈNE.

— Quelque chose... Moins que cela... Rien, en réalité...
— Je ne voudrais pas vous dire ce que je voudrais, monseigneur; mais si, ma foi! — Des étrangers, des ennemis se séparent; ils ne s'embrassent pas...

BERTRAND.

— Ne vous attardez pas, je vous prie. A cheval, vite !

HÉLÈNE.

— Je ne romprai point votre consigne, mon bon seigneur.

BERTRAND, à Paroles.

— Où est le reste de mes gens, monseigneur?

A Hélène.

Adieu.

Hélène sort.

— Va, rentre chez moi; moi, je n'y rentrerai jamais, — tant que je pourrai brandir mon épée ou entendre le tambour. — En avant! fuyons !

PAROLES.

Bravo ! Coragio!

Il sortent.

SCÈNE IX.

[Florence. Dans le palais du duc.]

Fanfares. Entre LE DUC DE FLORENCE avec sa suite; DEUX SEIGNEURS FRANÇAIS et plusieurs autres l'accompagnent.

LE DUC.
— Ainsi, vous venez d'entendre de point en point — les raisons fondamentales de cette guerre — qui, dans ses graves débats, a déjà fait verser beaucoup de sang, — et en est altérée encore.

PREMIER SEIGNEUR.
La querelle paraît sainte — du côté de Votre Grâce, ténébreuse et inique — du côté de l'ennemi.

LE DUC.
— Aussi sommes-nous très-étonné que notre cousin de France — puisse, dans une cause si juste, fermer son cœur — à nos demandes de secours.

DEUXIÈME SEIGNEUR.
Mon bon seigneur, — je ne puis indiquer les raisons de notre gouvernement — que d'après les données vulgaires, comme un homme non initié — qui échafaude les plus imposants conseils — sur ses imparfaites notions. Je n'ose donc pas — vous dire ce que je pense, puisque je me suis vu, — sur ce terrain de l'incertitude, déçu — dans toutes mes conjectures.

LE DUC.
Que le roi agisse à sa guise !

DEUXIÈME SEIGNEUR.
— Mais je suis sûr que l'élite de nos jeunes gens, — écœurée d'inaction, arrivera de jour en jour — pour chercher ici un remède.

LE DUC.

Ils seront les bienvenus, — et tous les honneurs auxquels je puis donner essor — se poseront sur eux. Vous connaissez vos postes. — Les premiers chefs tombés tombent pour votre avancement. — A demain, dans la plaine ! —

Fanfares. Ils sortent.

SCÈNE X.

[Dans le château des comtes de Roussillon.]

Entrent LA COMTESSE et LE CLOWN.

LA COMTESSE.

Tout est arrivé comme je le désirais, sauf qu'il ne revient point avec elle.

LE CLOWN.

Sur ma parole, je tiens mon jeune seigneur pour un homme fort mélancolique.

LA COMTESSE.

Et vos raisons pour cela, je vous prie?

LE CLOWN.

Par exemple, il regarde sa botte et il chante; il en rajuste le revers et il chante; il fait une question et il chante; il se cure les dents et il chante. Je connais un homme qui, ayant ce tic de mélancolie, a vendu un superbe manoir pour une chanson...

LA COMTESSE, *dépliant un papier.*

Voyons ce qu'il écrit et quand il compte venir.

LE CLOWN.

Je n'ai plus de goût pour Isabeau depuis que j'ai été à la cour; notre fretin et nos Isabeaux de la campagne ne sont rien auprès de votre fretin et de vos Isabeaux de la

SCÈNE X.

cour. Mon Cupidon a la cervelle fêlée; et je commence à aimer, comme un vieillard qui aime l'argent, sans ardeur!

LA COMTESSE.

Qu'avons-nous ici?

LE CLOWN.

Ce que vous avez là.

Il sort.

LA COMTESSE, lisant.

« *Je vous envoie une belle-fille; elle a sauvé le Roi, et moi, elle m'a perdu. Je l'ai épousée, mais non possédée, et j'ai juré que ce Non du moins serait éternel. Vous entendrez dire que je me suis enfui; sachez-le par moi, avant de l'apprendre par le bruit public. Si le monde est assez vaste, je veux maintenir entre elle et moi une large distance.*

« *A vous mon hommage.*

« *Votre fils infortuné,*

BERTRAND. »

— Tu as eu tort, jeune et intraitable étourdi, — de fuir les faveurs d'un si bon roi, — et d'attirer son indignation sur ta tête, en méprisant une fille trop vertueuse — pour être dédaignée d'un empereur. —

Rentre LE CLOWN.

LE CLOWN.

O madame! quelles tristes nouvelles nous arrivent avec ma jeune maîtresse et deux cavaliers!

LA COMTESSE.

Qu'y a-t-il?

LE CLOWN.

Pourtant, il y a une consolation dans ces nouvelles, il y en a une : votre fils ne sera pas tué sitôt que je l'aurais cru.

LA COMTESSE.

Pourquoi donc serait-il tué?

LE CLOWN.

Il ne le sera pas, madame, s'il continue à s'enfuir, comme j'apprends qu'il l'a fait. Pour courir des risques, il faut que les combattants ne se débandent pas; alors seulement il peut y avoir perte d'homme ou naissance d'enfant... Les voici; ils vous en diront davantage; pour ma part, tout ce que je sais, c'est que votre fils s'est enfui.

Il sort.

Entrent HÉLÈNE *et* DEUX GENTILSHOMMES.

PREMIER GENTILHOMME, à la Comtesse.

— Dieu vous garde! madame.

HÉLÈNE.

— Madame, monseigneur est parti, parti pour toujours.

DEUXIÈME GENTILHOMME.

Ne dites pas cela...

LA COMTESSE.

— Armez-vous de patience... Pardon, messieurs... — J'ai éprouvé si souvent les alternatives de la joie et de la douleur, — que ni l'une ni l'autre ne peuvent plus, au premier choc, — m'efféminer... Où est mon fils, je vous prie?

DEUXIÈME GENTILHOMME.

— Madame, il est parti pour servir le duc de Florence : — nous l'avons rencontré en route. Nous venons nous-mêmes de ce pays, — et, après avoir remis quelques dépêches à la cour, — nous y retournons.

HÉLÈNE.

— Jetez les yeux sur cette lettre, madame; voici mon passe-port.

SCÈNE X.

Elle lit.

« *Quand tu auras obtenu l'anneau que je porte à mon doigt et qui ne le quittera jamais; quand tu me montreras un enfant né de tes entrailles et dont je serai le père; alors appelle-moi ton mari; mais cet alors, je le nomme jamais.* »

— Voilà une terrible sentence !

LA COMTESSE.

— Est-ce vous qui avez apporté cette lettre, messieurs?

PREMIER GENTILHOMME.

Oui, madame; — et, en raison de son contenu, nous regrettons nos peines.

LA COMTESSE.

— Je t'en prie, chère dame, reprends courage ; — en accaparant toutes tes douleurs à toi seule, — tu m'en dérobes la moitié. Il était mon fils; — mais je rature son nom de ma race, — et tu es désormais mon unique enfant... C'est à Florence qu'il va ?

DEUXIÈME GENTILHOMME.

— Oui, madame.

LA COMTESSE.

Pour être soldat ?

DEUXIÈME GENTILHOMME.

— Telle est sa noble intention; et croyez-moi, — le duc lui conférera tous les honneurs — que réclame son rang.

LA COMTESSE.

Retournez-vous là-bas ?

PREMIER GENTILHOMME.

— Oui, madame, sur l'aile de la plus rapide diligence.

HÉLÈNE, lisant.

« *Jusqu'à ce que que je n'aie plus de femme, la France ne me sera rien !* »

— C'est bien amer !

LA COMTESSE.

Y a-t-il cela dans la lettre ?

HÉLÈNE.

Oui, madame.

PREMIER GENTILHOMME.

— Ce n'est sans doute qu'une vivacité de sa main, — à laquelle son cœur n'a point consenti.

LA COMTESSE.

— La France ne lui sera rien jusqu'à ce qu'il n'ait plus de femme ! Ah ! s'il y a ici un être qui vaut mieux que lui, — c'est justement elle ; elle mériterait d'avoir un mari — servi par vingt jeunes impertinents comme lui, — qui la salueraient à toute heure comme leur maîtresse !... Qui donc était avec lui ?

PREMIER GENTILHOMME.

— Un valet seulement, et un gentilhomme — que j'ai connu jadis.

LA COMTESSE.

Paroles, n'est-ce pas ?

PREMIER GENTILHOMME.

— Oui, ma bonne dame, lui-même !

LA COMTESSE.

— Un garçon très-taré et plein de vilenie. — Mon fils laisse corrompre son honnête nature — par une telle influence.

PREMIER GENTILHOMME.

En effet, bonne dame, — le gaillard a une surabondance de défauts — auxquels il ferait bien de renoncer.

LA COMTESSE.

— Vous êtes les bienvenus, messieurs ; — je vous prie, quand vous verrez mon fils, — de lui dire que son épée ne pourra jamais reconquérir — l'honneur qu'il a perdu : au surplus, je vous prierai — de vous charger d'une lettre pour lui.

SCÈNE X.

DEUXIÈME GENTILHOMME.

Nous sommes à votre service, madame, — pour cette mission comme pour toute autre affaire sérieuse.

LA COMTESSE.

— J'accepte vos courtoisies, mais à condition d'échange. — Voulez-vous venir ?

Sortent la Comtesse et les Gentilshommes.

HÉLÈNE, seule.

Jusqu'à ce que je n'aie plus de femme, la France ne me sera rien ! — La France ne lui sera rien, jusqu'à ce qu'il n'ait plus de femme ! — Tu n'en auras plus, Roussillon, tu n'en auras plus en France : — reprends donc ici tous tes droits. Pauvre seigneur ! C'est moi — qui te chasse de ton pays et qui expose — tes membres délicats à l'événement — d'une guerre sans merci ! C'est par moi — que tu es banni d'une cour joyeuse où tu — étais le point de mire des plus beaux yeux, pour devenir la cible — des mousquets enfumés ! O vous, messagers de plomb, — qui volez sur l'aile violente de la flamme, — faites fausse route ; percez l'air qui se referme — sans cesse sur vous en chantant, et ne touchez pas mon seigneur !... — L'homme qui tire sur lui, c'est moi qui l'aposte ; — l'homme qui s'élance contre son sein aventureux, — je suis la misérable qui l'excite ! — Et, si je ne le tue pas, c'est moi qui suis la cause — de sa mort ! Ah ! que plutôt — je rencontre le lion carnassier au moment où il rugit — sous la rude étreinte de la faim ! que plutôt — toutes les misères dont dispose la nature — me soient infligées à la fois ! Non, reviens chez toi, Roussillon. — Quitte ces lieux où l'honneur, pour une cicatrice qu'il peut gagner au danger, — risque de perdre une existence ! Je veux partir. — Ma présence ici est ce qui t'éloigne : — est-ce que je peux rester ! Non, non, quand — cette maison serait aérée par les brises du Paradis, —

quand on y serait servi par des anges, je veux partir, — afin qu'une rumeur miséricordieuse, en t'apprenant ma fuite, — aille consoler ton oreille !... Viens, nuit ! Jour, disparais ! — car je veux, triste voleuse, me dérober dans les ténèbres !

Elle sort.

SCÈNE XI.

[Un camp devant Florence.]

Fanfares. Entrent le DUC DE FLORENCE, BERTRAND, DES SEIGNEURS ; officiers, soldats, et autres.

LE DUC, à Bertrand.

— Tu es général de notre cavalerie ; — grand dans notre espoir, nous répondons par la plus affectueuse confiance — aux promesses de ta fortune.

BERTRAND.

Monsieur, — c'est une charge trop lourde pour mes forces ; toutefois, — nous tâcherons de la soutenir pour votre gloire, — jusqu'à la limite extrême du péril.

LE DUC.

En avant donc, — et que la fortune caresse ton cimier prospère — avec la complaisance d'une maîtresse !

BERTRAND.

C'est aujourd'hui, — grand Mars, que je me mets dans tes rangs ; — soutiens-moi à la hauteur de mes pensées, et tu verras toujours en moi — un amant de ton drapeau, un ennemi de l'amour !

SCÈNE XII.

[Dans le château des comtes de Roussillon.]

Entrent LA COMTESSE et L'INTENDANT.

LA COMTESSE.

— Hélas ! pourquoi vous être chargé de cette lettre ? — Ne pouviez-vous deviner qu'elle ferait ce qu'elle a fait, — à cela seul qu'elle m'écrivait ? Relisez-la.

L'INTENDANT.

— « *Je vais en pèlerinage à Saint-Jacques ; — un ambitieux amour m'a rendue à ce point pécheresse — que je veux me traîner, pieds nus, sur la froide terre — pour expier mes fautes par un saint vœu. — Écrivez, écrivez, pour que, quittant la sanglante carrière des armes, — mon maître chéri, votre cher fils, vous revienne au plus vite ! — Faites son bonheur dans la paix du foyer, tandis que, loin de lui, — je sanctifierai son nom avec une religieuse ferveur. — Dites-lui de me pardonner ses fatigues passées. — Junon acharnée, je l'ai envoyé, — loin d'une cour d'amis, camper au milieu de ses ennemis, — là où le danger et la mort aboient aux talons de la bravoure ! — Il est trop bon et trop beau pour moi et pour la mort, — pour la mort que je vais embrasser afin de le laisser libre !* »

LA COMTESSE.

— Ah ! que de traits poignants dans ses plus douces paroles ! — Rinaldo, vous n'avez jamais tant manqué de réflexion — qu'en la laissant partir ainsi ; si je lui avais parlé, — je l'aurais détournée de son projet, — ce qu'elle m'a ainsi rendu impossible.

L'INTENDANT.

Pardonnez-moi, madame ; — je n'avais qu'à vous remettre sa lettre avant la nuit — pour qu'on pût encore la rattraper; mais elle écrit — que toute poursuite serait vaine.

LA COMTESSE.

Quel est donc l'ange — qui bénira cet indigne mari? Il ne peut prospérer, — à moins que les prières d'Hélène, que le ciel se plaît à entendre — et aime à exaucer, n'obtiennent pour lui un sursis — de la justice suprême... Écrivez, écrivez, Rinaldo, — à ce mari indigne d'une telle femme; — faites-lui peser à chaque mot un mérite — qu'il juge si léger; et quant à ma douleur profonde, — si peu sensible qu'il y soit, exprimez-la-lui vivement. — Dépêchez-lui le messager le plus alerte, — quand il apprendra qu'elle est partie, peut-être — reviendra-t-il; et je puis espérer qu'elle-même, — en apprenant son retour, reviendra vite sur ses pas, — ramenée par le plus pur amour. Lequel des deux — m'est le plus cher, je suis incapable — de le discerner... Procurez-vous le messager. — Mon cœur est accablé, et mon âge est faible. — Un tel malheur voudrait des larmes, et c'est l'inquiétude qui me fait parler.

Ils sortent.

SCÈNE XIII.

[Sous les murs de Florence.]

Marche militaire au loin. Entrent UNE VIEILLE VEUVE DE FLORENCE, DIANA, VIOLENTA, MARIANA et des bourgeois.

LA VEUVE.

Venez donc; s'ils approchent de la ville, nous perdrons tout le coup d'œil.

SCÈNE XIII.

DIANA.

On dit que le comte français a rendu les plus honorables services.

LA VEUVE.

Le bruit court qu'il a fait prisonnier le général ennemi, et que de sa propre main il a tué le frère du duc. Nous avons perdu notre peine; ils ont pris une route opposée. Écoutez! vous pouvez le reconnaître aux sons de leurs trompettes.

MARIANA.

Allons, retournons chez nous et contentons-nous du récit qu'on nous en fera. Croyez-moi, Diana, tenez-vous en garde contre ce comte français. L'honneur d'une vierge est son titre, et il n'est pas d'héritage aussi riche que la vertu.

LA VEUVE.

J'ai dit à ma voisine comment vous avez été sollicitée par un gentilhomme qui l'accompagne.

MARIANA.

Je connais ce faquin; peste soit de lui! un certain Paroles, le sale agent des intrigues du jeune comte.... Défiez-vous d'eux, Diana; avec eux les promesses, les avances, les serments, les cadeaux ne sont que des engins de luxure dissimulés sous d'autres noms. Plus d'une fille a été séduite par eux; et le malheur est que l'exemple si terrible de la virginité naufragée ne peut empêcher de nouvelles victimes de venir se prendre à la glu qui les menace. Je n'ai pas besoin, j'espère, de vous en dire davantage; mais la grâce que vous possédez vous gardera, j'espère, où vous êtes, quand vous ne courriez d'autre danger que la perte de votre modestie.

DIANA.

Vous n'avez rien à craindre pour moi.

Entre Hélène, déguisée en pèlerine.

LA VEUVE.

Je l'espère bien. Tenez, voici une pèlerine qui arrive ; je suis sûre qu'elle vient loger chez moi ; c'est là qu'elles se renvoient toutes. Je vais la questionner.

A Hélène.

— Dieu vous garde, pèlerine ! Où allez-vous ?

HÉLÈNE.

— A Saint-Jacques-le-Grand. — Dites-moi où logent les pèlerins, je vous en conjure.

LA VEUVE.

— A l'enseigne de Saint-François, ici, près de la porte de la ville.

HÉLÈNE.

Est-ce là le chemin ?

LA VEUVE.

Oui, certes.

Marche militaire au loin.

Écoutez. — Ils viennent par ici... Si vous voulez attendre, sainte pèlerine, — que les troupes soient passées, — je vous conduirai où vous devez loger ; — d'autant mieux que je connais, je crois, l'hôtesse — comme moi-même.

HÉLÈNE.

Est-ce vous-même ?

LA VEUVE.

S'il vous plaît, pèlerine.

HÉLÈNE.

— Merci, j'attendrai ici votre loisir.

LA VEUVE.

— Vous venez, je crois, de France ?

SCÈNE XIII.

HÉLÈNE.

En effet.

DIANA.

— Vous allez voir ici un de vos compatriotes — qui a rendu de dignes services.

HÉLÈNE.

Son nom? je vous prie.

DIANA.

— Le comte de Roussillon. Le connaissez-vous?

HÉLÈNE.

— Rien que par ouï-dire, comme un très-noble jeune homme ! — je ne le connais pas de vue.

DIANA.

Quel qu'il soit, — il s'est bravement comporté..... Il s'est sauvé de France, dit-on, parce que le roi l'aurait marié — contre son gré. Croyez-vous cela?

HÉLÈNE.

— Oui, certainement, c'est la pure vérité. Je connais sa femme.

DIANA.

— Il y a un gentilhomme au service du comte — qui fait d'elle de bien grossiers rapports.

HÉLÈNE.

Quel est son nom ?

DIANA.

— Monsieur Paroles.

HÉLÈNE.

Oh ! je suis de son avis. — En fait d'éloges, comparée au grand comte lui-même, elle est trop peu de chose — pour valoir qu'on la nomme. Tout son mérite — est une scrupuleuse vertu que — je n'ai pas entendu contester.

DIANA.

Hélas! pauvre dame!... — C'est une rude servitude que d'être la femme — d'un mari qui vous déteste.

LA VEUVE.

— Bonne créature ! en quel lieu qu'elle soit, son cœur doit être bien accablé.

Montrant Diana.

Cette jeune fille-là pourrait — lui jouer un bien méchant tour, si elle voulait.

HÉLÈNE.

Que voulez-vous dire ? — Serait-ce que le comte amoureux la sollicite — dans un but illégitime ?

LA VEUVE.

Oui, vraiment ; — et il a recours à tous les agents qui, en pareil cas, — peuvent corrompre le délicat honneur d'une jeune fille ; — mais elle est armée contre lui et elle lui oppose — la plus vertueuse défense.

Entre, tambour battant, enseignes déployées, une colonne de l'armée florentine dont BERTRAND *et* PAROLES *font partie.*

MARIANA.

Que les dieux la protégent !

LA VEUVE.

Les voici, ils arrivent. — Celui-ci est Antonio, le fils aîné du duc ; — celui-là, Escalus.

HÉLÈNE.

Où est le Français ?

DIANA.

Ici, — celui qui a la plume. C'est un très-galant homme. — Je voudrais qu'il aimât sa femme : s'il était plus honnête, — il serait bien plus charmant... N'est-ce pas un beau gentilhomme ?

HÉLÈNE.

Je le trouve fort bien.

DIANA.

— C'est dommage qu'il ne soit pas honnête.

SCÈNE XIII.

Montrant Paroles.

Voilà le drôle — qui l'entraîne. Si j'étais sa femme, — j'empoisonnerais ce vil coquin.

HÉLÈNE.

Lequel est-ce? —

DIANA.

Ce singe en écharpe, là... Qu'est-ce donc qui le rend mélancolique?

HÉLÈNE.

Il a peut-être été blessé dans la bataille.

PAROLES.

Perdre notre tambour ! ah !

MARIANA.

Il est cruellement vexé de quelque chose. Tenez, il nous a aperçues.

LA VEUVE.

Diantre soit de vous !

Elle fait une révérence à Paroles.

MARIANA, à la veuve.

— Et de votre politesse pour un entremetteur !

Bertrand et Paroles s'en vont avec la colonne.

LA VEUVE.

— La troupe est passée : venez, pèlerine, je vais vous mener — à votre auberge. Quatre ou cinq pénitents, — qui ont fait un vœu à Saint-Jacques-le-Grand, — se trouvent déjà chez moi.

HÉLÈNE.

Je vous remercie humblement.

Montrant Mariana et Diana.

Si cette matrone et cette charmante fille consentent — à souper ce soir avec nous, les frais et les remercîments — seront à ma charge, et, pour m'acquitter mieux encore, — je donnerai à cette jeune vierge quelques avis — précieux.

MARIANA ET DIANA.

Nous acceptons bien volontiers votre offre.

Elles sortent.

SCÈNE XIV.

[Le camp florentin.]

Entre BERTRAND et deux SEIGNEURS français.

PREMIER SEIGNEUR.

Voyons, mon cher seigneur, mettez-le à l'épreuve; laissez-le faire à sa guise.

DEUXIÈME SEIGNEUR.

Si votre Seigneurie ne trouve pas en lui un vil poltron, qu'elle n'ait plus d'estime pour moi.

PREMIER SEIGNEUR.

Sur ma vie, monseigneur, c'est de la crème fouettée !

BERTRAND.

Pensez-vous que je me sois à ce point trompé sur lui ?

PREMIER SEIGNEUR.

Croyez-moi, monseigneur, je vous dis ce qui est à ma connaissance directe, et cela sans malice, comme je parlerais d'un de mes parents. C'est un insigne couard, un immense et inépuisable menteur, un hâbleur incessant qui ne possède pas une seule qualité digne des égards de Votre Seigneurie.

DEUXIÈME SEIGNEUR.

Il serait bon que vous le connussiez ; autrement, si vous vous reposez trop sur une valeur qu'il n'a pas, il pourrait bien, dans quelque grave affaire de confiance, vous faire faux bond au milieu du danger.

BERTRAND.

Je voudrais savoir à quelle épreuve le soumettre.

SCÈNE XIV.

DEUXIÈME SEIGNEUR.

Il n'en est pas de meilleure que de le laisser aller à la recherche de son tambour, expédition que devant vous il s'est bien vanté de faire.

PREMIER SEIGNEUR.

Moi, à la tête d'une troupe de Florentins, je me charge de le surprendre brusquement ; pour cela, j'aurai des hommes que, j'en suis sûr, il ne distinguera pas des ennemis ; nous le garrotterons et nous lui banderons les yeux, de telle sorte qu'il se croira transporté dans le camp ennemi, quand nous le ramènerons à nos tentes. Qu'alors Votre Seigneurie assiste à son interrogatoire : si, pour avoir la vie sauve, sous l'impulsion suprême d'une ignoble peur, il n'offre pas de vous trahir et de donner contre nous tous les renseignements en son pouvoir, en jurant de leur exactitude par le salut de son âme, n'ayez plus la moindre confiance dans mon jugement.

DEUXIÈME SEIGNEUR.

Oh ! pour l'amour du rire, qu'il aille chercher son tambour ! Il dit qu'il a un stratagème pour cela !.. Dès que Votre Seigneurie aura vu le fond de son courage et à quel métal se réduira ce prétendu lingot d'or, si vous ne le traitez pas comme un drôle, c'est que votre inclination pour lui est irrémédiable. Le voici.

Entre Paroles.

PREMIER SEIGNEUR, bas à Bertrand.

Oh ! pour l'amour du rire, ne vous opposez pas à son plaisant dessein ; qu'à tout prix il aille chercher son tambour.

BERTRAND, à Paroles.

Eh bien, monsieur, ce tambour vous tient cruellement au cœur ?

DEUXIÈME SEIGNEUR.

N'y pensez plus, que diable! ce n'est qu'un tambour.

PAROLES.

Qu'un tambour! ce n'est qu'un tambour! un tambour ainsi perdu!.. Aussi bien, quelle manœuvre excellente! Charger avec notre cavalerie sur nos propres ailes et enfoncer nos propres troupes!

DEUXIÈME SEIGNEUR.

Le général qui commandait n'est point à blâmer pour cela : c'est un de ces désastres de guerre que César lui-même n'aurait pu prévenir, s'il avait eu le commandement.

BERTRAND.

Allons! nous n'avons pas trop à nous plaindre de notre succès. La perte de ce tambour n'a pas été à notre honneur, c'est vrai; mais il est impossible de le ravoir.

PAROLES.

On aurait pu le ravoir.

BERTRAND.

On l'aurait pu, mais on ne le peut plus.

PAROLES.

On le peut encore ; s'il n'était pas vrai que le mérite des actes d'éclat est rarement attribué à leur véritable auteur, je reprendrais ce tambour, lui ou un autre, ou j'y trouverais mon *hic jacet*.

BERTRAND.

Eh bien, si vous en avez le cœur, monsieur, si vous croyez par quelque mystérieux stratagème pouvoir remettre à sa place naturelle cet instrument d'honneur, faites-en magnanimement l'entreprise et en avant! j'honorerai cette tentative comme un noble exploit. Si vous réussissez, le duc en parlera et récompensera, d'une manière digne de lui, jusqu'à la dernière syllabe de votre valeur.

SCÈNE XIV.

PAROLES.

Par le bras d'un soldat, j'entreprendrai la chose.

BERTRAND.

Mais vous n'avez pas le temps de vous endormir.

PAROLES.

Je serai à l'œuvre dès ce soir : je vais pour le moment supputer mes moyens d'action, m'encourager dans ma certitude, et faire mes préparatifs de mort. Vers minuit, attendez-vous à avoir de mes nouvelles.

BERTRAND.

Puis-je hardiment informer Sa Grâce de votre expédition ?

PAROLES.

J'ignore quel en sera le succès, monseigneur, mais je m'engage à la tenter.

BERTRAND.

Je sais que tu es un vaillant ; et je réponds pour toi de l'efficacité de ta bravoure. Au revoir.

PAROLES.

Je n'aime pas l'excès de paroles.

Il sort.

PREMIER SEIGNEUR.

Pas plus qu'un poisson n'aime l'eau. N'est-ce pas là, monseigneur, un étrange gaillard ? Se charger avec tant d'assurance d'une entreprise qu'il sait ne pouvoir exécuter, et se condamner à faire une chose, quand il aimerait mieux être damné que de la faire !

DEUXIÈME SEIGNEUR.

Vous ne le connaissez pas, monseigneur, comme nous le connaissons ; il est certain qu'il saura se faufiler dans la faveur d'un homme et, pour une semaine, échapper à maintes révélations, mais, dès que vous l'aurez découvert, vous le tiendrez pour toujours.

BERTRAND.

Bah! vous croyez qu'il ne fera rien de ce qu'il a si sérieusement promis?

PREMIER SEIGNEUR.

Rien du tout; il reviendra avec quelque invention et il vous flanquera deux ou trois mensonges vraisemblables. Mais nous avons mis l'animal aux abois, et ce soir vous verrez sa chute; car, en vérité, il ne mérite pas l'estime de Votre Seignerie.

DEUXIÈME SEIGNEUR.

Nous allons nous amuser du renard, avant de le dénuder. Il a déjà été roussi par le vieux seigneur Lafeu; quand il sera dépouillé de sa peau d'emprunt, vous me direz à quel éperlan vous avez affaire. Voilà ce que vous verrez cette nuit même.

PREMIER SEIGNEUR.

Il faut que j'aille préparer mes piéges : il sera pris.

BERTRAND.

Quant à votre frère, il va venir avec moi.

PREMIER SEIGNEUR.

Comme il plaira à Votre Seigneurie; je vous laisse.

Il sort.

BERTRAND.

— Maintenant je vais vous conduire dans la maison, et vous montrer — la fille dont je vous ai parlé.

DEUXIÈME SEIGNEUR.

— Mais vous dites qu'elle est honnête.

BERTRAND.

— C'est là son seul défaut. Je ne lui ai parlé qu'une fois, — et je l'ai trouvée merveilleusement froide; je lui ai envoyé, — par ce même fat dont nous suivons la piste, — des présents et des lettres qu'elle m'a renvoyés; — et c'est là tout ce que j'ai fait jusqu'ici. C'est une jolie créature. — Voulez-vous venir la voir.

DEUXIÈME SEIGNEUR.

Très-volontiers, monseigneur.

Ils sortent.

SCÈNE XV.

[Florence. Chez la veuve.]

HÉLÈNE.

— Si vous doutez encore que je sois sa femme, — je ne sais plus comment vous en convaincre, — et je perdrai tout le terrain sur lequel je bâtis.

LA VEUVE.

— Quoique ma fortune soit déchue, je n'en suis pas moins bien née, — et je ne connais rien à ces intrigues-là ; — aussi je ne voudrais pas compromettre ma réputation par une action flétrissante.

HÉLÈNE.

Et je ne vous le demanderais pas. — Persuadez-vous bien, d'abord, que le comte est mon mari, — et que tout ce que je vous ai dit sous la foi du secret — est vrai mot pour mot ; alors vous êtes sûre, — en me prêtant l'utile appui que je vous demande, — de ne pouvoir faillir.

LA VEUVE.

Je dois vous croire ; — car vous m'avez donné la solide preuve — que vous avez une grande fortune.

HÉLÈNE.

Prenez cette bourse d'or ; c'est un à-compte sur le prix de votre cordial concours — que je payerai avec usure, — dès que je l'aurai mis à profit. Le comte courtise votre fille, — il fait le siége galant de sa beauté, — et il est résolu à en triompher. Qu'elle accorde enfin son consentement, — en se dirigeant d'après nos instructions ; — lui, emporté par les sens, ne refusera rien — de ce qu'elle lui demandera. Le comte porte une bague — qui a été transmise dans sa maison, — de père en fils, depuis quatre ou cinq générations. — Cette bague, il y attache — une valeur immense; mais, dans sa folle ardeur, — il la donnera sans marchander en paiement de ce qu'il désire, — quitte à s'en repentir après.

LA VEUVE.

A présent je vois — la portée de votre projet.

HÉLÈNE.

— Vous le voyez, il est bien légitime. Je désire seulement — que votre fille, avant de paraître se rendre, — lui demande cette bague, lui fixe un rendez-vous — et, enfin, me cède sa place, — en s'astreignant à la plus chaste absence. Cela fait, — j'ajouterai pour sa dot trois mille écus — à ce que j'ai déjà donné.

LA VEUVE.

J'y consens. — Enseignez à ma fille comment elle doit se comporter — pour que l'heure et le lieu favorisent une supercherie si légitime. — Chaque soir il arrive — avec des musiques de toutes sortes et des chansons où il fait d'elle — un éloge exagéré. Il ne nous sert de rien — de le chasser de nos fenêtres; il persiste — comme s'il y allait de sa vie.

HÉLÈNE.

Eh bien, dès ce soir, — tentons le complot. S'il réussit, — il y aura eu, — d'une part, une intention coupable suivie d'une action légitime, — de l'autre, une intention légitime suivie d'un acte légitime. — Et nul des deux n'aura péché, malgré le péché commis. — A l'œuvre!

Ils sortent.

SCÈNE XVI.

[Dans la campagne. Clair de lune.]

Entre le PREMIER SEIGNEUR, suivi de CINQ OU SIX SOLDATS. Ils se mettent en embuscade.

PREMIER SEIGNEUR.

Il ne peut venir que par le coin de cette haie. Dès que vous débusquerez sur lui, parlez le plus terrible jargon que vous imaginerez; quand vous ne le comprendriez pas vous-mêmes, n'importe. Car nous devons tous faire semblant de ne pas le comprendre, excepté un seul de nous, que nous produirons comme interprète.

PREMIER SOLDAT.

Bon capitaine, permettez que je sois l'interprète.

PREMIER SEIGNEUR.

N'as-tu jamais été en rapport avec lui? Ne connaît-il pas ta voix?

PREMIER SOLDAT.

Non, monsieur, je vous le garantis.

PREMIER SEIGNEUR.

Dans quel charabias nous répondras-tu?

PREMIER SOLDAT.

Dans celui que vous me parlerez.

PREMIER SEIGNEUR.

Il faut qu'il nous prenne pour quelque bande d'étrangers à la solde de l'ennemi. Or, il a une teinture de tous les langages circonvoisins; il faut donc que chacun de nous parle un jargon à sa fantaisie, sans que nous sachions nous-mêmes ce que nous disons. Pourvu que nous paraissions le savoir, cela suffit à notre projet; la langue du corbeau, n'importe quel croassement, fera l'affaire. Quant à vous, l'interprète, il faut que vous ayez l'air d'un vrai diplomate. Mais, ventre à terre! le voici qui revient pour tuer deux heures de temps à dormir, et retourner ensuite jurer les mensonges qu'il aura forgés.

Entre PAROLES.

PAROLES.

Dix heures! Dans trois heures il sera temps de rentrer. Qu'est-ce que je dirai que j'ai fait? Il faut que ce soit une invention très-plausible qui emporte la conviction. Ils commencent à me flairer, et les affronts ont depuis peu frappé trop souvent à ma porte. Décidément ma langue est d'une hardiesse folle ; mais mon cœur, ayant toujours présente devant lui la crainte de Mars et de ses enfants, n'ose pas soutenir les prétentions de ma langue.

PREMIER SEIGNEUR, à part.

Voilà la première vérité dont ta langue ait jamais été coupable.

PAROLES.

Qui diable m'a poussé à entreprendre le recouvrement de ce tambour, n'ignorant pas l'impossibilité de la chose et sachant que je n'en avais pas l'intention ? Il faut que je me fasse moi-même quelques blessures et que je dise que je les ai reçues dans l'action... Mais de légères ne suffiront pas. Ils me diront : « Quoi ! vous en êtes quitte pour si peu ! » Et je n'ose pas m'en faire de grandes. Alors à quoi bon ? où sera la preuve ?... Langue, il faudra que je vous mette dans la bouche d'une harengère, et que j'en achète une de l'un des muets de Bajazet, si vous m'empêtrez encore dans de pareils périls.

SCÈNE XVI.

PREMIER SEIGNEUR, à part.

Est-il possible qu'il sache ce qu'il est, et qu'il soit ce qu'il est ?

PAROLES.

Je voudrais que des entailles à mes vêtements suffisent, ou même la fracture de mon épée espagnole !

PREMIER SEIGNEUR, à part.

Nous ne pouvons pas vous accorder ça.

PAROLES.

Ou bien la tonsure de ma barbe ! Je dirais ensuite que c'était une ruse de guerre.

PREMIER SEIGNEUR, à part.

Ça ne prendrait pas.

PAROLES.

Ou bien noyer mes vêtements, et dire que j'ai été dépouillé !

PREMIER SEIGNEUR, à part.

Ça pourrait à peine servir.

PAROLES.

Si je jurais que j'ai sauté de la fenêtre de la citadelle...

PREMIER SEIGNEUR, à part.

De quelle hauteur ?

PAROLES.

D'une hauteur de trente brasses ?

PREMIER SEIGNEUR, à part.

Trois grands serments auraient peine à faire croire ça.

PAROLES.

Je voudrais avoir n'importe quel tambour de l'ennemi, je jurerais que c'est moi qui l'ai repris.

PREMIER SEIGNEUR, à part.

Tu vas en entendre un tout à l'heure.

Roulement de tambour.

PAROLES.

Un tambour de l'ennemi, à présent !

PREMIER SEIGNEUR, se précipitant sur Paroles.
Throca movousus, cargo, cargo, cargo.

TOUS, s'élançant.
Cargo, cargo, villianda par corbo, cargo.

PAROLES.
Oh! rançon! rançon!

Les soldats l'empoignent et lui bandent les yeux.

Ne me couvrez pas les yeux!

PREMIER SOLDAT.
Boskos thromuldos boskos.

PAROLES.
— Je vois que vous êtes un régiment de muskos, — et je vais perdre la vie faute de savoir votre langue. - S'il y a ici un Allemand, un Danois, un Hollandais, — un Italien ou un Français, qu'il me parle! — Je lui ferai des révélations qui perdront — les Florentins.

PREMIER SOLDAT.
Boskos vauvado. — Je te comprends et puis parler ta langue. — *Kerelybonto.* L'ami, — fais un appel suprême à ton Dieu, car dix-sept poignards — sont sur ton sein.

PAROLES.
Oh!

PREMIER SOLDAT.
Oh! prie! prie! prie! — *Manka revania dulche.*

PREMIER SEIGNEUR.
Oscorbi dulchos volivorca.

PREMIER SOLDAT.
— Le général consent à t'épargner encore; — il va t'emmener, les yeux ainsi bandés, — pour recueillir tes renseignements; peut-être pourras-tu, par une révélation — utile sauver ta vie.

PAROLES.
Oh! laissez-moi vivre, — et je vous ferai connaître les

secrets de notre camp, — nos forces, nos plans ; oui, je vous dirai des choses — qui vous émerveilleront.

PREMIER SOLDAT.

Mais diras-tu la vérité ?

PAROLES.

— Si je ne le fais pas, que je sois damné !

PREMIER SOLDAT.

Acordolinta. — Allons, on t'accorde un sursis.

Il sort emmenant Paroles sous escorte.

PREMIER SEIGNEUR, à un soldat.

— Va dire au comte de Roussillon et à mon frère — que nous avons attrapé le héron, et que nous le tiendrons les yeux bandés — jusqu'à ce que nous ayons de leurs nouvelles.

LE SOLDAT.

J'y vais, capitaine.

PREMIER SEIGNEUR.

— Il va nous trahir tous devant nous-mêmes. — Dis-leur cela.

LE SOLDAT.

Oui, monsieur.

PREMIER SEIGNEUR.

— Jusque-là, je le tiendrai à l'ombre, et sous bonne garde.

Ils sortent.

SCÈNE XVII.

[Florence. Une chambre dans la maison de la veuve.]

Entrent BERTRAND et DIANA.

BERTRAND.

— On m'a dit que votre nom était Fontibelle.

DIANA.

— Non, mon bon seigneur, je m'appelle Diana.

BERTRAND.

Vous avez un titre de déesse, — et vous le méritez, avec épithète. Mais, jolie âme, — l'amour n'a-t-il aucune influence dans votre belle personne? — Si la flamme ardente de la jeunesse n'illumine pas votre cœur, — vous n'êtes pas une fille, vous êtes une statue; — quand vous serez morte, vous serez telle — que vous êtes, car vous êtes froide et impassible; — et maintenant vous devriez être comme était votre mère — quand votre doux être fut conçu.

DIANA.

— Alors elle était vertueuse.

BERTRAND.

Vous le seriez aussi.

DIANA.

Non, — ma mère ne faisait qu'accomplir un devoir, le même, monseigneur, — qui vous est commandé envers votre femme.

BERTRAND.

Assez, — je t'en prie. Ne lutte pas contre mon vœu. — J'ai été enchaîné à elle; mais je t'aime, — toi, de par la douce contrainte de l'amour, et tu as pour jamais — droit à tous mes services.

DIANA.

Oui, vous nous servez ainsi, vous autres, — jusqu'à ce que nous vous servions; mais lorsqu'une fois vous avez nos roses, — vous ne nous laissez plus que les épines pour nous déchirer, — et vous nous raillez de notre dénûment.

BERTRAND.

Que de fois t'ai-je juré!...

DIANA.

— La sincérité n'est pas dans le nombre des serments, — mais dans le simple et candide vœu sincèrement proféré. — Nous ne jurons que par ce qui est sacré, — et nous prenons le Très-Haut à témoin. Mais, dites-moi, je vous prie, — quand même je jurerais par les sublimes attributs de Jupiter — que je vous aime tendrement, en croiriez-vous ma parole, — si vous voyiez que je vous aime criminellement? Un serment n'est pas valable — si je prends, au nom de celui que je déclare adorer, — l'engagement d'agir contre ses arrêts. Ainsi vos serments — ne sont que des mots, de pauvres protestations auxquelles manque le vrai sceau, — du moins dans mon opinion.

BERTRAND.

Changez d'opinion, changez-en; — ne soyez pas si saintement cruelle : l'amour est saint — et mon intégrité n'a jamais connu les artifices — dont vous accusez les hommes... Ne résiste plus, — mais rends-toi à mes maladifs désirs — pour que j'en sois guéri; dis que tu es à moi, et toujours — mon amour durera tel qu'il a commencé.

DIANA.

— Je le vois, les hommes comptent, dans ces sortes d'affaires, — que nous nous trahirons nous-mêmes..... Donnez-moi cette bague.

BERTRAND.

Je te la prêterai, ma chère, mais je n'ai pas le droit — de m'en défaire.

DIANA.

Vous ne voulez pas, monseigneur?

BERTRAND.

— C'est un gage d'honneur qui appartient à notre maison; — mes ancêtres me l'ont légué, — et ce serait pour moi le plus grand opprobre du monde — que de le perdre.

DIANA.

Mon honneur est comme votre bague : — ma chasteté est le joyau de notre maison ; — mes ancêtres me l'ont léguée, — et ce serait pour moi le plus grand opprobre du monde — que de la perdre. Ainsi c'est votre propre prudence — qui me donne l'honneur pour champion — contre vos vaines attaques.

BERTRAND.

Eh bien, prends mon anneau. — A toi mon honneur, ma maison, ma vie même ! — Je me laisse commander par toi.

DIANA, prenant la bague que lui remet Bertrand.

— Quand viendra minuit, frappez à la fenêtre de ma chambre. — Je ferai en sorte que ma mère ne puisse entendre. — Mais je vous somme au nom de la loyauté, — dès que vous aurez conquis mon lit encore vierge, — de n'y rester qu'une heure et de ne pas me parler. — J'ai pour cela les raisons les plus puissantes ; et vous les connaîtrez, — lorsque cette bague vous sera restituée… — Cette nuit je mettrai à votre doigt — un autre anneau qui, dans la suite des temps, — devra attester à l'avenir notre union passée. — Adieu jusque-là. Ne manquez pas. Vous avez conquis — une épouse en moi, tout en m'ôtant l'espoir de l'être.

BERTRAND.

— C'est le ciel sur la terre que j'ai conquis, à tes genoux !

Il sort.

DIANA, seule.

— Puissiez-vous vivre assez pour en rendre grâces au ciel et à moi ! — Vous pourriez bien finir par là… — Ma mère m'avait dit la manière dont il me ferait la cour, — comme si elle avait été dans son cœur. Elle dit que tous les hommes — ont les mêmes serments. Il a juré de m'épouser, — quand sa femme serait morte; et moi, je consens à reposer près de lui, — quand je serai enterrée. Puisque ces Français sont si menteurs, — se marie qui voudra! Je veux vivre et mourir vierge. — Toutefois, je ne vois aucun mal — à tricher, sous ce déguisement, un gagnant déloyal. —

Elle sort.

SCÈNE XVIII.

[Une tente dans le camp florentin. Sur une table un flambeau allumé.]

Entrent les DEUX SEIGNEURS FRANÇAIS, suivis de deux ou trois SOLDATS.

PREMIER SEIGNEUR.

Est-ce que vous ne lui avez pas donné la lettre de sa mère?

DEUXIÈME SEIGNEUR.

Je la lui ai remise, il y a une heure; il y a dedans quelque chose qui a secoué tout son être; car, après l'avoir lue, il est devenu presque un autre homme.

PREMIER SEIGNEUR.

Il s'est attiré un blâme mérité en repoussant une épouse si bonne, une si gracieuse dame.

DEUXIÈME SEIGNEUR.

Il a encouru spécialement l'éternel déplaisir du roi, qui aurait tiré pour lui de son harmonieuse bonté toutes les mélodies du bonheur. Je vais vous dire une chose, mais vous la garderez ténébreusement pour vous.

PREMIER SEIGNEUR.

Quand vous l'aurez dite, elle sera morte et j'en serai le tombeau.

DEUXIÈME SEIGNEUR.

Il a corrompu ici, à Florence, une jeune dame du plus chaste renom, et cette nuit il assouvit sa passion par la spoliation de son honneur; il lui a donné son anneau héréditaire, et il se croit le plus fortuné des hommes par cet impur compromis.

PREMIER SEIGNEUR.

Ah! Dieu nous garde de nos propres révoltes! Quand nous sommes nous-mêmes, que sommes-nous!

DEUXIÈME SEIGNEUR.

Des traîtres à nous-mêmes. Et comme dans le cours ordinaire des complots, nous voyons toujours les conspirateurs s'entretenir de leurs espérances jusqu'à ce qu'ils atteignent leur but abhoré, lui, de même, lui qui dans cette action conspire contre sa propre noblesse, il laisse déborder son secret.

PREMIER SEIGNEUR.

N'y a-t-il pas en nous un arrière-pensée bien damnable à trompetter ainsi nos intentions illégitimes?... Alors nous n'aurons pas sa compagnie ce soir?

DEUXIÈME SEIGNEUR.

Ce ne sera qu'après minuit; car il est rationné à une heure fixe.

PREMIER SEIGNEUR.

Et cette heure approche rapidement... Pourtant j'aurais été bien aise qu'il assistât à la dissection de son compagnon. Il aurait pu ainsi avoir la mesure de son propre jugement, qui a apprécié si haut ce héros de faux aloi.

DEUXIÈME SEIGNEUR.

Nous ne nous occuperons pas de cet homme avant que le comte arrive; car sa présence doit être le crève-cœur du misérable.

PREMIER SEIGNEUR.

En attendant, que savez-vous de la guerre?

SCÈNE XVIII.

DEUXIÈME SEIGNEUR.

J'ai ouï dire qu'il a été fait des ouvertures de paix.

PREMIER SEIGNEUR.

Pour cela, je puis vous l'assurer, la paix est conclue.

DEUXIÈME SEIGNEUR.

Que va faire le comte de Roussillon alors? Va-t-il voyager ailleurs ou retourner en France?

PREMIER SEIGNEUR.

Je m'aperçois à cette demande que vous n'êtes pas tout à fait dans sa confidence.

DEUXIÈME SEIGNEUR.

A Dieu ne plaise, monsieur! J'aurais une trop grande complicité dans ses actes.

PREMIER SEIGNEUR.

Il y a quelque deux mois, monsieur, sa femme a fui de son château, sous prétexte d'un pèlerinage à Saint-Jacques-le-Grand, sainte entreprise qu'elle a accomplie avec la plus austère dévotion! Pendant qu'elle résidait là, la délicatesse de sa nature est devenue la proie de sa douleur. Enfin, elle a rendu dans un gémissement le dernier soupir, et maintenant elle chante au ciel.

DEUXIÈME SEIGNEUR.

Comment cela a-t-il été prouvé?

PREMIER SEIGNEUR.

Principalement par ses propres lettres qui certifient son histoire jusqu'au moment de sa mort. Sa mort elle-même, qu'il ne lui appartenait pas de raconter, est fidèlement affirmée par le curé de l'endroit.

DEUXIÈME SEIGNEUR.

Le comte a-t-il ces nouvelles?

PREMIER SEIGNEUR.

Oui, avec toutes les particularités, avec les moindres détails dont puisse être armée la vérité.

####### DEUXIÈME SEIGNEUR.

Ce qui m'attriste cordialement, c'est qu'il sera satisfait de cela.

####### PREMIER SEIGNEUR.

Avec quelle hâte nous nous faisons parfois des consolations de nos malheurs !

####### DEUXIÈME SEIGNEUR.

Avec quelle hâte, parfois aussi, nous noyons notre bonheur dans les larmes !... La grande renommée que sa valeur lui a acquise ici aura à lutter là-bas contre une ignominie aussi éclatante.

####### PREMIER SEIGNEUR.

La trame de notre vie est tissue à la fois de bien et de mal. Nos vertus seraient fières si nos fautes ne les flagellaient pas ; et nos vices désespéreraient s'ils n'étaient pas relevés par nos vertus...

Entre un Valet.

####### PREMIER SEIGNEUR.

Eh bien, où est votre maître ?

####### LE VALET.

Il a rencontré le duc dans la rue et a pris solennellement congé de lui. Sa Seigneurie part demain matin pour la France. Le duc lui a offert des lettres de recommandation pour le roi.

####### DEUXIÈME SEIGNEUR.

Elles lui seront d'un secours tout juste suffisant, quand elles le recommanderaient avec exagération.

Entre Bertrand.

####### PREMIER SEIGNEUR.

Le roi est tellement aigri qu'elles ne sauraient être trop

édulcorées. Voici Sa Seigneurie... Eh bien, monseigneur, est-ce qu'il n'est pas plus de minuit?

BERTRAND.

J'ai ce soir dépêché par sommaire décision seize affaires qui chacune eussent occupé un mois à la longue. J'ai pris congé du duc, fait mes adieux à ses proches, enterré ma femme, porté son deuil, écrit à madame ma mère que je reviens, fait mes préparatifs de départ, et, entre ces gros colis, expédié maintes choses plus délicates ; la dernière était la plus importante, mais elle n'est pas encore à sa fin.

DEUXIÈME SEIGNEUR.

Pour peu que l'affaire soit difficile, si Votre Seigneurie veut partir d'ici ce matin, il faut qu'elle se hâte.

BERTRAND.

Je dis qu'elle n'est pas à sa fin, en ce sens que je crains d'en entendre parler plus tard... Ah çà, aurons-nous bientôt le dialogue annoncé entre le fanfaron et le soldat? Allons, faites comparaître ce paladin postiche qui m'a trompé comme un oracle équivoque.

DEUXIÈME SEIGNEUR, à des soldats.

Amenez-le...

Des soldats sortent.

Le pauvre gaillard a passé toute la nuit dans les ceps.

BERTRAND.

C'est tout simple: ses talons l'ont mérité pour avoir usurpé si longtemps les éperons. Comment se tient-il ?

PREMIER SEIGNEUR.

Je l'ai déjà dit à Votre Seigneurie, ce sont les ceps qui le tiennent. Mais, pour vous répondre dans le sens que vous entendez, il pleure comme une paysanne qui a répandu son lait. Il a confessé toute sa vie à Morgan, qu'il prend pour un religieux, depuis le temps de ses premiers souvenirs jusqu'au désastreux moment où il a été mis aux ceps. Et que croyez-vous qu'il a confessé ?

BERTRAND.

Rien qui me touche, n'est-ce pas ?

DEUXIÈME SEIGNEUR.

Sa confession a été mise par écrit, et il lui en sera donné lecture. S'il y est question de Votre Seigneurie, comme je le crois, il faudra que vous ayez la patience de tout entendre.

Les soldats reviennent, amenant PAROLES *les yeux bandés.*

BERTRAND.

Peste soit de lui !.. Un bandeau sur les yeux !.. Il ne peut rien dire de moi !.. Chut !.. chut !

DEUXIÈME SEIGNEUR.

Attention au Colin-Maillard !... *Porto tartarossa.*

PREMIER SOLDAT, à Paroles.

Il demande pour vous la torture. Qu'êtes-vous prêt à dire sans qu'on y ait recours ?

PAROLES.

J'avoue ce que je sais sans contrainte. Vous m'écraseriez comme chair à pâté que je n'en dirais pas davantage.

PREMIER SOLDAT.

Bosko chimurco.

DEUXIÈME SEIGNEUR.

Boblibindo chicurmurco.

PREMIER SOLDAT, *prenant un papier.*

Vous êtes clément, général... Notre général vous ordonne de répondre aux questions que je vais vous poser d'après cette note.

PAROLES.

Et j'y répondrai franchement, aussi vrai que j'espère vivre.

SCÈNE XVIII.

PREMIER SOLDAT, lisant.

Demandez-lui d'abord quel est l'effectif de la cavalerie du duc. Que dites-vous à cela?

PAROLES.

Cinq ou six mille chevaux, mais affaiblis et hors de service. Les troupes sont toutes disséminées, et les chefs sont de pauvres hères, sur ma parole, sur mon honneur, sur ma vie que j'espère garder.

PREMIER SOLDAT.

Écrirai-je votre réponse en ces termes?

PAROLES.

Oui, je la confirmerai par le serment, quel qu'il soit, que vous me proposerez.

Le soldat écrit.

BERTRAND, bas au premier seigneur.

Tout lui est égal. Quel fieffé coquin!

PREMIER SEIGNEUR, bas à Bertrand.

Vous vous trompez, monseigneur. Le personnage que voici est monsieur Paroles, le vaillant militaire (c'était là sa propre phrase) qui portait toute la théorie de la guerre dans le nœud de son écharpe et toute la pratique dans l'étui de sa dague.

DEUXIÈME SEIGNEUR, bas.

Désormais je ne me fierai plus à un homme sur la propreté de sa lame, et je ne lui croirai plus toutes les qualités parce qu'il portera élégamment son costume.

PREMIER SOLDAT.

Bien, c'est écrit.

PAROLES.

Oui, cinq ou six mille chevaux, je le répète, ou environ... Écrivez environ... Car je veux dire la vérité.

PREMIER SEIGNEUR, bas à Bertrand.

Il est dans ce qu'il dit bien près de la vérité.

BERTRAND, bas au premier seigneur.

Mais je ne lui sais aucun gré d'une franchise de cette nature.

PAROLES, au premier soldat.

J'ai dit pauvres hères, n'oubliez pas.

PREMIER SOLDAT.

Bien, c'est écrit.

PAROLES.

Je vous remercie humblement, monsieur. Une vérité est une vérité, et ce sont des hères merveilleusement pauvres.

PREMIER SOLDAT, lisant.

Demandez-lui de quel effectif est l'infanterie. Que dites-vous à cela ?

PAROLES.

Sur ma foi, monsieur, je dirai la vérité, comme si je n'avais plus que cette heure à vivre. Voyons : Spurio, cent cinquante ; Sébastien, tant ; Corambus, tant ; Jacques, tant ; Guiltian, Cosmo, Lodowick et Gratii, deux cent cinquante chacun ; ma propre compagnie, Chitopher, Vaumond, Bentii, deux cent cinquante chacun ; en sorte que l'ensemble, tant en valides qu'en pourris, ne se monte pas, sur ma parole, à quinze mille, dont la moitié n'oseraient pas faire tomber la neige de leurs casaques de peur de tomber eux-mêmes en morceaux.

Le premier soldat écrit.

BERTRAND, bas au premier seigneur.

Que lui fera-t-on ?

LE PREMIER SEIGNEUR, bas à Bertrand.

Rien que le remercier.

Bas, au premier soldat.

Interrogez-le sur mon caractère, sur le crédit que j'ai auprès du duc.

PREMIER SOLDAT.

Bon, c'est écrit.

SCÈNE XVIII.

Lisant.

Vous lui demanderez s'il y a dans le camp un certain capitaine Dumaine, un Français; quelle est sa réputation auprès du duc; quelle est sa valeur, sa probité, son expérience de la guerre; et s'il croit qu'il serait impossible, avec des sommes d'or bien pesantes, de l'entraîner à la révolte. Que dites-vous à cela? Que savez-vous sur ce sujet?

PAROLES.

Permettez-moi, je vous en conjure, de répondre article par article à l'interrogatoire. Posez-moi chaque question séparément.

PREMIER SOLDAT.

Connaissez-vous ce capitaine Dumaine?

PAROLES.

Je le connais. Il était apprenti chez un ravaudeur à Paris, et il fut chassé de là pour avoir fait un enfant à la pupille du prévôt (25), pauvre niaise muette qui ne pouvait pas lui dire non.

Le premier seigneur furieux montre le poing à Paroles.

BERTRAND, bas au premier seigneur.

Pardon! retenez votre bras pour le moment, dût une tuile fatale prévenir votre vengeance en lui tombant sur la tête.

PREMIER SOLDAT.

Maintenant, ce capitaine est-il dans le camp du duc de Florence?

PAROLES.

Autant que je sache, il y est, le pouilleux!

PREMIER SEIGNEUR, bas à Bertrand.

Çà, ne me regardez pas ainsi; tout à l'heure nous en entendrons sur le compte de Votre Seigneurie.

PREMIER SOLDAT, à Paroles.

Quelle est sa réputation auprès du duc?

PAROLES.

Le duc ne le connaît que comme un pauvre officier sous mes ordres; et l'autre jour, il m'a écrit de le renvoyer du corps. Je crois même que j'ai sa lettre dans ma poche.

PREMIER SOLDAT.

Morbleu, nous allons chercher.

Il s'avance vers Paroles et le fouille.

PAROLES.

A parler sérieusement, je ne sais plus au juste : ou elle est là, ou elle est dans ma tente, en tête d'un dossier, avec les autres lettres du duc.

PREMIER SOLDAT, *tirant un papier.*

La voici. Voici un papier; vous en donnerai-je lecture?

PAROLES.

Je ne sais si c'est cette lettre-là ou non.

BERTRAND, *bas au premier seigneur.*

Notre interprète va bien.

PREMIER SEIGNEUR.

A merveille.

PREMIER SOLDAT, *lisant.*

Diane, le comte est un sot, plein d'or...

PAROLES.

Ce n'est pas la lettre du duc, monsieur : c'est un avertissement adressé à une honnête fille de Florence, une nommée Diana, pour qu'elle se défie des séductions d'un certain comte de Roussillon, un petit niais écervelé, mais, malgré tout, très-paillard. Je vous en prie, monsieur, remettez-moi ce papier.

PREMIER SOLDAT.

Non, avec votre permission, je vais d'abord le lire.

PAROLES.

Mon intention ici, je le proteste, était des plus honorables à l'égard de la fille; car je connaissais le jeune

SCÈNE XVIII.

comte pour un petit libertin fort dangereux, une baleine à virginités dévorant le fretin qui s'offre sur sa route.

BERTRAND, à part.

Damné coquin ! double drôle !

PREMIER SOLDAT.

S'il prodigue les serments, dis-lui de verser de l'or et prends;
Une fois qu'il a consommé, il ne paie jamais l'écot.
Un marché pour bien être conclu doit être déjà à moitié réalisé;
Réalise d'abord et tu concluras bien.
Il n'acquitte jamais les arrérages,
Fais-toi donc payer d'avance.
Et puis, crois-en, Diane, un soldat,
Adresse-toi aux hommes et n'embrasse pas les enfants.
Compte que le comte est un sot, je le sais,
Qui paye d'avance, mais jamais quand il doit.
   A toi, comme il te l'a juré à l'oreille.

PAROLES.

BERTRAND, à part.

Il sera fusillé dans les rangs de l'armée avec ces vers-là sur le front.

DEUXIÈME SEIGNEUR, à part.

Voilà, seigneur, votre ami dévoué, le savant polyglotte, le soldat armipotent.

BERTRAND, à part.

Jusqu'ici je n'ai eu d'aversion que pour les chats, et maintenant cet homme est un chat pour moi.

PREMIER SOLDAT, à Paroles.

Je m'aperçois, messire, à la mine du général, que nous aurions plaisir à vous pendre.

PAROLES.

Ah ! monsieur, à tout prix, la vie !... Non pas que j'aie peur de mourir; mais, voyez-vous? mes péchés sont si nombreux que je voudrais passer à me repentir le reste de mes jours. Laissez-moi vivre, monsieur, dans un cachot, au pilori, n'importe où, pourvu que je vive !

PREMIER SOLDAT.

Nous verrons ce qu'on pourra faire, si vous faites des aveux sans restrictions... Revenons donc à ce capitaine Dumaine. Vous avez répondu quant à sa réputation auprès du duc et quant à sa valeur. Que dites-vous de son honnêteté?

PAROLES.

C'est un homme, monsieur, qui volerait un œuf dans un sanctuaire ; pour les vols et pour les rapts, il rivalise avec Nessus. Il fait profession de ne pas tenir ses serments et, pour les rompre, il est plus fort qu'Hercule. Il mentira, monsieur, avec une telle volubilité que la vérité vous fera l'effet d'une sotte. L'ivrognerie est sa plus douce vertu : car il se soûle comme un porc, et, une fois endormi, il ne fait guère de mal, si ce n'est aux draps qui l'entourent ; mais on connaît ses habitudes, et on le couche sur la paille. Je n'ai que peu de chose à ajouter, monsieur, sur son honnêteté ; il a tout ce qu'un honnête homme ne doit pas avoir ; et de ce qu'un honnête homme doit avoir, il n'a rien.

PREMIER SEIGNEUR, à part.

Je commence à l'aimer pour ceci.

BERTRAND, à part.

Pour cette description de ton honnêteté? La vérole le prenne! Pour moi il est de plus en plus un chat.

PREMIER SOLDAT, à Paroles.

Que dites-vous de son expérience pour la guerre?

PAROLES.

Ma foi, monsieur, il a battu le tambour devant les tragédiens anglais. Je ne voudrais pas le calomnier, mais c'est tout ce que je sais de son talent militaire. Ah! pourtant, dans ce pays-là, à un endroit appelé Mile-end (26), il a eu l'honneur de servir comme officier recruteur dans la troupe..... des saltimbanques. Je voudrais faire à l'homme tout l'honneur possible; mais quant à ça, je n'en suis pas certain.

PREMIER SEIGNEUR, à part.

Il outre à ce point l'outrage qu'il se rachète par la rareté.

BERTRAND, à part.

Peste soit de lui! Pour moi c'est toujours un chat.

PREMIER SOLDAT, à Paroles.

Ses qualités étant d'aussi bas prix, je n'ai pas besoin de vous demander si l'or l'entraînerait à la révolte.

PAROLES.

Monsieur pour un *quart d'écu* il vendra la rente de son salut avec le fonds; et il déshéritera du ciel tous ses descendants en perpétuelle succession.

PREMIER SOLDAT.

Et son frère, l'autre capitaine Du Maine!

DEUXIÈME SEIGNEUR, à part.

Pourquoi le questionne-t-il sur moi?

PREMIER SOLDAT, à Paroles.

Quel homme est-ce?

PAROLES.

Un corbeau du même nid : pas tout à fait l'égal du premier dans le bien, mais de beaucoup son supérieur dans le mal. Comme couard, il surpasse son frère, quoique son frère passe pour un des plus fieffés. En cas de retraite, il n'est pas de laquais qu'il ne devance; mais en cas d'attaque, morbleu! il a la crampe.

PREMIER SOLDAT.

Si vous avez la vie sauve, vous engagez-vous à trahir les Florentins?

PAROLES.

Oui, et le capitaine de leur cavalerie, le comte de Roussillon.

PREMIER SOLDAT.

Je vais échanger quelques mots tout bas avec le général et m'informer de sa décision.

PAROLES, à part.

Qu'on ne me parle plus de tambours ! Foin de tous les tambours ! Simplement pour avoir l'air de rendre des services et pour en imposer à la confiance de ce jeune libertin de comte, je me suis jeté dans ce danger-là ! Mais qui aurait pu soupçonner une embuscade là où j'ai été pris ?

PREMIER SOLDAT.

Il n'y a pas de remède, monsieur. Il vous faut mourir. Le général dit qu'ayant si traîtreusement révélé les secrets de votre armée et fait d'aussi odieux rapports sur des hommes du plus noble renom, vous n'êtes bon à rien d'honnête en ce monde : en conséquence vous allez mourir. Allons, bourreau, à bas sa tête ?

PAROLES.

O mon Dieu ! monsieur, laissez-moi vivre ou laissez-moi voir ma mort !

PREMIER SOLDAT, lui débandant les yeux.

Voyez-la donc et faites vos adieux à vos amis... Eh bien, regardez autour de vous. Connaissez-vous quelqu'un ici ?

BERTRAND.

Bonjour, noble capitaine !

DEUXIÈME SEIGNEUR.

Dieu vous bénisse, capitaine Paroles !

PREMIER SEIGNEUR.

Dieu vous garde, noble capitaine !

DEUXIÈME SEIGNEUR.

Capitaine, qu'avez-vous à faire dire à monseigneur Lafeu ? Je pars pour la France.

SCÈNE XVIII.

PREMIER SEIGNEUR.

Bon capitaine, voudriez-vous me donner une copie de ce sonnet que vous avez écrit à Diana, en faveur du comte de Roussillon? Si je n'étais pas un vrai couard, je vous la prendrais de force, mais adieu !

Tous sortent excepté Paroles et le premier soldat.

PREMIER SOLDAT.

Vous êtes ruiné, capitaine : il n'y a plus que votre écharpe dont le nœud tienne encore.

PAROLES.

Qui ne parviendrait-on pas à écraser sous un complot?

PREMIER SOLDAT.

Si vous pouviez trouver un pays où serait seulement une femme humiliée autant que vous venez de l'être, vous pourriez devenir père d'une nation d'effrontés. Portez-vous bien, monsieur; je pars pour la France, moi aussi ; nous parlerons de vous là-bas.

Il sort.

PAROLES, seul.

— Eh bien, je rends grâces au ciel : si mon cœur avait été grand, — ceci l'aurait fait éclater... Capitaine, je ne veux plus l'être ; — mais je veux manger et boire et dormir aussi moelleusement — que capitaine au monde. Être tout simplement ce que je suis, — voilà le soin qui désormais me fera vivre. Que celui qui se connaît pour un fanfaron — y prenne garde : il arrive toujours un moment — où le fanfaron est reconnu pour un âne. — Rouille-toi, épée ! calmez-vous, rougeurs ! et toi, Paroles, vis en — sûreté dans la honte ! Devenu ridicule, prospère du ridicule ! — Il y a de la place et des ressources pour tout homme ici-bas... — Allons après eux.

Il sort.

SCÈNE XIX.

[Florence. Chez la veuve.]

Entrent HÉLÈNE, LA VEUVE et DIANA.

HÉLÈNE.

— Afin de vous convaincre que je ne vous ai pas abusée, — un des plus grands princes du monde chrétien — sera ma caution : c'est devant son trône — que je dois m'agenouiller, avant d'accomplir mes projets. — Il fut un temps où je lui rendis un service signalé, — aussi cher que sa vie, un service pour lequel la gratitude — pénétrerait le cœur de pierre d'un Tartare — et en tirerait des actions de grâces. J'ai été dûment informée — que Son Altesse est à Marseille : pour nous rendre à cette place, — un convoi favorable s'offre à nous. Sachez — qu'on me croit morte. L'armée étant débandée, — mon mari retourne au château, et j'espère, le ciel aidant, — et avec la permission de mon seigneur le Roi, — que nous y serons avant notre hôte.

LA VEUVE.

Gentille madame, — vous n'avez jamais eu de servante dont le zèle — ait épousé avec plus d'empressement vos intérêts.

HÉLÈNE.

Ni vous de maîtresse, ou — plutôt d'amie dont les pensées travaillent plus activement — à récompenser votre dévouement. N'en doutez pas, le ciel — m'a suscitée pour doter votre fille, — comme il l'a destinée à m'assister — pour retrouver mon mari... Mais, oh ! que les hommes sont étranges ! — de pouvoir faire un usage si doux de ce qu'ils haïssent, — alors que la confiance lascive de leurs désirs dupés — fait souillure à la nuit noire ! Ainsi la la luxure caresse — l'objet abhorré qu'elle prend pour l'objet absent. — Mais nous en reparlerons... Vous, Diana, — soumise à mes pauvres instructions, vous aurez à souffrir — encore pour moi.

DIANA.

Quand je devrais mourir, — pourvu que ce soit avec honneur, je suis prête — à tout souffrir sur votre ordre.

HÉLÈNE.

Ah ! de grâce, — rien qu'un peu de patience ! le temps ramènera l'été, — et alors les églantiers auront des fleurs aussi bien que des épines : — après la piqûre, le parfum !.. Partons. — Notre voiture est prête et les délais nous font tort. — *Tout est bien qui finit bien* : le dénoûment, c'est la couronne : — quelles qu'aient été les vicissitudes, la fin seule est décisive.

Elles sortent.

SCÈNE XX.

[Dans le château des comtes de Roussillon.]

Entrent LA COMTESSE, LAFEU et LE CLOWN.

LAFEU.

Non, non, non, votre fils a été égaré par un faquin en taffetas dont le funeste safran (27) teindrait de sa couleur toute la jeune pâte d'une nation. Sans lui, votre bru vivrait encore ; et votre fils serait ici, bien mieux servi par le roi que par le frelon à queue rouge dont je parle.

LA COMTESSE.

Que je voudrais ne pas l'avoir connu ! Il a été la mort de la plus vertueuse femme que jamais la nature ait eu la gloire de créer. Eût-elle été formée de ma chair, m'eût-elle coûté les plus tendres gémissements d'une mère, je n'aurais pu lui vouer un amour plus enraciné.

LAFEU.

C'était une bonne dame, c'était une bonne dame : on pourrait cueillir des milliers de salades, sans tomber sur une herbe pareille.

LE CLOWN.

En effet, messire, elle était la marjolaine de la salade ou plutôt l'herbe de grâce.

LAFEU.

Ce ne sont pas là des plantes à salade, imbécile, ce sont des plantes à bouquet.

LE CLOWN.

Je ne suis pas le grand Nabuchodonosor, messire, et je ne me connais guère en herbes.

LAFEU.

Que fais-tu profession d'être? Coquin ou fou?

LE CLOWN.

Fou au service d'une femme, messire, et coquin au service d'un homme.

LAFEU.

Explique-toi.

LE CLOWN.

Je soufflerais au mari sa femme et je ferais son service.

LAFEU.

Tu serais alors, en effet, un coquin à son service.

LE CLOWN.

Et j'insinuerais ma marotte à sa femme pour lui rendre service.

LAFEU.

Je te le concède : tu es à la fois un coquin et un fou.

LE CLOWN.

A votre service.

SCÈNE XX.

LAFEU.

Non, non, non !

LE CLOWN.

Oui-dà, messire, si je ne puis pas vous servir, je puis servir un prince tout aussi grand que vous.

LAFEU.

Quel prince? un Français?

LE CLOWN.

Il a le nom d'un Anglais; mais sa physionomie enflammée est beaucoup plutôt française qu'anglaise (28).

LAFEU.

Quel est ce prince?

LE CLOWN.

Le prince Noir, messire; *alias*, le prince des ténèbres; *alias*, le diable.

LAFEU, lui jetant sa bourse.

Tiens, voici ma bourse; je ne te la donne pas pour te détacher du maître dont tu parles : sers-le toujours.

LE CLOWN.

Je suis un habitant des bois, messire, qui ai toujours aimé un grand feu; et le maître dont je parle entretient toujours un bon feu. Mais puisqu'il est le prince du monde, c'est à sa noblesse de résider à sa cour. Quant à moi, je préfère la maison à porte étroite, que je sais trop petite pour que la pompe puisse y pénétrer; elle est accessible aux humbles; mais la plupart sont trop frileux, trop délicats, et préfèrent la route fleurie qui mène à la large porte et au grand feu.

LAFEU.

Passe ton chemin; je commence à être fatigué de toi, et je te le dis d'avance pour que nous ne nous querellions pas. Passe ton chemin, et veille à ce que mes chevaux soient bien traités, sans farce de ta façon.

LE CLOWN.

Si je leur fais une farce, ce ne sera jamais qu'une farce de rosse ; et la nature autorise la farce entre rosses et chevaux.

Il sort.

LAFEU.

Un rusé coquin ! un chenapan !

LA COMTESSE.

C'est vrai. Monseigneur, qui n'est plus, s'en amusait beaucoup. C'est d'après sa volonté sacrée qu'il reste ici, et il s'en fait une patente pour son effronterie. C'est un être fantasque qui court où bon lui semble.

LAFEU.

Il n'y a pas de mal à cela, et je l'en aime... Je voulais donc vous dire qu'ayant appris la mort de cette digne dame et le prochin retour de mon seigneur votre fils, j'ai prié le roi mon maître de lui parler en faveur de ma fille : Sa Majesté, dans sa gracieuse bienveillance, m'avait d'elle-même proposé ce mariage, quand tous deux étaient encore mineurs. Son Altesse ma promis d'insister de nouveau ; et, pour mettre fin au déplaisir qu'elle a conçu contre votre fils, il n'est pas de moyen plus efficace. Qu'en pense Votre Excellence ?

LA COMTESSE.

J'en suis bien aise, monseigneur, et je désire voir la chose promptement effectuée.

LAFEU.

Son Altesse revient en poste de Marseille aussi vaillante de corps que lorsqu'elle comptait trente ans ; le roi sera ici demain, si je suis bien informé par une personne dont les renseignements m'ont rarement trompé.

LA COMTESSE.

C'est une joie pour moi d'espérer le revoir avant de mourir. J'ai des lettres qui m'annoncent que mon fils sera ici ce soir. J'adjure Votre Seigneurie de rester avec moi jusqu'à ce que leur entrevue ait eu lieu.

LAFEU.

J'étais en train de me demander, madame, à quel titre je pourrais m'y faire admettre.

LA COMTESSE.

Vous n'avez qu'à revendiquer vos vénérables priviléges.

LAFEU.

J'en ai usé bien à mon aise, madame, mais, grâce à Dieu, ils ne sont pas prescrits encore.

Entre le CLOWN.

LE CLOWN.

Oh! madame, voilà monseigneur votre fils qui arrive avec une bande de velours sur la figure; s'il y a ou non une cicatrice dessous, le velours le sait; quoi qu'il en soit, c'est une bien belle bande de velours. La joue gauche de monseigneur est une joue à trois poils, mais sa joue droite est tout unie.

LAFEU.

Une blessure noblement reçue, une noble cicatrice est une bonne livrée d'honneur; la sienne est sans doute de celles-là.

LE CLOWN.

Vous n'en avez pas moins la figure en hachis.

LAFEU.

Allons voir votre fils, je vous prie. Il me tarde de causer avec ce jeune et noble soldat.

LE CLOWN.

Ma foi, ils sont là-bas une douzaine avec de beaux chapeaux délicats et des plumes fort courtoises qui se courbent et saluent tout le monde.

Ils sortent.

SCÈNE XXI.

(Marseille. Devant une hôtellerie.)

Entrent Hélène, la Veuve, Diana et deux valets.

HÉLÈNE.

— Courir ainsi la poste nuit et jour, — cela doit épuiser vos forces. Nous n'y pouvons mais. — Seulement, soyez-en sûres, vous qui, sans distinguer entre les nuits et les jours, — avez fatigué à mon service vos membres délicats, — vous êtes si profondément implantée dans ma gratitude — que rien ne pourra vous en déraciner... Heureux hasard!

Entre un gentilhomme fauconnier (29).

HÉLÈNE.

— Cet homme peut m'avoir une audience de Sa Majesté, — s'il veut employer son pouvoir... Dieu vous garde, monsieur!

LE GENTILHOMME.

Et vous de même!

HÉLÈNE.

— Monsieur, je vous ai vu à la cour de France.

LE GENTILHOMME.

— J'y ai été plus d'une fois.

HÉLÈNE.

— Je présume, monsieur, que vous n'êtes pas déchu — de votre réputation de bienveillance; — aussi, stimulée par l'aiguillon de circonstances — qui écartent toute cérémonie, je vous sollicite — à un emploi de ces bonnes qualités qui — me rendra à jamais reconnaissante.

SCÈNE XXI.

LE GENTILHOMME.

Que désirez-vous?

HÉLÈNE.

— Que vous me fassiez la grâce — de remettre au roi cette pauvre pétition, — et de m'aider de toute votre influence — à parvenir jusqu'à lui.

LE GENTILHOMME.

— Le roi n'est pas ici.

HÉLÈNE.

Pas ici, monsieur!

LE GENTILHOMME.

Non, vraiment. — Il est parti d'ici la nuit dernière, avec une hâte — qui ne lui est pas habituelle.

LA VEUVE.

Dieu! nous avons perdu nos peines!

HÉLÈNE.

— Tout est bien qui finit bien. — Les circonstances ont beau nous sembler contraires, les moyens insuffisants, n'importe! — De grâce, où est-il allé?

LE GENTILHOMME.

— Dans le Roussillon, à ce que j'ai compris; — je m'y rends moi-même.

HÉLÈNE, lui tendant un papier.

Une prière, monsieur! — Comme il est probable que vous verrez le roi avant moi, — veuillez remettre ce papier entre ses gracieuses mains. — J'ose dire que vous n'encourrez aucun blâme, — et que, loin de là, vous serez remercié de vos peines. — Je vous rejoindrai, avec toute la promptitude — dont nos moyens nous donneront le moyen.

LE GENTILHOMME, prenant le papier.

Je ferai cela pour vous.

HÉLÈNE.

— Et attendez-vous à en être bien remercié, — quoi qu'il arrive... Remontons à cheval!

A ses gens.

— Allez, allez tout préparer. —

Ils sortent.

SCÈNE XXII.

[Une cour dans le château des comtes de Roussillon.]

Entrent le CLOWN et PAROLES, un papier à la main.

PAROLES.

Mon bon monsieur Lavache, donnez cette lettre à monseigneur Lafeu. J'étais jadis connu de vous plus avantageusement, monsieur, alors que j'avais familiarité avec des habits plus frais; mais à présent, monsieur, je suis embourbé dans la mauvaise humeur de la Fortune, et je sens un peu fort l'odeur de son fort déplaisir.

LE CLOWN.

Vraiment, le déplaisir de la fortune est infect s'il sent aussi fort que tu dis. Je m'engage à ne jamais manger de poisson de sa friture.

Il se bouche le nez.

Je t'en prie, mets-toi sous le vent.

PAROLES.

Allons, vous n'avez pas besoin de vous boucher le nez, je n'ai parlé que par métaphore.

LE CLOWN.

L'ami, si votre métaphore ne sent pas bon, je prétends me boucher le nez devant elle, comme dans la métaphore de n'importe qui... Je t'en prie, range-toi.

SCÈNE XXII.

PAROLES.

Je vous en prie, monsieur, remettez ce papier à son adresse.

LE CLOWN.

Pouah!... Éloigne-toi, je te prie!... Moi, donner à un grand seigneur un papier venu de la chaise percée de la Fortune!... Tiens, le voici en personne.

Entre Lafeu.

LE CLOWN, à Lafeu.

Messire, voici un miaou de la Fortune, un chat (mais pas un chat musqué), qui est tombé dans le sale étang des défaveurs de la Fortune et qui, dit-il, en est sorti tout boueux. Je vous en prie, faites ce que vous pourrez pour ce carpillon ; car il a la mine d'un pauvre, misérable, malin, niais et méchant drôle. J'octroie à sa détresse l'aumône de mon sourire, et sur ce je l'abandonne à Votre Seigneurie.

Il sort.

PAROLES.

Monseigneur, je suis un homme que la Fortune a cruellement égratigné.

LAFEU.

Et que voulez-vous que j'y fasse? Il est trop tard à présent pour lui rogner les ongles. Quel tour de coquin avez-vous donc joué à la fortune, pour qu'elle vous égratigne ainsi, elle qui, en sa qualité d'honnête dame, ne permet pas aux coquins de prospérer longtemps sous son égide?

Lui donnant une pièce de monnaie.

Voici un *quart d'écu* pour vous. Que la justice de paix vous réconcilie, vous et la Fortune! J'ai d'autres affaires.

PAROLES.

Je supplie Votre Honneur d'écouter un simple mot.

LAFEU, lui donnant une autre pièce.

Vous désirez un simple sou de plus : allons, prenez, et économisez votre mot.

PAROLES.

Mon nom, mon bon seigneur, est Paroles.

LAFEU.

C'est donc pour cela que vous demandez à dire au moins un mot... Au diable ma brusquerie! donnez-moi la main... Comment va votre tambour?

PAROLES.

Ah! mon bon seigneur, c'est vous qui avez été le premier à me découvrir.

LAFEU.

Vraiment! et c'est moi aussi qui ai été le premier à te perdre.

PAROLES.

Il ne tient qu'à vous, monseigneur, de me faire rentrer en grâce, car c'est vous qui avez causé ma chute.

LAFEU.

Fi, coquin! Veux-tu donc que je fasse tour à tour l'office de Dieu et du diable, te faisant rentrer en grâce après avoir causé ta chute?

Son de trompettes.

Le roi arrive; je reconnais sa fanfare... Maroufle, tu viendras me rejoindre; hier soir j'ai eu de tes nouvelles; quoique tu sois un fou et un coquin, tu auras de quoi manger... Allons, suis-moi.

PAROLES.

Je loue Dieu de vous.

Ils sortent.

SCÈNE XXIII.

[La grand'salle du château des comtes de Roussillon.]

Fanfares. Entrent le ROI, la COMTESSE, LAFEU, des seigneurs, des gardes, etc.

LE ROI.

— Nous avons perdu en elle un joyau; et notre éclat — en a été appauvri; quant à votre fils, — égaré par sa folie, il n'a pas eu le bon sens — de l'estimer à sa valeur.

LA COMTESSE.

La chose est passée, mon suzerain; — et je conjure Votre Majesté de n'y plus voir — qu'une de ces révoltes naturelles, allumées par la jeunesse — alors que son huile et sa flamme, trop fortes pour la raison, — la débordent et propagent l'incendie.

LE ROI.

Ma dame vénérée, — j'ai pardonné et oublié tout, — bien que mes vengeances fussent tournées contre lui, — et n'attendissent plus que le moment d'éclater.

LAFEU.

Voici ce que j'ai à dire, — en suppliant le roi de m'excuser: le jeune comte — a fait à Votre Majesté, à sa mère et à sa femme — une grave offense; mais c'est à lui-même — qu'il a porté le plus grand préjudice : il a perdu une femme dont la beauté étonnait — les yeux les plus riches d'idéal et dont la parole captivait toutes les oreilles ; — rare perfection que les cœurs les plus indépendants — appelaient humblement souveraine !

LE ROI.

Louer ce qui est perdu, — c'est en rendre la mémoire plus chère... Allons, faites-le venir. — Nous sommes réconciliés, et le premier regard échangé entre nous va tuer — toute récrimination... Qu'il ne demande pas notre pardon ! — L'objet de sa grande offense n'existe plus, — et nous en ensevelissons au plus profond de l'oubli — les cendres brûlantes. Qu'il approche — comme un étranger, non comme un coupable.

A un des gentilshommes.

Mandez-lui — que telle est notre volonté.

LE GENTILHOMME.

J'obéis, mon suzerain.

Il sort.

LE ROI, à Lafeu.

— Que dit-il à l'idée d'épouser votre fille ? Lui avez-vous parlé ?

LAFEU.

— Il a une déférence entière pour votre auguste volonté.

LE ROI.

— Nous aurons donc une noce... J'ai reçu des lettres — qui exaltent sa gloire.

Entre BERTRAND.

LAFEU.

Il a une belle mine !

LE ROI, à Bertrand.

— Je ne suis pas un jour monotone : — car tu peux voir en moi le soleil en même temps que la grêle. — Devant les plus brillants rayons — les nuages dispersés se retirent. Montre-toi donc, — le temps est redevenu beau.

BERTRAND.

Qu'à mon repentir profond — mon cher souverain pardonne mes fautes !

LE ROI.

Tout est fini. — Plus un mot des temps écoulés. —

Saisissons le moment au vol; — car nous sommes vieux, et sur nos décisions les plus promptes — le temps, d'un pas furtif et inouï, — glisse avant que nous ayons pu les exécuter.

Montrant Lafeu à Bertrand.

Vous vous rappelez — la fille de ce seigneur?

BERTRAND.

— Avec admiration, mon prince. J'avais d'abord — jeté mon choix sur elle, sans que mon cœur — osât faire de ma langue un interprète trop hardi. — Sous l'empire de cette première impression, — le mépris me prêta son dédaigneux regard, — qui pour moi faussa les lignes de toute autre beauté, — et me fit voir partout des charmes avilis ou empruntés, — en agrandissant ou en rapetissant toutes les formes — aux proportions les plus hideuses. Voilà comment — celle que tous les hommes vantaient, et que moi-même — j'ai aimée depuis que je l'ai perdue, n'était alors à mes yeux — qu'une poussière qui les blessait.

LE ROI.

Tu t'es excusé fort bien. — Cet aveu que tu l'as aimée réduit un peu la somme — des comptes que tu as à rendre; mais l'amour qui vient trop tard — est pareil à une grâce apportée trop lentement — qui se retourne contre son clément signataire comme un amer reproche — criant: « C'est un être innocent qui vient de mourir! » Notre coupable légèreté — fait bon marché des objets précieux que nous possédons, — et nous n'en apercevons la valeur qu'en apercevant leur tombeau. — Souvent nos déplaisirs, injustes pour nous mêmes, — immolent nos amis et pleurent ensuite sur leurs cendres. — Notre vieille amitié se réveille en gémissant sur le mal qui a été fait, — tandis que notre haine honteuse s'endort dans sa sieste tardive. — Que ceci soit le glas funèbre de cette charmante Hélène, et maintenant oublions-la. Fais offrande de ton amour à la belle Madeleine. — Les consentements les plus importants sont obtenus, et nous resterons ici — pour voir clore ton veuvage par une seconde noce.

LAFEU.

— Approchez, mon fils, vous en qui le nom de ma maison — doit s'absorber. Donnez-moi quelque gage d'amour — dont les étincelles enflamment ma fille — et la fassent vite accourir.

Bertrand détache un anneau de son doigt et le lui remet.

Par ma vieille barbe, — et par tous ses poils, Hélène, qui est morte, — était une suave créature ; c'est un anneau comme celui-ci — qu'en lui disant adieu lorsqu'elle quittait de la cour, — je vis à son doigt.

BERTRAND.

Celui-ci n'a jamais été le sien.

LE ROI, prenant l'anneau.

Çà, laissez-moi le voir, je vous prie ; mon regard, — tandis que je parlais tout à l'heure, s'est maintes fois fixé sur lui... — Cet anneau était à moi ; et, quand je le donnai à Hélène, — je lui dis que, si jamais la fortune lui faisait — une nécessité de ma protection, cet anneau — la lui assurerait. Avez-vous eu donc la ruse de la priver — de sa plus puissante ressource ?

BERTRAND.

Mon gracieux souverain, — quoi qu'il vous plaise de croire, — cet anneau n'a jamais été le sien.

LA COMTESSE.

Mon fils, sur ma vie, — je le lui ai vu porter ; et elle y attachait autant de prix qu'à sa vie.

LAFEU.

Je suis sûr de le lui avoir vu porter.

BERTRAND.

— Vous vous trompez, monseigneur, elle ne l'a jamais

vu. — C'est à Florence qu'il me fut jeté d'une fenêtre, — enveloppé dans un papier qui contenait le nom — de celle qui l'avait jeté : c'était une fille noble qui me croyait — libre de tout engagement ; mais quand je lui eus certifié — ma véritable situation et nettement déclaré — que je ne pouvais pas répondre selon les lois de l'honneur — à ses ouvertures, elle s'abstint avec une douloureuse résignation, mais ne voulut jamais — reprendre son anneau.

LE ROI.

Plutus lui-même, — qui sait l'art de transmuter et de multiplier l'or, — n'a pas des mystères de la nature une connaissance plus intime — que moi de cet anneau. C'était le mien, c'était celui d'Hélène ; — peu importe qui vous l'ait donné ! Donc, si vous reconnaissez — avoir pleine conscience de vous-même, — avouez qu'il était à elle, avouez par quelle brutale violence — vous l'avez eu d'elle. Elle avait pris tous les saints à témoin — qu'elle ne l'ôterait jamais de son doigt, — si ce n'est pour vous le donner à vous-même dans le lit, — où vous n'êtes jamais entré, ou bien pour me l'envoyer au moment d'un grand désastre.

BERTRAN.

Elle ne l'a jamais vu.

LE ROI.

— Par l'amour que j'ai de mon honneur, ce que tu dis est faux, — et tu fais naître en moi d'inquiétantes conjectures — que je voudrais bien étouffer. S'il était prouvé — que tu fusses à ce point inhumain... Cela ne se peut pas... — Et pourtant je ne sais... Tu la haïssais mortellement, — et elle est morte : et rien à moins de me fermer — les yeux moi-même, ne peut être plus convaincant pour moi — que la vue de cet anneau.

Aux Gardes.

Emmenez-le !

Les gardes entourent Bertrand.

— Quoi qu'il arrive, les preuves déjà acquises — absoudront mes craintes du reproche de légèreté, — que mérite bien plutôt ma sécurité excessive... Qu'on l'emmène ! — Nous approfondirons cette affaire.

BERTRAND.

Si vous parvenez à prouver — que cet anneau était celui d'Hélène, vous prouverez aussi aisément — que j'ai fécondé son lit à Florence — où elle n'a jamais été.

Bertrand sort, escorté par les gardes.

Entre le GENTILHOMME qu'Héléne a rencontré à Marseille.

LE ROI.

— Je suis absorbé dans d'horribles pensées.

LE GENTILHOMME.

Gracieux souverain, — suis-je à blâmer ou non ? je n'en sais rien : — voici une pétition d'une dame de Florence — qui a manqué de quatre ou cinq relais l'honneur — de vous la remettre en personne. Je m'en suis chargé, — vaincu par la grâce et par la parole douce — de la pauvre suppliante qui elle-même, je le sais, — attend déjà ici vos ordres. L'importance de l'affaire apparaît — à son visage préoccupé ; et elle m'a dit, — en quelques mots gracieux, qu'elle intéressait — Votre Altesse autant qu'elle-même.

Il remet une lettre au roi qui la décachète.

LE ROI, lisant.

« *Après maintes promesses solennelles de m'épouser quand sa femme serait morte, je rougis de le dire, il m'a séduite. Maintenant le comte de Roussillon est veuf; sa foi m'a été donnée en échange de mon honneur. Il s'est évadé de Florence, sans prendre congé de moi, et je l'ai suivi dans son pays pour réclamer justice. Faites-moi réparation, ô roi, cela dépend de vous; autrement un séducteur triomphe, et une pauvre fille est perdue.*

« DIANA CAPULET. »

LAFEU.

Je veux m'acheter un nouveau gendre à la foire et mettre en vente celui-ci. Je ne veux pas de lui.

LE ROI.

— Les cieux t'ont été favorables, Lafeu, — en amenant cette découverte... Qu'on aille chercher la solliciteuse ! — Dépêchez-vous et ramenez le comte.

Un gentilhomme sort avec des gens de service.

A la Comtesse.

— Je crains bien, madame, que la vie d'Hélène — ne lui ait été criminellement arrachée.

LA COMTESSE.

Eh bien, que justice soit faite des coupables !

Entre BERTRAND, *entouré de gardes.*

LE ROI, à Bertrand.

— Je m'étonne, monsieur, que, les femmes étant pour vous des monstres — qui vous font fuir dès que vous leur avez juré protection conjugale, vous désiriez encore vous marier.

Le GENTILHOMME *revient amenant* DIANA *et la* VEUVE.

LE ROI.

Quelle est cette femme ?

DIANA.

— Je suis, monseigneur, une malheureuse Florentine, — qui descends des anciens Capulets. — Ma requête, à ce que j'apprends, vous est déjà connue ; — vous savez donc combien je suis à plaindre.

LA VEUVE.

— Je suis sa mère, Sire. Ma vieillesse et mon honneur — souffrent du mal que nous vous dénonçons, — et tous deux y succomberont, si vous n'y portez remède.

LE ROI.

— Approchez, comte. Connaissez-vous ces femmes?

BERTRAND.

— Monseigneur, je ne puis ni veux le nier, je les connais. M'accusent-elles d'autre chose?

DIANA, à Bertrand

— Pourquoi jetez-vous sur votre femme un regard si étrange?

BERTRAND.

— Elle ne m'est rien, monseigneur.

DIANA.

Si vous vous mariez, vous donnerez à une autre cette main qui est à moi. — à une autre vous donnerez cette foi sacrée qui est à moi. — Vous me donnerez moi-même qui certes suis à moi! — Car vos vœux m'ont à ce point incorporée à vous, — que celle qui vous épousera devra m'épouser, — ne pouvant s'unir à vous sans s'unir à nous deux. —

LAFEU, à Bertrand.

Votre réputation n'est pas à la hauteur de ma fille : vous n'êtes pas un mari pour elle.

BERTRAND, au roi.

— Monseigneur, cette femme est une créature folle et désespérée; — avec qui il m'est parfois arrivé de rire. Que Votre Altesse — ait de mon honneur assez noble opinion — pour le croire incapable de tomber si bas.

LE ROI.

— Mon opinion, monsieur! vous serez bien avec elle, — quand vos actes vous l'auront conciliée. Puissent les faits placer votre honneur plus haut — qu'il n'est dans mon estime !

DIANA.

Mon bon seigneur, — demandez-lui sous la foi du serment s'il est sûr - de n'avoir pas eu ma virginité.

LE ROI.

— Que lui réponds-tu ?

BERTRAND.

Que c'est une impudente, monseigneur, — une fille de joie commune à tout le camp.

DIANA.

— Il m'outrage, monseigneur. Si j'étais ce qu'il dit, — il m'aurait achetée à un prix vulgaire. — Ne le croyez pas. Oh ! voyez cet anneau — dont l'éclatante beauté et la riche valeur sont — incomparables, — Il l'a donné à une fille publique du camp, — si j'en suis une !

Elle montre une bague à son doigt.

LA COMTESSE.

Il rougit : c'est bien son anneau. — Depuis six générations, ce diamant — transmis par testament de père en fils, — a été porté dans la famille. Elle est sa femme : — ce diamant en est mille fois la preuve.

LE ROI.

N'avez-vous pas dit — que vous aviez vu ici à la cour quelqu'un qui pourrait être appelé en témoignage ?

DIANA.

— C'est vrai, monseigneur, mais il me répugne de produire — un si méchant arbitre ; il se nomme Paroles.

LAFEU.

— J'ai vu cet homme aujourd'hui, si c'est bien un homme...

LE ROI, *se tournant vers ses gens.*

— Qu'on le trouve et qu'on l'amène.

Des gens de service sortent.

BERTRAND.

A quoi bon ? — Il est connu pour un perfide coquin — sali et gangréné par toutes les impuretés du monde, — dont la nature se révolte rien qu'à dire une vérité. — Serai-je ceci ou cela, pour une parole prononcée — par un homme prêt à tout dire?

LE ROI.

Elle a une bague qui vient de vous.

BERTRAND.

— Je le crois ; il est certain qu'elle m'a plu, — et que j'ai été poussé à elle par un caprice de jeunesse. — Elle connaissait la distance qui nous sépare; pour me mieux amorcer — elle a exaspéré mes désirs par la résistance, — sachant bien que tous les obstacles jetés sur la route de la passion — sont autant de stimulants. Enfin, — son art infini en dépit de ses grâces vulgaires, — me réduisit à subir ses conditions ; elle obtint l'anneau, — et moi j'obtins ce que le premier venu — aurait pu acheter au prix du marché.

DIANA.

Je dois me résigner. — Vous qui avez chassé votre première femme, une femme si noble, — vous avez bien le droit d'affamer notre hymen. Encore un mot : — puisque vous manquez de vertu, je consens à perdre un mari. — Envoyez chercher votre anneau, je vous le restituerai, — mais rendez-moi le mien.

BERTRAND.

Je ne l'ai pas.

LE ROI.

— Comment était votre anneau, je vous prie?

DIANA.

Sire il ressemblait fort — à celui que vous avez au doigt.

LE ROI, tendant la main.

— Connaissez-vous cet anneau? C'est celui que le comte avait tout à l'heure.

SCÈNE XXIII.

DIANA.

— Et c'est celui que je lui ai donné, étant au lit.

LE ROI.

— Il est donc faux que vous le lui ayez jeté — d'une fenêtre?

DIANA.

J'ai dit la vérité.

Entre PAROLES.

BERTRAND, au roi.

— Monseigneur, j'avoue que cet anneau était à elle.

LE ROI.

— Vous balbutiez singulièrement: une plume vous effare...

Montrant Paroles à Diana.

— Est-ce là l'homme dont vous parlez?

DIANA.

Oui, monseigneur.

LE ROI, à Paroles.

— Parlez, faquin, mais parlez franchement, je vous l'ordonne, — et ne craignez pas la colère de votre maître, — je la détournerai de vous, si vous vous montrez loyal. — Que savez-vous de lui et de cette femme? —

Il montre le Comte et Diana.

PAROLES.

N'en déplaise à Votre Majesté, mon maître s'est toujours conduit en gentilhomme honorable; il a fait ses farces, comme tous les gentilshommes.

LE ROI.

Allons, allons, au fait! A-t-il aimé cette femme?

PAROLES.

Ma foi, sire, il l'a aimée. Après?

LE ROI.

Comment l'a-t-il aimée?

PAROLES.

Il l'a aimée, sire, comme un gentilhomme aime une femme.

LE ROI.

Comment cela?

PAROLES.

Il l'a aimée sire, et pas aimée.

LE ROI.

Comme tu es un drôle et pas un drôle... Quel gaillard équivoque!

PAROLES.

Je suis un pauvre homme aux ordres de Votre Majesté.

LAFEU.

Il est bon tambour, monseigneur, mais mauvais orateur.

DIANA.

Savez-vous s'il m'a promis mariage?

PAROLES.

Ma foi, j'en sais plus que je n'en veux dire.

LE ROI.

Mais ne veux-tu pas dire tout ce que tu sais?

PAROLES.

Oui, s'il plaît à Votre Majesté. J'ai été leur intermédiaire, comme je l'ai dit. J'ajouterai qu'il l'aimait. Car en vérité il en était fou, et il parlait de Satan, et des limbes, et des furies, et de je ne sais plus quoi. En outre, j'étais assez dans leur confidence pour savoir qu'ils allaient au lit ensemble, qu'il lui avait promis mariage et d'autres détails dont la révélation m'attirerait la malveillance. Aussi ne dirai-je pas ce que je sais.

LE ROI.

Tu as déjà tout dit, à moins que tu ne puisses ajouter qu'ils sont mariés. Mais tu es décidément trop délicat dans ta déposition. Range-toi donc.

SCÈNE XXIII.

A Diana.

— Vous dites que cet anneau était à vous?

DIANA.

Oui, mon bon seigneur.

LE ROI.

— Où l'avez-vous acheté? Ou bien qui vous l'a donné?

DIANA.

— Il ne m'a pas été donné, et je ne l'ai pas acheté.

LE ROI.

— Qui vous l'a prêté?

DIANA.

Il ne m'a pas été prêté non plus.

LE ROI.

— Où l'avez-vous trouvé alors?

DIANA.

Je ne l'ai pas trouvé.

LE ROI.

— Si vous ne l'avez obtenu par aucun de ces moyens, comment avez-vous pu le lui donner?

DIANA.

Je ne le lui ai jamais donné. —

LAFEU.

Cette femme est un gant aisé, monseigneur : elle va comme on veut.

LE ROI.

— Cet anneau était à moi; je l'ai donné à la première femme du comte.

DIANA.

— Il a pu être à vous ou à elle, je ne saurais dire.

LE ROI.

— Qu'on emmène cette femme. Elle ne me plaît pas, — Qu'on l'emprisonne, et lui aussi.

A Diana.

— Si tu ne me dis pas où tu as eu cette bague, — avant une heure tu es morte.

DIANA.

Je ne vous le dirai jamais.

LE ROI.

— Emmenez-la !

DIANA.

Je fournirai caution, mon suzerain.

LE ROI.

— A présent je te crois une fille publique.

DIANA.

— Par Jupiter, si j'ai jamais connu un homme, c'est vous.

LE ROI, montrant Bertrand.

— Pourquoi donc l'as-tu accusé tout ce temps?

DIANA.

— Parce qu'il est coupable, et n'est pas coupable. — Il sait que je ne suis pas vierge, et il le jurait; — je jurerais que je suis vierge, et il ne le sait pas. — Grand roi, sur ma vie, je ne suis pas une prostituée ! — Ou je suis vierge, ou je suis la femme de ce vieillard.

Elle montre Lafeu.

LE ROI.

— Elle se joue de nos oreilles. En prison cette femme!

DIANA.

— Bonne mère, allez chercher ma caution.

La veuve sort.

Arrêtez, royal sire; — j'envoie chercher le joaillier à qui appartient l'anneau : — il répondra pour moi... Quant à ce seigneur, — qui m'a abusée comme il le sait bien, — quoiqu'il n'ait jamais eu de tort envers moi, je l'absous. — Il sait bien qu'il a souillé mon lit, — et qu'alors il a fait un enfant à sa femme : — toute morte qu'elle est, elle sent son nourrisson tressaillir. — Or, voici mon énigme : celle qui est morte est vivante ! — Et maintenant voyez l'explication.

SCÈNE XXIII.

La Veuve revient accompagnée d'Hélène.

LE ROI.

Est-ce qu'il n'y a pas un exorciste — qui fausse la fonction légitime de mes yeux? — Ce que je vois est-il réel?

HÉLÈNE.

Non, mon bon seigneur. — Vous ne voyez que l'ombre d'une épouse : le nom, mais pas l'être.

BERTRAND.

Si tous deux! tous deux! oh! pardon!

HÉLÈNE.

— O mon cher seigneur, quand j'étais comme cette jeune fille, — je vous ai trouvé merveilleusement tendre... Voici votre anneau, — et, tenez, voici aussi votre lettre où il est dit : — *Quand tu auras obtenu l'anneau que je porte à mon doigt,* — *et que tu auras de moi un enfant,* etc. Tout cela est arrivé : — voulez-vous être à moi, maintenant que vous êtes doublement conquis?

BERTRAND.

— Si elle peut m'expliquer cela clairement, — je l'aimerai chèrement toujours, toujours chèrement.

HÉLÈNE.

— Si ce que je dis ne vous est pas démontré avec la clarté de l'évidence, — qu'un divorce mortel s'interpose entre vous et moi !

A la Comtesse.

— Oh! ma chère mère, est-ce bien vous que je revois! —

LAFEU.

Mes yeux sentent les oignons; je vais pleurer tout à l'heure.

A Paroles.

Mon cher Tom Tambour, prête-moi ton mouchoir... C'est cela, je te remercie. Viens me voir; tu m'amuseras. Surtout laisse-là tes cérémonies; elles font pitié.

LE ROI, à Hélène.

— Faites-nous connaître de point en point cette histoire, — que la vérité tout unie s'épanche pour nous en plaisir !...

A Diana.

— Si tu es une fleur encore fraîche et immaculée, — fais choix d'un mari et je payerai ta dot : — car je peux deviner que, par ton précieux concours, — tu as sauvegardé une épouse en te gardant vierge. — Cette aventure et toutes ses péripéties — seront éclaircies pour nous à loisir. — Jusqu'ici tout paraît bien ; et, si la conclusion est aussi heureuse, — les amertumes du passé auront fait valoir les douceurs de l'avenir.

Fanfares.

LE ROI, s'avançant vers les spectateurs.

Le roi n'est plus qu'un mendiant, la pièce une fois jouée.
Tout aura bien fini, si nous parvenons à obtenir
Que vous exprimiez votre satisfaction : en retour de quoi,
Nous ferons chaque jour de nouveaux efforts pour vous plaire...
A nous votre indulgence ! A vous notre défense !
Prêtez-nous vos mains gentilles et prenez nos cœurs.

Tous sortent.

FIN DE TOUT EST BIEN QUI FINIT BIEN.

UNE COMÉDIE PLAISAMMENT CONÇUE

INTITULÉE

PEINES D'AMOUR PERDUES

Telle qu'elle a été représentée devant Son Altesse La Reine
au dernier jour de Noël

Nouvellement corrigée et augmentée

PAR W. SHAKESPEARE

———

Imprimée à Londres par W. W. pour Cuthbert Burby

1598 (30)

PERSONNAGES :

FERDINAND, roi de Navarre.
BIRON
LONGUEVILLE } seigneurs de la suite du roi.
DU MAINE
BOYET } seigneurs de la suite de la princesse
MERCADE } de France.
DON ADRIANO DE ARMADO, Espagnol fantasque.
NATHANIEL, curé.
HOLOPHERNE, maître d'école. (31).
BALOURD, constable.
TROGNE, berger.
PHALÈNE, page d'Armado.
UN GARDE-CHASSE.

LA PRINCESSE DE FRANCE.
ROSALINE
MARIA } dames de la suite de la princesse.
CATHERINE
JACQUINETTE, paysanne.
OFFICIERS, GENS DE SERVICE.

La scène est en Navarre.

SCÈNE I.

[Un parc devant un château royal.]

Entrent le Roi, Biron, Longueville et Du Maine.

LE ROI.

Puisse la gloire, que tous poursuivent dans leur vie, — se fixer, à jamais vivante, sur nos tombes d'airain, — et nous prêter sa grâce dans la disgrâce de la mort! — En dépit du Temps, ce cormoran qui dévore tout, — nous pouvons, par un effort de cette éphémère existence, conquérir — un honneur qui émoussera le tranchant acéré de sa faux — et nous fera hériter de l'éternité tout entière. — C'est pourquoi, braves conquérants! (car vous êtes des conquérants, — vous qui faites la guerre à vos propres passions — et à l'immense armée des destins de ce monde,) — notre dernier édit restera en vigueur. — La Navarre sera la merveille du monde; — notre cour sera une petite académie, — vouée, paisible et contemplative, à la vie de l'art. — Vous trois, Biron, Du Maine et Longueville, — vous avez juré de rester ici avec moi pendant trois ans, — comme mes compagnons d'étude et d'observer les statuts — enregistrés dans cette cédule!

Il montre un parchemin.

— Vos serments sont prononcés; maintenant apposez

vos signatures, — pour que quiconque violera le moindre article de la convention — voie son honneur frappé par sa propre main! — Si vous vous sentez assez forts pour faire ce que vous avez juré de faire, — signez votre serment et tenez-le.

LONGUEVILLE.

— Je suis résolu : ce n'est qu'un jeûne de trois ans ; — l'âme fera bonne chère tandis que le corps pâtira. — A large panse maigre cervelle! les morceaux succulents, — s'ils enrichissent la chair, mettent l'esprit en banqueroute.

DU MAINE.

— Mon aimable seigneur, Du Maine est déjà mortifié ; — il abandonne aux vils esclaves d'un monde grossier — la grossière habitude des jouissances de ce monde. — Je renonce et je meurs à l'amour, au luxe et à la pompe, — pour vivre avec vous dans la philosophie!

BIRON.

— Je ne puis que répéter la même protestation, — ayant déjà juré, cher suzerain, — de vivre et d'étudier ici trois ans. — Mais il est d'autres vœux rigides, — comme de ne pas voir de femmes pendant tout ce temps-là : — j'espère bien que cette condition n'est pas dans l'acte; comme de vivre un jour de la semaine sans toucher un aliment, — et les autres jours avec un seul repas : — j'espère que cette condition n'est pas dans l'acte : — comme aussi de ne dormir que trois heures la nuit, — et de ne pas fermer l'œil de toute la journée! — moi qui suis habitué à dormir sans remords toute la nuit — et même à faire une nuit épaisse de la moitié du jour : — j'espère bien que cette condition-là non plus n'est pas dans l'acte. — Oh! ce sont des mortifications trop dures à subir : ne pas voir de dames, étudier, jeûner et ne pas dormir!

LE ROI.
— Vous avez fait le vœu de toutes ces abstinences.

BIRON.
— Daignez me permettre de dire que non, mon suzerain. — J'ai seulement juré d'étudier avec Votre Grâce — et de rester ici à votre cour l'espace de trois ans.

LE ROI.
— Vous avez juré cela, Biron, comme tout le reste.

BIRON.
— Oui et non, sire ; je n'ai juré que par plaisanterie. Quel est le but de l'étude? Apprenez-le moi.

LE ROI.
— Eh bien, c'est de savoir ce qu'autrement nous ne saurions pas.

BIRON.
— Vous voulez dire les choses cachées et interdites à la sensation ordinaire, n'est-ce pas?

LE ROI.
— Oui, c'est-là la divine récompense de l'étude.

BIRON.
— Eh bien, soit! je veux bien jurer d'étudier — pour connaître la chose qu'il m'est interdit de savoir. — Par exemple, je jure d'étudier à bien dîner, — quand la bonne chère me sera expressément défendue, — ou d'étudier à découvrir une maîtresse mignonne, — quand les maîtresses seront interdites à la sensation ordinaire ; — ou enfin, ayant fait un serment trop dur à tenir, — d'étudier à le briser sans manquer à ma foi. — Si tel est le bénéfice de l'étude, s'il est vrai que, l'étude est la connaissance de ce que nous ignorons, — faites-moi prêter serment, et jamais je ne me rétracterai !

LE ROI.
— Vous citez là toutes les distractions qui entravent

l'étude — et qui habituent nos âmes aux vaines jouissances.

BIRON.

— Ah! toutes les jouissances sont vaines; mais la plus vaine de toutes — est celle qui, acquise avec peine, ne rapporte que peine; — c'est celle qui consiste à se morfondre péniblement sur un livre, — pour chercher la lumière de la vérité, tandis que la vérité — ne fait qu'aveugler le regard de son éclat perfide. — La lumière ici-bas se perd à chercher la lumière. — Avant que vous découvriez la lumière au milieu des ténèbres, — la lumière devient ténèbres pour vous par la perte de vos yeux. — Étudiez-vous plutôt à charmer votre regard, — en le fixant sur un œil plus doux, — qui, s'il vous éblouit, deviendra votre astre — et prêtera sa lumière à vos yeux aveuglés! — L'étude est comme le glorieux soleil du ciel — qui ne veut pas être scruté par d'impudents regards. — Les piocheurs assidus n'ont guère gagné jamais — qu'une chétive autorité empruntée aux livres d'autrui. — Ces terrestres parrains des lumières du ciel, — qui donnent un nom à toutes les étoiles fixes, — ne profitent pas plus de leur clarté nocturne — que ceux qui se promènent en ignorant qui elles sont. A trop connaître, on ne parvient qu'à être connu, — et tout parrain peut vous faire donner un nom.

LE ROI.

— Quelle science il montre à raisonner contre la science!

DU MAINE.

— Excellent docteur pour entraver toute saine doctrine!

LONGUEVILLE.

— Il sarcle le bon grain et laisse croître ce qu'il faut sarcler.

SCÈNE I.

BIRON.

— Le printemps est proche, quand les oisons couvent.

DU MAINE.

— Comment ça?

BIRON.

Toute chose a son lieu, sa saison.

DU MAINE.

— Insensé!

BIRON.

Prends la rime à défaut de raison.

LONGUEVILLE.

— Biron ressemble à une gelée envieuse — qui mord les premiers-nés du printemps.

BIRON.

— Eh bien, soit! Pourquoi l'été étalerait-il sa parure — avant que les oiseaux aient eu sujet de chanter? — Pourquoi me réjouirais-je de productions d'avance avortées? — A Noël je ne désire pas plus de rose — que je ne souhaite la neige au retour des fêtes de mai. — J'aime chaque chose à sa saison. — Ainsi pour vous mettre à étudier il est maintenant trop tard. — C'est vouloir escalader la maison pour en ouvrir la porte basse.

LE ROI.

— Eh bien, retirez-vous : retournez chez vous, Biron; adieu !

BIRON.

— Non, mon bon seigneur; j'ai juré de rester avec vous; — et, quoique j'en aie plus dit en faveur de la barbarie — que vous à l'éloge de cette science angélique, je veux tenir résolument ce que j'ai juré — et subir la pénitence quotidienne de ces trois années. — Donnez-moi l'écrit, que je le lise, — et j'en signerai de mon nom les plus stricts décrets.

LE ROI, *lui remettant le parchemin.*
— Voilà une soumission qui te délivre de la honte ! —

BIRON, lisant.

« Item. *Qu'aucune femme n'approche à plus d'un mille*
« *de ma cour.* »
— Et on a proclamé cela ?

LONGUEVILLE.

Il y a quatre jours.

BIRON.

— Voyons la pénalité ! —
Lisant.
Sous peine de perdre la langue !
— Qui a imaginé ça ?

LONGUEVILLE.

— Ma foi c'est moi.

BIRON.

Doux seigneur, et pourquoi ?

LONGUEVILLE.

— Pour les effarer toutes par cette redoutable pénalité ?

BIRON.

— Voilà une loi périlleuse à la galanterie.
Lisant.
« Item. *Si un homme est surpris parlant à une femme*
dans un terme de trois ans, il subira l'humiliation publique
que le reste de la cour pourra imaginer contre lui. »
Au Roi.
— Cet article, mon suzerain, vous allez forcément le violer vous-même. — Car vous savez bien qu'ici arrive en ambassade, — pour vous parler, la fille du roi de France. — Cette vierge, d'une grâce, d'une majesté suprême, — vient vous demander de céder l'Aquitaine — à son père décrépit, malade et alité. — Ainsi, ou voilà un article fait en vain, — ou c'est vainement que vient ici cette princesse admirée.

LE ROI.

— Que dites-vous, seigneurs ? Eh ! nous avions tout à fait oublié cela.

BIRON.

— Ainsi le zèle dépasse toujours la mesure ; — tout en s'étudiant à posséder ce qu'il désire, — il oublie la chose essentielle. — Et quand il possède l'objet qu'il a pourchassé, — sa conquête est comme celle d'une ville incendiée; autant de gagné, autant de perdu.

LE ROI.

— Nous devons à tout prix abolir cet article ; — il faut par pure nécessité que la princesse réside ici.

BIRON.

— La nécessité nous rendra tous parjures — trois mille fois durant ces trois ans. — Car tout homme naît avec des penchants, — que peut seule maîtriser, non la volonté, mais une grâce spéciale. — Si donc je viole ma foi, j'aurai pour excuse — de m'être parjuré par pure nécessité. Conséquemment je signe sans réserve le décret tout entier.

Il écrit son nom.

— Quant à celui qui l'enfreindra dans le moindre détail, — qu'il soit condamné à une éternelle honte ! — tentations sont les mêmes pour les autres que pour moi : — aussi je crois, quelque répugnance que j'aie montrée, — que le dernier à garder son serment, ce sera moi ! — Mais est-ce qu'aucune récréation ne nous sera accordée ?

LE ROI.

— Si fait ! notre cour, comme vous le savez, — est hantée par un voyageur espagnol, un raffiné, — un homme qui est la fleur de la nouvelle mode — et qui a dans sa cervelle une mine de phrases ; — un être que la musique de sa propre langue — ravit, comme une harmonie enchanteresse ; — un homme accompli que le vrai et le faux — ont choisi pour arbitre de leur altercation. — Cet enfant de la fantaisie qui a nom Armado, — dans l'intérim de nos études, nous racontera — en termes de haut lieu les exploits de maint chevalier — de la fauve Espagne, trépassé dans les querelles de ce monde. — A quel point il vous amuse, mes seigneurs, c'est ce que je ne sais pas : — mais je proteste, moi, que j'aime à l'entendre mentir, — et je veux faire de lui mon ménestrel.

BIRON.

— Armado est un être des plus illustres, — l'homme des mots nouvellement frappés, le véritable chevalier de la mode.

LONGUEVILLE.

— Ce butor de Trogne et lui feront notre divertissement ; — et avec eux trois ans d'étude passeront vite. —

Entre BALOURD, portant une lettre, et TROGNE.

BALOURD.

Quelle est la personne du roi ?

BIRON.

Ici, l'ami ; que lui veux-tu ?

BALOURD.

Je répréhende moi-même sa personne, car je suis sargent de son Altesse ; mais je voudrais voir sa personne en chair et en os.

BIRON, montrant le Roi.

Le voici.

BALOURD.

Le signor Arm... Arm... vous recommande bien. Il y a du grabuge là-bas ; cette lettre vous en dira davantage.

TROGNE.

Monsieur, le contentement de cet écrit me touche.

SCÈNE I.

LE ROI, prenant la lettre.

Une lettre du magnifique Armado !

BIRON.

Quelque mince qu'en soit le sujet, je compte, mon Dieu, sur de grands mots.

LONGUEVILLE.

Espoir bien grand pour un résultat bien mince ! Dieu nous accorde la patience !

BIRON.

D'écouter ou de ne pas rire ?

LONGUEVILLE.

D'écouter patiemment, monsieur, et de rire modérément, ou de nous abstenir de l'un et de l'autre.

BIRON.

Ah ! monsieur, tout dépendra de la hauteur à laquelle son style emportera notre gaieté.

TROGNE, au Roi.

La chose me regarde, seigneur, ainsi que Jacquinette. Le fait est que j'ai été pris sur le fait.

BIRON.

Sur quel fait ?

TROGNE.

Le fait monsieur, le voici en trois points : j'ai été vu assis près d'elle sous le faîte de la maison, sur le point... de l'embrasser, puis surpris à la suivre dans le parc, et l'affaire a donné lieu au rapport suivant. Voilà, monsieur, toute l'affaire ; or l'affaire de l'homme, c'est de parler à la femme ; quant au rapport...

BIRON.

Quel sera-t-il pour toi ?

TROGNE.

Je le saurai par ma correction. Dieu protége le bon droit !

LE ROI.

Voulez-vous écouter cette lettre avec attention ?

BIRON.

Comme nous écouterions un oracle.

TROGNE.

Quelle simplicité a l'homme d'écouter la chair !

LE ROI, lisant.

« *Grand député, vice-gérant du ciel et seul dominateur de la Navarre, dieu terrestre de mon âme, patron nourricier de mon corps...*

TROGNE.

Pas encore question de Trogne !

LE ROI.

« *Voici la chose...*

TROGNE.

Soit ; mais ! quelle que soit la chose, s'il la dit, c'est un pas grand'chose.

LE ROI.

Paix !...

TROGNE.

A tout homme qui, comme moi, n'ose pas se battre !

LE ROI.

Silence !...

TROGNE.

Sur les secrets d'autrui, je vous en conjure !

LE ROI, reprenant.

« *Voici la chose : assiégé par une mélancolie au champ de sable, j'ai voulu soumettre cette humeur noire à l'action salutaire de ton atmosphère vivifiante ; et, foi de gentilhomme, je me suis livré à la promenade. Quand, demanderas-tu ? Vers la sixième heure, au moment où les bestiaux paissent, où les oiseaux becquètent du meilleur appétit, et où les hommes s'attablent à cette collation qui s'appelle souper. Voilà pour le temps. Quant au terrain, j'entends le terrain où je me promenais, il se nomme ton parc. Quant au lieu, au lieu, j'entends, où s'est offert à ma vue le fait obscène et fort incongru qui tire de ma plume de neige l'encre d'ébène que distinguent, regardent, observent ou voient ici tes yeux; quant au lieu, dis-je, il est situé au nord-nord-est du coin ouest de ton inextricable jardin! C'est là que j'ai vu ce pastoureau à l'âme basse, ce minuscule objet de ta gaieté...*

TROGNE.

Moi!

LE ROI.

« *Cet esprit illettré et de mince savoir...*

TROGNE.

Moi!

LE ROI.

« *Ce chétif vassal...*

TROGNE.

Toujours moi!

LE ROI.

« *Qui, autant que je m'en souviens, a nom Trogne...*

TROGNE.

Oh! moi-même!

LE ROI.

« *S'associer et s'unir, en dépit de ton édit établi et proclamé, en dépit de tes pudiques canons, avec... avec... oh! avec... c'est pour moi la Passion de te dire avec qui...*

TROGNE.

Avec une fille.

LE ROI.

« *Avec une enfant de notre grand'mère Eve, une femelle, ou, pour employer un terme plus suave, une femme! C'est lui que moi, stimulé par mon éternel respect du devoir, je t'envoie, pour qu'il reçoive sa rétribution de châtiment, sous la garde d'un sergent de ta suave Altesse, Antoine Balourd, de bonne renommée, de bonne conduite, de bonnes mœurs et de bon crédit.*

BALOURD.

Moi-même, ne vous déplaise ! Je suis Antoine Balourd.

LE ROI.

« *Quant à Jacquinette (ainsi s'appelle le faible vase que j'ai surpris avec le susdit pastoureau), je la garde comme un vase voué à la furie de ta loi, et je la ferai comparoir, au plus léger signe de ta suave volonté. A toi, avec tous les hommages de l'ardent dévouement qui consume mon cœur.*

« Don Adriano de Armado. »

BIRON.

Ce n'est pas aussi bon que je m'y attendais ; et pourtant c'est ce que j'ai encore entendu de mieux.

LE ROI.

Oui, de mieux dans le pire... Ah çà, drôle, que répondez-vous à cela?

TROGNE.

Sire, je confesse la fille.

LE ROI.

Aviez-vous pas entendu la proclamation?

TROGNE.

Je confesse l'avoir beaucoup entendue, mais l'avoir peu écoutée.

LE ROI.

On a proclamé la peine d'un an de prison contre quiconque serait pris avec une fille.

TROGNE.

Je n'ai pas été pris avec une fille, seigneur, mais avec une demoiselle.

LE ROI.

Soit ! l'édit porte une demoiselle.

TROGNE.

Ce n'était pas une demoiselle non plus, seigneur; c'était une vierge.

LE ROI.

Cette variante s'y trouve. L'édit porte une vierge.

TROGNE.

Si cela est, je nie sa virginité; j'ai été pris avec une pucelle.

LE ROI.

Cette pucelle ne vous servira à rien, monsieur.

TROGNE.

Cette pucelle me servira, monsieur!

LE ROI.

Allons, je vais prononcer votre sentence. Vous ferez une semaine de jeûne au son et à l'eau.

TROGNE.

J'aimerais mieux faire un mois de prière au mouton et à la soupe.

LE ROI.

— Et don Armado sera votre gardien... — Messire Biron, veillez à ce que le prisonnier lui soit livré. — Et nous, seigneurs, allons mettre en pratique — les vœux solennels auxquels nous nous sommes engagés les uns les autres.

Le Roi sort avec Du Maine et Longueville.

BIRON.

— Je gagerais ma tête contre le chapeau d'un brave homme — que ces vœux et ces lois ne seront bientôt qu'un vil rebut. — Drôle, en avant!

TROGNE.

Je souffre pour la vérité, seigneur; car il est bien vrai que j'ai été pris avec Jacquinette et que Jacquinette est une vraie fille... Salut donc à la coupe amère de la prospérité! Un jour où l'autre, l'affliction pourra me sourire encore; jusque-là, trône, ô ma douleur!

Ils sortent.

SCÈNE II.

[Une autre partie du parc. Devant le logis de don Armado].

Entrent ARMADO et PHALÈNE, son page.

ARMADO.

Page, quel signe est-ce, quand un homme à l'âme vraiment grande devient mélancolique?

PHALÈNE.

C'est un grand signe, monsieur, qu'il aura l'air triste.

ARMADO.

Mais la tristesse et la mélancolie sont une seule et même chose, cher marmouset.

PHALÈNE.

Non! non! mon Dieu! Seigneur, non.

ARMADO.

Comment peux-tu séparer la tristesse de la mélancolie, mon tendre jouvenceau.

PHALÈNE.

Par une démonstration familière de leurs effets, mon raide ci-devant.

ARMADO.

Pourquoi raide ci-devant? pourquoi raide ci-devant?

PHALÈNE.

Pourquoi tendre jouvenceau? pourquoi tendre jouvenceau?

ARMADO.

J'ai dit « tendre jouvenceau, » parce que telle est l'épithète congrue qui sied à tes jeunes jours que nous pouvons appeler tendres.

PHALÈNE.

Et moi, « raide ci-devant, » parce que tel est le titre

qui convient à votre âge antique que nous pouvons qualifier de raide.

ARMADO.

Joli et à propos !

PHALÈNE.

Qu'entendez-vous par là, monsieur? Est-ce moi qui suis joli et ma répartie à propos ? Ou moi qui suis à propos, et ma répartie jolie ?

ARMADO.

Tu es joli, parce que tu n'es pas grand.

PHALÈNE.

Je ne suis pas grandement joli, puisque je ne suis pas grand. Mais pourquoi à propos ?

ARMADO.

Parce que tu es vif.

PHALÈNE.

Dites-vous cela à mon éloge, maître ?

ARMADO.

A ton digne éloge.

PHALÈNE.

Je pourrais faire le même éloge d'une anguille.

ARMADO.

Comment tu dirais qu'une anguille est ingénieuse ?

PHALÈNE.

Je dirais qu'elle est vive.

ARMADO.

J'ai voulu dire que tu es vif à la réplique. Tu m'échauffes le sang.

PHALÈNE.

Je me le tiens pour dit.

ARMADO.

Je n'aime pas qu'on me manque.

PHALÈNE, à part.

Ce n'est pas moi qui te manque, c'est l'argent.

ARMADO.

J'ai promis d'étudier trois ans avec le roi.

PHALÈNE.

Vous pouvez faire la chose en une heure, monsieur.

ARMADO.

Impossible.

PHALÈNE.

Combien font trois fois un?

ARMADO.

Je ne suis pas fort pour compter; cela est bon pour un garçon de taverne.

PHALÈNE.

Vous êtes un gentilhomme et un joueur, monsieur.

ARMADO.

J'avoue l'un et l'autre : tous deux sont le vernis d'un homme complet.

PHALÈNE.

Alors, j'en suis sûr, vous savez combien font deux et as.

ARMADO.

Certainement : deux plus un.

PHALÈNE.

Ce que l'ignoble vulgaire nomme trois.

ARMADO.

Justement.

PHALÈNE.

Eh bien, monsieur, l'étude est-elle donc une chose si difficile? Voilà déjà trois d'étudiés avant que vous ayez cligné de l'œil trois fois. Combien il est aisé d'ajouter les années au mot trois et d'étudier trois ans en deux mots, le cheval qui danse vous l'apprendra (32).

ARMADO.

Admirable calcul!

PHALÈNE, à part.

Qui prouve que tu n'es qu'un zéro.

ARMADO.

Sur ce, je t'avouerai que je suis amoureux : et, comme un soldat s'abaisse à aimer, je suis amoureux d'une fille de bas étage. Si je pouvais tirer l'épée contre l'humeur de mon affection pour me délivrer de ce sentiment réprouvé, je ferais ma passion prisonnière, et je l'échangerais avec quelque courtisan français pour une révérence de nouvelle mode. Je trouve humiliant de soupirer ; il me semble que je devrais abjurer Cupido. Console-moi, page : quels sont les grands hommes qui ont été amoureux ?

PAALÈNE.

Hercule, maître.

ARMADO.

Suave Hercule !... Cite-moi encore d'autres autorités, cher page ; et surtout, mon doux enfant que ce soient des hommes de bonne renommée et de mœurs solides.

PHALÈNE.

Samson, maître ! C'était un homme de mœurs solides, bien solides, car il chargeait les portes d'une ville sur ses épaules, comme un portefaix, et il était amoureux !

ARMADO.

O robuste Samson ! ô musculeux Samson !... Je te surpasse autant à manier la rapière que tu m'as surpassé à porter les portes. Je suis amoureux, moi aussi ! Quelle était l'amante de Samson, mon cher Phalène !

PHALÈNE.

Une femme, mon maître.

ARMADO.

De quelle couleur ?

PHALÈNE.

D'une des quatre couleurs connues, ou de deux, ou de trois ou de toutes les quatre.

ARMADO.

Dis-moi précisément de quelle couleur.

PHALÈNE.

Vert d'eau de mer, monsieur.

ARMADO.

Est-ce là une des quatre couleurs de la peau?

PHALÈNE.

D'après ce que j'ai lu, monsieur, c'est la plus belle.

ARMADO.

Le vert est, en effet, la couleur des amants; mais quant à prendre une amante de cette couleur, Samson, ce me semble, n'avait guère de raison pour cela. Sûrement il l'affectionnait pour son esprit.

PHALÈNE.

Justement, monsieur; car elle avait l'esprit des plus verts.

ARMADO.

Mon amante est du blanc et du rouge les plus immaculés.

PHALÈNE.

Les pensées les plus maculées, maître, se masquent sous ces couleurs-là.

ARMADO.

Précise, précise, enfant bien éduqué.

PHALÈNE.

Esprit de mon père, langue de ma mère, assistez-moi!

ARMADO.

Suave invocation d'un fils! Que c'est joli et pathétique!

PHALÈNE, chantant.

Si votre belle est teinte de blanc et de rouge,
Jamais ses fautes ne seront connues;
Car la rougeur des joues est produite par les fautes,
Et les craintes se décèlent par une blanche pâleur.

Aussi, qu'elle ait des craintes ou qu'elle soit coupable,
Vous ne le connaîtrez plus par son teint.
Car elle a sans cesse sur les joues les couleurs
Qu'elle doit n'avoir que naturellement.

Voilà, maître, de terribles vers contre le blanc et le rouge.

ARMADO.

Est-ce qu'il n'y a pas, page, une ballade intitulée : *Le Roi et la mendiante* (33)?

PHALÈNE.

Le monde s'est rendu coupable d'une ballade de ce genre, il y a quelque trois cents ans; mais je pense qu'à présent elle serait impossible à retrouver; ou, fut-elle retrouvée, elle ne pourrait servir ni pour les paroles ni pour la musique.

ARMADO.

Je veux faire remettre en vers ce sujet-là, afin de pouvoir justifier mon écart par quelque précédent considérable. Page, j'aime cette paysanne que j'ai surprise dans le parc avec cette raisonnable brute de Trogne; après tout, c'est une digne fille.

PHALÈNE, à part.

Oui, digne d'être fouettée, et aussi d'avoir pour amant mieux que mon maître.

ARMADO.

Chante, page; l'amour met un poids sur mon cœur.

PHALÈNE.

C'est fort étonnant, puisque vous aimez une fille si légère.

ARMADO.

Allons, chante.

PHALÈNE.

Attendez que la compagnie qui nous vient soit passée.

Entrent BALOURD, TROGNE *et* JACQUINETTE.

BALOURD, à Armado.

Monsieur, la volonté du roi est que vous teniez Trogne sous bonne garde ; vous ne devrez lui laisser prendre ni plaisir ni pénitence ; mais il devra jeûner trois jours par semaine.

Montrant Jacquinette.

Quant à cette demoiselle, j'ai ordre de la garder dans le parc ; elle y sera employée comme laitière. Portez-vous bien !

ARMADO, à part.

Ma rougeur me trahit.

Bas à Jacquinette.

La fille !

JACQUINETTE.

L'homme !

ARMADO.

J'irai te visiter à la loge.

JACQUINETTE.

A la grâce de Dieu !

ARMADO.

Je sais où elle est située.

JACQUINETTE.

Seigneur, que vous êtes savant !

ARMADO.

Je te conterai merveilles !

JACQUINETTE.

Vous en avez la mine.

ARMADO.

Je t'aime !

JACQUINETTE.

Je vous l'ai ouï dire.

ARMADO.

Au revoir!

JACQUINETTE.

Que le beau temps vienne après vous!

BALOURD.

Allons, Jacquinette, en marche!

> Sortent Balourd et Jacquinette.

ARMADO, à Trogne.

Drôle, tu jeûneras pour tes méfaits, avant qu'on te pardonne.

TROGNE.

Soit! monsieur! Quand je jeûnerai, j'espère que ce sera l'estomac plein.

ARMADO.

Tu seras lourdement puni.

TROGNE.

Je vous aurai plus d'obligations que vos gens; car ils sont bien légèrement rémunérés.

ARMADO, à Phalène.

Emmène ce drôle et enferme-le.

PHALÈNE, à Trogne.

Allons, coquin de délinquant, en marche!

TROGNE.

Ne me cloîtrez pas, monsieur; je jeûnerai bien, librement.

PHALÈNE.

Non, monsieur. Tu jeûnerais par trop librement. Tu iras en prison.

TROGNE.

C'est bon. Si jamais je revois les joyeux jours de désolation que j'ai vus, il y aura quelqu'un qui verra...

PHALÈNE.

Qu'est-ce que quelqu'un verra?

TROGNE.

Rien, maître Phalène, que ce qu'on lui montrera. Il ne sied pas aux prisonniers d'être trop silencieux en paroles, et aussi je ne dirai rien. Grâce à Dieu, j'ai autant d'impatience qu'un autre homme; et aussi, je saurai rester tranquille.

Sortent Phalène et Trogne.

ARMADO, seul.

J'adore jusqu'à la terre vile que foule son soulier plus vil, guidé par son pied si vil! Si j'aime, je me parjure, ce qui est une grande preuve de déloyauté. Et comment l'amour peut-il être loyal, quand il naît déloyalement? L'amour est un esprit familier; l'amour est un diable; il n'y a de mauvais ange que l'amour. Et pourtant Samson a été tenté comme moi, et il avait une force supérieure. Pourtant Salomon a été séduit comme moi, et il avait une fort grande sagesse. La flèche de Cupidon est trop acérée pour la massue d'Hercule; aussi est-elle irrésistible pour la rapière d'un Espagnol. Les premières règles de l'art ne me serviront de rien; il ne se soucie pas de l'escrime, il se joue des lois du duel! Son humiliation est d'être appelé enfant, mais sa gloire est de vaincre les hommes. Adieu, valeur! Rouille-toi, rapière! Silence, tambour! Votre maître est amoureux; oui, il aime!... Que quelque dieu de la rime impromptue m'assiste; car, à coup sûr, je vais tourner au faiseur de sonnets. Rêve, esprit! Écris, plume! Car j'ai à produire des in-folios entiers!

Il sort.

SCÈNE III.

[Aux abords du parc royal. Un pavillon et des tentes à distance.]

Entrent la Princesse de France, Rosaline, Maria, Catherine, Boyet, des Seigneurs et des Gentilshommes de la suite.

BOYET, à la princesse.

— A présent, madame, évoquez vos plus influents esprits. — Considérez qui vous envoie, le roi votre père ! — Considérez à qui il vous envoie, et quel est le but de l'ambassade. — Vous, si haut placée dans l'estime du monde, — vous allez conférer avec l'héritier unique — de toutes les perfections que l'homme peut posséder, — l'incomparable roi de Navarre, et l'objet des pourparlers n'est rien moins — que l'Aquitaine, une dot de reine ! — Soyez donc envers lui aussi prodigue de séductions — que la nature l'a été à votre égard, — alors que, pour vous combler de toutes les grâces, — elle en affama le monde entier !

LA PRINCESSE.

— Bon seigneur Boyet, ma beauté, si chétive qu'elle soit, — n'a pas besoin du fard éclatant de vos éloges ; — la valeur de la beauté est fixée par le jugement du regard, — et non par une vile réclame débitée d'une voix de marchand (34). — Je suis moins fière de vous entendre vanter mon mérite — que vous n'êtes désireux de passer pour spirituel — en dépensant votre esprit à la louange du mien. — Vous m'appreniez ma tâche ; apprenez maintenant la vôtre. Bon Boyet, — vous n'êtes pas sans savoir (l'indiscrète renommée — l'a publié partout) que le roi de Navarre a fait le vœu — de passer trois années dans de pénibles études, — sans laisser approcher aucune femme de sa cour silencieuse. — Il nous semble donc indispensable, — avant que nous franchissions des portes interdites, — de connaître ses intentions. Et c'est à cet effet — qu'enhardie par votre mérite nous vous désignons — comme notre avocat le plus éloquent. — Dites lui que la fille du roi de France, — pour une affaire sérieuse qui réclame l'urgence, — sollicite une conférence personnelle avec Son Altesse. Hâtez-vous de lui signifier ce message, tandis que nous attendons ici, — avec l'humble visage des suppliants, sa volonté suprême.

BOYET.

— Je pars avec empressement, tout fier de cette mission.

Il sort.

LA PRINCESSE.

— Toute vanité est empressée, et telle est la vôtre.

Se tournant vers les courtisans.

— Quels sont les néophytes, mes amés seigneurs, — qui se sont associés au vœu du vertueux roi?

PREMIER SEIGNEUR.

— Longueville est l'un d'eux.

LA PRINCESSE.

Connaissez-vous l'homme?

MARIA.

— Je le connais, madame. C'est aux fêtes du mariage — célébré entre le seigneur de Périgord et la belle héritière — de Jacques Fauconbridge, en Normandie, que j'ai vu ce Longueville. — Il passe pour un homme de souverain mérite, — fort instruit dans les arts, glorieux sous les armes : — tout ce qu'il veut lui réussit. — La seule tache à l'éclat d'une si belle vertu — (si à l'éclat de la vertu quelque chose peut faire tache), — c'est la combinaison d'un esprit trop acéré et d'une volonté trop obtuse, celui-là ayant le pouvoir de tout trancher, celle-ci s'obstinant — à n'épargner aucun de ceux qui tombent en son pouvoir.

LA PRINCESSE.

— Sans doute quelque joyeux moqueur, n'est-ce pas?

MARIA.

— C'est ce que disent surtout ceux qui surtout connaissent son caractère.

LA PRINCESSE.

— Beaux esprits éphémères fanés à mesure qu'ils fleurissent ! — Quels sont les autres ?

CATHERINE.

— Le jeune Du Maine, jouvenceau accompli, — aimé pour sa vertu de tous ceux qui aiment la vertu ; — tout-puissant pour faire le mal, incapable de le faire ; — ayant assez d'esprit pour rendre la laideur agréable, — et assez de beauté pour plaire sans esprit. — Je l'ai vu naguère chez le duc d'Alençon ; — et tout le bien que je dis de lui — est fort au-dessous du grand mérite que je lui connais.

ROSALINE.

— Il y avait là avec lui un autre de ces fervents, — si je ne me trompe, — c'est Biron qu'on le nomme. — Je n'ai jamais eu une heure de conversation — avec un homme plus gai — dans les limites d'une gaieté décente. — Son regard offre à son esprit d'incessantes occasions : — chaque objet que l'un saisit, — l'autre en tire une amusante plaisanterie ; — et sa langue, élégante interprète de son idée, — l'exprime en termes si justes et si gracieux — que l'attention des vieillards vagabonde au gré de ses récits — et que le jeune auditoire en est enchanté : — si charmante, si inépuisable est sa causerie !

LA PRINCESSE.

— Dieu vous bénisse, mes dames ! Êtes-vous donc toutes amoureuses, — que chacune de vous couvre son préféré — d'une si brillante parure d'éloges ?

MARIA.

— Voici venir Boyet.

Rentre BOYET.

LA PRINCESSE.

Eh bien, quelle réception, messire ?

BOYET.

— Le roi de Navarre avait reçu avis de votre auguste approche ; — déjà le prince et ses compagnons de retraite — étaient tous prêts à venir au-devant de vous, noble dame, — quand je suis arrivé. Mais, hélas ! j'ai appris — qu'il aime mieux vous faire camper dans la plaine — comme un ennemi venu ici pour assiéger sa cour, — que d'éluder son serment — en vous admettant dans son palais solitaire. — Voici le roi de Navarre. —

Toutes les femmes se masquent.

Entrent LE ROI, DU MAINE, BIRON et la suite des courtisans.

LE ROI.

— Aimable princesse, vous êtes la bienvenue à la cour de Navarre. —

LA PRINCESSE.

Aimable ! gardez pour vous ce compliment. Bienvenue ! je ne le suis pas encore.

Montrant le ciel.

Ce palais a la voûte trop élevée pour être à vous ; et l'hospitalité en plein champ est trop humble pour être à moi.

LE ROI.

— Vous serez, madame, la bienvenue à ma cour.

LA PRINCESSE.

Je consens à être la bienvenue, alors ; mais veuillez me conduire.

LE ROI.

— Écoutez-moi, chère dame ; j'ai fait un vœu.

LA PRINCESSE.

— Que Notre-Dame assiste monseigneur ! il va se parjurer.

LE ROI.

— Pour rien au monde, madame, du moins volontairement.

LA PRINCESSE.

— Ah ! c'est votre volonté qui brisera ce vœu, votre volonté seule.

LE ROI.

— Votre Grâce ignore quel il est.

LA PRINCESSE.

— Si monseigneur était ignorant comme moi, son ignorance serait sagesse, — tandis qu'à présent son savoir ne peut être qu'ignorance. — J'apprends que Votre Altesse a fait vœu de retraite absolue ; — tenir ce serment, monseigneur, serait péché mortel, et le violer serait péché. — Mais pardon, je suis trop hardie ; — il me sied mal de faire la leçon à un maître. — Daignez lire l'objet de mon ambassade — et répondre immédiatement à ma demande.

Elle lui remet un papier.

LE ROI.

— Si je le puis immédiatement, madame, je le ferai.

LA PRINCESSE.

— Faites-le, que je parte au plus vite ; — car vous deviendrez parjure, si vous m'obligez à rester.

Le roi ouvre le papier et le lit.

BIRON, à Rosaline.

— N'ai-je pas dansé une fois avec vous en Brabant ?

ROSALINE.

— N'ai-je pas dansé une fois avec vous en Brabant?

BIRON.

— Je suis sûr que oui.

ROSALINE.

Combien il était inutile alors — de faire la question!

BIRON.

Vous le prenez trop vivement.

ROSALINE.

— C'est votre faute. Vous me provoquez avec de telles questions.

BIRON.

— Votre esprit a trop de fougue; il court trop vite : il se fatiguera.

ROSALINE.

— Pas avant d'avoir jeté le cavalier dans la boue.

BIRON.

— Quelle heure est-il?

ROSALINE.

— L'heure où les fous la demandent.

BIRON.

— Bonne chance à votre masque!

ROSALINE.

Belle chance à la face qu'il couvre!

BIRON.

— Le ciel vous envoie beaucoup d'amants!

ROSALINE.

Amen! pourvu que vous n'en soyez pas un!

BIRON.

— Aucun danger! je me retire.

LE ROI, à la princesse.

— Madame, votre père nous parle ici — d'un payement de cent mille écus — qui ne sont qu'une moitié de la somme — que mon père a déboursée pour lui dans ses guerres. — En admettant (ce qui n'est pas) que le feu roi ou moi — ayons reçu cette somme, il reste encore à payer — cent mille autres écus ; c'est en garantie de cette dette — que nous détenons une partie de l'Aquitaine, — quelque inférieur que soit ce gage à la valeur représentée. — Si donc le roi votre père veut seulement nous rembourser — la moitié qui reste à solder, — nous renoncerons à nos droits sur l'Aquitaine, — et nous maintiendrons une alliance amicale avec Sa Majesté. — Mais il ne paraît guère que telle soit son intention, — car il réclame la restitution — de ces prétendus cent mille écus, au lieu de s'offrir, — par un payement de cent mille écus, — à racheter pour jamais ses droits sur l'Aquitaine. — Quant à nous, nous aurions mieux aimé céder cette province, — en recouvrant la somme prêtée par notre père, — que de garder l'Aquitaine mutilée comme elle l'est. — Chère princesse, si la demande de votre père n'était pas si éloignée — de tout compromis raisonnable, votre beauté aurait obtenu — des concessions, même peu raisonnables, de mon cœur, — et vous seriez retournée en France parfaitement satisfaite.

LA PRINCESSE.

— Vous faites trop d'injure au roi mon père, — trop d'injure à votre propre renommée, — en vous refusant ainsi à accuser réception — de ce qui a été si fidèlement payé.

LE ROI.

— Je proteste que je n'ai jamais ouï parler de ce payement ; — si vous pouvez le prouver, je suis prêt à restituer la somme — ou à céder l'Aquitaine.

LA PRINCESSE.

Nous vous prenons au mot. — Boyet, vous pouvez produire les quittances — données, pour cette somme, par les officiers spéciaux — de Charles, son père.

LE ROI.

Donnez-moi cette preuve.

BOYET.

— N'en déplaise à Votre Grâce, nous n'avons pas encore reçu le paquet — qui contient ces quittances et d'autres pièces probantes. — Demain vous les aurez sous les yeux.

LE ROI.

— Cela me suffira; dans cette conférence, — je suis prêt à accepter tout accommodement raisonnable. — En attendant, recevez de moi la plus cordiale hospitalité — que l'honneur puisse, sans manquer à l'honneur, — offrir à votre incontestable mérite. — Vous ne pouvez pas franchir mes portes, belle princesse; — mais par la réception qui vous sera faite ici, à l'extérieur, — vous reconnaîtrez avoir trouvé dans mon cœur — l'affectueux asile qui vous est refusé dans ma maison. — Que votre indulgence m'excuse! Adieu. — Demain nous vous ferons une nouvelle visite.

LA PRINCESSE.

— Que la douce santé et les désirs satisfaits tiennent Votre Grâce en joie!

LE ROI.

— Je te souhaite à tout jamais ton propre souhait!

Le roi sort avec sa suite.

BIRON, à Rosaline.

— Madame, je vous recommanderai à mon cœur.

ROSALINE.

— Je vous en prie, recommandez-moi bien; je serai fort aise de le voir.

BIRON.

— Je voudrais que vous l'entendissiez gémir.

ROSALINE.

Le fou a-t-il quelque mal?

####### SCÈNE III.

BIRON.

Mal au cœur.

ROSALINE.

— Hélas! il lui faudrait une bonne saignée.

BIRON.

— Cela lui ferait-il du bien?

ROSALINE.

— Ma médecine dit oui.

BIRON.

— Voulez-vous le percer avec votre regard?

ROSALINE.

— Nenni, avec mon couteau.

BIRON.

— Dieu vous garde longtemps en vie.

ROSALINE.

— Et vous, de vivre longtemps!

BIRON, se retirant.

— Je n'ai pas le temps des actions de grâces.

DU MAINE, montrant Rosaline à Boyet.

— Messire, un mot, je vous prie. Quelle est cette dame?

BOYET.

— L'héritière d'Alençon : son nom est Rosaline.

DU MAINE.

— Une dame galante!... Monsieur, au revoir.

Il sort.

LONGUEVILLE, montrant Maria à Boyet.

— Un mot, je vous en conjure : quelle est celle en blanc?

BOYET.

— Vue à la lumière, on la prendrait pour une femme.

LONGUEVILLE.

— Pourrait-on la prendre pour femme? Je demande son nom.

BOYET.

— Elle n'en a qu'un pour son usage ; le demander serait indiscret.

LONGUEVILLE.

— De qui est-elle fille, je vous prie?

BOYET.

— De sa mère, à ce que j'ai ouï dire.

LONGUEVILLE.

— Que Dieu vous favorise en raison comme en barbe!

BOYET.

— Bon seigneur, ne vous fâchez pas : — elle est l'héritière de Fauconbridge.

LONGUEVILLE.

— Eh bien, ma colère est finie : — c'est une femme ravissante.

BOYET.

— Ce n'est pas improbable, monsieur; il se pourrait.

Longueville sort.

BIRON, montrant Catherine à Boyet.

— Comment se nomme cette dame à la toque?

BOYET.

— Catherine, si je devine bien.

BIRON.

— Est-elle mariée?

BOYET.

— A son goût, monsieur, ou peu s'en faut.

BIRON.

— Soyez le bienvenu, monsieur. Adieu !

BOYET.

— A moi l'adieu, monsieur ! A vous la bienvenue.

Biron sort.

MARIA.

— Ce dernier, c'est Biron, le boute-en-train, le joyeux seigneur; — pas un mot dans sa bouche qui ne soit une plaisanterie.

BOYET.

Et toutes ses plaisanteries ne sont que des mots.

LA PRINCESSE.

— Vous avez bien fait de ne pas lui laisser le dernier mot.

BOYET.

— J'étais aussi disposé à l'accrocher que lui à m'aborder.

MARIA.

— Colères de béliers qui se rencontrent!

BOYET.

Non, galères d'ennemis qui se heurtent! — Je ne voudrais être bélier, doux agneau, qu'à condition de brouter sur vos lèvres.

MARIA.

— Vous le bélier et moi le pâturage! La plaisanterie s'arrêtera-t-elle là?

BOYET, essayant de l'embrasser.

— Oui, pourvu que vous m'accordiez la pâture.

MARIA, le repoussant.

Pas comme ça, gentille bête. — Mes lèvres ne sont pas devenues vaine pâture, si peu closes qu'elles soient.

BOYET.

— A qui appartiennent-elles?

MARIA.

A ma fortune et à moi.

LA PRINCESSE.

— Les beaux esprits veulent toujours disputer; mais voyons, restez d'accord, mes amis. — Vous ferez mieux de détourner cette guerre civile d'esprit — sur le roi de Navarre et ses bibliophiles; ici elle est déplacée.

BOYET.

— Si ma pénétration, habile d'ordinaire — à déchiffrer dans les yeux le muet langage du cœur, — n'est pas en défaut cette fois, le roi de Navarre est affecté.

LA PRINCESSE.

— De quoi?

BOYET.

— De ce que nous autres galants nous nommons une passion.

LA PRINCESSE.

— Votre raison?

BOYET.

— La voici. Tout son être s'était retiré — dans le palais de ses yeux, entr'ouverts par le désir. — Son cœur, agathe où était gravée votre image, — était tout fier de cette empreinte et exprimait sa fierté dans ses yeux. — Sa langue, impatientée de paroles qui gênaient le regard, — en finissait vite avec les mots pour n'être plus que le langage des yeux. — Tous ses sens se concentraient dans ce sens unique — pour n'avoir plus qu'à contempler la plus belle des belles. — Oui, on eût dit que toutes ses sensations étaient enfermées dans son regard, — comme dans un cristal ces joyaux princiers — qui, se faisant valoir sous le verre, — tentent votre bourse quand vous passez. — De telles surprises se lisaient en marge sur son visage — que tous les yeux pouvaient voir dans ses yeux l'enchantement de la contemplation. — Je vous donne l'Aquitaine et tout ce qu'il possède, — si seulement vous lui donnez à ma requête un amoureux baiser.

LA PRINCESSE.

— Allons! à notre tente! Boyet, je le vois, est disposé...

BOYET.

— A exprimer en paroles ce que ses yeux ont découvert: voilà tout! — Je me suis borné à être l'interprète des regards du roi, — en leur prêtant un langage qui, j'en suis sûr, n'a rien de menteur.

ROSALINE.

— Tu es un vieil agent d'amour et tu parles habilement.

MARIA.

— Il est le grand-père de Cupido, et c'est de lui qu'il tient ses nouvelles.

ROSALINE.

— En ce cas, c'est à sa mère que Vénus ressemble ; son père est affreux.

BOYET.

— Entendez-vous, mes folles donzelles ?

MARIA.

Non.

BOYET.

Eh bien alors, voyez-vous ?

ROSALINE.

— Oui, notre chemin pour partir.

BOYET.

Vous êtes trop fortes pour moi.

Tous sortent.

SCÈNE IV.

[Dans le parc royal.]

Entrent ARMADO *et* PHALÈNE.

ARMADO.

Gazouille, mon enfant. Charme-moi le sens de l'ouïe.

PHALÈNE, *chantant.*

Concolinel, etc. (35).

ARMADO.

Air ravissant !... Tiens, jeune tendron, prends cette

clef, élargis le berger et amène-le ici incontinent. J'ai à le charger d'une lettre pour mon amante.

PHALÈNE.

Maître, voulez-vous séduire votre belle? Apprenez le branle français (36).

ARMADO.

Qu'entends-tu par là? Le branle français!

PHALÈNE.

Voici la chose, maître accompli. Vous fredonnez une gigue du bout des lèvres, vous en battez la mesure avec vos pieds, et vous l'animez en levant les yeux au ciel; vous soupirez cette note-ci; vous chantez celle-là; tantôt du gosier, comme si vous avaliez l'amour en le chantant; tantôt du nez, comme si vous prisiez l'amour en le flairant. Votre chapeau s'avance comme un auvent sur l'échoppe de vos yeux. Vos bras sont croisés sur votre mince bedaine comme les pattes d'un lapin à la broche. Vos mains sont dissimulées dans vos poches, comme celles d'un personnage de vieux tableau. Vous avez soin surtout de ne pas rester trop longtemps sur le même air. Rien qu'une bribe et c'est assez! Voilà les talents fantasques à l'aide desquels on perd les filles coquettes qui se seraient perdues sans cela, et grâce auxquels, pour peu qu'on les cultive, on devient, remarquez bien, un homme remarquable.

ARMADO.

Combien t'a coûté cette expérience?

PHALÈNE.

Une obole d'observation.

ARMADO.

Mais oh!... Mais oh!...

PHALÈNE, fredonnant.

Le cheval de bois est oublié.

SCÈNE III.

ARMADO.

Prends-tu mon amante pour un cheval de bois?

PHALÈNE.

Non pas, maître. Le cheval de bois n'est qu'un étalon, et votre amante est peut-être une haquenée. Mais auriez-vous oublié votre amante?

ARMADO.

Presque.

PHALÈNE.

Négligent écolier! apprenez-la par cœur.

ARMADO.

Par cœur et de tout cœur, page.

PHALÈNE.

Et aussi à contre-cœur, mon maître. Je vais vous prouver les trois choses.

ARMADO.

Que prouveras-tu?

PHALÈNE.

Que je suis un grand homme, et cela immédiatement par une déduction en trois points. Vous aimez votre belle par cœur, parce que votre cœur ne peut pas soupirer près d'elle; vous l'aimez de tout cœur, parce que votre cœur est épris d'elle ; enfin vous l'aimez à contre-cœur parce que c'est pour vous un crève-cœur de ne pouvoir la posséder.

ARMADO.

Je suis dans ces trois cas.

PHALÈNE, à part.

Tu serais dans bien d'autres cas que tu n'en serais pas moins nul.

ARMADO.

Va me chercher le berger : il faut qu'il porte une lettre pour moi.

PHALÈNE.

Voilà un message bien assorti : un cheval ambassadeur d'un âne !

ARMADO.

Ah ! ah ! que dis-tu ?

PHALÈNE.

Je dis, monsieur, que vous feriez bien de mettre cet âne-là à cheval, car il a l'allure fort lente. Mais je pars.

ARMADO.

Le chemin n'est pas long. Vole !

PHALÈNE.

Aussi rapide que le plomb, monsieur.

ARMADO.

Que veux-tu dire, ingénieux mignon ? Est-ce que le plomb n'est pas un métal pesant, massif et lent ?

PHALÈNE.

— *Minime*, honorable maître ; ou plutôt maître, point du tout.

ARMADO.

— Je dis que le plomb est lent.

PHALÈNE.

Vous parlez trop vite, monsieur. — Est-il lent le plomb que décharge un fusil ?

ARMADO.

— Charmante fumée de rhétorique ! — Il fait de moi le mousquet dont il est la balle. — Je tire sur le berger.

PHALÈNE.

Feu donc, et je file.

Il sort.

ARMADO.

— Ce jouvenceau est fort sagace : quelle volubilité ! quelle grâce ! — Excuse-moi, doux ciel, de te soupirer à la face — rude mélancolie, la vaillance te cède la place...
— Voici mon héraut de retour.

SCÈNE IV.

PHALÈNE revient, menant TROGNE.

PHALÈNE.

— Un miracle, maître! voilà une étrange trogne qui s'est écorché le tibia.

ARMADO.

— Quelque énigme! quelque charade! Voyons! ton *envoi*! commence (37). —

TROGNE, se frottant la jambe.

Pas d'énigme! pas de charade! pas d'*envoi!* Oh! monsieur! Pour panser, le plantain, le simple plantain, est-ce qu'il y a de meilleur.

ARMADO.

Par la vertu, drôle, tu rends le rire irrésistible; ta bêtise désopile ma rate et, en soulevant mes poumons, provoque chez moi un sourire sarcastique. Oh! mes étoiles! pardonnez-moi! L'imbécile prend un *envoi* pour un onguent et se figure qu'il peut servir à panser!

PHALÈNE.

Eh! l'imbécile parle comme un sage. Dans un *envoi* est-ce qu'il n'y a pas de quoi penser?

ARMADO.

— Non, page. L'envoi est un épilogue ou discours destiné à expliquer — quelque chose d'obscur qui vient d'être dit — Je vais citer un exemple:

> Le renard, le singe et le bourdon
> Faisaient un nombre impair, n'étant que trois.

— Voilà les prémisses. Maintenant l'*envoi*.

PHALÈNE.

— Je vais ajouter l'*envoi*. Redites les prémisses.

ARMADO.

> Le renard, le singe et le bourdon
> Faisaient un nombre impair, n'étant que trois.

PHALÈNE.

Quand l'oie sortit de la maison,
Et fit le nombre pair, en complétant quatre.

Maintenant je vais répéter vos prémisses et vous me suivrez, vous, avec mon envoi :

Le renard, le singe et le bourdon
Faisaient un nombre impair, n'étant que trois.

ARMADO.

Quand l'oie sortit de la maison,
Et fit le nombre pair, en complétant quatre.

PHALÈNE.

— Un *envoi* excellent qui se résume en une oie ! — Que pourriez-vous désirer mieux?

TROGNE, montrant Armado.

— Le page lui a donné de l'oie, c'est clair...

A Armado.

— Seigneur, si l'oie est grasse, c'est tout à votre avantage. — Une oie grasse est un envoi fort succulent.

ARMADO.

— Voyons, voyons, comment cette dissertation a-t-elle commencé?

PHALÈNE.

— Je parlais de cette étrange Trogne qui s'était écorché le tibia, — et c'est alors que vous avez demandé l'*envoi*.

TROGNE.

— C'est vrai, et moi j'ai demandé du plantain. Alors est venu votre argument; — puis l'*envoi* succulent du page, cette oie qu'il vous a donnée; — et l'affaire a été conclue là. —

ARMADO.

Mais, dites-moi, comment se fait-il qu'une trogne ait pu s'écorcher le tibia!

PHALÈNE.

— Je vais l'expliquer d'une manière sensible.

TROGNE.

— Tu ne sens pas la chose comme moi, Phalène. C'est à moi que revient cet envoi-là :

> Moi, Trogne, en m'évadant d'un lieu où j'étais en sûreté,
> Je franchis le seuil et m'écorche le tibia.

ARMADO.

Laissons cette matière.

TROGNE.

Oui, attendons que la matière se porte à ma jambe.

ARMADO.

Trogne, l'ami, je vais t'affranchir.

TROGNE.

Oh! c'est ça. Mariez-moi à quelque fille franche. Il me semble qu'ici encore je sens comme une oie.

ARMADO.

Sur mon âme, j'entends dire que je vais te mettre en liberté, délivrer ta personne. Tu étais claquemuré, garrotté, enfermé, captif.

TROGNE.

C'est vrai, c'est vrai ; et à présent vous allez être mon purgatif. Vous allez me relâcher.

ARMADO.

Je te donne ta liberté; je t'élargis de prison; et, comme condition, je ne t'impose que ceci : tu vas porter cette signification à la paysanne Jacquinette. Voici la rémunération.

Il lui donne une lettre et quelques pièces de menue monnaie.

Car, le plus bel attribut de mon honneur, c'est de rétribuer mes serviteurs... Suis-moi, Phalène.

PHALÈNE.

Oui, monsieur, comme une conclusion... Signor Trogne, adieu!

TROGNE, à Phalène.

Ma chère once de chair humaine! Mon charmant bijou!

Phalène sort.

TROGNE, seul.

A présent, voyons sa rémunération!

Il examine les quelques pièces que lui a données Armado.

Rémunération! Oh! c'est le mot latin pour dire trois liards. Trois liards : rémunération! *Combien ce cordonnet?... Un sou?... Non, je vous donnerai une rémunération;* et la chose est achetée. Rémunération! Voilà un nom qui sonne mieux que celui d'un écu de France! A l'avenir je ne ferai plus de marché sans ce mot-là.

Entre BIRON.

BIRON.

Ah! ce cher coquin de Trogne! l'excellente rencontre!

TROGNE.

Pardon, monsieur. Combien de rubans couleur de chair un homme peut-il acheter pour une rémunération?

BIRON.

Qu'entends-tu par une rémunération?

TROGNE.

Eh bien, monsieur, un sou moins un liard.

BIRON.

Oh! alors, tu peux acheter pour trois liards de soie.

TROGNE.

Je remercie Votre Révérence. Dieu soit avec vous!

BIRON.

— Oh! arrête, maraud! J'ai à t'employer. — Si tu veux gagner ma faveur, mon cher gueux, — fais pour moi une chose que je vais te demander. —

SCÈNE IV.

TROGNE.

Quand voulez-vous qu'elle soit faite, monsieur?

BIRON.

Oh! cette après-midi.

TROGNE.

C'est bon, monsieur. Je la ferai. Au revoir.

Il va pour se retirer.

BIRON.

Oh! mais tu ne sais pas de quoi il s'agit.

TROGNE.

Je le saurai bien, monsieur, quand je l'aurai fait.

BIRON.

Mais, coquin, il faut que tu commences par le savoir.

TROGNE.

J'irai le demander à Votre Révérence dès demain matin.

BIRON.

Il faut que la chose soit faite cette après-midi. Écoute, drôle, il s'agit tout bonnement de ceci. — La princesse va venir chasser ici, dans le parc, — et parmi ses suivantes est une gentille dame — dont on prononce le nom pour avoir la voix douce, — C'est Rosaline qu'on l'appelle : demande-la, — et songe à remettre dans sa blanche main — ce secret cacheté.

Il lui donne une lettre.

Voici tes émoluments. Va. —

Il lui donne de l'argent.

TROGNE.

Émoluments!... O suaves émoluments! Ils sont bien supérieurs à la rémunération! Ils lui sont supérieurs de onze sous et un liard! O exquis émoluments!... Monsieur, je ferai la chose à la lettre... Émoluments!... Rémunération!

Il sort.

BIRON, seul.

— Oh! est-ce possible? Moi, amoureux! moi, le fléau de l'amour, — moi, le bourreau des soupirs passionnés, — le critique sévère; l'homme de police de la nuit; — moi, le pédant qui tançais, — avec plus d'arrogance qu'aucun mortel, cet enfant, — aux yeux bandés, ce pleurnicheur, cet aveugle, ce maussade enfant, — ce jeune vieillard, ce nain géant, don Cupido! — ce régent des rimes amoureuses, ce seigneur des bras croisés, — ce souverain consacré des soupirs et des gémissements, — ce suzerain de tous les flâneurs et de tous les mécontents, ce redoutable prince des jupes, ce roi des braguettes, — cet empereur absolu, ce grand général — qui fait trotter tant d'huissiers!... Oh! mon pauvre petit cœur! — Me voir réduit à être son aide de camp, — et à porter ses couleurs comme le cerceau enrubanné d'un saltimbanque! — Quoi donc! moi, aimer! moi, faire la cour! moi, chercher une épouse! — une femme, véritable horloge d'Allemagne, — toujours à réparer, toujours dérangée, — allant toujours mal, — quelque soin qu'on prenne pour la faire aller bien! — Que dis-je? Me parjurer, ce qui est le pire de tout, — et, entre trois femmes, aimer la pire de toutes, — une coquette au sourcil de velours, — ayant deux boules noires en guise d'yeux! — Oui, et par le ciel, une gaillarde qui fera des siennes, — quand Argus serait son eunuque et son gardien! — je soupire pour elle! je perds le sommeil pour elle! — je prie pour obtenir! Allons! c'est un châtiment — que Cupido m'inflige pour avoir méconnu — sa toute-puissante et redoutable petite puissance. — Soit! je vais aimer, écrire, soupirer, prier, implorer et gémir. — Il faut que les hommes aiment soit une madame, soit une Jeanneton.

Il sort.

SCÈNE V.

[Une autre partie du parc.]

Entrent la Princesse, Rosaline, Maria, Catherine, Boyet, des Seigneurs, des gens de la suite, et un Garde-Chasse.

LA PRINCESSE.
— Était-ce le roi qui éperonnait si vivement son cheval — à l'assaut de cette colline escarpée ?

BOYET.
— Je ne sais ; mais il me semble que ce n'était pas lui.

LA PRINCESSE.
— Quel qu'il fût, ce cavalier montrait une âme pleine d'aspiration. — Allons, messeigneurs. C'est aujourd'hui que nous terminons nos affaires ; — et samedi nous retournons en France. — Eh bien, garde-chasse, mon ami, où est le buisson — où nous devons nous embusquer pour jouer notre rôle de meurtriers ?

LE GARDE-CHASSE.
— Ici près, sur la lisière de ce taillis. — Postée là, vous êtes sûre de vous montrer belle chasseuse.

LA PRINCESSE.
— Oui, grâce à mes charmes, je suis belle, et, comme je chasse, — je suis sûre, comme tu dis, de me montrer belle chasseuse.

LE GARDE-CHASSE.
— Pardon, madame ; ce n'est pas ainsi que je l'entendais.

LA PRINCESSE.
— Comment ! comment ! tu commences par me louer et puis tu te dédis ! — O vanité éphémère ! Hélas ! je ne suis donc pas belle.

LE GARDE-CHASSE.
— Belle ! Si fait, madame.
LA PRINCESSE.

Va, ne te charge pas de mon portrait. — L'éloge ne corrige pas le visage où la beauté manque. — Tiens, mon bon miroir, prends ceci pour m'avoir dit la vérité.

Elle lui donne de l'argent.

— Donner de bel argent pour de vilaines paroles, c'est payer plus qu'il n'est dû.

LE GARDE-CHASSE.
— Tous vos dons sont dons de beauté.
LA PRINCESSE.

— Voyez ! voyez ! ma beauté n'est sauvée que par le mérite de mes œuvres. — O hérésie du goût, bien digne de ces temps ! — La main qui donne, si laide qu'elle soit, est sûre d'être louée bel et bien. — Mais voyons, donnez-moi l'arc.

Un valet de chasse lui remet un arc et des flèches.

Quand, comme en ce moment, la bonté va pour donner la mort, — les bons coups sont à ses yeux les mauvais. — Ainsi, je suis sûre de me tirer de cette chasse avec honneur : — si je n'atteins pas le gibier, c'est que la pitié m'en aura empêchée ; — si je l'atteins, c'est que j'aurai voulu montrer mon habileté, — pour le plaisir d'être louée et non pour le plaisir de tuer. — Et certes cela se voit plus d'une fois : — la gloire se rend coupable de crimes détestables, — alors que, pour obtenir la renommée et l'éloge, ces vanités extérieures, — nous faussons l'emploi de notre énergie intime : — comme moi qui, pour un simple éloge, cherche en ce moment à répandre — le sang d'un pauvre daim à qui mon cœur ne veut pas de mal !

BOYET.
— N'est-ce pas aussi par amour de l'éloge que les

épouses acariâtres — veulent établir leur souveraineté en tâchant d'être — les seigneurs de leurs seigneurs?

LA PRINCESSE.

— Oui, effectivement, car nous n'avons que des éloges à donner — à toute dame qui subjugue un seigneur.

Entre TROGNE.

LA PRINCESSE.

— Voici venir un membre de la république.

TROGNE.

Dieu gard' toute la compagnie! Pardon! quelle est ici la dame à la tête.

LA PRINCESSE.

Pour la reconnaître, l'ami, tu n'as qu'à voir celles qui n'ont pas de tête.

TROGNE.

Quelle est la plus grande dame, la plus haute?

LA PRINCESSE.

La plus large et la plus longue.

TROGNE.

— La plus large et la plus longue. C'est ça. La vérité est la vérité. — Si votre taille, madame, était aussi mince que mon esprit, — la ceinture d'une de ces demoiselles vous irait aisément. — Est-ce que vous n'êtes pas ici la femme principale? Vous êtes la plus large.

LA PRINCESSE.

— Que voulez-vous? que voulez-vous?

TROGNE.

— J'ai une lettre de monsieur Biron pour une dame Rosaline.

LA PRINCESSE.

— Oh! vite ta lettre! ta lettre! c'est un bon ami à moi.

Elle prend la lettre que lui tend Trogne.

— Range-toi, mon cher courrier... Boyet, vous savez découper : — ouvrez-moi ce poulet.

Elle passe la lettre à Boyet.

BOYET.

Je suis tenu de vous servir.
Lisant l'adresse.

— Il y a méprise. Cette lettre n'est adressée à personne d'ici : — elle est écrite à Jacquinette.

LA PRINCESSE.

Nous la lirons, je le jure. — Rompez le cou à cette cire, et que chacun prête l'oreille !

BOYET, décachète la lettre et lit.

« *Par le ciel, que tu es jolie, c'est infaillible; que tu es belle, c'est vrai; et c'est la vérité même que tu es aimable. O toi plus jolie que le joli, plus belle que le beau, plus vraie que la vérité même, prends en commisération ton héroïque vassal. Jadis le magnanime et très-illustre roi Cophétua jeta l'œil sur la pernicieuse et indubitable mendiante Zénélophon; et ce fut lui qui put dire à juste titre* veni, vidi, vici ; *ce qui anatomisé en langage vulgaire (ô vil et obscur vulgaire!) signifie qu'il vint, vit et vainquit. Il vint, un, Il vit, deux. Il vainquit, trois. Qui vint? le roi. Pourquoi vint-il? pour voir. Pourquoi vit-il? pour vaincre. Vers qui vint-il? vers la mendiante. Qui vit-il? la mendiante. Qui vainquit-il? la mendiante. La conclusion est la victoire. De quel côté? du côté du roi. La captivité est un enrichissement. De quel côté? du côté de la mendiante. Une noce est la catastrophe. De quel côté? du côté du roi? Non, des deux côtés en un, ou mieux d'un seul côté en deux... Je suis le roi ; car ainsi va de soi la comparaison; tu es la mendiante; car ainsi l'atteste ta basse condition. Commanderai-je ton amour? je le puis. Forcerai-je ton amour? je le pourrais. Implorerai-je ton amour? je le veux bien. Contre quoi échangeras-tu tes guenilles? contre des robes! tes indignités? contre des dignités!*

toi-même? contre moi! Sur ce, en attendant ta réplique, je profane mes lèvres sur ton pied, mes yeux sur ton image, et mon cœur sur tout ton individu.

A toi, dans la plus tendre intention de te servir,
DON ADRIANO DE ARMADO. »

— Entends-tu le lion de Némée rugir — contre toi, petite brebis qui va devenir sa proie? — Rampe humblement aux pieds du monarque, — et peut-être, déjà repu, daignera-t-il jouer avec toi. — Mais, pauvrette, si tu veux résister, que deviens-tu? — Un aliment pour sa rage, une pâture pour sa tanière!

LA PRINCESSE.

— De quel plumage est donc celui qui a rédigé cette lettre? — Quel coq de girouette! Avez-vous jamais entendu rien de mieux.

BOYET.

— Ou je me trompe fort, ou je me rappelle ce style-là.

LA PRINCESSE.

— Vous auriez la mémoire bien courte, si vous l'aviez si vite oublié.

BOYET.

— Cet Armado est un Espagnol qui réside ici à la cour; — un grotesque, un monarcho (38), un homme qui amuse — le prince et ses compagnons d'étude.

LA PRINCESSE, à Trogne.

Toi, l'ami! un mot : — Qui t'a donné cette lettre?

TROGNE.

Je vous l'ai dit : c'est mon sieur.

LA PRINCESSE.

— A qui devais-tu la remettre?

TROGNE.

A ma dame de la part de mon sieur.

LA PRINCESSE.

— De quel sieur, à quelle dame?

TROGNE.

— De monsieur Biron, un bon maître à moi, — à une dame de France qu'il a appelée Rosaline.

LA PRINCESSE.

— Tu as donné une autre lettre pour la sienne... Allons, mes seigneurs, partons...

Remettant la lettre à Rosaline.

— Prends toujours celle-ci, ma chère; tu recevras un autre jour celle qui t'est adressée.

La princesse sort avec sa suite.

BOYET, à Rosaline.

— Qui donc fait ici la chasse galante?

ROSALINE.

Dois-je vous l'apprendre?

BOYET.

— Oui, mon continent de beauté.

ROSALINE.

Eh bien, c'est celle qui brandit l'arc. — Bien paré, n'est-ce pas?

BOYET.

— La princesse va détruire les bêtes à corne; mais quand tu te marieras, — je veux être pendu si les cornes manquent cette année-là. — Bien risposté, n'est-ce pas?

ROSALINE.

— Je prouverai donc que je suis bonne tireuse.

BOYET.

Oui, mais qui sera votre cerf?

ROSALINE.

— Si je le choisis aux cornes, ce sera vous : approchez. — Bien frappé, pas vrai?

MARIA.

— Vous vous querellez toujours avec elle, Boyet, et elle frappe au front.

BOYET.

—Mais elle, elle est frappée plus bas... Attrape!

ROSALINE.

Puisque nous en sommes aux coups, voulez-vous que je vous lance un vieux lardon qui avait déjà l'âge d'homme quand le roi Pépin de France n'était encore qu'un petit garçon?

BOYET.

Oui, pourvu que je puisse te répondre avec une vieille épigramme qui avait l'âge de femme quand la reine Guinever d'Angleterre (39) n'était encore qu'une petite fille.

ROSALINE, chantant.

Tu ne peux pas y atteindre, y atteindre, y atteindre,
Tu ne peux pas y atteindre, mon bonhomme.

BOYET, chantant.

Si je ne puis, ne puis, ne puis,
Si je ne puis, un autre pourra.

Sortent Rosaline et Catherine.

TROGNE.

— Sur ma parole, c'est fort plaisant! parfaitement ajusté!

MARIA.

— Le coup a été merveilleusement tiré; car tous deux ont atteint la marque!

BOYET.

— La marque! Oh! voilà une marque digne de remarque! Une marque, madame! — Vite une bonne pointe pour enclouer cette marque-là!

MARIA.

— Vous frappez à côté. En vérité, votre instrument est trop en dehors.

TROGNE.

— Il devrait viser de plus près; sans ça, il ne frappera jamais la cible.

BOYET, à Maria.

— Si mon instrument est en dehors, en revanche le vôtre est en dedans.

TROGNE.

— Elle atteindra le but en faisant éclater la cheville.

MARIA.

— Allons, allons, vous avez le parler trop gras. Vos lèvres se salissent.

TROGNE.

— Elle est trop forte pour vous au tir, monsieur. Défiez-la aux boules.

BOYET.

— Je crains trop d'être écorché.

A Maria.

Bonne nuit, ma bonne chouette.

Boyet et Maria sortent.

TROGNE, seul.

— Sur mon âme, quel rustre! quel nigaud! — Seigneur! seigneur! comme ces dames et moi nous l'avons berné! — Plaisanteries admirables, ma foi! Parlez-moi de l'esprit, quand il est si naturel, si vulgaire, — et quand il coule de source avec tant d'obscénité et d'à-propos... — Armado! oh! voilà l'homme véritablement élégant! — Il faut voir comme il sait marcher devant une dame, lui porter son éventail, — lui envoyer un baiser de la main, et lui faire mille doux serments! — Et puis il y a son page! une poignée d'esprit! — Ah! ciel, c'est bien l'animalcule le plus pathétique qui soit. — Holà! holà!

Bruit de chasse au loin. Trogne sort en courant.

Entrent HOLOPHERNE, SIRE NATHANIEL *et* BALOURD.

NATHANIEL.

Voilà une chasse fort respectable, vraiment, et faite avec le témoignage d'une bonne conscience.

SCÈNE V.

HOLOPHERNE.

Le daim était comme vous savez, *in sanguis*, en sang ; mûr comme une reinette qui pend comme un joyau à l'oreille du *cœlo*, du ciel, du firmament, de l'empyrée, et le voilà qui tombe comme une pomme sauvage sur la face de la *terra*, du sol, du continent, de la terre (40).

NATHANIEL.

Vraiment, maître Holopherne, vous variez les épithètes aussi agréablement qu'un savant, pour le moins. Mais je vous assure que c'était un chevreuil d'un an.

HOLOPHERNE.

Messire Nathaniel, *haud credo*.

BALOURD.

Ce n'était pas un *haud credo*, c'était un faon.

HOLOPHERNE.

Quelle remarque barbare! Voilà pourtant une sorte d'insinuation hasardée comme qui dirait *in via*, par voie d'explication ; afin de *facere* comme qui dirait une réplique ou plutôt d'*ostentare*, d'exprimer comme qui dirait son sentiment. O jugement incorrect, impoli, inéduqué, inculte, indiscipliné ou plutôt illettré, ou plutôt encore inexpérimenté! prendre mon *haud credo* pour un daim!

BALOURD.

J'ai dit que le daim n'était pas un *haud credo*, mais un faon.

HOLOPHERNE.

Simplicité doublement encroûtée! *bis coctus!* O monstre de l'ignorance, que tu es hideux!

NATHANIEL.

Ce garçon, monsieur, ne s'est jamais nourri des friandises qui foisonnent dans les livres; il n'a jamais comme qui dirait mangé de papier ; il n'a jamais bu d'encre ; son intellect n'est pas approvisionné ; c'est un animal sensible seulement dans les parties grossières. — C'est une de ces plantes stériles qui sont mises sous nos yeux afin que nous, — hommes de goût et de sentiment, nous soyons reconnaissants — d'avoir reçu la fécondation qui leur a manqué. — Car, de même qu'il me siérait mal de faire le sot, le niais ou l'imbécile, — de même il ne siérait pas à un rustre de vouloir être savant et de figurer dans une école. — Mais *omne benè*, et je suis en cela de l'avis d'un vieux père, — beaucoup peuvent supporter le mauvais temps qui n'ont pas de goût pour la tempête.

BALOURD.

— Vous êtes deux savants. Eh bien, avec tout votre esprit, pourriez-vous me nommer un être — qui, déjà âgé d'un mois à la naissance de Caïn, n'a pas encore atteint ses cinq semaines?

HOLOPHERNE.

Dictynna, bonhomme Balourd; Dictynna, bonhomme Balourd!

BALOURD.

Qu'est-ce que Dictynna?

NATHANIEL.

C'est un des titres qu'on donne à Phébé, à Luna, à la lune.

HOLOPHERNE.

— La Lune avait un mois, lorque Adam n'avait pas davantage; — et elle n'avait pas atteint cinq semaines, qu'Adam avait ses cent ans. — L'allusion est probante avec un nom comme avec l'autre.

BALOURD.

C'est vrai : la conclusion est probante.

HOLOPHERNE.

Dieu vienne en aide à ta capacité! Je dis que l'allusion est probante.

BALOURD.

Et je dis, moi, que la pollution est probante; car la

lune n'a jamais plus d'un mois, et je dis en outre que c'était un faon que la princesse a tué.

HOLOPHERNE.

Sire Nathaniel, voulez-vous entendre une épitaphe improvisée sur la mort du daim? Pour complaire à cet ignorant, j'ai appelé faon le daim que la princesse a tué.

NATHANIEL.

Perge, bon maître Holopherne, *perge*; pourvu toutefois que vous abrogiez toute vulgarité.

HOLOPHERNE.

Je vais jouer un peu sur les mots ; car c'est cela qui dénote la facilité.

Il déclame.

A voir le petit faon qu'a mis bas la princesse,
Un grand nombre diront : ce faon est un infant!
S'ils l'avaient vu voler de toute sa vitesse,
Les mêmes auraient dit : mais c'est un éléphant!

NATHANIEL.

Quel rare talent!

BALOURD.

Il a donc de l'esprit jusqu'au bout de la patte qu'on admire ainsi son talon.

HOLOPHERNE.

C'est un don que je possède, fort simple, ah! fort simple : j'ai une imagination follement extravagante, pleine de formes, de figures, de visions, d'objets, d'idées, d'appréhensions, de motions et de révolutions : le tout conçu dans le ventricule de la mémoire, nourri dans le sein de la *pia-mater* et enfanté dans la maturité de l'occasion. Cette faculté est surtout bonne chez ceux en qui elle est piquante; et sous ce rapport je n'ai que des grâces à rendre.

NATHANIEL.

Messire, je remercie Dieu de vous, et tous mes paroissiens en peuvent faire autant; car leurs garçons sont fort bien élevés par vous, et leurs filles profitent grandement sous vous. Vous êtes un bon membre de la communauté.

HOLOPHERNE.

Meherclè, si leurs garçons ont de l'intelligence, l'instruction ne leur manquera pas; et si leurs filles ont une véritable capacité, je leur donnerai de l'exercice. Mais *Vir sapit qui pauca loquitur*; voici une âme féminine qui nous salue.

Entre JACQUINETTE *suivie de* TROGNE.

JACQUINETTE, à Nathaniel.

Dieu vous donne le bonjour, monsieur le curé!

HOLOPHERNE.

Monsieur le curé! monsieur le curé! qui donc ici a eu besoin de se faire curer?

TROGNE.

Pardine, monsieur le magister, celui de nous qui ressemble le plus à un muids.

HOLOPHERNE.

C'est juste, il faut qu'un muids soit curé. Voilà une lumineuse idée, pour une motte de terre. Vive étincelle pour un caillou! perle rare pour un porc! c'est joli; c'est bien.

JACQUINETTE.

Mon bon monsieur le curé, soyez assez bon pour me lire cette lettre, elle m'a été remise par Trogne de la part de don Armatho. De grâce, lisez-la moi.

HOLOPHERNE.

Fauste, precor, gelida quando pecus omne sub umbra
Ruminat...

SCÈNE V.

Et cœtera ! Ah ! bon vieux Mantouan (41) ! je puis dire de toi ce que le voyageur dit de Venise :

Vinegia, vinegia.
Chi non te vede, ei non te pregia (42).

Vieux Mantouan ! vieux Mantouan ! Qui ne te comprend pas ne t'aime pas.

Fredonnant.

Ut, re, sol, la, mi, fa.

Pardon, monsieur, quel est le contenu de cette lettre, ou plutôt, comme dit Horace dans son... Sur mon âme, ce sont des vers !

NATHANIEL.

Oui, messire, et fort savants.

HOLOPHERNE.

Faites-m'en entendre une bribe, une strophe, un vers. *Lege, domine.*

NATHANIEL, lisant.

Si l'amour me rend parjure, comment puis-je jurer d'aimer ?
Ah ! les serments ne sont valables qu'adressés à la beauté !
Bien qu'à moi-même parjure, à toi je serai fidèle.
L'idée qui pour moi est un chêne, devant toi plie comme un roseau.

L'étude cessant de s'égarer fait son livre de tes yeux
Qui recèlent toutes les jouissances accessibles à l'art.
Si la connaissance est le but, te connaître doit suffire
Bien savante est la langue qui sait bien te louer !

Bien ignorante l'âme qui te voit sans surprise !
Il suffit à ma gloire d'admirer tes mérites.
L'éclair de Jupiter est dans ton regard ; sa foudre, dans ta voix
Qui, quand elle est sans colère, est musique et douce flamme.

Divine comme tu l'es, mon amour, oh ! pardonne
Si je chante le ciel dans une langue si terrestre.

HOLOPHERNE.

Vous ne faites pas sentir les apostrophes et ainsi vous

manquez l'accent. Laissez-moi examiner ce canzone... Le rhythme seul y est observé; mais quant à l'élégance, quant à la facilité et à la cadence dorée de la poésie, *caret*. Ovidius Naso était l'homme pour cela. Et pourquoi en effet s'appelait-il Naso? Justement parce qu'il savait flairer les fleurs odoriférantes de la fantaisie, les pétillements de l'invention. *Imitari* n'est rien : le chien se modèle sur son maître, le singe sur son gardien, le cheval caparaçonné sur son cavalier... Mais, virginale damosella, est-ce à vous que ceci est adressé?

JACQUINETTE.

Oui, monsieur, de la part d'un certain don Armatho.

HOLOPHERNE.

Lançons un coup d'œil sur l'adresse : *A la main blanche comme de la neige de la très-belle Dame Rosaline.* Examinons de nouveau l'intellect de la lettre pour connaître la dénomination de la partie qui écrit à la personne ci-dessus : *De Votre Grâce le tout dévoué serviteur*, BIRON. Messire Nathaniel, ce Biron est un des néophytes qui accompagnent le roi ; et il vient d'adresser à une suivante de la princesse étrangère une missive qui, accidentellement ou par voie de progression, a fait fausse route.

A Jacquinette.

Pars de ton pied léger, ma charmante ; remets ce papier entre les augustes mains du roi : il peut être de grande importance. Ne t'arrête pas aux compliments. Je te dispense de tes révérences. Adieu !

JACQUINETTE.

Bon Trogne, viens avec moi... Messire, Dieu conserve vos jours !

TROGNE.

Je suis à toi, ma fille.

Trogne et Jacquinette sortent.

NATHANIEL.

Messire, vous avez agi là dans la crainte de Dieu, fort religieusement ; et, comme dit un certain Père...

HOLOPHERNE.

Messire, ne me parlez de père, je crains les fausses couleurs. Mais, pour revenir à ces vers, comment les trouvez-vous, messire Nathaniel ?

NATHANIEL.

Merveilleusement bien pour le style.

HOLOPHERNE.

Je dîne aujourd'hui chez le père d'un certain élève à moi ; s'il vous plaît de venir, avant que nous nous mettions à table, nous gratifier d'un bénédicité, je m'engage, en vertu des priviléges que j'ai auprès des parents dudit enfant ou élève, à ce que vous soyez le *benvenuto*. Là, je vous prouverai que ces vers sont fort imparfaits et n'ont aucune saveur de poésie, d'esprit ni d'invention. J'implore votre société.

NATHANIEL.

J'accepte avec reconnaissance : car la société, dit le texte sacré, fait le bonheur de la vie.

HOLOPHERNE.

Et certes, le texte émet là une infaillible conclusion...

A Balourd.

Monsieur, je vous invite aussi ; ne dites pas non ! *pauca verba*. Partons. La cour est à la chasse ; nous aussi, nous allons nous récréer.

Ils sortent.

SCÈNE VI.

[Une allée de parc.]

Entre BIRON, un papier à la main.

BIRON.

Le roi relance le cerf, et moi je fais la chasse à moi-même. Ils prennent la bête au filet ; moi, je me prends à la glu, une glu qui poisse, qui poisse ! Fi ! l'horreur !... Soit ! Trône, ô ma douleur ! Ainsi disait ce fou de tantôt ; et ainsi je dis, moi, fou que je suis... Bien raisonné, mon esprit !... Par le ciel, l'amour est aussi forcené qu'Ajax : il tue, comme lui, les moutons ; il me tue, moi, un mouton ! Voilà encore un beau raisonnement à mon excuse !... Non, je ne veux pas aimer : si j'aime, je veux être pendu ; décidément, je ne veux pas. Oh ! mais cet œil noir !... par la lumière d'en haut, n'était son œil, n'étaient ses deux yeux, je ne l'aimerais pas. Par le ciel, je ne fais que me démentir et me donner le démenti par la gorge... Par le ciel, j'aime. C'est l'amour qui m'a appris à rimer et à être mélancolique ; et voici un échantillon de ma rime et de ma mélancolie. Au surplus, elle a déjà un de mes sonnets : le fou l'a envoyé, le rustre l'a porté et la dame l'a reçu : fou achevé ! rustre achevé ! dame plus achevée !... Par l'univers, je ne m'en soucierais pas plus que d'une épingle, si les trois autres étaient pris comme moi... En voici un qui arrive un papier à la main. Dieu lui accorde ainsi qu'à moi la grâce de gémir !

Il grimpe dans un arbre.

Entre le ROI, un papier à la main.

LE ROI.

Hélas !

SCÈNE VI.

BIRON, à part.

Touché, par le ciel!... Poursuis, cher Cupido! tu l'as frappé de ta flèche à moineau sous la mamelle gauche!... Bon! des secrets!

LE ROI, lisant.

Le soleil d'or ne donne pas un baiser aussi doux
A la rose encore humide des pleurs de la fraîche aurore
Que ton regard, quand il darde ses frais rayons
Sur mes joues que la nuit inonde de rosée.

La lune d'argent ne brille pas à beaucoup près
A travers le sein transparent de l'onde
Autant que ta beauté luit à travers mes pleurs :
Elle resplendit dans tous ceux que je verse.

Chacune de mes larmes la porte comme un char
D'où elle domine triomphalement ma douleur.
Regarde seulement les pleurs qui gonflent mes yeux
Et tu y verras ta gloire à travers ma détresse.

Va! ne réponds pas à mon amour, et tu pourras toujours
Te mirer dans mes larmes, en me faisant pleurer sans cesse.
O reine des reines, combien tu es sublime !
La pensée ne peut le concevoir ni la langue humaine le dire.

— Comment lui ferai-je connaître mes peines? Je vais laisser choir ce papier. — Douces feuilles, prêtez votre ombre à ma folie... Qui vient ici?

Il se cache derrière un arbre.

Entre LONGUEVILLE, *un papier à la main.*

LE ROI.

— Eh quoi! Longueville! il lit!... Écoute, mon oreille!...

BIRON, à part.

— Parais donc, nouveau fou à l'image de Biron !

LONGUEVILLE.

— Hélas ! je suis parjure.

######## BIRON, à part.

— En effet, il arrive comme le parjure, avec l'écriteau devant lui.

######## LE ROI, à part.

— Il est amoureux, j'espère !... Douce camaraderie de honte !

######## BIRON, à part.

— Un ivrogne aime toujours un ivrogne comme lui.

######## LONGUEVILLE.

— Suis-je le premier qui me soit ainsi parjuré ?

######## BIRON, à part.

— Je pourrais te rassurer. J'en connais deux comme toi. — Tu complètes le triumvirat, le chapiteau de notre société, — le triangle du gibet d'amour où s'est pendue notre simplicité.

######## LONGUEVILLE.

— Je crains que ces vers grossiers ne soient impuissants à l'émouvoir. — O suave Maria, impératrice de mon amour ! — Je veux déchirer ces strophes, et écrire en prose.

######## BIRON, à part.

— Oh ! les vers sont autant de broderies sur le haut de chausses du coquet Cupidon, — Ne dépare pas ses braies.

######## LONGUEVILLE.

Allons ! cela ira :

Il lit.

N'est-ce pas la céleste rhétorique de ton regard,
A laquelle l'univers ne peut opposer d'argument,
Qui a entraîné mon cœur à ce parjure ?
A rompre un vœu pour toi on ne mérite pas de châtiment.

J'ai renoncé à une femme ; mais je prouverai
Qu'étant déesse, mon renoncement ne s'adresse pas à toi.
Mon vœu était tout terrestre, tu es un céleste amour.
Ta grâce obtenue me guérit de toute disgrâce.

Un vœu n'est qu'un souffle, le souffle n'est qu'une vapeur :
Aussi, beau soleil qui brilles sur ma terre,
Aspires-tu mon vœu à toi; en toi il s'est absorbé;
S'il est rompu, ce n'est pas ma faute.

Et, quand ce serait ma faute, quel fou n'est pas assez sage
Pour sacrifier un serment afin de gagner un paradis?

BIRON, à part.

— Voilà bien cette affection bilieuse qui fait de la chair une divinité, — une déesse d'une jeune oie! Pure, pure idolâtrie! — Dieu nous amende! Dieu nous amende! Nous sommes bien loin du droit chemin.

Entre DU MAINE, un papier à la main.

LONGUEVILLE.

— Par qui enverrai-je ceci?... Quelqu'un! Rangeons-nous.

Il se place à l'écart.

BIRON, à part.

— Cache-cache général! Nous jouons au vieux jeu des enfants! — Comme un demi-dieu, je suis niché dans les nues — et je contemple de haut les secrets de ces misérables fous. — Encore un sac au moulin! O ciel! mon désir est exaucé! — Du Maine aussi est métamorphosé?... Quatre bécasses dans un plat!

DU MAINE.

— O divine Cateau!

BIRON, à part.

O profane faquin!

DU MAINE.

— Par le ciel! la merveille des yeux mortels!

BIRON, à part.

— Tu mens. Par la terre! elle a un corps bien matériel!

DU MAINE.

— Près de ses cheveux ambrés l'ambre même devient terne!

BIRON, à part.

— Un corbeau couleur d'ambre mérite d'être noté.

DU MAINE.

— Droite comme un cèdre.

BIRON, à part.

Il faut en rabattre. — Elle a l'épaule en mal d'enfant.

DU MAINE.

Éclatante comme le jour!

BIRON, à part.

— Oui, comme certains jours où le soleil ne brille pas.

DU MAINE.

— Oh! si mon désir était exaucé!

LONGUEVILLE, à part.

Et le mien!

LE ROI, à part.

— Et le mien aussi, mon Dieu!

BIRON, à part.

— Amen, pourvu que le mien le fût!..... Voilà une bonne prière!

DU MAINE.

— Je voudrais l'oublier; mais elle est la fièvre — qui règne dans mon sang, et force m'est de penser à elle.

BIRON, à part.

— Si c'est une fièvre que tu as dans le sang, une simple saignée — te la fera jaillir dans une saucière. L'excellente lubie!

DU MAINE.

— Relisons encore une fois l'ode que j'ai écrite.

SCÈNE VI.

BIRON, à part.

— Voyons encore une fois comment l'amour varie ses formules.

DU MAINE, lisant·

Un jour (hélas! jour funeste!)
L'Amour, dont le mois est un mai éternel,
Découvrit une fleur ravissante
Se jouant dans l'air voluptueux :
Entre ses pétales veloutées la brise,
Invisible, se frayait un passage ;
Si bien que l'amoureux, malade à mourir,
Se prit à envier cette haleine du ciel.
Brise, dit-il, tu peux t'épancher à plein souffle ;
Brise, que ne puis-je triompher comme toi!
Mais, hélas! ma main a juré, ô rose,
De ne jamais te cueillir à ton épine!
Serment, hélas! bien dur pour la jeunesse
Qui aime tant à cueillir les senteurs!
Ne m'accuse pas d'un péché
Si je me parjure pour toi,
Toi près de qui Jupiter jurerait
Que Junon n'est qu'une Éthiopienne,
Toi pour qui, voulant se faire mortel,
Il nierait être Jupiter!

— Je vais envoyer ceci, avec quelque chose de plus clair, — pour exprimer la douleur sincère de mon famélique amour! — Oh! plût au ciel que le roi, Biron et Longueville — fussent amoureux aussi! Leur faute, servant d'exemple à ma faute, — effacerait de mon front le stigmate du parjure. — Nul, en effet, n'a tort quand tous radotent.

LONGUEVILLE, s'avançant sur la scène.

— Du Maine, ton amour n'est guère charitable — de souhaiter des compagnons de douleurs; — tu peux pâlir à ton aise, mais moi je rougirais — d'avoir été entendu et surpris dans une pareille défaillance.

LE ROI, s'avançant vers Longueville.

— Allons, monsieur, rougissez! Vous êtes dans le même cas que lui; — en le grondant vous vous rendez deux fois plus coupable. — Non, vous n'aimez pas Maria! Longueville n'a jamais composé de sonnet à sa louange! — Jamais il n'a croisé ses bras sur — sa poitrine, pour comprimer les élans amoureux de son cœur! — Tout à l'heure, enfoui secrètement dans ce taillis, — je vous ai observés et j'ai rougi pour vous deux. — J'ai entendu vos rimes coupables, remarqué votre contenance; — j'ai vu les soupirs s'exhaler de vous, et trop bien noté vos transports. — Hélas! disait l'un! O Jupiter, criait l'autre! — L'un vantait des cheveux d'or, l'autre des yeux de cristal.

A Longueville.

— Vous étiez prêt pour le paradis à violer votre foi et vos vœux!

A du Maine.

— Et Jupiter, pour votre bien-aimée, enfreindrait un serment! Que dira Biron en apprenant — que vous avez faussé la foi, jurée avec tant de ferveur! — Comme il va vous railler! Quelle dépense d'esprit il va faire! — Comme il va triompher, sauter d'aise et rire! — Pour tous les trésors que j'ai jamais vus, — je ne voudrais pas qu'il en sût autant sur mon cœur.

BIRON.

— Montrons-nous maintenant pour flageller l'hypocrisie.

Il descend de l'arbre et s'adresse au roi.

— Ah! mon cher suzerain, pardon! — Avez-vous bonne grâce à reprocher — leur amour à ces vermisseaux, vous, tendre cœur, qui êtes le plus amoureux de tous! — Vos larmes ne sont-elles pas autant de chars — où apparaît toute brillante certaine princesse? — Vous ne voudriez pas vous parjurer, c'est une chose abominable ! — Quant à faire des sonnets, bah ! c'est bon seulement pour des ménestrels ! — Quoi ! vous n'avez pas honte ? Non, vous n'avez pas honte, — vous trois, d'être ainsi attrapés !

Montrant du Maine à Longueville.

— Vous avez vu la paille dans son œil, et le roi l'a vue dans le vôtre ; — mais moi j'ai découvert la poutre dans l'œil de vous trois. — Oh ! à quoi ai-je assisté ! A quelle scène de folie, — de soupirs, de gémissements, de douleur, de désolation ! — Oh ! de quelle patience j'ai fait preuve, — pour voir si tranquillement un roi transformé en bourdon, — le grand Hercule pirouettant une ronde, — le profond Salomon entonnant une gigue, — Nestor jouant à la poussette avec les enfants, — et Timon le censeur s'amusant avec des joujoux ! — Où est ton mal, oh ! dis-moi, bon Du Maine ? — Où souffres-tu, gentil Longueville ? — Où souffre mon roi ? Tous, dans la poitrine ! — Holà ! du gruau !

LE ROI.

Ta raillerie est trop amère. — Nous sommes-nous donc ainsi trahis sous tes yeux ?

BIRON.

— Ah ! ce n'est pas vous qui êtes trahis, c'est moi, — moi qui suis honnête, moi qui croirais pécher, — si je rompais le vœu auquel je me suis engagé. — Je suis trahi, pour m'être associé — avec des lunatiques, avec des hommes d'une si singulière inconstance ! — Quand donc me verrez-vous écrire une rime ? — ou geindre pour une Jeanneton ? ou dépenser une seule minute — à m'attifer ? Quand donc m'entendrez-vous — vanter une main, un pied, un visage, un regard, — un port, une prestance, un front, une gorge, une taille, — une jambe, un membre ?

LE ROI.

Tout doux ! Pourquoi vous emporter si vite? — Est-ce un honnête homme ou un voleur qui prend ainsi le galop ?

BIRON.

— Je me sauve de l'amour ; bel amoureux, laissez-moi passer !

Entrent Jacquinette et Trogne.

JACQUINETTE, une lettre à la main.

— Dieu bénisse le roi !

LE ROI.

Quel présent apportes-tu là ?

TROGNE.

— Une trahison certaine.

LE ROI.

Qu'est-ce que fait la trahison ici?

TROGNE.

— Elle n'y fait rien, seigneur.

LE ROI.

Si elle ne fait rien de mal, — la trahison et vous deux, vous pouvez vous en aller en paix.

JACQUINETTE, montrant la lettre au roi.

— Je supplie Votre Grâce de faire lire cette lettre ; — notre curé la suspecte ; il a dit qu'il y avait trahison.

LE ROI.

Biron, lis-nous-la.

Biron prend la lettre.

A Jacquinette.

— De qui la tiens-tu ?

JAQUINETTE.

De Trogne.

LE ROI, à Trogne.

— Et toi, de qui la tiens-tu ?

SCÈNE VI.

TROGNE.

De don Adramadio ! don Adramadio !

Biron déchire la lettre.

LE ROI.

— Eh bien ! qu'as-tu donc ? Pourquoi déchires-tu cette lettre ?

BIRON.

— Une niaiserie, mon suzerain, une niaiserie ! Votre Grâce n'a pas d'inquiétude à avoir.

LONGUEVILLE.

— Elle lui a causé une vive émotion. Lisons-la donc !

DU MAINE, *ramassant les morceaux.*

— C'est l'écriture de Biron et voici son nom.

BIRON, à Trogne.

— Ah ! mauvais nigaud bâtard, tu étais né pour faire ma honte.

Au roi.

— Je suis coupable, monseigneur ! coupable ! J'avoue, j'avoue.

LE ROI.

— Quoi ?

BIRON.

Fou que je suis, je vous étais nécessaire, mes trois fous, pour faire la partie carrée. — Lui, lui, et vous, mon suzerain, et moi, — nous sommes des détrousseurs d'amour et nous méritons la mort. — Oh ! congédiez ces auditeurs, et je vous en dirai davantage.

DU MAINE.

A présent nous sommes en nombre pair...

BIRON.

C'est juste, nous sommes quatre. — Ces tourtereaux s'en iront-ils ?

LE ROI, à Jacquinette et à Trogne.

Allons, vous autres, partez !

TROGNE.

— Filons, honnêtes gens, et laissons là les traîtres.

Il sort avec Jacquinette.

BIRON.

— Chers seigneurs, chefs amants, oh! embrassons-nous! — Nous sommes ce que peuvent être la chair et le sang. — Il faut que la mer ait son flux et son reflux, que le ciel montre sa face. — Le sang jeune ne peut pas obéir aux prescriptions de l'âge : — nous ne pouvons pas contrarier la cause pour laquelle nous sommes nés. — Aussi a-t-il fallu à toute force que nous fussions parjures.

LE ROI.

— Eh quoi! la lettre que tu viens de déchirer montrait Biron amoureux!

BIRON.

— Vous me le demandez! Qui donc peut voir la divine Rosaline — sans être, comme l'Indien rude et sauvage devant le premier rayon de l'Orient splendide, — obligé de courber sa tête vassale, et, brusquement ébloui, — de baiser la vile poussière avec sa poitrine humiliée? — Quel est l'œil d'aigle assez péremptoire — pour oser contempler le ciel de son front, — sans être aveuglé par sa majesté?

LE ROI.

— Quelle extase, quelle furie t'inspire? — Ma bien-aimée, maîtresse de la tienne, est une gracieuse lune; — et ta Rosaline n'est près d'elle qu'un astre satellite, à peine visible.

BIRON.

— Alors mes yeux ne sont pas des yeux! Je ne suis pas Biron! — Oh! sans ma bien-aimée, le jour se changerait en nuit! — Les nuances souveraines des plus beaux teints — font étalage sur son splendide visage — où cent attraits divers se fondent en un grâce unique, — où rien ne manque de ce qui peut manquer au désir ! — Prêtez-moi les fleurs du plus sublime langage... — Mais non ! fi des couleurs de la rhétorique ! Elle n'en a pas besoin. — C'est aux choses vénales qu'il faut des éloges de vendeur (43). — Elle dépasse tout éloge ; un éloge trop mesquin ne ferait que la déparer. — Un ermite flétri, usé par cent hivers, — pourrait en secouer cinquante sous le rayonnement de son regard. — Sa beauté reverdit et ranime la vieillesse, — et donne à la béquille l'enfance du berceau. — Oh ! elle est le soleil qui fait briller toute chose !

LE ROI.

— Par le ciel, ta bien-aimée est noire comme l'ébène.

BIRON.

— Est-ce que l'ébène lui ressemble ? O bois divin ! — Une épouse de ce bois-là, ce serait la félicité. — Oh ! qui peut ici déférer un serment ? Où est le livre saint — que je jure que la beauté n'est pas la beauté, — si elle n'est pas modelée sur elle ? — Il n'est pas de beau visage qui ne soit noir autant que le sien ! (44).

LE ROI.

— O paradoxe ! Le noir est le chevron de l'enfer, — la couleur des donjons et la moue de la nuit, — Le cimier de la beauté, c'est la clarté du ciel.

BIRON.

— Les démons les plus tentateurs ressemblent aux esprits de lumière. — Oh ! si ma dame a le front tendu de noir, — c'est qu'elle a pris le deuil à la vue de tant de visages fardés, de chevelures usurpées — qui ravissent les amoureux de leurs faux attraits (45). — Elle est venue au monde pour faire du noir la beauté suprême. — Son teint va changer la mode de nos jours ; — l'incarnat même de la nature va passer pour un méchant fard ; — et aussi les faces roses qui voudront échapper au dénigrement — se peindront-elles en noir pour ressembler à son front !

DU MAINE.

— C'est pour être comme elle que les ramoneurs sont noirs !

LONGUEVILLE.

— Et c'est depuis sa venue que les charbonniers sont réputés beaux !

LE ROI.

— Et que les Éthiopiens se targuent de leur teint ravissant !

DU MAINE.

— Les ténèbres n'ont plus besoin de chandelles, car ténèbres et lumière, c'est tout un !

BIRON.

— Vos maîtresses n'oseraient jamais aller à la pluie, — de peur que leurs couleurs ne partissent au lavage.

LE ROI.

— La vôtre ferait bien d'y aller ; car, à vous parler franchement, mon cher, — je trouverai maint visage, pas lavé, plus clair que le sien.

BIRON.

— Je prouverai qu'elle est la clarté même, dussé-je parler jusqu'au jour du jugement !

LE ROI.

— Ce jour-là, pas un diable ne te fera peur autant qu'elle.

DU MAINE.

— Je n'ai jamais vu un homme faire tant de cas d'une mauvaise drogue.

LONGUEVILLE, montrant sa chaussure.

— Tiens ! voici ta belle ; regarde mon pied, tu vois son visage.

BIRON.

— Oh! quand les rues seraient pavées de tes yeux, — ses pieds seraient encore trop délicats pour une chaussée pareille.

DU MAINE.

— Oh fi! pour peu qu'elle fît un pas sur un tel pavé, — elle se ferait voir à toute la rue comme si elle marchait sur la têt e

LE ROI.

— Mais à quoi bon cette discussion? Ne sommes-nous pas tous amoureux?

BIRON.

— Oh! certainement, et par conséquent tous parjures.

LE ROI.

— Laissons donc là ce verbiage; et toi, bon Biron, prouve-nous — que notre amour est légitime et que notre foi n'est pas violée.

DU MAINE.

— C'est cela, morbleu... Vite un palliatif pour notre faute.

LONGUEVILLE.

— Oh! un argument pour autoriser notre conduite! — un sophisme, une argutie à attraper le diable!

DU MAINE.

— Quelque baume pour le parjure!

BIRON.

Oh! nous en avons plus qu'il n'en faut! — Attention donc, hommes d'armes de l'amour! — Considérez ce que vous aviez juré : — jeûner, étudier et ne pas voir de femme! — Autant d'attentats notoires contre la royauté de la jeunesse. — Dites-moi, pouvez-vous jeûner? Vos estomacs sont trop jeunes, — et l'abstinence engendre les maladies. — En jurant d'étudier, messeigneurs, — chacun de vous a abjuré le vrai livre. — Pouvez-vous méditer toujours, rêver toujours, contempler toujours? — Comment parviendriez-vous, Sire, et vous, seigneur, et vous, — à découvrir ce qui est l'essence de l'étude, — sans la beauté d'un visage de femme? — C'est des yeux mêmes des femmes que je tire cette science suprême : — elles sont le fond, elles sont les livres et les académies — d'où jaillit le vrai feu prométhéen. — Ah! les excès de l'étude étouffent — dans les artères les esprits subtils de de la vie, — de même que le mouvement et l'action trop prolongée épuisent — la nerveuse énergie du voyageur. — En promettant de ne pas regarder un visage de femme, — vous aviez abjuré l'emploi de vos yeux, — et l'étude même, objet de vos serments. — Car quel est l'auteur au monde — qui vous enseignera la beauté aussi bien qu'un regard de femme? — La science n'est qu'accessoire à nous-mêmes ; — et partout où nous sommes, notre science est avec nous. — Si donc nous nous voyons dans les yeux d'une femme, — est-ce que nous n'y voyons pas aussi notre science? — Oh! nous avons fait le vœu d'étudier, messeigneurs, — et par ce vœu nous avons abjuré nos vrais livres. — Dites-moi en effet, vous, Sire, ou vous seigneur, ou vous, — auriez-vous jamais sous le plomb de la contemplation trouvé — cette poésie enflammée dont l'œil inspirateur — d'une belle tutrice vous a prodigué les trésors ? — Les autres sciences restent inertes dans le cerveau, — et, pratiquées stérilement, — accordent à peine une moisson au plus pénible travail. — Mais l'amour enseigné par les yeux d'une femme — ne reste pas muré dans le cerveau ; — avec la mobilité de tous les éléments, — il se répand, rapide comme la pensée, dans chacune de nos facultés : — à toutes nos forces il donne une force double, — en surexcitant leur action et leur pouvoir. — Il prête aux yeux une précieuse seconde vue : — l'aigle s'aveuglerait plus vite que l'amant. —

L'ouïe de l'amant percevra le son le plus faible — qui aura échappé à l'oreille soupçonneuse du voleur. — Le tact de l'amour est plus délicat, plus sensible — que ne le sont les cornes si tendres du limaçon à coquille. — Près de l'amour, le friand Bacchus a le goût grossier. — Pour la valeur, l'amour n'est-il pas un Hercule, — toujours prêt à grimper aux arbres des Hespérides ? — Subtil, il l'est autant que le sphinx ; suave et mélodieux, il l'est autant que la lyre splendide d'Apollon, ayant pour cordes les cheveux divins ! — Et quand l'amour parle, les voix de tous les dieux — bercent le ciel d'un harmonieux écho. — Jamais poète n'oserait prendre la plume pour écrire, — sans que son encre eût été saturée de larmes d'amour. — Oh ! mais alors ses vers raviraient les oreilles les plus farouches — et implanteraient chez les tyrans la plus douce humilité. — C'est des yeux même des femmes que je tire cette science suprême : sans cesse elles étincellent du vrai feu prométhéen. — Elles sont les livres, les arts, les académies — qui enseignent, régissent et alimentent le monde entier. — Sans elles il n'est personne qui puisse exceller à rien. — Vous étiez fous d'abjurer ainsi les femmes ; — vous seriez fous de tenir votre serment. — Au nom de la sagesse qui est si chère à tous les hommes, — ou au nom de l'amour à qui les hommes sont si chers, — au nom des hommes, auteurs des femmes ; — ou au nom des femmes par qui, hommes, nous sommes hommes, — sacrifions une bonne foi nos serments pour nous sauver nous-mêmes, — si nous ne voulons pas nous sacrifier pour garder nos serments. — C'est religion de se parjurer ainsi : — la charité est toute la loi divine ; — et comment séparer l'amour de la charité ?

LE ROI.

— Par saint Cupido ! Soldats, en avant !

BIRON.

— Déployez vos étendards, messeigneurs, et sus à nos adversaires! — Terrassez-les à la mêlée et songez — à vous multiplier dans le conflit.

LONGUEVILLE.

— Passons aux actes! assez glosé! — Sommes-nous résolus à faire la cour à ces filles de France!

LE ROI.

— Oui, et à faire leur conquête. Imaginons donc — quelque divertissement pour les fêter dans leurs tentes.

BIRON.

— Reconduisons-les d'abord du parc jusque chez elles, — et qu'en route chacun de nous s'empare du bras — de sa belle maîtresse. Dans l'après-midi — nous les égayerons par quelque passe-temps original — tel qu'un bref délai nous permettra de l'improviser. — Car les galas, les danses, les mascarades et les heures joyeuses — doivent précéder l'amour en jonchant sa route de fleurs.

LE ROI.

— Partons! partons! ne perdons pas un moment — du temps qui peut être mis par nous à profit.

BIRON.

— *Allons! allons!* La semence d'ivraie ne produit pas le blé : — et la justice oscille toujours en équilibre. — Les filles légères peuvent être les fléaux réservés aux hommes parjures; — s'il en est ainsi, nous aurons la monnaie de notre billon.

Ils sortent.

SCÈNE VII.

[Une autre partie du parc.]

Entrent HOLOPHERNE, sire NATHANIEL et BALOURD.

HOLOPHERNE.
Satis quod sufficit.

NATHANIEL.
Je loue Dieu pour vous, monsieur; vos propos à dîner ont été piquants et sentencieux, plaisants sans gravelure, spirituels sans affectation, audacieux sans impudence, savants sans prétention, et originaux sans hérésie. J'ai causé un jour, *quondam,* avec un compagnon du roi qui est intitulé, nommé ou appelé don Adriano de Armado.

HOLOPHERNE.
Novi hominem tanquam te. C'est un homme qui a l'humeur fière, la parole tranchante, la langue affilée, l'œil ambitieux, la démarche importante, et dont la tenue générale est frivole, ridicule et thrasonique. Il est trop attifé, trop précieux, trop affecté, trop singulier en quelque sorte, et, pour ainsi parler, trop pérégrin.

NATHANIEL, prenant son carnet et écrivant.
Épithète tout à fait originale et choisie!

HOLOPHERNE.
Le fil de sa verbosité est plus finement dévidé que l'écheveau de son argumentation. J'abhorre ces fantaisies fanatiques, ces compagnons insociables et pointus, ces bourreaux de l'orthographe qui, par exemple, prononcent *dout* au lieu de *doubt; det, d, e, t* au lieu de *debt, d, e, b, t;* qui disent *caf* pour *calf, haf* pour *half;* pour qui *neighbour* devient *nebour,* et pour qui *neigh* s'abrége en *né.* Cela est abhominable, mot que ces faquins pronon-

ceraient *abominable*. C'est à frapper un homme d'insanité. *Ne intelligis, domine?* C'est à rendre frénétique, lunatique.

NATHANIEL.

Laus Deo, bone intelligo.

HOLOPHERNE.

Bone? c'est *bene* qu'il faut dire. Vous écorchez un peu la grammaire. N'importe.

Entrent ARMADO, PHALÈNE *et* TROGNE.

NATHANIEL.

Vides-ne quis venit?

HOLOPHERNE.

Video et gaudeo.

ARMADO, à Phalène.

Maoufle!

HOLOPHERNE.

Quare maoufle, au lieu de maroufle!

ARMADO, se tournant vers Holopherne et Nathaniel.

Gens de paix, charmé de vous rencontrer!

HOLOPHERNE.

Salut, très-militaire seigneur!

PHALÈNE, bas à Trogne.

Ils ont été à un grand banquet de langues, et ils en ont volé les miettes.

TROGNE, bas à Phalène.

Oh! ils vivent de tous les mots jetés au panier. Je m'étonne que ton maître, te prenant pour un mot, ne t'ait pas encore mangé, car il s'en faut de toute la tête que tu sois aussi long que *honorificabilitudinitatibus.* Tu es plus facile à avaler qu'une rôtie.

PHALÈNE.

Silence! Le feu commence.

SCÈNE VII.

ARMADO, à Holopherne.

Monsieur, est-ce que vous n'êtes pas lettré?

PHALÈNE.

Si! si! il enseigne aux enfants l'alphabet.

A Holopherne.

Qu'est-ce que fait un B lié à un E, avec l'addition d'un circonflexe?

HOLOPHERNE.

Enfin, il fait Bê!

PHALÈNE.

Bê! Bê! Bê! Il fait de vous-même un bélier avec addition de cornes.

A Armado.

Vous voyez sa science.

ARMADO.

Par l'eau salée de la Méditerranée, voilà qui est bien touché! une vive botte d'esprit! Une, deux et droit au cœur! Cela réjouit mon intellect : véritable trait d'esprit!

PHALÈNE.

Décoché par un enfant à un vieillard qui a l'esprit caduc.

HOLOPHERNE.

Tu raisonnes comme un bambin : va fouetter ton sabot.

PHALÈNE.

Prêtez-moi votre corne pour en faire un, et je fouetterai votre ignominie *circum circa*. Quel sabot on ferait d'une corne de cocu!

TROGNE, à Phalène.

Je n'aurais qu'un sou au monde que je le donnerais pour t'acheter du pain d'épice.

Lui donnant une menue pièce.

Tiens! voici la rémunération même que j'ai reçue de

ton maître. C'est pour toi, tirelire d'esprit, œuf de pigeon de discernement. Oh! si les cieux avaient voulu que tu fusses seulement mon bâtard! Quel père joyeux tu ferais de moi! Ah! l'esprit te va comme un gant; tu en as jusqu'au bout des ongles.

HOLOPHERNE.

Ah! je sens là du faux latin : comme un gant au lieu de *cum ungue*.

ARMADO, prenant à part Holopherne.

Homme ès-arts, *præambula*... Séparons-nous des barbares... N'est-ce pas vous qui élevez la jeunesse à l'école gratuite qui est au haut de la montagne?

HOLOPHERNE.

Vous voulez dire *mons*, la colline.

ARMADO.

Comme il vous plaira, va pour *mons* au lieu de montagne.

HOLOPHERNE.

C'est moi, sans contredit.

ARMADO.

Monsieur, c'est le très-gracieux plaisir et caprice du roi de congratuler la princesse à son pavillon, dans le postérieur du jour que la vile multitude appelle après-midi.

HOLOPHERNE.

Le postérieur du jour, très-généreux seigneur, est une expression fort bienséante, congrue et adéquate à l'après-midi. Le mot est bien trié, bien choisi, harmonieux et juste, je vous assure, monsieur, je vous assure.

ARMADO.

Monsieur, le roi est un noble gentilhomme, et mon intime, mon excellent ami, je vous assure. Je ne vous parlerai pas de la familiarité qui existe entre nous.....
« Pas de cérémonie, je t'en conjure... Couvre-toi le chef,

je t'en supplie... » Voilà ce qu'il me dira au milieu de la conversation la plus importante et la plus sérieuse, oui, la plus importante!... Mais passons là-dessus... Au surplus, je dois vous affirmer, sur l'honneur, qu'il arrivera parfois à Sa Majesté de s'appuyer sur ma pauvre épaule et de caresser de sa main royale mon excrément capillaire, ma moustache... Passons là-dessus encore mon très-cher... Non, sur l'honneur, ce n'est pas une fable que je vous raconte. Il plaît à Son Altesse de conférer certains honneurs spéciaux à Armado, un guerrier, un voyageur qui a vu le monde. Passons là-dessus... Le résumé de tout ceci (mais, mon très-cher, j'implore de vous le secret), c'est que le roi m'a prié d'offrir à la princesse, chère poulette! quelque divertissant spectacle, pantomime, mascarade, parade ou feu d'artifice. Or, ayant appris que le curé et votre cher individu excellent à ces improvisations, à ces soudaines explosions de la gaieté, pour ainsi dire, je viens m'aboucher avec vous, dans le but d'implorer votre assistance.

HOLOPHERNE.

Seigneur, vous ferez représenter devant la princesse les *Neuf Preux*... Messire Nathaniel, il s'agit d'une fête, d'un spectacle qui, par l'ordre du roi et sur la demande de ce galant, illustre et savant gentilhomme, doit être, avec notre assistance, offert à la princesse dans le postérieur de ce jour. Je dis qu'on ne peut représenter rien de mieux que les *Neuf Preux*.

NATHANIEL.

Mais où trouver des hommes assez preux pour les représenter dignement?

HOLOPHERNE.

Vous ferez Josué; vous, ou ce galant gentilhomme, Judas Machabée.

Montrant Trogne.

Ce rustre, en raison de la grandeur de ses membres ou jointures, jouera le grand Pompée, et le page, Hercule.

ARMADO, *montrant Phalène.*

Pardon, monsieur, vous faites erreur; le page n'a pas assez de volume pour représenter seulement le pouce du héros; il n'est pas aussi gros que le bout de sa massue.

HOLOPHERNE.

Obtiendrai-je audience? Il jouera Hercule dans sa minorité; son entrée et sa sortie consisteront à étrangler le serpent, et je composerai une apologie pour cela.

PHALÈNE.

Excellente idée! En sorte que, si quelqu'un de l'auditoire me siffle, vous pourrez crier : « Bravo, Hercule! c'est pour le coup que tu écrases le serpent. » Voilà le moyen de tirer avantage d'un affront, et c'est un don que peu de gens possèdent.

ARMADO.

Et pour le reste des Preux!

HOLOPHERNE.

J'en jouerai trois à moi tout seul.

PHALÈNE.

Trois fois preux gentilhomme!

ARMADO.

Vous dirai-je une chose?

HOLOPHERNE.

Nous écoutons.

ARMADO.

Si ça ne va pas, nous jouerons une pantomime. Suivez-moi, je vous conjure.

HOLOPHERNE.

Eh bien, bonhomme Balourd, tu n'as pas dit un mot depuis le temps.

BALOURD.

Et je n'en ai pas compris un seul, monsieur.

HOLOPHERNE.

Allons! nous t'emploierons.

BALOURD.

Je ferai un hommme à la danse ou bien je jouerai du tambourin aux Preux pour qu'ils dansent une ronde.

HOLOPHERNE.

O vrai Balourd! Honnête Balourd! vite à notre représentation! Allons!

Ils sortent.

SCÈNE VIII.

[Devant la tente de la princesse.]

Entrent la PRINCESSE, CATHERINE, ROSALINE et MARIA.]

LA PRINCESSE.

— Chères amies, nous serons riches avant de partir, — pour peu que les cadeaux continuent à pleuvoir : — madame est crénelée de diamants ! — Voici ce que j'ai reçu du roi amoureux.

Elle montre une parure de pierreries.

ROSALINE.

— Madame, est-ce que rien ne vous a été envoyé avec ça ?

LA PRINCESSE.

— Rien? Si fait, tout l'amour rimé — dont peut-être bourrée une feuille de papier, — écrite des deux côtés, sur la marge, partout, — et cachetée à l'effigie de Cupido.

ROSALINE.

— L'amour est tout à fait d'âge à prendre le titre de cire. — Voilà cinq mille ans qu'on le traite d'enfant.

CATHERINE.

— Oui, et de méchant petit pendard.

ROSALINE.

— Lui et vous, vous ne serez jamais bons amis : il a tué votre sœur.

CATHERINE.

— Il l'a rendue mélancolique, triste et morose, — et elle en est morte. Si elle avait été aussi légère que vous, — d'une humeur aussi gaie, aussi allègre, aussi remuante, — elle aurait pu être grand'mère, avant de mourir, — comme vous le serez, vous ; car un cœur léger vit longtemps.

ROSALINE.

— Quelle sombre signification, petite souris, a dans votre bouche ce mot *léger?*

CATHERINE.

— Caractère léger dans une beauté sombre ! C'est clair.

ROSALINE.

— Nous aurions besoin de plus de clarté pour vous deviner.

CATHERINE.

— Si je mouche la chandelle, vous prendrez la mouche. — Je laisserai donc ma pensée dans l'ombre.

ROSALINE.

— Vous voyez ! vous faites toujours dans l'ombre ce que vous faites.

CATHERINE.

— Ce n'est pas comme vous. Vous agissez, en fille légère, publiquement.

ROSALINE.

— En effet, étant moins pesante que vous, je dois vous sembler légère.

####### CATHERINE.

— Oh! vous ne m'avez pas pesée! vous ne pouvez donc m'estimer.

####### ROSALINE.

— Par une bonne raison : c'est que vous êtes inestimable!

####### LA PRINCESSE.

— Bien lancé! vous maniez bien la raquette de l'esprit. — Mais dites-moi, Rosaline, vous avez aussi un cadeau : — qui vous l'a envoyé? Et qu'est-ce donc?

####### ROSALINE.

Vous allez le savoir. — Si j'étais aussi brillante que vous, — j'aurais reçu des dons égaux aux vôtres : regardez ceci.

####### *Elle montre un bijou.*

— J'ai aussi des vers dont je remercie Biron. — Le nombre en est juste; et si l'évaluation l'était également, — je serais la plus belle divinité de la terre : — à moi seule je vaux vingt mille belles. — Oh! on y fait de moi un portrait!

####### LA PRINCESSE.

Est-il exact!

####### ROSALINE.

— Oui, dans les lettres de mon nom; non, dans la description de ma personne.

####### LA PRINCESSE.

— Vous êtes donc belle comme de l'encre. La conclusion est juste.

####### CATHERINE.

— Blanche comme un grand R dans un manuscrit.

####### ROSALINE.

— Gare à la peinture! Je ne veux pas mourir votre débitrice, — ma rouge majuscule, ma chère lettre d'or! — Oh! quel malheur que votre visage soit si plein d'O! (46.)

CATHERINE.

— Diantre de la plaisanterie! Que la vérole grêle toutes les moqueuses!

LA PRINCESSE, à Catherine.

— Et vous, que vous a envoyé le beau Du Maine?...

CATHERINE.

— Madame, ce gant.

LA PRINCESSE.

Est-ce qu'il ne vous a pas envoyé la paire?

CATHERINE.

— Si fait, madame, et, en outre, — quelque mille vers d'amant fidèle, — immense fiction de l'hypocrisie, — méchante compilation d'une innocence affectée.

MARIA, montrant un collier et un papier.

— Ceci m'a été envoyé par Longueville avec ces perles: — la lettre est trop longue d'un demi-mille.

LA PRINCESSE.

— C'est mon avis. Ne souhaiterais-tu pas de tout cœur — que le collier fût plus long et la lettre plus courte?

MARIA.

— Oui, dussé-je pour cette prière avoir toujours les mains jointes?

LA PRINCESSE.

— Quelles filles sages nous sommes de nous moquer ainsi de nos amoureux!

ROSALINE.

— Ils n'en sont que plus fous d'acheter nos moqueries si cher. — Ce Biron! Je veux le torturer avant de partir. — Oh! si je savais un moyen de le prendre à mes gages, — comme je le forcerais à ramper, à implorer, à supplier, — à attendre le moment, à observer les minutes, — à dépenser ses esprits prodigues en rimes superflues, — à se mettre au service de toutes mes fantaisies, — et à se glorifier de devenir, en me glorifiant, l'objet de mes

railleries! — Je voudrais influencer sa vie si fatalement —
qu'il fût pour moi un jouet, et que je fusse pour lui le
destin.

LA PRINCESSE.

— Nul n'est aussi bien pris, quand il est pris, — que le
sage devenu fou : sa folie, éclose en pleine sagesse, — a
toute l'autorité de la sagesse et toutes les ressources de
l'éducation; elle a pour donner grâce à ses aberrations la
grâce même de l'esprit.

ROSALINE.

— La sensuelle jeunesse est moins ardente en ses
excès — que la gravité en révolte d'amour.

MARIA.

— La folie chez le fou n'est pas aussi saillante — que
chez le sage qui s'affole ; — car alors elle applique toutes
les facultés d'une intelligence — à rehausser par l'esprit
l'éclat de la bêtise.

Entre BOYET.

LA PRINCESSE.

— Voici venir Boyet, la gaieté sur la face.

BOYET.

— Ah! je suis poignardé de rires. Où est Son Altesse ?

LA PRINCESSE.

— Ta nouvelle, Boyet ?

BOYET, *à la princesse.*

Préparez-vous, madame, préparez-vous.

A ses femmes.

— Aux armes, donzelles, aux armes ! Une expédition
est montée — contre votre repos. L'amour s'avance déguisé, — armé d'arguments. Vous allez être surprises. —
Battez le rappel de vos esprits, levez-vous pour votre défense, — ou résignez-vous à cacher vos têtes comme des
lâches en vous sauvant d'ici.

LA PRINCESSE.

— Saint Denis contre saint Cupido! qui sont ceux — qui chargent leur éloquence contre nous? Parle, éclaireur, parle.

BOYET.

— Sous le frais ombrage d'un sycomore — je m'apprêtais à fermer les yeux une demi-heure, — quand, brusquement, mon repos projeté fut interrompu, — et je vis se diriger vers cet ombrage — le roi et ses compagnons. Prudemment — je me glissai dans un fourré voisin — d'où j'entendis ce que vous allez entendre, — à savoir que tout à l'heure ils arriveront ici déguisés. — Leur héraut est un joli fripon de page — qui sait par cœur son message : — action et accent, ils lui ont tout appris. — *Voilà comment tu parleras et comment tu te tiendras.* — Sur quoi, ils ont exprimé la crainte — que votre présence majestueuse ne le déconcertât. - *Tu vas voir un ange,* a dit le roi ; — *n'importe! n'aie pas peur et parle hardiment.* — Un ange n'est pas méchant, a répliqué le page ; *j'aurais eu peur d'elle, si elle avait été un diable.* — — Là-dessus, tous de rire, et de lui frapper sur l'épaule, — enhardissant de leurs éloges le hardi farceur. — L'un se frottait le coude, comme ceci, et se tordait, et jurait — que jamais meilleur mot n'avait été dit ; — l'autre, faisant claquer un doigt contre son pouce, — criait : *Nous ferons la chose, advienne que pourra.* — Le troisième cabriolait et criait : *Tout va bien.* Le quatrième fit une pirouette sur son orteil et tomba. — Sur ce, tous se sont affaissés à terre, — avec un rire si acharné, si profond — qu'au milieu de leur humeur joyeuse ont apparu, — pour réprimer leur folie, les larmes solennelles de la douleur!

LA PRINCESSE.

— Comment? comment? Est-ce qu'ils viennent nous rendre visite?

SCÈNE VIII.

BOYET.

— Oui, ils viennent, ils sont costumés — en Moscovites ou en Russes : à ce que je conjecture, — ils viennent pour parlementer, coqueter et danser ; — et chacun lancera sa déclaration d'amour — à la maîtresse de son choix, reconnaissable pour lui — au cadeau qu'il lui a envoyé.

LA PRINCESSE.

— Est-ce ainsi ? Eh bien, ces galants vont être bien intrigués. — Mes dames, nous allons toutes nous masquer, — et pas un d'entre eux n'obtiendra la grâce, — en dépit de ses prières, de voir le visage d'une dame... — Tiens, Rosaline, tu porteras ce bijou, — et alors le roi te courtisera comme sa mie... — Allons, prends-le, ma chère, et donne-moi le tien : — comme cela, Biron me prendra pour Rosaline.

A Catherine et à Maria.

— Faites comme nous l'échange de vos présents ; en sorte que vos amoureux, — déçus par ces substitutions, soupirent à faux.

ROSALINE.

— Allons ; mettons bien leurs présents en évidence.

CATHERINE.

— Mais, dans cet échange, quel est votre projet ?

LA PRINCESSE.

— Mon projet est de traverser le leur ; — ils n'agissent que par pur persifflage, — et ma seule intention est de rendre persifflage pour persifflage. — Ils révèleront leurs plus intimes secrets — à leurs fausses bien-aimées ; et nous nous moquerons d'eux, — à la première entrevue où nous pourrons les aborder et leur parler à visage découvert.

ROSALINE.

— Mais danserons-nous, s'ils nous y invitent ?

LA PRINCESSE.

— Non. Plutôt mourir que de remuer un pied ! — Nous ne rendrons même pas grâce à leur discours le mieux calligraphié, — et, tandis qu'ils nous parleront, nous leur tournerons toutes le dos.

BOYET.

— Ah ! ce dédain percera le cœur des orateurs, — et du coup leur mémoire divorcera avec leur rôle.

LA PRINCESSE.

— C'est justement ce que je veux : je suis bien sûre — qu'une fois dérouté, chacun d'eux en oubliera son reste. — Quelle fête d'écraser les rieurs sous les rires — et de nous approprier leur joie en gardant la nôtre ! — ainsi nous triompherons, en bafouant nos prétendus railleurs, — et eux, bien bafoués, ils se sauveront avec leur confusion.

On entend le son des trompettes.

BOYET.

— La trompette sonne ; masquez-vous ! Voici les masques.

Entrent le Roi, Biron, Longueville, et Du Maine, en costumes russes, et masqués ; puis Phalène, des musiciens et des gens de service.

PHALÈNE, *saluant la princesse et ses femmes.*

Salut aux plus splendides beautés de la terre !

BIRON, *à part.*

Splendides comme peuvent l'être des masques de taffetas.

PHALÈNE.

Groupe sacré des plus jolies dames
Qui aient jamais tourné... le dos à des mortels !

Toutes lui tournent le dos.

BIRON, *le reprenant.*

Les yeux, coquin ! les yeux !

SCÈNE VIII.

PHALÈNE.

Qui aient jamais tourné les yeux vers des mortels !
Ah ! cé...

BOYET.

C'est lui, ma foi, qui en a assez !

PHALÈNE.

Ah ! célestes esprits, accordez-nous la faveur
De ne pas regarder.

BIRON.

De regarder, chenapan !

PHALÈNE.

De regarder avec vos yeux profonds comme les mers...
Avec vos yeux profonds comme les mers...

BOYET.

— Elles ne répondront pas à cette épithète ; — vous feriez mieux de dire : Avec vos yeux profonds comme les filles.

PHALÈNE, à Biron.

— Elles ne m'écoutent pas et cela me déroute.

BIRON.

— Voilà donc ton infaillibilité ! Décampe, chenapan.

Phalène se retire.

ROSALINE.

— Que veulent ces étrangers ? Sachez leurs intentions, Boyet. — S'ils parlent notre langue, notre volonté est — que quelqu'un nous expose simplement leurs projets. — Sachez ce qu'ils veulent.

BOYET, allant à Biron.

— Que voulez-vous de la princesse ?

BIRON.

— Rien que la paix et une cordiale entrevue.

ROSALINE.

— Voyons, que veulent-ils ?

BOYET.

Rien que la paix et une cordiale entrevue.

ROSALINE.

— Eh bien, ils ont ce qu'ils veulent : ainsi dites-leur de s'en aller.

BOYET, retournant à Biron.

— Elle dit que vous avez ce que vous voulez et que vous pouvez vous en aller.

LE ROI.

— Dites-lui que nous avons mesuré bien des milles — pour danser une mesure avec elle sur cette pelouse.

BOYET, revenant près de la princesse.

— Ils disent qu'ils ont mesuré bien des milles — pour danser une mesure avec vous sur cette pelouse.

ROSALINE.

— Cela ne se fait pas ainsi. Demandez-leur combien de pouces — il y a dans un mille ; s'ils en ont mesuré beaucoup, — il leur sera aisé de nous dire la mesure d'un seul.

BOYET, se tournant vers les travestis.

— Si pour venir ici vous avez mesuré des milles, — et bien des milles, la princesse vous prie de lui dire — combien il faut de pouces pour faire un mille.

BIRON.

— Dites-lui que nous les avons mesurés par des pas douloureux.

BOYET.

— Elle vous entend.

ROSALINE.

Combien de pas douloureux — avez-vous comptés dans le parcours d'un seul — de tous ces milles douloureux que vous avez franchis ?

BIRON.

— Nous ne comptons pas ce que nous dépensons pour

vous. — Notre dévouement est si riche, si infini, — que nous pourrions aller toujours ainsi sans calculer. — Daignez montrer le radieux soleil de votre visage, — que comme des sauvages, nous puissions l'adorer!

ROSALINE.

— Mon visage n'est qu'une lune, et dans les nuages encore!

LE ROI.

— Heureux les nuages qui le couvrent ainsi! — Daignez, brillante lune, et vous aussi, étoiles, ses satellites, — en écartant ces nuages, luire sur nos yeux humides.

ROSALINE.

— O vain pétitionnaire! implore mieux que cela : — tu ne demandes qu'un reflet de lune sur l'eau.

LE ROI.

— Eh bien! pour changer, accordez-nous une mesure de danse. — Vous m'avez dit de demander; cette demande n'a rien d'étrange.

ROSALINE.

— Allons, musiciens, jouez.

La musique joue.

Mais faites vite... — Pas encore! Décidément, pas de danse! Vous le voyez, je change comme la lune.

LE ROI.

— Vous ne voulez pas danser! D'où vous vient cette boutade?

ROSALINE.

Vous aviez pris la lune dans son plein; mais à présent il y a changement de lune.

LE ROI.

— Elle n'en est pas moins la lune, et moi l'homme de la lune. — La musique joue; par grâce, suivons-en le mouvement.

ROSALINE.

— Nos oreilles le suivent.

LE ROI.
Ce serait à vos jambes de le faire.
ROSALINE.
— Puisque vous êtes étrangers et que vous venez ici par hasard, — nous ne ferons pas les renchéries... Donnez-nous la main... Mais nous ne voulons pas de danse.
LE ROI.
— Pourquoi alors nous donner la main?
ROSALINE.
Simplement pour nous quitter bons amis. — Une révérence, beaux galants, pour finir la mesure!

Elle salue.

LE ROI.
— Mesurez-nous plus largement la mesure; ne soyez point chiche.
ROSALINE.
— Nous ne pouvons accorder davantage pour le prix.
LE ROI.
— Évaluez-vous vous-mêmes. A quel prix se vend votre compagnie?
ROSALINE.
— Uniquement au prix de votre absence.
LE ROI.
Vous demandez l'impossible.
ROSALINE.
— C'est que nous ne sommes pas à vendre. Ainsi adieu, — deux fois à votre masque, à vous une demi-fois!
LE ROI.
— Si vous refusez de danser, continuons du moins cette causerie.
ROSALINE.
— En particulier alors.

SCÈNE VIII.

LE ROI.

Je n'en suis que plus charmé.

Ils s'éloignent en causant.

BIRON, à la princesse.

— Maîtresse aux blanches mains, rien qu'une douceur avec vous.

LA PRINCESSE.

— Miel, lait et sucre; en voilà trois

BIRON.

— Eh bien, doublons la triade, puisque vous devenez si friande : — hydromel, hypocras et malvoisie... Joli coup de dés ! — Voilà une demi-douzaine de douceurs.

LA PRINCESSE.

Septième douceur : adieu ! — Puisque vous savez si bien piper, je ne veux plus jouer avec vous.

BIRON.

— Un mot en secret !

LA PRINCESSE.

Pourvu que ce ne soit pas une douceur.

BIRON.

— Tu m'agites la bile.

LA PRINCESSE.

La bile ! voilà qui est amer.

BIRON.

Et par conséquent à propos.

Ils s'éloignent en causant.

DU MAINE, à Maria.

— Daignerez-vous échanger un mot avec moi?

MARIA.

— Énoncez-le.

DU MAINE.

Belle dame...

MARIA.

Est-ce là ce que vous dites?... Beau seigneur ! — Prenez cela pour votre belle dame.

DU MAINE.

Par grâce, — encore un mot en particulier, et je vous dis adieu.

Ils s'éloignent en causant.

CATHERINE, à Longueville.

— Quoi! Est-ce que vous n'avez pas de langue, beau masque?

LONGUEVILLE.

— Je sais la raison, madame, pourquoi vous me demandez cela.

CATHERINE.

— Oh! voyons votre raison! vite, monsieur! Je brûle.

LONGUEVILLE.

— Vous avez une langue double sous votre loup — vous voudriez en céder la moitié à ce beau masque muet.

CATHERINE.

— A merveille! agréez mon bravo.

LONGUEVILLE.

— J'agrée votre bras, mais non votre veau.

CATHERINE.

— Prenez le veau aussi et sevrez-le : il deviendra taureau.

LONGUEVILLE.

— Votre piquante raillerie vous transperce vous-même. — Vous voulez donc, chaste dame, me faire porter des cornes?

CATHERINE.

— Vous mourrez veau, avant qu'elles poussent par ma faute.

LONGUEVILLE.

— Accordez-moi un mot en particulier, avant que je meure.

SCÈNE VIII.

CATHERINE.

— Mugissez doucement alors! le boucher vous entend.

Ils s'éloignent en causant.

BOYET.

— La langue des filles moqueuses est aussi effilée — que le tranchant invisible du rasoir, — qui divise un cheveu insaisissable au regard; — elle échappe au sens du sens commun, si déliée — est leur causerie; leurs saillies ont des ailes — plus promptes que la flèche, la balle, le vent, la pensée, la chose la plus rapide.

ROSALINE.

— Pas un mot de plus, mes filles, brisons là, brisons là.

Toutes les dames se séparent de leurs cavaliers.

BIRON.

— Par le ciel, on nous chasse tous avec le plus sec dédain.

LE ROI.

— Adieu, folles donzelles; vous avez l'esprit mesquin.

Sortent le Roi, les seigneurs, Phalène, les musiciens et tous les gens de la suite.

LA PRINCESSE.

— Vingt fois adieu, mes Moscovites transis. — Voilà donc cette pléiade d'esprits si admirés!

BOYET.

— Ce sont des flambeaux qu'a éteints votre douce haleine.

ROSALINE.

— Ils ont l'esprit chargé d'embonpoint, grossier, grossier, replet, replet.

LA PRINCESSE.

— O pauvreté d'esprit! pauvre plastron royal! — Croyez-vous pas qu'ils vont se pendre cette nuit, — ou du moins qu'ils n'oseront jamais se montrer autrement que sous le masque? — Ce Biron tout sémillant avait tout à fait perdu contenance.

ROSALINE.

— Oh! ils étaient tous dans un lamentable état. — Le roi dévorait ses larmes en implorant un mot tendre.

LA PRINCESSE.

— Biron, à bout de prières, se confondait en serments.

MARIA.

— Du Maine et son épée se mettaient à mon service : — Non, pointe, ai-je répondu. Et mon serviteur est resté coi.

CATHERINE.

— Messire de Longueville m'a dit que je lui pesais sur le cœur, — et savez-vous comment il m'a appelée?

LA PRINCESSE.

Nausée, peut-être.

CATHERINE.

Justement.

LA PRINCESSE.

Éloigne-toi vite, maladie que tu es!

ROSALINE.

— Allons, on trouverait de meilleurs esprits sous de simples bonnets de laine... — Sachez-le, le roi est mon amoureux juré.

LA PRINCESSE.

— Et le pétulant Biron m'a engagé sa foi.

CATHERINE.

— Et Longueville était né pour me servir.

MARIA.

— Du Maine m'est attaché comme l'écorce à l'arbre.

BOYET.

— Madame, et vous, jolies donzelles, prêtez l'oreille :

— ils vont revenir ici tout à l'heure, — sous leur forme naturelle, car il est impossible — qu'ils digèrent une si cruelle avanie.

LA PRINCESSE.

Ils vont revenir?

BOYET.

Ils reviendront, ils reviendront, Dieu le sait, — et en bondissant de joie, tout estropiés qu'ils sont par vos coups. — Ainsi, que chacun reprenne son cadeau; et quand ils reparaîtront, — épanouissez-vous comme de suaves roses au souffle de l'été.

LA PRINCESSE.

— Nous épanouir! Nous épanouir! et comment? Parle de façon intelligible.

BOYET.

— De belles dames masquées sont de belles roses en bouton; — démasquées, elles montrent leurs suaves couleurs diaprées; — alors ce sont des anges dépouillés de leur nuage ou des roses épanouies.

LA PRINCESSE.

— Arrière, logogryphe! Qu'est-ce que nous ferons, — s'ils reviennent coqueter sous leur forme naturelle?

ROSALINE.

— Bonne madame, prenez mon avis : — raillons-les face à face comme nous les raillions déguisés; — plaignons-nous à eux des fous qui sont venus ici, — déguisés en Moscovites, dans le plus difforme accoutrement; — demandons-leur ce qu'ils pouvaient être et dans quel but — ils nous ont offert, dans nos tentes, — leur parade si plate, leur prologue si mal tourné, — et le spectacle de leurs grossiers procédés.

BOYET.

— Retirez-vous, mesdames, nos galants approchent.

LA PRINCESSE.

— Courons à nos tentes, comme des biches à travers la plaine.

Sortent la Princesse, Rosaline, Catherine et Maria.

Entrent le Roi, Biron, Longueville et Du Maine, dans leur costume habituel.

LE ROI, à Boyet.

— Beau sire, Dieu vous garde ! Où est la princesse ?

BOYET.

— Rentrée dans sa tente ! Votre Majesté voudrait-elle — me charger de quelque message pour elle ?

LE ROI.

— Qu'elle daigne m'accorder une audience d'un mot.

BOYET.

— Je défère à votre désir comme elle-même, j'en suis sûr, y déférera, monseigneur.

Il sort.

BIRON.

— Ce compagnon va becquetant l'esprit, comme un pigeon la graine, et le dégorge ensuite quand il plaît à Dieu. — Il est colporteur d'esprit, et il détaille la marchandise — aux veillées, aux galas, aux réunions, aux marchés, aux foires, — et nous qui la vendons en gros, le Seigneur le sait, — nous n'avons pas la grâce de lui prêter grâce par un tel étalage. — Ce galant pique les filles sur sa manche ; — s'il avait été Adam, c'eût été lui qui aurait tenté Ève. — En outre, il sait découper et zézayer. Oui-dà, c'est lui — qui baise si bien sa main en signe de courtoisie. — C'est le singe de l'étiquette, monsieur le délicat — qui, quand il joue au trictrac, gronde les dés — en d'honorables termes. Eh ! mais il sait chanter — en ténor accompli : comme huissier, — le surpasse qui pourra ! Les dames l'appellent : Cher ! — Les escaliers, quand il les foule, baisent son pied ; — c'est la fleur qui sourit à chacun — pour montrer des dents blanches comme un os de baleine ; — et les consciences qui ne veulent pas mourir endettées — lui payent le titre de Boyet à la langue de miel.

LE ROI.

— Ah! peste soit de ce doux langage — qui a décontenancé le page d'Armado !

Entrent la Princesse, précédée de Boyet, puis Rosaline, Maria, Catherine et leur suite.

BIRON.

— Tenez ! voici qu'on vient !
Considérant Boyet.
Attitude, qu'étais-tu — avant que cet homme te fît valoir ? et qu'es-tu maintenant ?

LE ROI, à la princesse.

— Le bonjour à vous, madame ! Plût au ciel qu'il fût pour tous le plus beau !

LA PRINCESSE.

— Pour que ce jour fût le plus beau, il faudrait tout d'abord qu'il ne plût pas au ciel.

LE ROI.

— Interprétez mieux mes paroles, s'il est possible.

LA PRINCESSE.

— Énoncez mieux vos souhaits, je vous y autorise.

LE ROI.

— Nous sommes venus vous visiter, dans l'intention — de vous mener à notre cour : daignez donc nous accompagner.

LA PRINCESSE.

— Ces champs nous garderont ; gardez de même votre parole... — Ni Dieu, ni moi, nous n'aimons les hommes parjures.

LE ROI.

— Ne me reprochez pas ce que vous-même avez provoqué. — C'est la vertu de vos yeux qui a dû rompre mon vœu.

LA PRINCESSE.

— Vous invoquez à tort la vertu : c'est de vice que vous devriez parler ; — car l'office de la vertu n'est jamais de rompre les vœux des hommes. — Ah ! par mon virginal honneur, aussi pur encore, — que le lis immaculé, je le jure, — dussé-je endurer un monde de tourments, — je ne consentirai pas à accepter l'hospitalité dans votre maison ; — tant je répugne à causer la rupture — d'un vœu prononcé de bonne foi à la face du ciel.

LE ROI.

— Oh! vous avez vécu ici dans un désert, — inaperçue, délaissée, à notre grande honte.

LA PRINCESSE.

— Non pas, monseigneur ! Cela n'est pas, je vous jure : — nous avons eu plus d'un passe-temps et d'une récréation fort réjouissante ; — une bande de Russes vient justement de nous quitter.

LE ROI.

— Comment, madame des Russes !

LA PRINCESSE.

Oui, vraiment, monseigneur : — de gracieux galants, pleins de courtoisie et de majesté.

ROSALINE.

— Parlez franchement, madame... Il n'en est rien, monseigneur. — Madame, selon la mode de nos jours, — leur accorde par courtoisie un éloge immérité. — Nous quatre, en effet, avons été abordées ici par quatre personnages — en costume russe. Ils sont restés ici une heure — sans cesser de causer, et dans cette heure, monseigneur, — ils ne nous ont pas gratifiées d'un seul mot heureux. — Je n'oserais les appeler des fous : mais ce que je crois, — c'est que, quand ils ont soif, il y a des fous qui voudraient bien boire.

BIRON.

— Cette plaisanterie me paraît sèche... Charmante, gentille beauté, — c'est votre esprit même qui change les sages en fous. Quand nous fixons — les meilleurs yeux du monde sur l'œil enflammé du ciel, — nous perdons la lumière par l'excès de lumière. De même, votre capacité — est d'une telle nature qu'auprès de votre trésor idéal — les sages semblent fous et les riches semblent pauvres.

ROSALINE.

— C'est la preuve que vous êtes riche et sage; car à mes yeux...

BIRON.

— Je suis un bien pauvre fou.

ROSALINE.

— N'était que vous reprenez ce qui vous appartient, — vous auriez tort de m'arracher ainsi les mots de la bouche.

BIRON.

— Oh! je suis à vous, avec tout ce que je possède.

ROSALINE.

— J'ai donc à moi le fou tout entier?

BIRON.

Je ne puis vous donner moins.

ROSALINE.

— Quel était le masque que vous portiez?

BIRON.

— Où? quand? quel masque? Pourquoi demandez-vous cela?

ROSALINE.

— Eh! vous savez bien! ce masque, cette enveloppe

superflue — qui cachait le plus laid et montrait le plus beau visage!

LE ROI.

— Nous sommes reconnus : elles vont rudement se moquer de nous.

DU MAINE.

— Confessons tout et tournons la chose en plaisanterie.

LA PRINCESSE, au roi.

— Vous semblez consterné, monseigneur! Pourquoi Votre Altesse a-t-elle cet air confus?

ROSALINE.

— Au secours! tenez lui le front! il va s'évanouir! Pourquoi pâlissez-vous ainsi? — Le mal de mer, je pense!.. quand on vient de Moscovie!

BIRON.

— Quand les étoiles déversent ainsi leurs fléaux sur nos parjures, — quelle tête d'airain pourrait y résister? — Me voici, ma dame; déchaîne ta verve contre moi; — écrase-moi d'ironies, accable-moi de sarcasmes; — passe mon ignorance au fil de ton esprit; hache-moi de tes traits les plus aigus; — va, je ne me risquerai plus à t'inviter à la danse, ou à me présenter sous l'habit russe. — Oh! je ne me fierai plus jamais aux harangues écrites — ni aux mouvements de langue d'un écolier; je ne m'offrirai plus sous le masque à ma mie; — je ne mettrai plus l'amour en rimes comme la chanson d'un ménétrier aveugle. — Phrases de taffetas, termes précieusement soyeux, — hyperboles à trois poils, affectations raffinées, — figures pédantesques, toutes ces mouches qui me piquaient — m'ont boursoufflé de leurs malsaines ampoules. — Je les honnis pour jamais; et, j'en jure — par ce gant blanc (Dieu sait combien plus blanche est la main!) — désormais les sentiments de mon cœur seront exprimés — par un simple *oui* de bure ou par un honnête *non* de serge. — Et, pour commencer, fillette, que Dieu m'assiste, là ! — j'ai pour toi un amour bien trempé, sans paille ni félure.

ROSALINE.

— Sans phrase, je vous en prie.

BIRON.

J'ai encore un accès — de mon ancien délire... Excusez-moi, je suis malade ; je m'en déferai par degrés... Patience, voyons !...

Montrant le Roi, Du Maine et Longueville.

— Mettez sur eux trois cet écriteau : *Le Seigneur ait pitié de nous!* (47) — Ils sont infectés, jusqu'au fond du cœur ; — ils ont la peste et ils l'ont gagnée de vos yeux. — Ces seigneurs sont atteints du fléau ; et vous n'en êtes pas plus libres qu'eux, mesdames, — car je vois sur chacune de vous le signe du Seigneur.

LA PRINCESSE montrant le joyau qu'elle porte.

— Ceux qui nous ont envoyé ces signes, en étaient bien libres !

BIRON.

— Nous nous désistons ; ne cherchez pas à nous ruiner.

ROSALINE.

— Nullement. Comment est-il possible — que vous vous désistiez, puisque vous êtes en instance ?

BIRON.

— Paix ! je ne veux pas avoir affaire à vous.

ROSALINE.

— Ni moi à vous, si je puis agir à ma guise...

BIRON.

— Messeigneurs, parlez pour vous-mêmes : mon esprit est à bout.

LE ROI, à la princesse.

— Pour notre grossière offense enseignez-nous, chère madame, — quelque belle excuse.

LA PRINCESSE.

La meilleure est un aveu. — N'étiez-vous pas ici déguisé il n'y a qu'un moment?

LE ROI.

— Oui, madame.

LA PRINCESSE.

Et vous aviez toute votre réflexion?

LE ROI.

— Oui, belle madame.

LA PRINCESSE.

Eh bien, quand vous étiez ici, — qu'est-ce donc que vous disiez tout bas à l'oreille de votre dame?

LE ROI.

— Que je l'estimais plus que le monde entier.

LA PRINCESSE.

— Quand elle vous prendra au mot, vous la repousserez.

LE ROI.

— Sur mon honneur, non.

LA PRINCESSE.

Paix, paix! arrêtez! — Après un serment déjà violé, vous ne répugnez plus à vous parjurer.

LE ROI.

— Méprisez-moi, si je viole ce serment-là.

LA PRINCESSE.

— Je vous mépriserais certainement : tenez-le donc... Rosaline, — qu'est-ce que le Russe t'a dit tout bas à l'oreille?

ROSALINE.

— Madame, il m'a juré que je lui étais aussi chère — que sa précieuse prunelle; qu'il me mettait — au-dessus de l'univers, ajoutant en outre — qu'il m'épouserait ou mourrait mon amant.

LA PRINCESSE.

— Que Dieu te donne la joie en t'unissant à lui! Le noble prince — fera certes honneur à sa parole.

LE ROI.

— Que voulez-vous dire, madame? Sur ma vie, sur ma foi, — je n'ai jamais adressé à cette dame pareil serment.

ROSALINE.

— Par le ciel, vous l'avez fait; et comme gage, — vous m'avez donné ce bijou : mais reprenez-le, sire.

LE ROI.

— C'est à la princesse que je l'ai donné avec ma foi.
— Je l'ai reconnue à ce joyau qu'elle avait à sa manche.

LA PRINCESSE.

— Pardon, sire, c'était Rosaline qui le portait; quant à moi, c'est le seigneur Biron, et je lui en rends grâces, qui est mon bien-aimé.

A Biron.

— Eh bien, voulez-vous m'avoir ou ravoir votre perle?

BIRON.

— Ni l'un ni l'autre : je ne prétends ni à vous ni à elle... — Oui, je vois le tour. On a cabalé, — sachant d'avance notre divertissement, — pour l'écraser comme une farce de Noël. — Quelque conteur patelin, quelque misérable hâbleur, — quelque mâcheur de nouvelles, quelque chevalier de l'assiette, quelque faquin — qui se vieillit à force de sourire, et qui a le secret — de faire rire madame, quand elle y est disposée, — avait dit d'avance notre projet. La chose une fois découverte, — ces dames ont échangé leurs présents; et nous, — éconduits par ces simulacres, nous n'avons courtisé chacun que le simulacre de notre préférée. — Ainsi, surcroît d'horreur ajouté à notre faute, — nous nous sommes deux fois parjurés, volontairement et par erreur... — Oui, c'est sans doute cela.

A Boyet.

Eh! ne seriez-vous pas capable — d'avoir déjoué notre projet pour nous rendre parjures? — N'est-ce pas votre état de mesurer l'empreinte du pied de madame, — et de rire au moindre mouvement de sa prunelle, — et de vous tenir entre son dos et le feu, — portant une assiette et plaisantant à cœur joie? — C'est vous qui avez déconcerté le page : allez, tout vous est permis. — Mourez quand vous voudrez, un cotillon sera votre linceul. — Vous me regardez du coin de l'œil, on dirait? Voilà une œillade — qui blesse comme un sabre de plomb.

BOYET.

Avec quelle gaieté — il a fourni cette belle carrière à travers la lice!

BIRON.

— Oh! il est sur le point de rompre une lance! La paix! j'ai fini.

Entre TROGNE.

BIRON.

— Sois le bienvenu, pur esprit! Tu fais diversion à une belle querelle.

TROGNE.

— O Seigneur! monsieur, on voudrait savoir — si les Trois Preux doivent venir ou non.

BIRON.

— Comment, est-ce qu'ils ne sont que trois?

TROGNE.

Oui-dà, monsieur; mais ça sera hardi beau, — car chacun représente trois.

SCÈNE VIII.

BIRON.

Et trois fois trois font neuf.

TROGNE.

— Non point, monsieur; sauf correction, monsieur; j'espère bien que cela n'est point. — Nous ne sommes pas idiots, monsieur, je puis vous l'assurer, monsieur; — nous savons ce que nous savons. — J'espère bien, monsieur, que trois fois trois, monsieur...

BIRON.

Ne font pas neuf? —

TROGNE.

Sauf correction, monsieur, nous savons combien ça fait.

BIRON.

— Par Jupin! j'avais toujours cru que trois fois trois faisaient neuf. —

TROGNE.

O Seigneur! monsieur, quel malheur pour vous, si vous étiez obligé de gagner votre vie à compter!

BIRON.

Combien donc cela fait-il?

TROGNE.

O Seigneur, monsieur, les parties elles-mêmes, les acteurs vous montreront, monsieur, combien ça fait; pour ma part, comme ils disent, je ne dois défigurer qu'un seul homme, et un pauvre homme encore : le grand Pompion, monsieur.

BIRON.

Serais-tu l'un des Preux?

TROGNE.

Il m'ont jugé digne de Pompion le Grand; pour ma part, je ne connais pas la qualité de ce Preux-là; mais je dois tenir sa place.

BIRON.

Va leur dire de se préparer.

TROGNE.

Nous donnerons une belle tournure à la chose, allez, monsieur ; nous y mettrons du zèle.

Trogne sort.

LE ROI.

— Ils nous feront honte, Biron ; qu'ils n'approchent pas !

BIRON.

— Nous sommes à l'épreuve de la honte, monseigneur ; et il est assez politique — de montrer à ces dames une parade pire que celle du roi et de sa troupe.

LE ROI.

— Je déclare qu'ils ne viendront pas.

LA PRINCESSE.

— Voyons, mon bon seigneur, laissez-vous fléchir par moi. — Le divertissement le plus agréable est celui qui plaît à son insu. — Quand le zèle s'évertue à nous contenter et que ses intentions — meurent par le zèle même de ceux qu'il anime, — les formes confondues prennent forme de drôlerie, — au moment même où avortent tant de grands efforts en travail.

BIRON.

— Voilà la juste description de notre fête, monseigneur.

Entre le fanfaron ARMADO.

ARMADO.

Oint du Seigneur, j'implore de ta douce haleine royale la dépense nécessaire pour proférer un couple de mots.

Armado remet un papier au roi et cause à part avec lui.

LA PRINCESSE, montrant Armado.

Est-ce que cet homme-là sert Dieu ?

BIRON.

Pourquoi le demandez-vous?

LA PRINCESSE.

Il ne parle pas comme un homme de la façon de Dieu.

ARMADO, haut au roi.

C'est égal, mon beau, suave et mielleux monarque; je proteste que le maître d'école est excessivement fantasque; un peu trop vain, un peu trop vain; mais nous nous en remettons, comme on dit, à la *fortuna della guerra*. Je vous souhaite la paix de l'esprit, très-royal couple.

Armado sort en saluant.

LE ROI.

Nous allons avoir sans doute une belle exhibition de Preux. Lui, il représente Hector de Troie; le paysan, Pompée le Grand; le curé de paroisse, Alexandre; le page d'Armado, Hercule; le pédant, Judas Machabée. — Et si ces quatre Preux réussissent dans leurs premiers rôles, — ils changeront d'habits tous quatre et représenteront les cinq Preux restants.

BIRON.

— Ils seront cinq dans la première partie.

LE ROI.

— Vous vous trompez.

BIRON.

Si fait : le pédant, le fanfaron, le prêtre de buisson, le niais et le page. — Quand vous améneriez le plus beau coup de dés, dans l'univers entier — vous ne réuniriez pas cinq êtres aussi complets en leur genre.

LE ROI.

— Le vaisseau est sous voile, et le voici qui vient lestement.

<small>On apporte des siéges pour le roi, la princesse, les seigneurs et les dames de la suite. Tous prennent place.</small>

INTERMÈDE DES NEUF PREUX (48).

Entre Trogne armé et représentant Pompée.

TROGNE, déclamant.

Pompée je suis...

BOYET.

Vous mentez! vous ne l'êtes pas.

TROGNE, reprenant.

Pompée je suis...

BOYET.

Avec une tête de léopard au genou (49)!

BIRON.

Bien dit, vieux moqueur; il faut que je me réconcilie avec toi.

TROGNE.

Pompée je suis, Pompée surnommé le Gros...

DU MAINE.

Le Grand!

TROGNE.

Le Grand, c'est juste, monsieur.

Reprenant.

. . . . Pompée surnommé le Grand
Qui souvent dans la plaine, avec écu et bouclier, fis suer mon ennemi!
Voyageant le long de cette côte, je suis venu ici par hasard,
Et je dépose les armes devant les jambes de cette suave fille de France.

S'adressant à la princesse.

Si Votre Grâce veut me dire : Merci Pompée! j'ai fini.

LA PRINCESSE.

Grand merci, grand Pompée.

TROGNE.

Je ne méritais pas tant; mais je me flatte que j'ai été parfait. J'ai fait une petite faute à *grand*.

BIRON.

Mon chapeau contre un sou que Pompée sera le meilleur des Preux!

SCÈNE VIII.

Entre NATHANIEL, armé et représentant Alexandre.

NATHANIEL.

Quand je vivais dans le monde, j'étais souverain du monde,
A l'est, à l'ouest, au nord, au sud je répandais ma force conquérante.
Mon écusson déclare nettement que je suis Alisandre...

BOYET.

— Votre nez dit que non, que vous ne l'êtes pas ; car il est trop droit.

BIRON, à Boyet.

— Et votre nez sent que non ! Chevalier vous avez le flair délicat.

LA PRINCESSE.

— Le conquérant est épouvanté !... Poursuis, bon Alexandre.

NATHANIEL, reprenant.
Quand je vivais dans le monde, j'étais souverain du monde.

BOYET.

— C'est, ma foi, vrai : vous l'étiez, Alisandre.

BIRON, faisant signe à Trogne.
— Grand Pompée !

TROGNE, s'inclinant.
Me voici ! Trogne pour vous servir !

BIRON.
Emmène le conquérant ; emmène Alisandre.

TROGNE, à Nathaniel.
O messire, vous avez causé la chute d'Alisandre le Conquérant ! Pour la peine, vous allez être dépouillé du costume bariolé. Votre lion a beau tenir sa masse d'armes assise sur une chaise percée (50), il n'a rien du héros à chyle. Un conquérant avoir peur de parler ! Par pudeur, esquive-toi, Alisandre.

Nathaniel se retire.

Là !... c'est un doux imbécile, voyez-vous ! Un homme

qui est bien vite en déroute ! Comme voisin, il est, sur ma parole, merveilleusement bon; comme joueur de boules, il est excellent ; mais, comme Alisandre, hélas ! vous voyez ce qu'il est... un peu au-dessous de son rôle. Heureusement, il arrive d'autres Preux qui vont exprimer leur pensée d'une tout autre manière.

LA PRINCESSE.

Range-toi, bon Pompée.

Trogne se retire.

Entrent HOLOPHERNE armé, représentant Judas, et PHALÈNE également armé, représentant Hercule.

HOLOPHERNE, montrant Phalène.

Ce nabot vous représente le grand Hercule,
Dont la massue tua Cerbère, le *canis* à triple tête,
Et qui, n'étant encore qu'un poupon, un enfant, un marmot,
Étranglait ainsi les serpents dans ses *manus*.
Quoniam, il apparaît ici dans sa minorité ;
Ergo, je viens avec cette apologie.
   A Phalène.
Montre quelque majesté dans ton *exit* et évanouis-toi.

Sort Phalène.

HOLOPHERNE, déclamant.

Judas je suis...

DU MAINE.

Un Judas !

HOLOPHERNE, s'interrompant.

Non pas Iscariote, messire !
   Reprenant.
Judas je suis, surnommée Machabée.

DU MAINE.

Un Judas mâche-abbés est un méchant Judas.

BIRON.

Un embrasseur fort traître... Comment es-tu devenu un Judas ?

SCÈNE VIII.

HOLOPHERNE.

Judas je suis...

DU MAINE.

Pour ta honte, Judas!

HOLOPHERNE.

Que prétendez-vous, monsieur?

BOYET.

Aider Judas à se pendre!

HOLOPHERNE.

Vous n'êtes pas un homme assez sûr! Oh!

BIRON.

Bien répliqué! C'est à un sureau que Judas s'est pendu!

HOLOPHERNE.

Je ne me laisserai pas outrager en face.

BIRON.

Parce que tu n'as pas de face!

HOLOPHERNE, montrant sa figure.

Qu'est-ce donc que ceci?

BOYET.

Une tête à guitare!

DU MAINE.

Une tête de clou!

BIRON.

Une tête de mort dans une bague!

LONGUEVILLE.

La face, à peine visible, d'une vieille monnaie romaine!

BOYET.

Le pommeau de l'épée de César!

DU MAINE.

La figure en os sculpté qui surmonte une gourde!

BIRON.

Le profil d'un saint George sur un fermoir!...

DU MAINE.

Un fermoir de plomb !

BIRON.

— Fixé au chapeau d'un arracheur de dents ! — Et maintenant, continue : nous t'avons laissé reprendre contenance.

HOLOPHERNE.

Vous m'avez fait perdre toute contenance.

BIRON.

Erreur ; nous t'avons donné beaucoup de fronts.

HOLOPHERNE.

Vous ne m'avez fait que des affronts.

BIRON.

Quand tu serais un lion, nous te tiendrions tête.

BOYET.

— Comme ce n'est qu'un âne, ne le retenons pas. — Adieu, doux Jude ! Pardieu, qu'attends-tu ?

DU MAINE.

— Eh ! la dernière partie de son nom.

BIRON.

— C'est juste ; rendons-le lui. Adieu, vieux Jude, as de pique !

HOLOPHERNE.

— Cela n'est ni généreux, ni gentil, ni charitable.

BOYET.

— Une lumière pour monsieur Judas ! Il fait nuit. Il pourrait faire un faux pas.

Holopherne se retire.

LA PRINCESSE.

— Hélas ! pauvre Machabée, comme il a été étrillé ! —

Entre ARMADO *armé, représentant Hector.*

BIRON.

Cache ta tête, Achille ; voici venir Hector en armes.

DU MAINE.

Quand mes plaisanteries devraient retomber sur moi, je veux m'égayer.

LE ROI.

Hector n'était qu'un Troyen, comparé à celui-ci. (51)

BOYET.

Mais est-ce bien là Hector ?

DU MAINE.

Je crois qu'Hector n'était pas si bien charpenté.

LONGUEVILLE.

Il a la jambe trop grosse pour Hector.

DU MAINE.

Trop de mollet, à coûp sûr !

BOYET.

Il eût bien fait de s'amincir un peu.

BIRON.

Ce ne peut pas être Hector.

DU MAINE.

C'est un dieu ou un peintre ; car il fait toutes sortes de mines.

ARMADO, déclamant.

L'armipotent Mars, tout-puissant de la lance,
A fait don à Hector...

DU MAINE.

D'une muscade dorée !

BIRON.

D'un citron...

LONGUEVILLE.

Garni de clous de girofle !

ARMADO.

Paix !

Reprenant.

L'armipotent Mars, tout-puissant de la lance,
A fait don à Hector, l'héritier d'Ilion,

D'une telle haleine qu'il pourrait combattre, oui,
Du matin au soir, hors de sa tente.
Je suis cette fleur.

DU MAINE.

Cette menthe !

LONGUEVILLE.

Cette colombine !

ARMADO.

Doux seigneur de Longueville, enrêne ta langue.

LONGUEVILLE.

Je dois bien plutôt lui lâcher les rênes, puisqu'elle court après Hector.

DU MAINE.

Et Hector est un si bon lévrier !

ARMADO.

Le cher guerrier est mort et pourri ; chers poulets, ne secouez pas les ossements des trépassés ; quand il respirait, c'était un homme... Mais continuons notre rôle,

A la princesse.

Suave royauté, octroyez-moi la sensation de votre ouïe.

LA PRINCESSE.

Parlez, brave Hector : nous en serons ravie.

Pendant ce dialogue, Biron dit quelques mots tout bas à Trogne, qui vient de rentrer dépouillé de son costume.

ARMADO.

J'adore la pantoufle de ta suave Altesse.

BOYET.

Il l'aime par le pied.

DU MAINE.

C'est qu'il ne peut l'aimer par la verge.

ARMADO, *déclamant.*

Cet Hector surpassait de beaucoup Annibal...

SCÈNE VIII.

TROGNE, brusquement.

Votre partenaire est en travail, camarade Hector, elle est en travail. Elle est à ses deux mois de gestation.

ARMADO.

Que veux-tu dire?

TROGNE.

Ma foi, à moins que vous ne jouiez le rôle de l'honnête Troyen, la pauvre fille est perdue. Elle est grosse... L'enfant se pavane déjà dans son ventre; il est bien de vous.

ARMADO.

Ah! tu me diffamonises devant les potentats! Tu vas mourir.

Il dégaîne.

TROGNE.

Alors Hector sera fouetté pour avoir fécondé Jacquinette et pour avoir occis Pompée.

DU MAINE.

O rare Pompée!

BOYET.

Renommé Pompée!

BIRON.

Plus grand que le grand grand grand grand Pompée! Pompée l'immense!

DU MAINE.

Hector tremble.

BIRON.

Pompée est ému... Plus de furie! plus de furie!... Excitez-les! excitez-les!

DU MAINE.

Hector le provoquera.

BIRON.

Oui, n'eût-il pas plus de sang dans le ventre qu'il n'en faut pour faire souper une puce!

ARMADO, s'avançant vers Trogne.

Par les pôles du Nord et du Sud, je te défie.

TROGNE.

Je ne veux pas me battre avec l'épaule, moi; je veux une estocade; je me battrai avec l'épée.

Aux assistants.

Je vous en prie, laissez-moi reprendre mes armes d'Hector.

DU MAINE.

Place aux Preux courroucés!

TROGNE, défaisant son pourpoint.

Je me battrai en manches de chemise!

DU MAINE.

O le plus résolu des Pompées!

PHALÈNE, à Armado.

Maître, laissez-moi vous déboutonner. Ne voyez-vous pas que Pompée se déshabille pour le combat? Que prétendez-vous? Vous voulez donc perdre votre réputation?

ARMADO.

Gentilhommes et soldats, pardon! Je ne veux pas me battre en chemise.

DU MAINE.

Vous ne pouvez pas refuser : c'est Pompée qui fait le défi.

ARMADO.

Mes chers cœurs, je ne veux que ce que je peux.

BIRON.

Expliquez-vous.

ARMADO.

La vérité nue en tout ceci est que je n'ai pas de chemise! Je vais sous la laine par pénitence!

PHALÈNE.

C'est vrai, il lui a été enjoint à Rome de s'abstenir de linge; et depuis lors, je suis prêt à le jurer, il n'a jamais porté qu'un torchon de Jacquinette qu'il serre près de son cœur comme souvenir...

Entre MERCADE.

MERCADE, à la princesse.
— Dieu vous garde, madame!
LA PRINCESSE.
Sois le bienvenu, Mercade, — bien que tu interrompes notre fête.
MERCADE.
— J'en suis fâché, madame; car la nouvelle que j'apporte — pèse douloureusement à ma langue. Le roi votre père...
LA PRINCESSE.
— Est mort, sur ma vie!
MERCADE.
Oui, madame, je n'ai rien de plus à vous dire. —
BIRON.
Preux, retirez-vous; la scène commence à s'assombrir.
ARMADO.
Pour ma part, je respire librement. Le jour de l'outrage a lui pour moi à travers le petit trou de la modération, mais j'obtiendrai réparation en vrai soldat.
Les Preux sortent.
LE ROI, à la princesse.
— Comment se trouve Votre Majesté?
LA PRINCESSE.
— Boyet, préparez tout. Je partirai ce soir.
LE ROI.
— Non, madame; je vous en supplie, restez!
LA PRINCESSE.
— Préparez tout vous dis-je... Je vous remercie, gracieux seigneurs, — de toutes vos prévenances; et je

vous conjure, — du fond de ma soudaine tristesse, de daigner — excuser ou dissimuler, dans votre inépuisable sagesse, — les excès de notre railleuse humeur. — Si nous avons dépassé les bornes — dans la familiarité de la causerie, c'est votre courtoisie — qu'il en faut accuser.

Au Roi.

Adieu, digne seigneur, — Un cœur accablé ne tolère pas une langue obséquieuse. — Excusez-moi, si je ne vous remercie pas plus longuement — de la grande concession que j'ai si aisément obtenue de vous.

LE ROI.

— Le temps, dans ses moments suprêmes, vers sa conclusion suprême — précipite chaque chose; — et souvent c'est quand il va nous échapper, qu'il décide — ce qu'un long procès n'avait pu arbitrer. — Quoiqu'un front assombri par le deuil filial — interdise à la courtoisie souriante de l'amour — de plaider la cause sacrée qu'il voudrait gagner, — pourtant, puisque l'amour a été admis à présenter sa requête, — que les nuages de la douleur ne le détournent pas — de ses fins! Pleurer des amis perdus — est bien moins salutaire et profitable — que de se réjouir des amis nouvellement trouvés...

LA PRINCESSE.

— Je ne vous comprends pas : vous redoublez mes chagrins.

BIRON.

— Des paroles simples et franches pénètrent le mieux l'oreille de la douleur. — Par ces éclaircissements comprenez la pensée du roi. — C'est pour l'amour de vous, belles, que nous avons perdu notre temps — et fait faux bond à nos serments. Votre beauté, mesdames, — nous a défigurés tous, en façonnant nos goûts — à l'inverse de nos volontés. — Si vous avez vu en nous tant de ridicules, — c'est que l'amour est plein de caprices extravagants, — espiègle comme un enfant, sautillant et frivole, — engendré par le regard, et par conséquent, comme le regard, — plein de formes, d'apparitions et d'images étranges, — variant ses visions comme l'œil promène — son regard, d'objet en objet. — Si, sous ces dehors bigarrés dont l'amour fantasque nous a revêtus, nous avons, devant vos yeux célestes, — compromis notre foi et notre gravité, — ce sont ces yeux célestes, témoins de nos fautes, —. qui nous ont engagés à les commettre. Ainsi, mesdames, — notre amour étant de votre fait, les écarts causés par l'amour — sont également de votre fait. Traîtres envers nous-mêmes, — nous n'avons été traîtres qu'afin d'être pour toujours fidèles — à celles qui nous font à la fois fidèles et traîtres, c'est-à-dire à vous, mesdames ! — Et cette trahison, qui est péché en elle-même, — s'épure ainsi elle-même et devient vertu.

LA PRINCESSE.

— Nous avons reçu vos lettres, pleines d'amour, — vos cadeaux, ambassadeurs d'amour ; — et dans notre conseil virginal, nous n'y avions vu — que galanteries, aimables plaisanteries, courtoisies — de clinquant destinées à parer le temps. — Nous n'y avions pas, pour notre part, — attaché plus d'importance, et voilà pourquoi nous avons accueilli votre amour, — selon ses allures, comme un badinage.

DU MAINE.

— Nos lettres, madame, montraient mieux qu'une plaisanterie.

LONGUEVILLE.

— Et nos regards aussi.

ROSALINE.
Nous n'en avons pas jugé ainsi.
LE ROI.
— Voyons, à la dernière minute, accordez-nous votre amour.
LA PRINCESSE.
C'est un temps trop court, ce me semble, — pour conclure un marché à perpétuité. — Non, non, monseigneur! Votre Grâce s'est parjurée, — elle s'est rendue chèrement coupable; qu'elle m'écoute donc! — Si pour l'amour de moi, prétexte auquel je ne crois pas, — vous êtes prêt à faire quelque chose, voici ce que vous ferez. — Je ne me fie pas à vos serments; mais retirez-vous au plus vite — dans quelque ermitage solitaire et désolé, — bien éloigné de tous les plaisirs du monde. — Restez-y jusqu'à ce que les douze signes célestes — aient subi leur recensement annuel. — Si cette vie austère et insociable — ne change rien à l'offre faite par vous dans l'ardeur des sens, — si la gelée et le jeûne, le rude logement et les vêtements légers — ne flétrissent pas l'éclatante floraison de votre amour, — si votre amour résiste à cette épreuve et persiste, — alors, à l'expiration de l'année, — venez. Réclamez-moi, réclamez-moi au nom de votre mérite nouveau... — et, par cette main virginale qui en ce moment étreint la tienne, — je serai à toi! Jusqu'à ce moment-là je veux enfermer — ma tristesse dans une demeure de deuil, — pour verser une pluie de larmes lamentables — au souvenir de la mort de mon père. — Si tu te refuses à cela, que nos mains se détachent — et que nous cœurs renoncent l'un à l'autre!
LE ROI.
— Si je me refuse à cette épreuve ou à toute autre — ayant pour but d'ennoblir mon âme par le repos, — que

la main soudaine de la mort me ferme les yeux ! — Désormais mon cœur est dans ta poitrine !»

Il cause tout bas avec la princesse.

BIRON, à Rosaline.

— Et à moi, ma mie ? A moi que direz-vous ?

ROSALINE.

— Il faut aussi vous purifier ; car vous êtes gangrené de péchés ; — vous êtes perclus de fautes et de parjures. — Si donc vous voulez obtenir ma faveur, — vous passerez douze mois, sans vous reposer, — à veiller au chevet douloureux des malades.

DU MAINE, à Catherine.

— Et à moi, ma mie ? et à moi ?

CATHERINE.

— A vous une femme ?.. De la barbe, une bonne santé, et de l'honneur, — voilà les trois choses que je vous souhaite avec une triple tendresse.

DU MAINE.

— Oh ! puis-je vous dire : merci, ma gentille femme ?

CATHERINE.

— Nenni, monseigneur. Je veux être un an et un jour — sans écouter les paroles des soupirants à l'air doucereux. — Revenez quand le roi reviendra près de la princesse ; — alors, si j'ai beaucoup d'amour, je vous en donnerai.

DU MAINE.

— Je serai jusque-là votre serviteur fidèle et loyal.

CATHERINE.

— Mais ne le jurez pas, de peur de vous parjurer encore.

LONGUEVILLE.

— Que dit Maria ?

MARIA.

Au bout de douze mois, — j'échangerai ma robe noire contre un ami fidèle.

LONGUEVILLE.
— J'attendrai avec patience ; mais le temps est long.
MARIA.
— Il ne vous sied que mieux. Si jeune, il est rare d'être aussi grand que vous.
BIRON, à Rosaline.
— Que médite ma dame? Maîtresse, regarde-moi ; — vois à mes yeux, ces fenêtres de mon cœur, — vois l'humble supplique qui attend ta réponse. — Impose-moi quelque service pour te prouver mon amour.
ROSALINE.
— J'avais souvent entendu parler de vous, messire Biron, — avant de vous connaître. La large langue du monde — vous proclame un railleur achevé, — toujours plein de comparaisons et d'ironies moqueuses — que vous lancez sur tout ce qui — est placé à la portée de votre esprit. — Pour arracher cette amère ivraie de votre féconde cervelle, — et aussi, si vous le désirez, pour gagner mon cœur — que vous ne pouvez gagner qu'à ce prix, — vous passerez une année, au jour le jour, — à visiter les malades silencieux et à causer — avec les pauvres agonisants ; et, ce sera là votre tâche, — vous vous évertuerez de toutes les forces vives de votre esprit — à faire sourire les souffrants incurables.
BIRON.
— Faire rire la mort à gorge déployée ! — Cela ne se peut ; c'est impossible. — La gaieté ne saurait émouvoir une âme à l'agonie.
ROSALINE.
— Eh ! c'est le moyen d'étouffer cet esprit narquois — dont l'influence n'est due qu'à la complaisante faveur — que des rieurs ineptes accordent à des fous. — Le succès d'un bon mot est tout entier dans l'oreille — de qui l'écoute, et non dans la langue — de qui le fait. Si donc les

malades, — assourdis par les cris de leur triste agonie, — écoutent vos vaines railleries, continuez — et je vous accepte avec ce défaut-là ; — sinon, défaites-vous de cet esprit, — et en vous voyant affranchi de ce travers — je serai toute joyeuse de votre réformation.

BIRON.

— Un an ? Soit ! advienne que pourra ; — je vais plaisanter un an dans un hôpital.

LA PRINCESSE, saluant le Roi.

— Oui, mon cher seigneur ; et sur ce, je prends congé de vous.

LE ROI.

— Non, madame ; nous voulons vous accompagner.

BIRON.

— Nos amours ne finissent pas comme les vieilles pièces. — Jeannot n'a pas sa Jeanneton : la courtoisie de ces dames — aurait bien pu terminer notre fête en comédie.

LE ROI.

— Allons, messire, encore un an et un jour, — et le dénoûment viendra.

BIRON.

C'est trop long pour une pièce... —

Entre ARMADO.

ARMADO.

Suave Majesté, daigne me...

LA PRINCESSE.

N'est-ce pas là notre Hector ?

DU MAINE.

Le preux chevalier de Troie !

ARMADO.

Je veux baiser ton doigt royal et prendre mon congé. J'ai prononcé mes vœux : j'ai juré à Jacquinette de tenir la charrue trois ans pour l'amour d'elle... Mais, très-illustre Grandeur, vous plairait-il d'entendre le dialogue que nos deux savants ont compilé à la gloire de la chouette et du coucou? Ce devait être le morceau final de notre représentation.

LE ROI.

Introduisez-les vite. Nous y consentons.

ARMADO, criant.

Holà! approchez!

Entrent HOLOPHERNE, NATHANIEL, PHALÈNE, BALOURD *et autres.*

ARMADO, montrant Holopherne.

De ce côté est *Hiems*, l'hiver.

Montrant Nathaniel.

De l'autre, *Ver*, le printemps. L'un est représenté par la chouette, l'autre par le coucou. Printemps, commencez.

CHANSON.

LE PRINTEMPS.

Quand les pâquerettes diaprées et les violettes bleues
Et les cressons argentés
Et les primevères de couleur jaune
Emaillent de leurs grâces les prés,
Le coucou alors, d'arbre en arbre,
Se moque des maris, car il chante :
   Coucou!
Coucou! Coucou!... O mot sinistre,
Malsonnant à une oreille mariée!

Quand les bergers embouchent les chalumeaux d'avoine
Et que les gaies alouettes servent d'horloges aux laboureurs,
Quand s'accouplent les tourterelles, les grolles et les corneilles
Et que les filles blanchissent leurs jupes au soleil
Le coucou alors, d'arbre en arbre,
Se moque des maris, car il chante :
   Coucou!
Coucou! Coucou!... O mot sinistre,
Malsonnant à une oreille mariée!

SCÈNE VIII.

L'HIVER.

Quand les glaçons pendent au mur,
Et que Dick le berger souffle dans ses ongles,
Et que Tom porte des bûches au vestibule,
Et que le lait arrive gelé dans la jatte,
Quand le sang se fige et que la route est noire,
Alors la chouette hagarde chante dans la nuit :
      Touhou !
Touhouit ! Touhou ! Joyeuse note,
Tandis que la grasse Jeanne écume le pot.

Quand tout haut le vent souffle,
Et que la toux noie le sermon du curé,
Et que les oiseaux sont perchés dans la neige,
Et que le nez de Marianne est d'un rouge cru,
Quand les pommes rôties sifflent sur le feu,
Alors la chouette hagarde chante dans la nuit :
      Touhou !
Touhouit ! Touhou ! Joyeuse note,
Tandis que la grasse Jeanne écume le pot.

ARMADO.

Les paroles de Mercure détonnent après les chants d'Apollon. Voilà votre chemin, et voici le nôtre.

Tous sortent.

FIN DE PEINES D'AMOUR PERDUES.

NOTES

SUR

LA SAUVAGE APPRIVOISÉE, TOUT EST BIEN QUI FINIT BIEN ET PEINES D'AMOUR PERDUES.

---

(1) La première édition de cette comédie est celle de 1623. *La Sauvage apprivoisée* occupe vingt-deux feuillets du gros in-folio où ont été réunies les pièces authentiques de Shakespeare, et est placée, de la page 208 à la page 230, entre *Comme il vous plaira* et *Tout est bien qui finit bien*. La division par scènes n'y est pas marquée ; en revanche, la division par actes y est faite avec une négligence inconcevable. Les éditeurs ont indiqué, en tête du prologue, l'acte premier de la comédie qui ne commence qu'après le prologue, puis ne sachant plus où mettre le second acte, ils ont omis de le mentionner ; enfin, ils ont placé en tête de la scène du pari cette indication savante : *Actus quintus, scœna prima*, et ils ne se sont pas aperçus que cette « scène première du cinquième acte » était la scène finale !

Vingt-neuf ans avant que *La Sauvage apprivoisée* eût été publiée avec cette déplorable insouciance,—dès 1594,—le libraire Cuthbert Burby avait mis en vente à sa boutique, place du *Royal Exchange*, un petit volume in-4, sur le titre duquel se lisaient ces lignes : « *Une comédie plaisamment conçue, appelée Une sauvage apprivoisée* (The taming of a Shrew), *telle qu'elle a été jouée diverses fois par les serviteurs du très-honorable comte de Pembroke.* » Sauf certains détails secondaires, cette comédie anonyme était, par le choix du sujet par la marche de l'action, par la disposition des scènes, exactement pareille à la comédie signée Shakespeare. En présence de cette analogie frappante, analogie qui va quelquefois jusqu'à l'identité des mots, la première pensée qui viendrait à l'esprit de tout lecteur impartial, c'est que la comédie imprimée en 1594 est du même auteur que la comédie imprimée en 1623. Tout lecteur impartial, sachant déjà que Shakespeare a refait beaucoup de ses pièces, *Hamlet, le Roi Lear, Roméo et Juliette, les Joyeuses épouses de Windsor, le Roi Jean,* etc., se dirait que le poëte a retouché également *La Sauvage apprivoisée,* et serait pénétré d'admiration en reconnaissant l'éclatante supériorité de l'œuvre remaniée sur l'œuvre primitive. Comment croire, en effet, que Shakespeare, dans toute la verdeur de son génie, se fût asservi à imiter servilement l'œuvre d'autrui? — Que Shakespeare prenne la légende de Belleforest et la transforme dans *Hamlet,* qu'il prenne le conte de Cynthio et le transfigure dans *Othello,* c'est tout simple : il reste créateur et grand créateur. Mais qu'il dérobe une pièce de Marlowe, ou de Greene, ou de Kid, ou de je ne sais qui, qu'il la copie scène par scène, qu'il en répète littéralement les jeux de mots et les calembours, qu'il en reproduise le prologue sans même se donner la peine de changer les noms des personnages, qu'il en transcrive jusqu'au titre en se bornant à y substituer la particule *a* à la particule *the* et à dire *The taming of the Shrew* au lieu de *The taming of a Shrew,* alors Shakespeare n'est plus un créateur, c'est un plagiaire.

Il commet une véritable piraterie littéraire : il a volé non-seulement l'œuvre, mais la renommée d'un autre. Il peut faire une bonne contrefaçon, mais il a fait une mauvaise action.

Eh bien! cette mauvaise action, qui le croirait? Les critiques anglais se sont entendus pour l'attribuer à Shakespeare. Sans doute, me direz-vous, ces critiques sont les plus violents détracteurs du poëte, ses plus implacables ennemis. Erreur! ce sont justement ses plus fervents admirateurs! Ce sont ceux qui, en racontant sa vie, ont mis le plus de zèle à faire admirer le génie de l'écrivain et à faire aimer la probité de l'homme. *Proh pudor!*

Et quelles sont les raisons de ces commentateurs pour ternir d'une pareille imputation une des plus chères gloires du genre humain? Ces raisons, je les ai consciencieusement cherchées et voici celles que j'ai pu parvenir à découvrir. On va voir de quelle valeur elles sont.

Le premier motif pour lequel, à en croire ces messieurs, la comédie publiée en 1594 ne peut pas être de Shakespeare, c'est qu'avant sa publication elle avait été représentée par la troupe du comte de Pembroke : est-il probable que Shakespeare, appartenant à une troupe rivale de celle du comte, aurait voulu contribuer à la vogue de ses concurrents en leur livrant une comédie qui pouvait être jouée si fructueusement par ses associés ? Voilà l'objection dans toute sa force. Il est facile d'y répondre en démontrant qu'à cette époque le droit de propriété littéraire était loin d'être protégé comme il l'est aujourd'hui. Au temps de la bonne reine Bess, les chefs de troupe ne se faisaient nul scrupule de monter et de représenter, sans l'assentiment de l'auteur, une pièce qui attirait le public dans un théâtre rival. Comme l'a fort bien dit M. Collier, « une pièce écrite, par une compagnie et peut-être jouée par cette compagnie telle qu'elle était écrite, pouvait être obtenue subrepticement par une autre, grâce à une transcription, aussi fidèle que possible, des paroles prononcées par les exécutants originaux ; de cette seconde compagnie elle pouvait passer à une troisième, et, après une succession de changements, de corruptions et d'omissions, elle pourrait parvenir jusqu'à l'impression. Je tiens donc pour positif que des auteurs favoris comme Robert Greene, Christophe Marlowe, Thomas Lodge, George Peel, Thomas Kid, et quelques autres fournissaient d'œuvres dramatiques, non pas une compagnie seulement, mais la plupart des associations d'acteurs de la métropole ; et quand nous trouvons que, dans le journal du chef de troupe Henslowe, *Tamerlan* est mentionné comme ayant été joué par les comédiens de lord Strange, nous pouvons conclure que ce drame était joué aussi par les comédiens de la reine, de lord Nottingham, de lord Oxford ou par toute autre compagnie ayant pu monter, tant bien que mal, une reproduction de la pièce originale. Le drame si populaire de Christophe Marlowe, que je viens de nommer, est un exemple parfaitement choisi ; car sur le titre de la pièce imprimée en 1590 on nous dit qu'elle était jouée par les serviteurs du lord amiral, et pourtant Henslowe la mentionne comme ayant été représentée cinq fois par les serviteurs de lord Strange antérieurement à Avril 1592 [1] » Cette assertion si explicite du savant historien de la scène anglaise est une réponse victorieuse aux accusateurs de Shakespeare. Parce que la troupe du comte de Pembroke a joué la *Sauvage apprivoisée* primitive, cela ne prouve nullement que Shakespeare n'en soit point l'auteur. Les comédiens de lord Pembroke ont pu se procurer une copie d'une pièce appartenant dès l'origine aux comédiens de la reine, juste comme les comédiens de lord

---

[1] Collier's *History of the Stage*, t. III. p. 86.

Strange ont pu obtenir une copie du *Tamerlan* de Marlowe, qui était la propriété des comédiens du lord amiral. — Passons outre.

La seconde raison pour laquelle *Une Sauvage apprivoisée* ne peut pas être attribuée à Shakespeare, toujours au dire de ces messieurs, est une raison de style. Le commentateur Steevens a découvert dans la vieille comédie quatre mots qui ne sont employés dans aucune pièce de Shakespeare, *Sardonyx* (Sardoine), *Hyacinth* (Hyacinthe, *radiations* (rayons), *eye-trained* (à l'œil exercé); et ces quatre mots sont, selon Steevens, autant de preuves nouvelles que la vieille comédie n'est pas l'œuvre du poëte. Cet argument est si puéril qu'il y aurait puérilité à le réfuter. S'il était admis en principe qu'une pièce de Shakespeare, pour être authentique, ne doit pas contenir un seul mot qui n'ait été employé dans ses autres pièces, toutes les œuvres du poëte, *sans aucune exception*, devraient être déclarées apocryphes. Par exemple, le mot composé *tempest-tossed* (secoué de la tempête) ne se trouvant que dans *Macbeth*, *Macbeth* serait apocryphe! Le mot *spirit-stirring* (excitant le courage) ne se rencontrant que dans *Othello*, *Othello* serait apocryphe! Le mot *grey-coated* (habillé de gris) n'étant que dans *Roméo et Juliette*, *Roméo et Juliette* serait apocryphe! Le mot *implorator* (qui implore) ne se présentant que dans *Hamlet*, *Hamlet* serait apocryphe! Pauvre Steevens!

La troisième et dernière raison mise en avant dans cette controverse par la critique anglaise est un fait d'histoire littéraire, consigné dans les registres tenus par le chef de troupe Henslowe, pendant les dernières années du seizième siècle. Dans le courant de l'année 1594, pendant qu'on construisait le théâtre du *Globe*, la troupe du lord Chambellan (la troupe même à laquelle appartenait Shakespeare) demanda asile à la troupe du lord amiral, et les deux troupes combinées donnèrent ensemble une série de représentations qui attirèrent la foule au théâtre de Newington. Le comédien Henslowe, qui prit part à ces représentations, a laissé une liste, devenue très-curieuse, des pièces jouées alors. A la date du mois de juin, on y lit ceci :

— 9 juin 1594, *Hamlet.*
— 11 juin 1594, *The taming of a Shrew* (*Une Sauvage apprivoisée.*)
— 12 juin 1594, *The Jew of Malta* (*Le Juif de Malte* de Marlowe).

Voilà certes une présomption bien puissante à l'appui de l'opinion que je soutiens. Par une circonstance extraordinaire, la troupe du lord chambellan est amenée à joindre son répertoire au répertoire de la troupe du lord amiral. Que fait-elle? elle joue deux pièces auxquelles le nom de Shakespeare est tout naturellement attaché : *Hamlet, Une Sauvage apprivoisée*, la veille du jour où la troupe du lord amiral donne une pièce de Marlowe. Mais Malone n'accepte pas cette interprétation si vraisemblable. Malone affirme que cet *Hamlet* et cette *Sauvage apprivoisée* ne sont pas les œuvres de Shakespeare, mais seulement deux pièces sur lesquelles Shakespeare a copié les siennes. « Il est clair, dit-il, qu'aucune des pièces de notre auteur ne fut jouée à Newington Butts; si on en avait joué une seule, nous en aurions certainement trouvé plus d'une. Le vieil *Hamlet* avait été mis sur la scène avant 1590. » Et voilà Shakespeare convaincu, par cette simple affirmation de son commentateur, d'avoir plagié deux de ses principales pièces ! — Mais, malheureusement pour l'infaillibilité de Malone et heureusement pour la mémoire de Shakespeare, on découvrit en 1825 un exemplaire in-quarto de ce vieil *Hamlet*, joué à Newington Butts en 1594. Ce vieil *Hamlet*, imprimé pour Nicholas Ling, ce vieil *Hamlet*, que Malone déclarait n'être pas de Shakespeare, était signé en toutes lettres *William Shakespeare!* Fiez-vous donc aux commentateurs, après cela!

Ainsi tout le monde le reconnaît aujourd'hui, ce que Malone affirmait quant au vieil *Hamlet*, était justement le contraire de la vérité. Eh bien! ma conviction profonde, c'est que Malone s'est trompé sur le compte de *La Sauvage apprivoisée* primitive, comme sur le compte du vieil *Hamlet*. Ma conviction, c'est que les deux pièces jouées le 9 et le 11 juin 1594 sur la scène de Newington sont l'une et l'autre de Shakespeare, et que le grand homme n'a pas plus plagié la comédie que le drame.

A l'appui de ma conviction, voici un fait frappant que les commentateurs ont jusqu'ici passé sous silence.

Le lecteur sait déjà que la *Sauvage apprivoisée* primitive a été publiée en 1594 par Cuthbert Burby. En 1598, le même Cuthbert Burby publie *Peines d'amour perdues*, et, en 1599, *Roméo et Juliette*. Sept années plus tard, en 1606, la propriété de ces trois pièces est cédée *le même jour* à un autre libraire, Nicholas Ling, déjà éditeur d'*Hamlet*. Voici l'extrait du registre officiel tenu au *Stationer's Hall* :

Jan. 22, 1606.

M. Ling. *Romeo and Juliett.*
Love's Labour Loste.
Taming of a Shrewe (la comédie primitive).

Vingt-deux mois plus tard, un nouveau transfert s'opère. Le droit de publier ces quatre pièces : *Hamlet, Roméo et Juliette, Peines d'amour perdues, Une Sauvage apprivoisée,* passe tout à coup des mains de Nicholas Ling à celles d'un troisième éditeur, John Smythick ; et, chose bien remarquable, l'enregistrement des quatre pièces a encore lieu *le même jour :*

Nov. 19, 1607.

John Smythick. *A booke called Hamlett.*
   The Taming of a Shrewe.
   Romeo and Juliett.
   Love's Labour Loste.

N'est-il pas clair que toutes ces pièces, ainsi vendues le même jour au même éditeur, appartenaient préalablement au même propriétaire, c'est-à-dire au même auteur? Or, quel était l'auteur d'*Hamlet,* de *Peines d'amour perdues,* de *Roméo et Juliette?* Le même que l'auteur de la *Sauvage apprivoisée* primitive : William Shakespeare.

Il est donc désormais évident pour tout lecteur de bonne foi qu'en calquant sur la comédie publiée en 1594 la comédie publiée dans le grand in-folio de 1623, Shakespeare n'a été coupable d'aucun plagiat. En remaniant son œuvre, le poëte n'a fait que se copier lui-même.

A défaut de documents précis, il a été jusqu'à présent impossible de fixer l'époque à laquelle fut représentée pour la première fois la *Sauvage apprivoisée,* telle que nous la connaissons aujourd'hui. Le critique Meres n'en ayant pas fait mention dans la liste des œuvres de Shakespeare connues avant 1598, il est possible que la comédie définitive n'ait été jouée qu'après cette année-là. Mais il est certain pour quiconque a étudié de près les diverses manières de Shakespeare, que la *Sauvage apprivoisée,* imprimée en 1623, a dû être écrite dans la même période que les premières pièces du poëte, *Les Deux Gentilhommes de Vérone, Comédie d'erreurs, Peines d'amour perdues.* On y retrouve les mêmes formes caractéristiques, même coupe du vers, même fréquence de rimes, même rareté de l'enjambement. D'après les conjectures les plus probables, *La Sauvage apprivoisée,* composée originairement avant 1590, aurait été refaite par le poëte avant 1595.

Cette comédie est encore aujourd'hui une des plus populaires du répertoire shakespearien. Elle a donné lieu, depuis deux siècles, à plusieurs imitations qui, comme toujours, sont restées fort inférieures au modèle. Remaniée par différents auteurs, elle fut jouée successivement, en 1598, au Théâtre-Royal, sous ce titre : *Sawny l'Écossais;* en 1716, aux deux théâtres de Lincoln's Inn et de Drury-Lane, sous ce titre : *le Savetier de Preston;* enfin, en 1756, par la troupe de Garrick, sous ce titre : *Catherine et Petruchio.* Cette dernière imitation est certainement la meilleure.

(2) Le nom de Sly était très-commun dans le Warwickshire, le comté où Shakespeare était né. Un acteur, nommé William Sly, faisait partie de la troupe du *Globe,* et fut chargé, dit-on, du rôle d'Osric, dans *Hamlet.* L'indignation avec laquelle Christophe Sly déclare que *les Sly ne sont pas des vagabonds,* pourrait bien être une protestation, par voie d'allusion, contre le statut, alors en vigueur, qui assimilait aux vagabonds les acteurs ambulants. J'ai déjà eu occasion de noter une allusion du même genre dans *Hamlet.* — Faisons remarquer ici que le personnage de Sly existe également dans la comédie primitive. N'est-ce pas une présomption de plus en faveur de l'opinion qui veut que les deux pièces soient du même auteur ?

(3) Le nom de Petruchio se trouve dans une comédie traduite de l'Arioste par George Gascoigne et intitulée : *Il Suppositi.* L'intrigue relative aux amours de Lucentio et de Bianca rappelle également la comédie italienne. Ainsi que dans la pièce anglaise, on voit dans la pièce de l'Arioste un jeune homme changer de rôle et d'habit avec son valet pour supplanter un vieux rival et déterminer un étranger à se faire passer pour son père. — Le commentateur Farmer a le premier appelé l'attention sur ces rapports curieux qui permettent de comparer l'Arioste à Shakespeare.

(4) Soto est un des principaux personnages d'une comédie de Beaumont et de Fletcher intitulée : *La femme contente.*

(5) Barton-on-the-Heath est un hameau de vingt ou trente cottages, situé sur la route de Stratford-sur-Avon à Oxford. On y remarque encore à côté de l'église une maison à pignon renaissance que Shakespeare a pu voir construire.

(6) Wilmecote est un autre hameau du Warwickshire, situé à une lieue de Stratford-sur-Avon, dans la paroisse de Aston-Cantlow. Là avait demeuré Robert Arden, grand-père maternel de Shakespeare; la mère du poëte y possédait une chaumière et un champ que l'enfant sublime a dû souvent visiter.

(7) Ainsi que je l'ai dit à l'Introduction, une aventure analogue à celle du bonhomme Sly avait été, dès le commencement du seizième siècle, racontée comme un fait historique par Goulard, dans son *Thrésor d'histoires admirables et merveilleuses*. Un compilateur anglais, Richard Edwards, paraphrasa le récit de Goulard et le publia dans un recueil d'anecdotes en 1571. Je traduis ici cette paraphrase, d'après le texte du petit livre anglais, que notre poëte a pu avoir entre les mains dès l'âge de huit ans :

LE RÊVE DE L'HOMME ÉVEILLÉ.

« Au temps où Philippe, duc de Bourgogne (qui par la gentillesse et la courtoisie de sa conduite acquit le surnom de *Bon*), tenait les rênes du pays de Flandres, ce prince, qui était d'humeur plaisante, et plein de bonté judicieuse, avait recours à des passe-temps qui par leur singularité sont communément appelés plaisirs de princes : de cette manière il ne montrait pas moins la finesse de son esprit que sa prudence.

« Étant à Bruxelles avec toute sa cour, et ayant, à sa table, discouru assez amplement des vanités et des grandeurs de ce monde, il laissa chacun deviser à sa guise sur ce sujet. Sur quoi, se promenant vers le soir dans la ville, la tête pleine de pensées diverses, il aperçut un artisan couché dans un coin et endormi très-profondément, les fumées de Bacchus ayant surchargé son cerveau. Sur l'ordre du duc, des gens enlevèrent ce dormeur qui, insensible comme une souche, ne s'éveilla pas, et le portèrent dans une des plus somptueuses parties du palais, en une chambre meublée princièrement. Là, après l'avoir couché sur un lit magnifique, on le dépouilla de ses mauvais habits, et on lui mit une chemise très-fine et très-propre, au lieu de la sienne qui était grosse et sale. On le laissa dormir tout à son aise. Tandis qu'il cuve sa boisson, le duc prépare le plus réjouissant passe-temps qui se puisse imaginer.

« Dans la matinée l'ivrogne s'éveille, tire les rideaux de ce brave et riche lit, se voit dans une chambre ornée comme un Paradis, et considère le riche ameublement avec un étonnement que vous pouvez imaginer. Ne pouvant en croire ses yeux, il y porte ses doigts, et, bien qu'il les sente ouverts, il se persuade qu'ils sont fermés par le sommeil, et que tout ce qu'il voit est un pur rêve.

« Aussitôt qu'on s'aperçoit de son réveil, arrivent les officiers de la maison du duc, instruits par lui de ce qu'ils ont à faire; des pages magnifiquement vêtus, des gentilshommes de la chambre, des gentilshommes de service et le grand chambellan. Tous en bel ordre, et sans rire, apportent des vêtements pour le nouvel hôte : ils l'honorent avec la même révérence respectueuse que s'il était prince souverain ; il le servent tête nue et lui demandent quel costume il lui plaît de revêtir ce jour-ci.

« Notre gaillard, effrayé tout d'abord par la pensée que ces choses tenaient de l'enchantement ou du rêve, est enfin rassuré par tant de soumissions, il reprend du cœur, s'enhardit, et faisant bon visage à l'affaire, choisit entre tous les costumes qu'on lui présente celui qui lui plaît le plus et qui, à son idée, doit le mieux lui aller : accommodé comme un roi, servi avec des cérémonies toutes nouvelles pour lui, il regarde tout sans rien dire et avec une contenance assurée.

« Comme il s'était levé tard et que l'heure du dîner approchait, on lui demande s'il lui convient que le couvert soit mis. Il y consent volontiers... Il mange avec toutes les cérémonies d'usage à la table du duc, fait bonne chère et mâche avec toutes ses dents; seulement il boit avec la modération que lui impose la majesté qu'il représente. Tout étant desservi, on l'amusa par de nouveaux plaisirs; on lui fit passer l'après-midi dans toutes sortes de fêtes; la musique, la danse et une comédie employèrent une partie du temps... L'heure du souper approchant, il fut conduit, au son des trompettes et des hautbois, dans une grande salle où étaient disposées de longues tables couvertes de toutes sortes de mets délicats. Les torches brillaient à chaque coin et faisaient le jour au milieu de la nuit. Jamais duc imaginaire ne fut à pareille fête. Les rasades commencèrent à la manière du pays. On lui servit du vin très-fort, de bon hypocras, qu'il avala à grandes gorgées, en y revenant fréquemment, si bien que, chargé de tant de libations extraordinaires, il céda au cousin-germain de la mort, le sommeil!

« Alors le véritable duc, qui s'était mis dans la foule des officiers pour avoir le plaisir de cette momerie, ordonna que le dormeur fût dépouillé de ses beaux habits, revêtu de ses vieilles guenilles et remporté dans le lieu même d'où il avait été enlevé la nuit d'auparavant. Ce qui fut fait immédiatement. Notre homme ronfla là toute la nuit, sans ressentir aucun mal de la dureté des pierres ni de la fraîcheur de la nuit, tant son estomac était rempli de bons préservatifs. Réveillé dès le matin par quelque passant ou peut-être par quelqu'un que le duc avait désigné tout exprès : « Ah! lui dit-il, mon ami, qu'avez-vous fait là? Vous m'avez volé un royaume! Vous m'avez enlevé au plus doux, au plus heureux rêve que j'aie jamais fait! »

On comprend à quel point cette légende, d'origine orientale, devait frapper l'imagination d'un jeune poëte. Bientôt le voilà qui prend la plume, — inspiré à son insu par la muse arabe. — Il s'essaye à dramatiser ce récit et à en animer les personnages. L'essai est encore un peu gauche : on y sent l'inexpérience et la gêne de l'écrivain novice. Mais c'est égal. Malgré des imperfections nombreuses que Shakespeare corrigera plus tard, le prologue de la *Sauvage apprivoisée* primitive appartient déjà à la vraie comédie. Jugez-en vous-même :

UNE SAUVAGE APPRIVOISÉE

PROLOGUE.

Entre un CABARETIER, jetant à la porte SLY, complètement ivre.

LE CABARETIER.

— Fils de putain, misérable ivrogne, tu feras mieux de t'en aller — et de vider ailleurs ta bedaine gonflée — car tu ne reposeras pas ici cette nuit.

Il rentre dans la maison.

SLY.

— Jarnidieu! l'aubergiste, je vais vous étriller tout à l'heure... — Remplissez un autre pot; tout est payé, vous dis-je. — Je le boirai de ma propre instigation... — Je vais dormir un peu ici... Eh bien, l'aubergiste! Encore une fois, — remplissez une autre chopine. — Hé! Ho! voici un coucher assez douillet.

Il s'affaisse à terre et s'endort.

Entrent un LORD et ses gens revenant de la chasse.

LE LORD.

— Maintenant que l'ombre lugubre de la nuit, — désireuse de contempler Orion à travers la bruine, — s'élance du monde antarctique dans le ciel — et en ternit l'azur de sa ténébreuse haleine, — maintenant que la nuit noirâtre obscurcit le cristal des cieux, — suspendons ici notre chasse. — Rentrons vite chez nous.

A un valet.

— Accouplez les limiers — et dites au chasseur de les bien nourrir, — car ils l'ont tous bien mérité aujourd'hui.

Apercevant Sly.

— Mais doucement, quel est le gaillard qui dort couché là? — Est-il mort? qu'on s'assure de son état!

LE SERVITEUR.

— Monseigneur, ce n'est qu'un ivrogne qui dort. — Sa tête est trop lourde pour son corps, — et il a tant bu qu'il ne peut aller plus loin.

LE LORD.

— Fi! comme le chenapan pue la boisson!. — Holà, drôle, debout!.

Quoi! si profondément endormi! — Allons enlevez-le et portez-le chez moi, — et portez-le doucement de peur qu'il ne s'éveille, — et faites du feu dans ma plus belle chambre, — et dressez un somptueux banquet, — et mettez-lui sur le dos mes plus riches vêtements ; — puis mettez-le à table dans un fauteuil. — Cela fait, il se réveillera. — Faites retentir alors une musique céleste autour de lui. — Que deux d'entre vous se retirent et l'emportent. — Je vous dirai alors ce que j'ai imaginé, — mais surtout prenez soin de ne pas le réveiller.

Deux valets emportent Sly.

— Maintenant, prenez mon manteau, et donnez-moi l'un des vôtres. — Nous sommes tous camarades à présent ; ayez soin de me traiter comme tel; — nous allons nous poster auprès de cet ivrogne, — pour voir sa contenance quand il s'éveillera, — revêtu de si beaux atours, — au son d'une musique céleste, — ayant sous les yeux un pareil banquet. — Sûrement le gaillard se figurera être au ciel ; — nous nous empresserons autour de lui dès qu'il s'éveillera. — Ah! Ayez soin de l'appeler milord à chaque mot. — Toi, tu lui offriras son cheval pour la promenade ; — toi, ses faucons, toi, ses limiers pour courir le cerf; — et moi, je lui demanderai quelle parure il entend mettre. — Quoi qu'il dise, veillez à ne pas rire, — et persuadez-lui toujours qu'il est lord.

Entre un MESSAGER.

LE MESSAGER.

— Ne vous déplaise, milord, vos comédiens sont venus, — et attendent le bon plaisir de Votre Honneur.

LE LORD.

— Ils ne pouvaient choisir un moment plus favorable. — Dites à un ou deux de venir. — Je vais faire en sorte — qu'ils lui donnent une représentation dès qu'il s'éveillera.

Entrent deux COMÉDIENS, ayant des valises sur le dos, et un PAGE.

LE LORD.

— Eh bien, messieurs, quelles pièces avez-vous en réserve ?

SANDER [1].

— Pardine, milord, vous pouvez en avoir une tragique, — ou une commodité, ou ce que vous voudrez.

AUTRE COMÉDIEN, à Sander.

— Tu devrais dire une comédie... Morbleu, tu vas nous faire honte.

LE LORD.

— Et quel est le titre de votre comédie ?

SANDER.

— Pardine, milord, elle s'appelle *Une Sauvage apprivoisée*. — C'est une bonne leçon pour nous, milord, qui sommes des gens mariés.

LE LORD.

— *Une Sauvage apprivoisée!* Ce doit être excellent. — Allez vous prépa-

---

[1] Probablement le nom de l'acteur comique qui remplissait ce rôle. Le valet de Ferando, qui figure plus loin, est désigné par le même nom.

rer immédiatement. — Car vous aurez à jouer dès ce soir devant un lord, — dont vous vous direz les comédiens ; je passerai pour votre camarade. — Il est un peu imbécile, mais, quoi qu'il dise, — ne vous laissez pas déconcerter.

    Au Page.

— Eh ! maraud, va te préparer sur-le-champ, — et habille-toi comme une aimable dame ; — dès que j'appellerai, tu viendras près de moi, — car je lui dirai que tu es sa femme. — Sois caressant avec lui, étreins-le dans tes bras, — et s'il demande à aller au lit avec toi, — imagine alors quelque excuse et dis que tu consentiras tout à l'heure. — Pars, te dis-je, et veille à bien faire la chose.

    LE PAGE.

— N'ayez aucune crainte à mon égard ; je vais le secouer comme il faut — et lui faire croire que je l'aime puissamment.

              Le page sort.

    LE LORD, aux comédiens.

— Maintenant, messieurs, allez vous costumer, — car il vous faudra jouer dès qu'il s'éveillera.

    SANDER, à part, à un comédien.

— Oh ! magnifique ! l'ami Tom ! Il faut que nous jouions devant — un lord imbécile... Venez. Allons nous préparer. — Procurez-vous un torchon pour nettoyer vos souliers, — moi, je vais parler pour les accessoires de la mise en scène !

    Haut.

— Milord, il nous faudrait comme mise en scène une épaule de mouton — avec un peu de vinaigre pour faire éclater de rire notre diable.

    LE LORD.

— Très-bien, l'ami.

    A un valet.

Veille à ce qu'ils ne manquent de rien.

              Tous sortent.

Entrent DEUX VALETS *apportant une table servie et deux autres portant* SLY, *endormi dans un fauteuil et richement vêtu. La musique joue.*

    PREMIER VALET.

— Allons, mon gars, va prévenir milord, — et dis-lui que tout est prêt comme il l'a ordonné.

    SECOND VALET.

— Mets du vin sur la table, — et je vais sur le champ chercher milord.

              Il sort.

Entre le Lord, suivi de ses gens.

    LE LORD.

— Eh bien, tout est prêt ?

    PREMIER VALET.

Oui, milord.

LE LORD.

— Alors, faites jouer la musique. Je vais l'éveiller. — Ayez soin de tout faire comme je l'ai commandé. —

Appelant.

Milord ! milord !... Il dort profondément... Milord !

SLY, s'éveillant.

— Garçon donnez-moi-z-un peu de petite bière. Hé ! ho !

LE LORD.

Voici du vin, milord, le plus pur de la grappe.

SLY.

— Pour quel lord ?

LE LORD.

Pour Votre Honneur, milord.

SLY.

— Pour moi ? Est-ce que je suis un lord ? Jésus ! quels beaux habits j'ai !

LE LORD.

— Votre Honneur en a de beaucoup plus riches, — et, si cela vous plaît, je vais les chercher.

WILL.

— Et, s'il plaît à Votre Honneur de faire une promenade à cheval, — j'irai chercher vos vigoureux coursiers, plus rapides d'allure — que ce Pégase ailé qui, dans toute sa fierté, — parcourait si vite les plaines persanes.

TOM.

— Et, s'il plaît à Votre Honneur de chasser le cerf, — vos limiers se tiennent accouplés à la porte, — prêts à relancer le chevreuil — et à rendre poussif le tigre de longue haleine.

SLY.

— Par la Messe, je crois que je suis lord en vérité. —

Au Lord.

Quel est ton nom ?

LE LORD.

— Simon, s'il plaît à Votre Honneur.

SLY.

— Eh bien, Sim. (ce sera l'équivalent de Siméon ou de Simon), — allonge le bras et remplis le pot. — Donne-moi la main, Sim. Suis-je lord, vraiment ?

LE LORD.

— Oui, mon gracieux lord. Voilà bien longtemps — que votre aimable lady pleure votre absence ; — et maintenant, voyez avec quelle joie elle vient — saluer l'heureux retour de Votre Honneur.

Entre le PAGE, *habillé en femme.*

SLY.

— Sim, est-ce là elle ?

LE LORD.

Oui milord.

SLY.

— Par la Messe, c'est une jolie fille. Quel est son nom?

LE PAGE.

— Oh! si mon aimable lord daignait enfin — me reconnaître et laisser là ces lubies frénétiques! — Ou si seulement j'étais assez éloquente — pour exprimer en paroles ce que je ressens en réalité, — Votre Honneur, j'en suis sûre, aurait pitié de moi.

SLY.

— Voyons, mistress, voulez-vous manger un morceau de pain? — Venez vous asseoir sur mon genou... Sim, bois à sa santé, Sim; — car elle et moi nous irons au lit tout à l'heure!

LE LORD.

— Sauf votre respect, les comédiens de Votre Honneur — sont venus pour offrir une comédie à Votre Honneur.

SLY.

— Une comédie, Sim! oh! magnifique! ce sont mes comédiens?

LE LORD.

— Oui, milord.

SLY.

Est-ce qu'il n'y a pas un bouffon dans la pièce?

LE LORD.

— Si fait, milord.

SLY.

Et quand joueront-ils, Sim?

LE LORD.

— Quand il plaira à Votre Honneur: ils sont prêts.

LE PAGE.

— Milord, je vais leur dire de commencer.

SLY.

— Soit, mais aie soin de revenir.

LE PAGE.

— Je vous le garantis, milord. Je ne veux pas vous quitter ainsi.

Il sort.

SLY.

— Eh bien, Sim, où sont les acteurs? Sim, tiens-toi près de moi, — nous allons joliment les déshabiller, les acteurs!

LE LORD.

— Je vais les appeler, milord... Hé! êtes-vous là?

La trompette sonne.

(8) Florent est le nom d'un chevalier qui s'était engagé à épouser une horrible sorcière, à condition qu'elle lui dirait le mot d'une énigme dont sa vie dépendait. Gower, qui a dépeint cette sorcière dans son poëme *de Confessionne amantis,* dit qu'elle était semblable à *un sac de laine.*

(9) Allusion à un sarcasme proverbial. Les vieilles filles, ayant refusé de porter des enfants, devaient être, en punition, condamnées à porter des singes en enfer.

(10) Locution proverbiale dont le sens est aujourd'hui perdu. Peut-être, pour entrevoir la pensée de Catharina, faut-il se rappeler ce sarcasme de Béatrice à Bénédict : « Dans notre dernier combat, quatre de ses cinq esprits s'en sont allés tout éclopés, maintenant, il n'en reste plus qu'un pour gouverner tout l'homme. *Si celui-là suffit pour lui tenir chaud,* qu'il le garde comme une distinction entre lui et son cheval. » — *Beaucoup de bruit pour rien.* Tome IV, page 211.

(11) Boccace a raconté toutes les épreuves dont triompha la patiente Griselidis, dans un conte qu'il a emprunté, comme beaucoup d'autres, aux vieux fabliaux français. (Voir le *Décaméron*, dixième journée, nouvelle X.)

(12) Dans la comédie primitive, le mariage de Catherine se conclut bien plus lestement encore. L'action qui remplit ici deux longues scènes (la scène II et la scène III) n'occupe là qu'une scène fort courte. Il est curieux de voir avec quel art et quel esprit le poëte à développé l'intrigue première. Pour que le lecteur fasse cette étude si intéressante, je traduis la pièce originale. — Polidor et Aurelius, amants des deux sœurs de Catherine, Emilia et Phylema, sont en scène. Tous deux attendent avec anxiété le fiancé audacieux qui, en épousant l'aînée, leur permettra d'épouser les puînées. A ce moment arrive Ferando (Petruchio), accompagné de son valet Sander (Grumio) :

POLIDOR, à Aurelius.
Voici le gentilhomme dont je vous ai parlé.
FERANDO.
— Salut en même temps à tous, messieurs. — Eh bien, Polidor, tu es donc toujours amoureux, — et toujours soupirant sans pouvoir encore réussir ? — Dieu m'accorde une meilleure chance quand je soupirerai !
SANDER.
— Je vous le garantis, maitre, si vous prenez mes avis.
FERANDO.
— Eh quoi, maraud, es-tu donc si habile ?
SANDER.
— Qui ? moi ! votre cas serait cinq fois meilleur, — si vous pouviez dire, aussi bien que moi, comme il faut s'y prendre.

POLIDOR.

— Je voudrais que ton maître fut en veine une bonne fois — d'essayer à séduire une fille.

FERANDO.

— Eh! mais je vais essayer tout de suite.

SANDER.

— Oui, vraiment, monsieur, mon maître va se mettre à cette besogne-là.

POLIDOR.

— Auprès de qui, Ferando? Parle-moi franchement.

FERANDO.

— Auprès de la bonne Cateau, la plus patiente fille du monde : — le diable lui-même oserait à peine se risquer à lui faire la cour. — Le signor Alfonso dont elle est la fille aînée — m'a promis six mille couronnes — si je puis me faire épouser d'elle. — C'est en grognant que nous devons soupirer, elle et moi ; — je lui tiendrai tête jusqu'à ce qu'elle soit épuisée, — si je ne puis l'amener autrement à m'accorder son amour.

POLIDOR.

— Qu'en pensez-vous, Aurelius? Je crois vraiment qu'il avait deviné — nos désirs avant même que nous l'eussions envoyé chercher... — Mais, dis-moi, quand as-tu l'intention de lui parler?

FERANDO.

— Ma foi, tout de suite. Retirez-vous un moment, — et je vais la faire appeler par son père. — Nous causerons seuls, elle, lui et moi.

POLIDOR.

— A merveille. Venez, Aurelius. — Partons et laissons-le.

Aurelius et Polidor sortent.

FERANDO, appelant.

— Holà! signor Alfonso !... Y a-t-il quelqu'un ici?

Paraît ALFONSO (Baptista).

ALFONSO.

— Signor Ferando, soyez le très-bien venu. — Vous êtes étranger, monsieur, dans ma maison. — Vous m'entendez : ce que je vous ai promis, — je l'accomplirai, si vous obtenez l'amour de ma fille.

FERANDO.

— C'est convenu. Quand je lui aurai dit un mot ou deux, — paraissez et donnez moi sa main, — en l'informant du jour où aura lieu le mariage, — car je suis sûr qu'elle est toute disposée à se marier. — Une fois la cérémonie nuptiale accomplie, — laissez-moi seul l'apprivoiser : j'en viendrai à bout. — Sur ce, appelez-la que je lui parle!

Entre CATHERINE.

ALFONSO.

Ah! Cateau, viens ici, fillette et écoute-moi. — Traite ce gentilhomme aussi amicalement que tu pourras.

Il sort.

FERANDO.

— Vingt bonjours à mon aimable Cateau!

CATHERINE.

— Vous plaisantez, j'en suis sûre. Est-elle à vous déjà?

FERANDO.

— Je te dis, Cateau, que je sais que tu m'aimes bien.

CATHERINE.

— Au diable! qui vous a dit cela?

FERANDO.

— Mon inspiration me dit, suave Cateau, que je suis l'homme — qui doit emménager, mettre au lit et épouser la bonne Cateau.

CATHERINE.

— A-t-on jamais vu un âne aussi grossier que ça!

FERANDO, s'approchant d'elle.

— Quoi! après une si longue attente, n'avoir pas obtenu un baiser!

CATHERINE.

— A bas les mains, vous dis-je! et décampez d'ici, — ou je vais vous appliquer mes dix commandements sur la figure.

FERANDO.

— Fais-le, je t'en prie, Cateau. Ils disent que tu es sauvage. — je ne t'en aime que mieux et c'est ainsi que je te veux.

CATHERINE.

— Lâchez-moi la main, de crainte qu'elle n'atteigne votre oreille.

FERANDO.

— Non, Cateau, cette main est à moi, et je suis ton amoureux!

CATHERINE.

— Oh! non, monsieur! La bécasse pèche trop par la queue.

FERANDO.

— A défaut de queue, son bec lui servira.

Rentre ALFONSO.

ALFONSO.

— Eh bien, Ferando, que dit ma fille?

FERANDO.

— Elle consent, monsieur, et m'aime comme sa vie.

CATHERINE.

— Pour avoir votre peau, soit! mais pas pour être votre femme.

ALFONSO.

— Approche, Cateau, que je donne ta main à celui que j'ai choisi pour ton fiancé. — Dès demain tu l'épouseras.

CATHERINE.

— Comment, mon père! qu'entendez-vous donc faire de moi, — pour me donner ainsi à cet écervelé — qui dans une boutade ne se fera pas scrupule de m'égorger?...

Se mettant à l'écart.

— Pourtant je veux bien consentir à l'épouser, — car voilà trop longtemps;

il me semble, que je reste fille... — D'ailleurs, il faudrait que ce fût un fier homme pour que je ne puisse lui tenir tête.

ALFONSO, à Catherine.

— Donne-moi ta main, Ferando t'aime, — et te maintiendra dans la richesse et dans l'aisance... — Tiens, Ferando, prends-la pour femme. — La noce aura lieu dimanche prochain.

FERANDO, à Catherine.

— Eh bien, ne t'avais-je pas dit que je serais ton homme ?.. — Père, je vous laisse mon aimable Cateau, — préparez-vous pour le jour de notre mariage. — Quant à moi, je cours à ma maison de campagne — en toute hâte afin de veiller à ce que tout soit prêt — pour recevoir ma Cateau quand elle arrivera.

ALFONSO.

— A merveille. Viens, Cateau, Pourquoi as-tu l'air — si triste? Sois gaie, Cateau. Le jour de ta noce approche... — Mon fils, portez-vous bien et veillez à tenir votre promesse.

Ils sortent.

(13) Titre d'une ballade aujourd'hui perdue.

(14) Voici l'esquisse de cette scène dans la comédie primitive. — Le jour fixé pour les noces est venu. Tous les invités sont prêts à se rendre à l'église. On n'attend plus que le marié.

ALFONSO.

— Je m'étonne que Ferando n'arrive pas.

POLIDOR.

— Il se peut que son tailleur n'ait pu achever à temps — le costume qu'il compte porter. — Sans doute il est déterminé à mettre aujourd'hui — quelque parure fantastique — richement poudrée de pierres précieuses, mouchetée d'or liquide, chamarré de perles, — digne, à son idée, d'être son habit de noces.

ALFONSO.

— Peu m'importeraient les dépenses qu'il a pu faire — en or et en soieries, pourvu qu'il fût ici en personne. — Car j'aimerais mieux perdre mille couronnes — qu'être aujourd'hui désappointé par lui... — Mais doucement ! Le voici, je crois.

Entre FERANDO misérablement costumé, un chapeau rouge sur la tête.

FERANDO,

— Bonjour, père. Polidor, salut ! — Vous êtes étonnés, je suis sûr, que j'aie tardé si longtemps.

ALFONSO.

— Oui, parbleu, mon fils. Nous étions presque persuadés — que notre fiancé nous ferait faux bond aujourd'hui. — Mais, dis-moi, pourquoi es-tu si misérablement vêtu?

FERANDO.

— Si richement, vous devriez dire mon père. — En effet, quand nous serons mariés, ma femme et moi, — c'est une telle mégère que, si une fois nous nous querellions, — elle arracherait par dessus mes oreilles mes plus sompteux vêtements, — et voilà pourquoi je me suis ainsi habillé provisoirement. — Je puis vous le dire, j'ai dans la tête bien des choses — qui ne doivent être connues que de Cateau et de moi. — Je suis résolu à ce que nous vivions comme le lion et la brebis. — Non, la brebis qui tomberait dans les pattes du lion — ne lui serait pas plus soumise — qu'à moi Cateau, dès que nous serons mariés. — Ainsi donc, rendons-nous sur-le-champ à l'église.

POLIDOR.

— Fi! Ferando, pas ainsi habillé! par pudeur! — Viens dans ma chambre et là tu choisiras pour toi — entre vingt costumes que je n'ai jamais mis.

FERANDO.

— Assez, Polidor! j'ai, pour satisfaire mes caprices, — autant de costumes merveilleux — que n'importe qui à Athènes; j'en ai d'aussi richement ouvrés — que la massive simarre qui ornait récemment — le majestueux légat du roi de Perse; — et entre tous, voici celui que j'ai choisi.

ALFONSO.

— De grâce, Ferando, laisse-moi te supplier. — avant que tu ailles à l'église avec nous, — de mettre un autre costume sur tes épaules.

FERANDO.

— Non, pour l'univers entier, quand je pourrais l'obtenir à ce prix. — Ainsi donc prenez-moi ainsi, ou ne me prenez pas.

Entre CATHERINE.

FERANDO.

— Mais doucement, voici ma Cateau qui vient. — Il faut que je la salue... Comment va mon aimable Cateau? — Eh bien, es-tu prête? Irons-nous à l'église?

CATHERINE.

— Je n'irai pas avec un écervelé, si ignoblement vêtu! — Moi épouser un gueux aussi sale! — Il semblerait qu'il est sujet à perdre l'esprit; — autrement il ne se serait pas ainsi présenté à nous.

FERANDO.

— Bah! Cateau, ces paroles ne font qu'ajouter à mon amour pour toi, — et je ne t'en trouve que plus charmante. — Suave Cateau, tu es plus adorable que la robe de pourpre de Diane, — plus blanche que la neige de l'Apennin — ou que la barbe glacée qui croit au menton de Borée. — Beau-père, j'en jure par le bec d'or d'Ibis, — ma bonne Cateau est plus belle et plus radieuse — que le Xanthe argenté étreignant — le Simoïs vermeil au pied de l'Ida. — Ne t'inquiète pas de mon costume, suave Cateau; — tu auras des robes de soie médique, — lamées de pierres précieuses rapportées de loin — par les marchands italiens qui avec des proues russes — labourent d'immenses sillons dans la mer thyrrhénienne! — Viens donc doux amour et

partons pour l'église, — car je ne porterai pas d'autre habit de noce.
Il sort.

ALFONSO.

— Allons, messieurs! venez avec nous. — Car, quoi que nous fassions, il voudra se marier ainsi.
Tous sortent.
(Extrait d'*Une Sauvage apprivoisée* 1594).

(15) L'immense supériorité de la comédie refaite sur la comédie primitive n'est nulle part plus éclatante que dans cette scène. Combien le départ de Ferando nous laisse froids, comparé à la saisissante sortie de Petruchio entraînant Catharina l'épée à la main!

FERANDO.

— Père, adieu. Ma Cateau et moi, il faut que nous allions chez nous.
 A Sander.
— Maraud, va préparer mon cheval tout de suite.

ALFONSO.

— Votre cheval! Ah çà, fils, vous plaisantez, j'espère, — Je suis sûr que vous ne partirez pas si brusquement.

CATHERINE.

— Qu'il parte ou qu'il demeure, je suis résolue à rester — et à ne pas voyager le jour de mes noces.

FERANDO.

— Assez, Cateau. Je te dis qu'il faut que nous allions chez nous... — Manant, as-tu sellé mon cheval?

SANDER.

— Quel cheval? Votre courtaud?

FERANDO.

— Tudieu! drôle, allez vous rester à jaser ici? Sellez le cheval hongre de votre maîtresse.

CATHERINE.

— Non, pas pour moi, car je ne veux pas partir.

SANDER.

— L'hôtelier ne veut pas me le laisser prendre, sous prétexte que vous lui devez dix deniers — pour sa nourriture et six pour avoir rembourré la selle de madame.

FERANDO.

— Tiens, drôle, paye-le immédiatement.

SANDER.

— Lui donnerai-je un autre picotin de lavande?

FERANDO.

— Décampe, maroufle, et amène-les immédiatement à la porte.

ALFONSO.

— Allons, fils, j'espère qu'au moins vous dînerez avec nous.

SANDER.

— Je vous en prie, maître, restons jusqu'à ce que le dîner soit fini.

FERANDO.

— Corbleu, chenapan, tu es encore ici!..

Sander sort.

— Viens, Cateau, notre dîner est préparé chez nous.

CATHERINE.

— Mais pas pour moi, car c'est ici que j'entends dîner. — J'aurai ma volonté en cela aussi bien que vous. — Vous aurez beau quitter vos parents dans un accès de folle humeur, en dépit de vous, je resterai avec eux.

FERANDO.

— Soit, Cateau, mais une autre fois. — Le jour où tes sœurs se marieront, — nous célébrerons nos noces — mieux que nous ne pouvons le faire à présent, — Car, je te le promets ici devant tous, — nous reviendrons dans ta famille avant longtemps. — Viens, Cateau, ne reste pas à épiloguer ; nous allons partir. — C'est aujourd'hui mon jour, demain tu seras maîtresse, — et je ferai tout ce que tu me commanderas. — Messieurs, adieu, nous prenons congé de vous ; — il sera tard avant que nous soyons arrivés.

POLIDOR.

— Adieu, Ferando, puisque tu veux partir.

Ferando et Catherine sortent.

ALFONSO.

— Je n'ai jamais vu un couple aussi fou.

(16) *Jack boy! ho boy!* premières paroles d'une vieille ronde fort populaire.

(17) Le leurre est, comme chacun sait, une figure d'oiseau en peau de lièvre, dont les fauconniers se servaient pour réclamer leurs oiseaux. — La même métaphore se trouve dans la pièce primitive, ainsi qu'on va le voir.

(18) Continuons de comparer l'ébauche à l'œuvre. Voici la scène correspondante dans la vieille comédie.

[Chez Ferando.]

Entre SANDER avec deux ou trois valets.

SANDER.

— Allons, mes maîtres, préparez toute chose aussi vite que vous pourrez, — car mon maître est à deux pas, et ma nouvelle maîtresse, — et tout le monde, — et il m'a envoyé en avant pour voir si tout était prêt. —

TOM.

Sois le bienvenu, Sander. L'ami, quelle mine à notre nouvelle maîtresse? On dit que c'est une méchante endiablée.

SANDER.

Oui, et tu le reconnaîtras vite, je puis te le dire, pour peu que tu lui déplaises. Mon maître a bien du tracas avec elle, et il est lui-même comme un furieux.

WILL.

Comment, Sander? Que fait-il?

SANDER.

— Eh bien, je vais vous le dire. Au moment — d'aller à l'église pour être marié, il met un vieux — bas de la jambe, et un chapeau rouge sur sa tête, et il a — une mine à te faire crever de rire — rien qu'à le voir: il ne vaut pas mieux qu'un — fou pour moi. Ce n'est pas tout. Au moment d'aller dîner, — il m'a fait seller son cheval, et il est parti, — sans vouloir rester pour le dîner. Ainsi donc vous ferez bien — de tenir le souper prêt pour le moment où ils arriveront, car, — j'en suis sûr, ils doivent être à deux pas maintenant.

TOM.

Tudieu! les voici déjà.

Entrent FERANDO et CATHERINE.

FERANDO.

— Sois la bienvenue, Cateau. Où diable sont ces drôles? — Quoi, le souper pas encore sur la table! — le couvert pas mis! rien de fait! — Où est le chenapan que j'avais envoyé en avant?

SANDER.

Voilà!... *Adsum*, monsieur.

FERANDO.

— Venez ici, drôle. Je vais vous couper le nez. — Scélérat, ôtez-moi mes bottes!... Vous plaira-t-il — de mettre la nappe? Ventrebleu! le maroufle — me blesse le pied. Tire doucement, te dis-je... Encore?

Il les frappe tous.
Les laquais mettent le couvert et apportent le souper.

— Tudieu! tout est brûlé et desséché. Qui a dressé ces viandes-là?

WILL.

— A dire vrai, c'est Jean Cuisinier.

Ferando renverse la table et les plats et bat tous ses valets.

FERANDO.

— Décampez, chenapans. Oser m'apporter un pareil souper! — Hors de ma vue, dis-je, et emportez ça d'ici. — Viens, Cateau, on va nous préparer un autre souper.

A Sander.

Y a-t-il du feu dans ma chambre, monsieur?

SANDER.

— Oui, vraiment.

Sortent Ferando et Catherine.
Les valets restent et mangent tout le souper.

TOM.

Tudieu, je crois en conscience que mon maître est fou depuis qu'il est marié.

WILL.

— Oui, as-tu vu quel soufflet il a donné à Sander pour lui apprendre à ôter ses bottes?

Rentre FERANDO.

SANDER.

C'est exprès que je lui faisais mal au pied, mon brave.

FERANDO.

— En vérité, damné coquin ?

Il les chasse tous violemment.

— Il faut que je conserve quelque temps cette humeur — pour brider et retenir ma femme rétive — sous le frein de l'insomnie et de la faim. — Elle ne goûtera cette nuit ni sommeil, ni souper. — Je vais l'encager comme on encage un faucon, — et l'habituer à venir gentiment au leurre. — Fût-elle aussi obstinée et aussi vigoureuse — que le cheval de Thrace, dompté par Alcide, — que le roi Égée nourrissait de chair humaine, — pourtant je la soumettrai et je la ferai marcher — aussi vite que les faucons affamés volent vers le leurre.

Il sort.

(19) Ici, le poëte n'a presque rien changé à l'esquisse primitive. La scène entre Grumio et Catharina et la scène entre Petruchio et les deux fournisseurs sont copiées, parfois littéralement, sur la comédie originale :

[Chez Ferando.]

Entrent SANDER et CATHERINE.

SANDER.

Allons, mistress.

CATHERINE.

— Je t'en prie, Sander, procure-moi quelque aliment, — je suis si faible que je puis à peine me tenir.

SANDER.

— Oui, morbleu, mistress, mais vous savez que mon maître — m'a signifié que vous ne deviez rien manger — que ce que lui-même vous donnerait.

CATHERINE.

— Bah ! mon brave, il n'est pas nécessaire que ton maître le sache.

SANDER.

— Vous dites vrai, ma foi. Eh bien, voyons mistress, — que diriez-vous d'un morceau de bœuf à la moutarde ?

CATHERINE.

— Eh bien, je dis que c'est excellent. Peux-tu m'en procurer?

SANDER.

— Oui, je pourrais vous en procurer, si je ne craignais — que la moutarde ne fût trop irritante pour vous. — Mais que diriez-vous d'une tête de mouton à l'ail?

CATHERINE.

Donne-moi ce que tu voudras. Peu m'importe !

SANDER.

— Oui, mais je crains que l'ail ne rende votre haleine infecte, — et alors mon maître me maudira pour vous en avoir laissé — manger. Mais que diriez-vous d'un chapon gras ?

CATHERINE.

— C'est un repas de roi. Suave Sander, procure-m'en.

SANDER.

Non, par Notre-Dame ! C'est trop cher pour nous. Nous ne devons pas — nous adjuger le repas du roi.

CATHERINE.

— Arrière, drôle ! Te moques-tu de moi ? — Attrape ça pour ton impertinence.

Elle le bat.

SANDER.

— Tudieu !... Avez-vous la main aussi légère ? Peste ! — Je vous ferai jeûner deux jours pour ça.

CATHERINE.

— Je t'en avertis, drôle, je vais t'arracher la peau de la figure — et la manger, si tu me parles sur ce ton-là.

SANDER.

— Voici mon maître à présent. Il va vous tancer.

Entrent FERANDO, *portant un morceau de viande sur la pointe de sa dague,*
et POLIDOR.

FERANDO.

— Tiens, Cateau, j'ai fait des provisions pour toi. — Prends... Comment ? est-ce que cela ne mérite pas un remerciment ?

A Sander.

— Tiens, maraud, remporte ça... Vous serez — plus reconnaissante la prochaine fois.

CATHERINE.

— Eh bien, je vous remercie.

FERANDO.

— Non, maintenant votre remerciment ne vaut pas un fétu. — Allons, maraud, emporte ça, te dis-je.

SANDER.

Oui, monsieur, j'obéis... Maître, ne lui donnez rien ; — car elle peut encore se battre, affamée comme elle est.

POLIDOR, à Ferando.

— Je vous en prie, monsieur, laissez cela ici, car je vais en manger moi-même avec elle.

FERANDO, à Sander.

— Eh bien, maraud, replace-le.

CATHERINE.

— Non, non ; je vous en prie, qu'il l'emporte, et gardez ça pour votre repas ; car je n'en veux pas, moi. — Je ne veux pas vous être obligée pour votre nourriture... — Je te le dis nettement à ta barbe, tu ne me traiteras pas, tu ne me nourriras pas à ta guise, — car je vais retourner chez mon père.

NOTES. 479

FERANDO.

— Oui, quand vous serez douce et gentille, mais pas —avant; je sais que votre fièvre n'est pas encore passée. — Ne vous étonnez donc pas de ne pas pouvoir manger. — Et moi aussi j'irai chez votre père. — Allons, Polidor, rentrons. — Et toi, Cateau, viens avec nous... Je suis sûr qu'avant peu — toi et moi nous serons dans le plus tendre accord.

. . . .
. . . .

Entre le MERCIER *portant un paquet.*

SANDER.

— Maître, le mercier apporte — la toque de Madame.

FERANDO, au Mercier.

— Ici, maraud! qu'avez-vous là?

LE MERCIER.

— Une toque de velours, monsieur, ne vous déplaise.

FERANDO.

— Qui l'a commandée? est-ce toi, Cateau?

CATHERINE.

— Et quand ce serait moi?... Viens ici, maraud. Donne-moi — la toque, je veux voir si elle me va.

Elle met la toque sur sa tête.

FERANDO.

— Oh! monstreux! certes, elle ne te va pas... — Laisse-moi la voir, Cateau... Tiens, maraud, emporte ça. — Cette toque est tout à fait hors de fashion.

CATHERINE.

— Elle est suffisamment fashionable. On dirait que vous — voulez faire une folle de moi.

FERANDO.

— C'est vrai, il veut faire une folle de toi. — s'il prétend que tu mettes une toque aussi émincée... — Maraud, décampe avec ça.

Sort le Mercier.

Entre le TAILLEUR, *apportant une robe.*

SANDER.

— Voici le tailleur aussi avec la robe de Madame.

FERANDO.

— Voyons tailleur. Comment! avec des crevés et des dents de scie! — Sang Dieu! Maroufle, tu as gâté cette robe.

LE TAILLEUR.

— Mais, monsieur, je l'ai faite selon l'injonction de votre valet. — Vous pouvez lire le devis que voici.

FERANDO.

Approche, drôle... Tailleur, lis le devis.

LE TAILLEUR.

Item, un beau collet arrondi...

SANDER.

Oui, ça, c'est vrai.

LE TAILLEUR.

Et une manche bien large...

SANDER.

Ça, c'est un mensonge, maître, j'ai dit deux manches larges.

FERANDO.

C'est bien, monsieur. Continuez.

LE TAILLEUR.

Item, une robe à corsage ample.

SANDER.

— Maître, si j'ai jamais dit une robe à corsage ample, — qu'on me couse dans un lé, et qu'on me batte à mort — avec un peloton de fil brun !

LE TAILLEUR.

Je l'ai faite comme le devis l'indiquait.

SANDER.

Je dis que le devis en a menti par la gorge, et toi aussi, si tu dis ça.

LE TAILLEUR.

Allons, allons, ne vous échauffez pas tant, car je ne vous crains pas.

SANDER.

— Entends-tu, tailleur, tu as fait — bien des hommes superbes. Eh bien, ne fais pas le superbe avec moi. — Tu as toisé bien des hommes.

LE TAILLEUR.

Eh bien ?

SANDER.

— Ne me toise pas. Je ne veux pas être toisé ni bravé — par toi, je puis te le dire.

CATHERINE.

— Allons! allons! la façon m'en plaît assez... — Voilà plus d'embarras qu'il n'en faut... Je veux avoir cette robe, moi; — et, si elle ne vous plaît pas, cachez vos yeux. — Je crois que je n'aurai rien, si j'attends votre consentement.

FERANDO, au Tailleur.

— Allons, je le répète, emporte-la et mets-la à la disposition de ton maître !

SANDER.

— Corbleu, maraud, ne t'en avise pas ! — Corbleu, mettre la robe de ma maîtresse à la disposition de ton maître !

FERANDO.

— Eh bien ! monsieur, quelle idée avez-vous donc ?

SANDER.

— J'ai une idée bien plus sérieuse que vous — ne pensez. Mettre la robe de ma maîtresse — à la disposition de son maître !

FERANDO.

— Tailleur, approche.
　　Bas.
Pour cette fois reprends-la ! — Va-t'en et je te récompenserai pour ta peine.

LE TAILLEUR.

— Je vous remercie, monsieur.

Sort le Tailleur.

FERANDO.

— Allons, viens, Cateau, nous allons voir la maison de ton père — sous ce simple et honnête accoutrement. — *Nos bourses seront riches si nos vêtements sont simples.* — Pourvu qu'ils préservent nos corps de la rage de l'hiver, — c'est assez; qu'avons-nous besoin de plus? — Tes sœurs, Cateau, doivent se marier demain, — et je leur ai promis que tu serais là. — La matinée est avancée, dépêchons-nous : — il sera neuf heures avant que nous arrivions.

CATHERINE.

— Neuf heures ? il est déjà passé deux — heures de l'après-midi, d'après toutes les horloges de la ville.

FERANDO.

— Je dis qu'il est à peine neuf heures du matin.

CATHERINE.

— Je dis qu'il est deux heures de l'après-midi.

FERANDO.

— Il sera neuf heures avant que vous alliez chez votre père... — Rentrons. Nous ne partirons pas aujourd'hui. — Toujours à me contrecarrer! — Je veux que vous disiez comme moi avant que je parte.

Ils sortent.

Après le départ de Ferando et de Catherine, un changement de décor a lieu. La vieille comédie nous transporte immédiatement chez le beau-père Alfonso qui vient d'accorder ses deux puînées, Emilia et Philema, à leurs deux soupirants, Polidor et Aurelius. Les quatre fiancés se déclarent leur amour mutuel avec un luxe mythologique, qui, bien qu'excessif, n'est pas disgracieux. Je traduis cette scène curieuse que le poëte a dû retrancher par suite du remaniement fondamental qu'il a fait subir à l'intrigue secondaire de la pièce anonyme :

POLIDOR.

— Belle Emilia, radieux soleil d'été, ma reine, — plus brillante que la zone enflammée — où Phébus règne dans son lumineux équateur, — créant l'or et les métaux précieux! — Que ferais-tu, Emilia, si j'étais forcé — de quitter la belle Athènes et d'errer à travers le monde ?

EMILIA.

— Quand tu essayerais d'escalader le trône de Jupiter, — en gravissant les subtiles régions aériennes, — quand tu serais enlevé comme le fut Ganymède, — l'amour donnerait des ailes à mes ardents désirs — et épurerait ma pensée, de telle sorte que je te suivrais, — dussé-je tomber et périr comme Icare.

AURELIUS.

— Touchante résolution, belle Emilia! — Et toi, Philema, m'en dirais-tu autant, — si je t'adressais une pareille question? — Voyons, si le fils unique du duc de Cestus — cherchait à m'enlever l'amour de Philema, — en la faisant duchesse d'une si majestueuse cité, — est-ce que tu ne m'abandonnerais pas pour lui?

PHILEMA.

— Non! ni pour le grand Neptune, ni pour Jupiter lui-même, — Philema ne renoncerait pas à l'amour d'Aurelius. — Quand un autre pourrait m'introniser impératrice de l'univers — ou me faire reine et souveraine des cieux, — je n'échangerais pas ton amour pour le sien. — Ta société est le ciel de la pauvre Philema, — et sans toi le ciel serait pour moi l'enfer.

EMILIA.

— Et si mon bien-aimé, comme autrefois Hercule, — avait pénétré sous les voûtes brûlantes de l'enfer, — je voudrais avec des regards lamentables et de séduisantes paroles, — comme jadis Orphée avec son harmonie — et les sons ravissants de sa harpe mélodieuse, — attendrir le sinistre Pluton et obtenir de lui — que tu pusses sortir et revenir sain et sauf!

PHILEMA.

— Et si mon bien-aimé, comme autrefois Léandre, — tentait de traverser à la nage l'Hellespont écumant — pour l'amour de son Héro, il n'est pas de tour de cuivre qui m'arrêterait. — Je te suivrais à travers les flots furieux, — avec mes cheveux épars et ma poitrine toute nue. — Puis, ployant le genou sur la plage d'Abydos, je voudrais à force de soupirs sombres et de larmes amères, — décider Neptune et les dieux marins — à dépêcher une garde de dauphins aux écailles d'argent — et de Tritons résonnants pour nous servir de convoi — et nous transporter sûrement à la côte, tandis que, suspendue à ton cou adorable, — et prodiguant à tes joues baisers sur baisers, — je calmerais les vagues irritées par la vue de notre bonheur!

EMILIA.

— Si Polidor, comme jadis Achille, — se consacrait à la carrière des armes, — pareille à la reine martiale des Amazones, — à cette Penthésilée, amante d'Hector, — qui renversa le sanglant Pyrrhus, ce Grec meurtrier, — je me jetterais au plus épais de la mêlée, — et j'assisterais mon bien-aimé de toutes mes forces.

PHILEMA.

— Qu'importe qu'Éole se déchaîne, si tu es doux et serein; — que Neptune se soulève, si Aurelius est calme et content; — je ne m'en soucie pas, moi! Advienne que pourra! — Que les Destins et la Fortune se conjurent pour mon malheur! — je ne m'en inquiète pas; ils ne sont pas en désaccord avec moi, — tant que mon bien aimé et moi nous sommes en harmonie.

AURELIUS.

— Suave Philema, mine de beauté, — d'où le soleil aspire son glorieux éclat, — pour parer le ciel du reflet de tes rayons, — Ah! ma tendre amie, le temps approche — où l'hymen, revêtu de sa robe safranée, — doit te faire escorte avec ses torches, — brillantes comme les frères d'Hélène au-dessous du croissant. — Alors, Junon, j'ajouterai à tes fidèles — la plus belle fiancée qu'ait jamais eue marchand!

() La plaisanterie dont Vicentio est ici victime est poussée encore plus loin dans la comédie primitive. Là Ferando et Catherine, en retournant chez le beau-père, rencontrent le duc de Cestus, qui se rend à Athènes pour y chercher son fils Aurelius, et voici en quels termes tous deux abordent le duc.

FERANDO.

— Aimable vierge, si jolie, si jeune, si affable, — plus brillante de couleurs et bien plus belle — que la précieuse sardoine, que le cristal empourpré — de l'améthyste ou que l'étincelante hyacinthe, — bien plus agréable que n'est la plaine liquide — où la transparente Céphyre, dans les bosquets argentins, — contemple le géant Androgée !... — Suave Catherine, salue donc cette aimable femme.

LE DUC.

— Je crois que l'homme est fou... Il me prend pour une femme.

CATHERINE, au duc.

— Aimable vierge, si jolie, si brillante, si cristalline, — vierge aussi belle, aussi majestueuse que l'oiseau à l'œil infatigable ! — vierge aussi glorieuse que la matinée de rosée [1] ! — toi dans les yeux de qui elle puise ses rayons crépusculaires ! — toi sur les joues de qui repose l'été d'or ! — enveloppe ta lumière dans quelque nuage, — de peur que ta beauté ne rende cette magnifique cité — aussi inhabitable que la zone brûlante, par les reflets charmants de ton aimable visage !

(21) Il y a ici, dans la pièce publiée en 1594, un incident que le poëte a retranché plus tard. Pendant les dernières scènes, Sly s'est complétement endormi. Le lord qui l'a fait transporter dans sa maison s'en aperçoit et ordonne aux valets d'enlever le pauvre dormeur, de lui remettre ses vieux habits et de le remporter devant la taverne. L'ordre est exécuté et Sly disparaît avant la scène finale.

(22) Le dénoûment est exactement pareil dans la vieille comédie. Là, Ferando gagne le pari comme ici Petruchio. Catherine, devenue aussi docile que Catharina, arrive la première à l'appel, et, ramenant de force ses sœurs, leur prêche la soumission envers leurs maris. Je traduis la fin de la pièce originale

[1] *As glorious as the morning wash'd with dew.*

Cette comparaison, légèrement modifiée, se trouve à la scène III de la comédie définitive :

As clear
As morning rose wash'd with dew.

Aussi brillante
Que la rose du matin baignée de rosée.

CATHERINE.

— Vous toutes qui ne vivez que de désirs rassasiés, — écoutez-moi et remarquez ce que je vais dire... — Le monde primitif était une forme sans forme, — un morceau confus, un chaos, — un abîme d'abîmes, un corps sans corps, où tous les aliments étaient jetés pêle-mêle, — quand le grand ordonnateur du monde, — le Rois des rois, le Dieu glorieux du ciel, — fit à son image un homme, — le vieil Adam. De son flanc endormi — une côte fut prise dont le Seigneur fit — ce fléau de l'homme qu'Adam nomma — la femme [1]. Ce fut par elle, en effet que le péché vint à nous ; — et pour le péché de la femme Adam fut condamné à mourir. — Soyons donc envers nos maris comme Sara envers le sien, — obéissons-leur, aimons-les, maintenons-les, nourrissons-les, — s'ils ont le moindre besoin de notre aide. — Mettons nos mains sous leurs pieds pour qu'ils les foulent, — si nous pouvons par là leur procurer du plaisir. — Et, pour créer le précédent, je commencerai la première, — et je mettrai la main sous les pieds de mon mari.

Elle met sa main sous les pieds de son mari.

FERANDO.

— Il suffit, chère tu as gagné le pari, — et je suis sûr qu'il ne le nieront pas.

ALFONSO.

— Oui, Ferando, tu as gagné le pari, — et, pour te montrer combien j'en suis charmé, — je te donne volontiers cent livres de plus, — nouvelle dot pour une nouvelle fille, — car Catherine n'est plus la même personne.

FERANDO.

— Merci, cher père. Messieurs, bonne nuit. — Cateau et moi, nous allons vous quitter dès ce soir. — Cateau et moi, nous sommes mariés ; — vous autres, vous êtes condamnés. — Et sur ce, adieu. Car nous allons à notre lit.

Sortent Ferando, Catherine et Sander.

ALFONSO.

— Eh bien, Aurelius, que dites-vous à cela ?

AURELIUS.

— Croyez-moi, mon père, je me réjouis de voir — que Ferando et sa femme s'accordent si amoureusement.

Sortent Aurelius, Philema, Alfonso et Valère.

EMILIA.

— Eh bien, Polidor ? rêves-tu ? Que dis-tu, l'homme ?

POLIDOR.

— Je dis que tu es une mégère.

---

[1] Il y a ici une équivoque absolument intraduisible. On sait qu'en anglais *femme* se dit *woman*. Le poëte, imaginant que le mot *woman* est composé du mot *woe*, malheur, fléau et du mot *man*, homme, se fonde sur cet étymologie prétendue pour déclarer que la femme est justement nommée le *fléau de l'homme*. Heureusement pour la réputation de la plus belle moitié du genre humain, l'étymologie véritable est tout autre. Le mot *woman* est évidemment composé du mot *womb*, matrice, et du mot *man*, homme.

####### EMILIA.

Cela vaut mieux que d'être un agneau.

####### POLIDOR.

Allons, puisque c'est fait, partons.

Sortent Polidor et Emilia.

Entrent deux valets portant SLY revêtu de ses propres habits ; ils le laissent où ils l'ont ramassé la veille, et puis s'en vont ; alors entre le CABARETIER.

####### LE CABARETIER.

— Maintenant que la nuit sombre est passée, — et que le jour commence à poindre dans le ciel de cristal, — il faut que je me hâte de sortir : mais doucement ! qui est ici ? — Quoi ? Sly !... ô merveilleux ! a-t-il donc couché là toute la nuit ? — Je vais l'éveiller. Je crois qu'il serait mort de faim déjà, — si sa bedaine n'était pas si remplie d'ale. — Allons, Sly ! éveille-toi ! par pudeur ! —

####### SLY.

Sim, donne-moi-z-encore du vin ! Quoi ! est-ce que les acteurs sont partis ? Est-ce que je ne suis plus lord ?

####### LE CABARETIER.

Un lord ! peste soit de toi ! Allons ! es-tu ivre encore ?

####### SLY.

Qui est là ? Le cabaretier ! O mon Dieu ! l'ami, j'ai eu cette nuit le plus magnifique rêve dont tu aies jamais ouï parler dans toute ta vie.

####### LE CABARETIER.

— Oui, morbleu ! mais tu aurais mieux fait de rentrer chez toi, — car ta femme va te tancer pour avoir rêvé ici cette nuit.

####### SLY.

— Elle ! allons donc ! Je sais comment on apprivoise une femme hargneuse. — J'ai rêvé de cela toute cette nuit, et tu m'as réveillé du meilleur rêve — que j'aie eu de ma vie. Mais je vais, de ce pas, trouver ma femme, — et je l'apprivoiserai, moi aussi, si elle me fâche.

####### LE CABARETIER.

— Eh bien, attends, Sly ; je vais t'accompagner, — et tu me raconteras le reste du rêve que tu as fait cette nuit.

Ils sortent.

(23) *Tout est bien qui finit bien* est une des dix-sept pièces de Shakespeare qui ne furent imprimées qu'après sa mort. Enregistrée au *Stationers' Hall* le 8 novembre 1623, cette comédie parut la même année dans la grande édition publiée par Blount et Jaggard ; elle remplit quinze feuillets de l'in-folio, suivant la *Sauvage apprivoisée* et précédant le *Soir des rois* (*Twelfth night*). Les éditeurs, qui ont pris soin de la diviser en cinq actes, ne se sont pas donné la peine de la diviser en scènes.

Aucun document ne permet de fixer l'époque à laquelle cette pièce fut représentée pour la première fois. Mais tout porte à croire, comme l'a conjecturé Malone, qu'elle avait été jouée, sous un autre titre, avant la fin du seizième siècle. Le publiciste Meres, dans un livre qui contient une foule de renseignements précieux sur la littérature au temps d'Élisabeth (*Wit's treasury*), a donné la liste des pièces de Shakespeare déjà en vogue avant l'année 1598 ; et, parmi ces pièces, il en désigne une intitulée *Love's labours won* (*Peines d'amour gagnées*) comme contre-partie à cette autre comédie du poëte *Love's labours lost* (*Peines d'amour perdues*).

Aucune œuvre de Shakespeare ne nous étant parvenue sous ce nom, les commentateurs ont conjecturé avec toute apparence de raison que le titre indiqué par Meres, *Peines d'amour gagnées*, devait s'appliquer primitivement à quelque comédie du maître aujourd'hui connue sous un autre titre. Les critiques d'Angleterre et d'Allemagne ont recherché dans de longues et savantes dissertations, quelle pouvait être cette comédie. Les uns ont voulu que ce fût *la Tempête*; les autres que ce fût *Tout est bien qui finit bien*. Coleridge a appuyé cette dernière conjecture de son immense autorité, et quiconque a fait une étude sérieuse des modifications du style de Shakespeare n'hésitera pas à partager l'opinion émise par l'illustre expert dans ses *Literary remains*. *La Tempête* appartient évidemment à la dernière époque shakespearienne; *Tout est bien qui finit bien* appartient à cette période de transition qui commence à *Roméo et Juliette* et qui s'arrête à *Othello*.

Dès son enfance, Shakespeare avait pu connaître, par la traduction de Paynter, publiée en 1566, le conte de Boccace auquel il a emprunté la fable de sa comédie; et il est infiniment probable qu'il céda, dès sa jeunesse, aux sollicitations de ce beau sujet. L'œuvre dut donc être composée et jouée avant 1598; et le laborieux triomphe obtenu par Hélène sur Bertrand justifiait fort bien ce titre primitif : *Peines d'amour gagnées*.

Tout est bien qui finit bien a été deux fois *dérangé* pour la scène anglaise pendant le dix-huitième siècle : la première fois, par un sieur Pilon, pour Haymarket-Théâtre; la seconde, par Kemble, pour Drury-Lane.

(24) *O Lord sir!* cette exclamation, paraît-il, était fort en vogue à la cour. Ben Jonson la ridiculise dans une de ses pièces les plus célèbres, *Every Man out of his humour*.

(25) Les idiots, en Angleterre, étaient sous la tutelle du roi, qui s'emparait de leur fortune et les faisait garder par un prévôt ou

shériff, chargé de les nourrir. *La pupille d'un prévôt* était donc une idiote.

(26) *Mile-end green* était un carrefour près de la cité de Londres, où était représentée la farce des *Chevaliers de la Table ronde*.

(27) Au temps de Shakespeare, la fraise des gens à la mode s'empesait avec de *l'empois jaune,* que Lafeu appelle ici *villainous saffron,* funeste safran.

(28) Allusion aux ardeurs de la maladie qui avait tué François Ier, et que les docteurs anglais, peu courtois à notre égard, appelaient *morbus gallicus.*

(29) Le texte original appelle en effet le nouveau venu *a gentle astringer,* un gentilhomme fauconnier. Mais il est fort probable que le mot *astringer* est une erreur typographique et que le poëte avait écrit tout simplement *a gentle stranger,* un gentilhomme étranger.

(30) Tel est, littéralement traduit, le titre de la première édition connue de cette comédie. Ainsi que le titre l'annonce, *Peines d'amour perdues* est une des pièces que le poëte a retouchées. Malone a conjecturé que l'esquisse primitive a dû être écrite vers 1594, et que l'auteur a dû y faire des additions dans l'intervalle qui sépare cette année de l'année 1597, époque où la comédie, définitivement refondue, fut jouée devant la reine. Parmi ces additions, le commentateur cite un passage où don Armado, se plaignant du peu d'égards que l'amour a pour les règles du duel, fait une allusion directe au traité de Saviolo, publié en 1595, *Sur l'honneur et sur les querelles honorables.* Les conjectures de Malone paraissent fort plausibles, et tout porte à croire que Shakespeare, après avoir essayé cette comédie satirique sur une scène populaire, y fit des changements considérables en vue de l'importante représentation qui devait avoir lieu à la cour. Il est certain, comme l'a fait observer M. Nathan Drake, que, par le style et par les idées, *Peines d'amour perdues* présente une corrélation frappante avec les *Sonnets,* adressés spécialement au comte de Southampton. Je signale plus loin des analogies presque littérales qui prouvent que les deux œuvres, l'œuvre dramatique et l'œuvre lyrique, ont été écrites sous la même inspiration et évidemment à la même époque.

La comédie de *Peines d'amour perdues,* jouée par la troupe du lord chambellan, obtint un grand succès, s'il faut en croire une élégie contemporaine signée du poëte Robert Tofte. Le critique Meres, dans son *Palladis Tamia* (1598), cite avec éloge cette pièce parmi celles que l'auteur avait déjà livrées au public : « De même que Plaute et Sénèque sont regardés comme les meilleurs parmi les latins pour la comédie et la tragédie, de même, parmi les Anglais, Shakespeare est le plus excellent dans les deux genres scéniques : témoins, pour la comédie, ses *Gentilshommes de Vérone*, ses *Erreurs*, ses *Peines d'amour perdues*, ses *Peines d'amour gagnées*, son *Songe d'une nuit d'été* et son *Marchand de Venise*; pour la tragédie, son *Richard II*, son *Richard III*, son *Henri IV*, son *Roi Jean*, son *Titus Andronicus* et son *Roméo et Juliette*.

Au siècle dernier, un auteur anonyme a composé sur le modèle de *Peines d'amour perdues* une comédie qui fut jouée en 1762, sous ce titre : *les Etudiants*.

(31) Shakespeare a donné à son maître d'école le même nom que Rabelais au précepteur de Gargantua. « De faict, l'on lui enseigna un grand docteur sophiste, nommé maistre Thubal HOLOFERNE, qui lui apprint sa charte, si bien qu'il la disoit par cœur au rebours. »

(32) Allusion au fameux Marocco, si merveilleusement dressé par l'écuyer Bankes. Outre Shakespeare, les plus célèbres poëtes anglais, Ben Jonson, sir Walter Raleigh, Decker, Taylor, Middleton, ont chanté ce cheval étonnant qui montait jusqu'au haut de Saint-Paul au grand trot. Après avoir donné des représentations, en 1601, rue Saint-Jacques, à Paris, Marocco commit l'imprudence de s'en aller à Rome, où il fut brûlé comme sorcier en compagnie de son maître, qu'on accusa d'être son complice ! Encore un crime que l'histoire catholico-royaliste a oublié et qu'il faut ajouter au monstrueux dossier des crimes d'État.

(33) La légende des amours du roi Cophétua avec la mendiante Pénélophon était fort populaire au temps de Shakespeare qui en reparle dans *Roméo et Juliette*. Elle contient dix couplets. Voici le premier :

> J'ai lu qu'autrefois en Afrique
> Un être princier régnait,
> Qui avait nom Cophétua,
> Selon la fiction des poëtes.

Il se dérobait aux lois de nature,
Car, pour sûr, il n'avait pas mes goûts;
Il ne se souciait pas des femmes,
Mais les dédaignait toutes.
Mais voyez ce qui un jour lui advint.
Comme il était à la fenêtre,
Il vit une mendiante en gris,
Qui lui causa bien des peines.

Le second couplet est devenu mémorable, grâce à la citation partielle qu'en fait Mercutio :

L'aveugle enfant qui tire si juste
Descendit vite du ciel,
Prit un dard et tira sur lui
A l'endroit où il était placé;
Aussitôt le roi fut percé au vif.
Et quand il sentit la pointe de la flèche
Qui adhérait à son tendre cœur.
Il sembla comme s'il allait mourir.
Quel est, dit-il, ce changement soudain?
Faut-il que je sois sujet à l'amour,
Moi qui n'y ai jamais consenti,
Et qui n'ai cessé de le défier?

(34) Une pensée analogue se retrouve dans les *Sonnets* de Shakespeare : « C'est faire marchandise de ce qu'on aime que d'en publier partout la riche estimation [1]. »

(35) Refrain d'une chanson d'amour aujourd'hui perdue.

(36) Le *branle du bouquet* était une danse par laquelle les bals commençaient généralement dans la seconde moitié du seizième siècle. Un petit livre imprimé à Anvers, en 1579, sous ce titre : *Deux dialogues du langage français italianisé*, en fait la description suivante : Un des gentilshommes et une des dames, étant les premiers en la danse, les autres (qui cependant continuent la danse), et, se mettant dedans ladite compagnie, vont baisant par ordre toutes les personnes qui y sont : à savoir le gentilhomme les dames, et la dame les gentilshommes. Puis, ayant achevé leurs baisements, au lieu qu'ils étaient les premiers en la danse, se mettent les derniers. Et cette façon de faire se continue par le gentilhomme et la dame qui

---

[1] Sonnet 102 dans l'édition anglaise, 113 dans mon édition.

sont les plus prochains, jusqu'à ce qu'on vienne aux derniers. »
P. 385. — Le garde des sceaux Hatton, dont la reine Élisabeth admirait fort la belle jambe, s'était acquis une grande réputation par le talent avec lequel il ouvrait cette danse.

(37) *L'envoy* était, comme chacun sait, la strophe finale qui terminait nos vieilles poésies françaises et qui, avec la dédicace, contenait généralement la morale de chaque pièce. — La coutume de *l'envoy* s'était introduite dans la prosodie britannique.

(38) *Monarcho*, sobriquet donné à un maniaque italien, nommé Bergamasco, qui se figurait être le roi de l'univers.

(39) La reine Guinever ou Genièvre était l'épouse fort peu fidèle du fameux Arthur, roi de la Table Ronde.

(40) Dans le dictionnaire italien de John Florio, ce pédant dont nous avons parlé à l'introduction, on trouve les deux définitions suivantes Cœlo, *heaven, the sky* or *welkin*; Terra, *earth, land, soil*. Ce sont ces deux définitions qu'Holopherne répète littéralement : Cœlo, *the sky, the welkin, the heaven* (le ciel, le firmament, l'empyrée); Terra, *the soil, the land, the earth* (le sol, le continent, la terre); Shakespeare lance ici directement l'épigramme contre le Vadius anglais.

(41) Ce bon vieux Mantouan qu'Holopherne cite avec tant d'admiration est le carme Jean-Baptiste de Mantoue, dont les églogues furent traduites en anglais par George Tuberville, dès 1567.

(42) Encore une citation empruntée par Shakespeare à son ennemi littéraire. Dans son livre des *Seconds fruits* (in-4°, 1591), Florio écorchait ainsi le proverbe italien sur Venise :

Venetia, chi non ti vede non ti pretia;
Ma chi ti vede, ben gli costa.

(43) Dans un des sonnets qu'il adresse à sa brune bien-aimée, Shakespeare répète presque littéralement l'amoureux de la brune Rosaline. — Biron dit :

To things of sale a seller's praise belongs.

« C'est aux choses à vendre qu'il faut l'éloge d'un vendeur. » Shakespeare dit :

I wil not praise, that purpose not to sell.

« Je ne veux pas vanter ce que je ne désire pas vendre. » — Sonnet 21 dans l'édition anglaise, 13 dans mon édition.

(44) Shakespeare a reproduit à l'éloge de sa maîtresse cette hyperbole de Biron, lorsqu'il a dit dans son onzième sonnet :

> *Then will I swear beauty herself is black,*
> *And all they foul, that thy complexion lack.*

« Alors je jurerai qu'il n'y a de beauté que la brune et qu'elles sont toutes laides celles qui n'ont pas ton teint. »

(45) Ici encore l'amoureux des *Sonnets* parle comme Biron :

> *..... My mistress'eyes are raven black,*
> *Her eyes so suited; and they mourners seem*
> *At such, who, not born fair, no beauty lack,*
> *Slandering creation wish a false esteem :*
> *Yet so they mourn, becoming of their woe,*
> *That every tongue says, beauty should look so.*

« Les yeux de ma maîtresse sont noirs comme le corbeau, et cette couleur leur sied ; car ils semblent porter le deuil de toutes ces beautés qui, n'étant pas nées blondes, calomnient la création par une fausse apparence. Mais la couleur du deuil va si bien à ses yeux chagrins que tout le monde dit : « La beauté devrait être brune. » Sonnet 9, édition française ; 127, édition anglaise.

C'est, on le voit, la même idée exprimée presque dans les mêmes termes. Je m'étonne que cette analogie frappante entre le poëme et la comédie ait jusqu'ici échappé à tous les commentateurs. — Il est probable, selon moi, que, lorsque Shakespeare composait *Peines d'amour perdues*, la brune et sémillante héroïne de ses *Sonnets* posait devant lui pour le personnage de Rosaline. Cette conjecture, si elle était fondée, donnerait un intérêt nouveau à la coquette figure que le poëte a mise sur la scène.

(46) Rosaline semble ici se moquer des marques que la petite vérole a laissées sur le visage de Catherine.

(47) C'était l'inscription que l'on mettait sur la porte des maisons pestiférées.

(48) L'intermède que le poëte introduit ici est une parodie de cette farce, si populaire parmi nos aïeux, où figuraient côte à côte les héros de l'antiquité païenne, de l'antiquité juive et du moyen âge.

Dans cette farce, résumé naïf de la légende humaine, toutes les grandes traditions se trouvaient représentées : la tradition grecque, par Hector et par Alexandre; la tradition romaine, par César ou par Pompée; la tradition judaïque, par Josué, par David et par Judas Machabée; la tradition celtique, par le roi Arthur; enfin, la tradition germanique, par Charlemagne et par Godefroy de Bouillon, le chef de la première croisade. Shakespeare a modifié d'une façon curieuse la composition de l'héroïque cénacle : il a substitué Hercule à Arthur. Cette substitution semble donner force à la conjecture qui ne voudrai voir qu'un seul et même personnage dans le fils de Jupiter et dans le bâtard d'Uther. Il est certain qu'il y a entre l'histoire du demi-dieu et celle du roi breton des analogies frappantes; Arthur a été protégé par Merlin aussi efficacement qu'Hercule par Mercure; l'un a été trahi par Genièvre comme l'autre par Déjanire.

(49) Quand le grand Pompée paraissait avec son costume héraldique, il portait sur la genouillère une figure de léopard.

(50) Une estampe coloriée du quinzième siècle, qu'on peut voir à la Bibliothèque nationale, en tête d'un manuscrit du fonds de Colbert, représente Alexandre chevauchant sous un portique roman, entre Hector et Julius Cæsar. Le roi de Macédoine, couronné d'or et bardé de fer, brandit de la main droite une lance, et de la gauche, son écu traditionnel. Cet écu porte, sur champ de gueules, un lion d'or séant en une chaise et accosté d'une masse d'argent. Ce sont ces armes avec lesquelles paraît Holopherne et qui provoquent les lazzis de Trogne.

(51) Dans l'argot d'alors, le filou était un *Troyen*; dans l'argot de nos jours, il a passé à l'ennemi et s'est fait *Grec*.

FIN DES NOTES.

APPENDICE.

EXTRAIT DU DÉCAMÉRON DE BOCCACE

TRADUIT PAR MAITRE ANTOINE LEMAÇON.

Troisième Journée.

NOUVELLE IX.

Il y eut au royaume de France un gentilhomme nommé Esnard, comte de Roussillon, lequel, pour ce qu'il n'était guères sain, tenait toujours auprès de lui un médecin nommé maître Gérard de Narbonne : ce comte avait un sien seul petit-fils nommé Bertrand, très-beau et jeune garçon avec lequel l'on faisait nourrir plusieurs autres enfants de son âge, entre lesquels y avait une fille dudit médecin, appelée Gillette [1], laquelle devint éprise d'amour pour ce Bertrand, jusques au point qu'on ne le pourrait penser et plus qu'il n'était convenable à si grande jeunesse.

Auquel Bertrand, quand son père fut mort, il convint aller à Paris, dont la jeune fille demeura désespérément déconfortée. Peu de temps après, son père étant aussi mort, elle fût volontiers allée à Paris pour voir seulement le jeune comte, si elle eût eu quelque bonne occasion.

[1] Hélène dans *Tout est bien qui finit bien*.

Mais étant soigneusement gardée par ses parents, parce qu'elle était demeurée seule et riche, elle n'y voyait point d'honnête moyen, dont déjà prête à marier, n'ayant jamais pu oublier le jeune comte, elle avait refusé plusieurs à qui ses parents l'avaient voulu marier, sans leur témoigner aucunement l'occasion de son refus.

Or, advint qu'elle, brûlant de l'amour de Bertrand plus que jamais, pour ce qu'elle oyait dire qu'il était devenu beau jeune gentilhomme, elle entendit des nouvelles comme il était demeuré une fistule au roi de France, par une enflure d'estomac qu'il avait eue dont il avait été mal pansé, qui lui causait une merveilleuse douleur et angoisse; et n'avait-on pu encore trouver médecin, combien que plusieurs s'en fussent mêlés, qui l'en eût pu guérir, mais tous l'avaient empiré. Pourquoi le Roi comme désespéré ne voulait plus ni conseil ni aide de personne. La jeune fille fut sans comparaison fort aise et pensa d'avoir par ceci non-seulement occasion légitime d'aller à Paris, mais, si la maladie était telle qu'elle croyait, de pouvoir facilement venir à bout d'avoir le comte Bertrand pour mari. Et comme celle qui avait appris auparavant plusieurs choses de son père, ayant fait une poudre de certaines herbes propres pour la maladie qu'elle pensait que ce fut, elle monta à cheval et alla à Paris.

La première chose qu'elle fit, ce fut qu'elle s'efforça de voir le comte Bertrand. Après, étant venue devant le Roi, elle lui requit de grâce qu'il lui montrât sa maladie. Le Roi la voyant belle jeune fille et avenante, ne l'en sut éconduire et lui montra. Incontinent qu'elle l'eut vue, aussitôt elle se persuada de le pouvoir guérir et lui dit :

— Sire, quand il vous plaira, j'ai l'espérance en Dieu que, sans vous faire ennui ni fâcherie, je vous aurai rendu sain dedans huit jours de cette maladie.

Le roi se moqua en soi-même des paroles de cette fille, disant : Comment est-il possible que ce que les plus grands médecins du monde n'ont pu ni su faire, une jeune femme le fasse? et répondit qu'il avait proposé en soi-même de ne suivre aucun conseil de médecin.

A qui la jeune fille répondit :

— Sire, vous méprisez mon art, pour ce que je suis jeune et femme, mais je vous advise que je ne médecine point avec ma science, mais avec l'aide de Dieu et la science de maître Gérard de Narbonne, qui fut mon père et médecin de grande renommée tant qu'il vécut.

Le Roi dit alors en soi-même : Celle-ci par aventure m'est envoyée de Dieu ; pourquoi n'éprouverai-je ce qu'elle sait puisqu'elle promet de me guérir en peu de temps sans me faire ennui? Et s'étant accordé, il dit :

— Damoiselle, si vous ne me guérissez, me faisant rompre ma délibération, que voulez-vous qu'il s'ensuive?

— Sire, dit la jeune fille, faites-moi mettre en bonne et sûre garde ; et si je ne vous guéris dedans huit jours, faites-moi brûler; mais aussi, si je vous guéris, quelle récompense en aurai-je?

A qui le roi répondit : — Il me semble que vous êtes encore à marier et, pour ce, si vous me guérissez, je vous marierai bien hautement.

Auquel la fille répondit : — Certes, Sire, je suis bien contente que vous me mariiez, mais je veux un mari tel que je vous demanderai, sans prétendre à pas un de vos enfants ni de votre sang.

Le Roi lui promit incontinent de le faire.

La jeune fille commença à faire sa médecine et, en bref, voire avant le terme qu'elle avait promis, le Roi fut guéri, dont étant bien satisfait, il lui dit :

— Damoiselle, vous avez bien gagné le mari que vous demanderez.

— J'ai donc, Sire, dit-elle, gagné le comte Bertrand de Roussillon, lequel j'ai dans mon enfance commencé à aimer, et depuis l'ai toujours aimé de tout mon cœur.

Le Roi crut le lui devoir donner puisqu'il le lui avait

promis : ne voulant manquer à sa promesse, il le fit appeler et lui dit :

— Comme vous êtes désormais grand et puissant, je veux que vous vous en retourniez en votre maison gouverner votre état, et que vous emmeniez une damoiselle que je vous ai donnée pour femme.

Alors le comte dit : — Et qui est, Sire, la Damoiselle ?

A qui le roi répondit : — C'est celle qui avec ses médecines m'a guéri.

Le Comte, qui bien la connaissait et déjà l'avait vue, combien qu'elle lui semblât belle, sachant qu'elle n'était de lignage convenable à sa noblesse, tout dégaigneux, dit :

— Vous me voulez donc, Sire, bailler une médecine pour femme ? jà à Dieu ne plaise que j'épouse une telle femme !

A qui le Roi répondit : — Vous voulez donc que je faille de ma foi que j'ai donnée à la Damoiselle pour recouvrer ma santé : qui pour récompense vous demande pour mari.

— Sire, dit Bertrand, vous me pouvez ôter tout mon bien et me donner moi-même à qui vous plaît, comme votre homme que je suis, mais je vous fais certain que je ne serai jamais content d'un tel mariage.

— Si ferez, dit le Roi, parce que la Damoiselle est belle et sage, et si vous aime beaucoup : parquoi j'espère que vous mènerez plus joyeuse vie avec elle que vous ne feriez avec une autre de plus grande maison.

Le Comte se tut et le Roi fit faire grand appareil pour la fête de noces. Quand le jour qu'on avait déterminé fut venu, le Comte en la présence du Roi, quoique mal volontiers, épousa la Damoiselle qui l'aimait plus que soi-même.

Ceci fait, comme celui qui avait pensé en soi-même ce qu'il avait à faire, feignant qu'il s'en voulait retourner en son pays, et là, consommer le mariage, il demanda congé au Roi, et, quand il fut monté à cheval, s'en vint en Toscane, où ayant su que les Florentins avaient guerre contre les Génois, il se délibéra d'être de leur parti et, y étant volontiers reçu, et avec honneur fait capitaine de certain nombre de gens, avec bon état d'eux, il se mit en leur service et y fut longtemps.

La nouvelle mariée peu contente de telle aventure, espérant par son adresse de le faire revenir en son pays, s'en vint à Roussillon, où elle fut reçue de tous leurs sujets comme leur dame. Là, ayant trouvé que pour le long temps qu'on avait été sans Comte, tout était gâté et en désordre, elle remit comme sage Dame, et par grande diligence et sollicitude, tout en ordre. Dont les sujets se contentèrent grandement et l'eurent moult chère, et eurent aussi amour pour elle, blâmant fort le Comte de ce qu'il ne s'en contentait pas. Ayant la Dame remis sus tout le pays, elle le fit entendre par deux chevaliers au Comte son mari, le suppliant que, si c'était pour elle qu'il ne venait pas en son pays, il le lui mandât, et qu'elle, pour lui complaire, se retirerait, auxquels il dit rudement :

— Qu'elle en fasse comme elle voudra. Quant est de moi, je m'en irai demeurer avec elle quand elle aura cet anneau de moi et un fils de moi entre ses bras.

Il aimait fort cet anneau et le tenait bien cher et jamais ne l'ôtait de son doigt, pour quelque vertu qu'on lui avait fait entendre qu'il avait. Les chevaliers entendirent la terrible condition par lui mise sur ces deux choses quasi impossibles ; et, voyant que par leurs paroles ils ne le surent fléchir, ils s'en retournèrent devers la Dame, et lui racontèrent sa réponse ; laquelle, fort dolente, après qu'elle eut longtemps pensé, résolut de vouloir savoir si elle pourrait venir à chef de ces deux choses, afin que par conséquent elle pût ravoir son mari. Ayant avisé ce qu'elle devait faire, elle assembla une partie des plus grands et plus gens de bien de son pays, leur contant par ordre et pitoyablement ce qu'elle avait déjà fait pour l'amour du Comte, lui remontrant la conséquence de son procédé, et à la fin elle leur dit que son intention n'était pas que, pour la demeure qu'elle faisait là, le Comte demeurât en perpétuel exil; mais qu'elle délibérerait de consommer le reste de ses jours en pèlerinage, et en œuvres de miséricorde pour le salut de son âme, les priant qu'ils prissent la charge et gouvernement du pays, et qu'ils fissent entendre au Comte qu'elle lui avait laissé la possession d'icelui toute vide et toute nette, s'étant lors éloignée, avec intention de ne jamais plus retourner à Roussillon. Là furent répandues, cependant qu'elle parlait, plusieurs larmes par ces bonnes gens, et lui furent faites de très-grandes prières qu'il lui plût changer d'opinion, mais tout cela ne servit de rien.

Par quoi les ayant recommandés à Dieu, elle se mit en chemin avec un sien cousin et une sienne servante, en habit de pèlerin, bien garnie d'argent, et de précieuses bagues sans qu'aucun sût où elle allait, et jamais elle ne s'arrêta qu'elle ne fût à Florence. Où arrivée par fortune en un petit logis que tenait une bonne femme veuve, elle se contentait tout bellement comme une pauvre pèlerine désirant avoir des nouvelles de son seigneur, lequel de fortune elle vit le jour suivant passer devant le logis à cheval avec sa compagnie. Or, quoiqu'elle le connût très-bien, si demanda-t-elle toutefois à la bonne femme du logis qui il était. A qui l'hôtesse répondit:

— C'est un gentilhomme étranger lequel se nomme le Comte Bertrand de Roussillon, courtois et gracieux et fort aimé en cette ville, et si est le plus amoureux homme du monde d'une notre voisine qui est gentille femme, mais pauvre. Il est vrai qu'elle est honnête jeune fille et que par pauvreté elle ne se marie point, mais demeure avec une sienne mère, très-sage et honnête dame, et par aventure, n'était cette mère, elle eût déjà fait une partie de ce que le Comte eût voulu.

La Comtesse recueillit bien ces paroles, et examinant par le menu chaque particulier d'icelles, et ayant compris toute chose, elle prit conclusion de ce qu'elle avait à faire.

Quand elle eut appris la maison et le nom de la Dame, et de la fille aimée du Comte, elle s'y en alla un jour en habit de pèlerine, et les trouvant assez pauvres en leur ménage, elle les salua, et dit à la mère que, quand il lui plairait, elle parlerait volontiers à elle. La gentille femme s'étant levée lui dit qu'elle était toute prête de l'écouter.

Étant entrées toutes seules en une chambre et assises, la Comtesse commença à dire :

— Madame, il me semble que vous êtes des ennemies de fortune aussi bien que moi ; mais si vous voulez, vous pourrez consoler et vous et moi.

La dame répondit qu'elle ne désirait chose en ce monde tant que se consoler honnêtement.

La Comtesse suivit son propos, lui disant :

— J'ai besoin de votre foi, en laquelle si je me remets et que vous me trompiez, vous gâteriez votre fait et le mien.

— Dites-moi, dit la gentille femme, assurément ce qu'il vous plaira ; car vous ne vous trouverez jamais trompée de moi.

Alors ayant la Comtesse commencé dès le premier jour qu'elle devint amoureuse, lui conta qui elle était et ce qui lui était advenu jusques à ce jour-là, de telle sorte que la gentille femme croyant ce qu'elle disait comme celle qui déjà en avait ouï dire quelque chose à d'autres qu'à elle, commença à en avoir compassion, et, après que la comtesse lui eût raconté tout son fait, elle continua son propos, en disant :

— Or vous avez ouï entre mes autres fâcheries quelles sont les deux choses qu'il me convient avoir, si je veux recouvrer mon mari ; lesquelles je ne connais autre personne qui me les puisse faire avoir, sinon vous, s'il est vrai ce que j'entends, c'est à savoir que le Comte mon mari aime votre fille.

A qui la gentille femme dit :

— Si le Comte aime ma fille, je n'en sais rien, toutefois il en fait de grands semblants, mais que puis-je faire qui vous soit agréable?

— Madame, répond la Comtesse, je vous le dirai, mais je vous veux premièrement montrer ce qui vous en adviendra, si vous me voulez secourir en ceci. Je vois votre fille belle et grande, prête à marier, mais à ce que j'ai entendu et que je puis comprendre, ce qui vous fait la garder tant est faute d'avoir le moyen de la marier, partant je délibère, par le mérite du plaisir que vous me ferez, de lui donner promptement de mes deniers autant en mariage que vous-même trouverez être suffisant pour la marier honorablement.

L'offre de la Comtesse fut fort agréable à la Dame, comme nécessiteuse qu'elle était, mais toutefois ayant le cœur noble, elle lui dit :

— Madame, dites-moi ce que je puis faire pour vous, et, si c'est chose honnête à moi, je le ferai volontiers, et puis après vous ferez ce qu'il vous plaira.

Lors dit la comtesse :

— Il est de besoin que vous fassiez dire au Comte mon mari, par quelque personne en qui vous ayez grande confiance, que votre fille est toute prête de faire ce qui lui plaira, pourvu qu'elle puisse être assurée qu'il l'aime autant comme il en fait le semblant : ce qu'elle ne croira jamais s'il ne lui envoie l'anneau qu'il a au doigt, qu'elle a ouï dire qu'il aime tant : lequel, s'il vous l'envoie, vous me le baillerez, et après vous lui enverrez dire que votre fille est prête d'accomplir son désir; et lors le ferez secrètement venir ici, et me mettrez en échange de votre fille auprès de lui; par aventure que notre seigneur me fera tant de grâce de devenir grosse, et ainsi ayant son anneau au doigt et l'enfant en mes bras engendré de lui, je le recouvrerai et demeurerai par votre moyen avec lui, comme la femme doit demeurer avec son mari.

Cette chose sembla difficile à la gentille femme, craignant qu'il ne s'ensuivît quelque blâme ; mais toutefois pensant que c'était chose honnête de donner moyen que la bonne dame recouvrât son mari, et qu'elle se mettrait à faire cela pour bonne fin, se confiant dans sa bonne et honnête affection, non-seulement promit à la Comtesse de le faire, mais en peu de jours, avec grande cautelle suivant l'ordre qu'elle avait donné, elle eut l'anneau, combien qu'il en fît mal au cœur du Comte, et si la mit en échange de sa fille coucher avec lui.

A cette première rencontre tant affectueusement désirée par le Comte, notre Seigneur voulut que la Comtesse devînt grosse de deux beaux fils, ainsi que son enfantement, quand le temps en fut venu, en rendit certaine assurance, et non-seulement cette fois la gentille femme contenta la Comtesse de la compagnie de son mari, mais plusieurs autres, si secrètement qu'il n'en fut jamais rien su, croyant toujours le Comte avoir été non avec sa femme, mais avec celle qu'il aimait. A laquelle quand ce venait au matin qu'il fallait déloger, il donnait plusieurs belles et précieuses bagues, lesquelles la Comtesse gardait toutes très-soigneusement; et, quand elle se sentit enceinte, elle ne voulut davantage importuner la gentille femme d'un tel plaisir, mais lui dit.

— Madame, par la grâce de Dieu et la vôtre, j'ai ce que je désirais, et par ainsi il est désormais temps que je fasse ce qu'il vous plaira, afin que puis après je m'en aille.

La gentille femme lui dit que, si elle avait eu chose qui lui fût agréable, qu'elle en avait grand plaisir; mais qu'elle ne l'avait point fait pour aucune espérance de récompense, mais pour ce qu'il lui semblait qu'elle, pour bien faire, le devait ainsi faire. A qui la Comtesse dit :

— Cela me plaît : aussi de ma part je n'entends point de vous donner ce que vous me demanderez pour récompense du plaisir que vous m'avez fait, mais pour bien faire, et qu'il me semble que je le dois ainsi faire.

Alors la gentille femme, contrainte de nécessité, lui demanda, avec très-grande honte, cent livres pour marier sa fille. La Comtesse, connaissant sa honte et ayant sa demande si courtoise, lui en donna cinq cents, et de belles bagues qui valaient par aventure autant. De quoi la gentille femme plus que contente rendit les plus grandes grâces qu'il lui fut possible à la Comtesse : laquelle partie d'avec la gentille femme, s'en retourna en son premier logis. La gentille femme, pour ôter le moyen au Comte de plus venir, ni envoyer à son logis, s'en alla avec sa fille au village chez ses parents : puis le Comte étant de là à peu de jours rappelé par ses sujets pour venir à la maison, averti que la Comtesse s'était retournée, l s'y en retourna.

La Comtesse sachant qu'il était parti de Florence et retourné en son pays, en fut fort contente et demeura longtemps audit Florence jusques à ce que le temps de ses couches vint, et enfanta deux fils ressemblant fort à leur père : lesquels elle fit soigneusement nourrir, et, quand il lui sembla être temps, elle se mit en chemin sans être connue de personne, et s'en vint à Montpellier. Où s'étant reposée quelques jours et ayant su nouvelles du Comte, où il était, elle ouït dire que, le jour de la Toussaint, il se devait faire à Roussillon une grande assemblée de dames et de gentilshommes. Par quoi elle s'y en alla toujours en guise de pèlerine, comme elle en était sortie, et sachant qu'ils étaient tous assemblés au palais du Comte, prêts à se mettre à table, elle passa entre les gens sans changer d'habit, avec ses deux fils entre ses bras.

Quand elle fut montée en la salle jusques au milieu où elle vit le Comte, elle, se jetant à ses pieds, lui dit en pleurant :

—Monseigneur, je suis ta pauvre et infortunée femme, laquelle, pour te laisser retourner et demeurer en ta maison, suis allée longtemps coquinant par le monde. Je te requiers, pour l'honneur de Dieu, que tu me tiennes les conditions que les deux chevaliers que je t'envoyai me rapportèrent de ta part : car voici entre mes bras non-seulement un fils de toi, mais deux, et pareillement ton anneau ; il est donc temps que, suivant ta promesse, je doive être reçue de toi comme ta propre femme.

Le Comte oyant ceci fut fort étonné et reconnut l'anneau et pareillement les enfants qui lui ressemblaient, toutefois il dit : — Comment cela peut-il être arrivé?

La Comtesse, avec grande admiration du Comte et de tous les autres qui étaient présents, conta par ordre tout le fait, et comme il était advenu ; pour laquelle chose le Comte connaissant qu'elle disait vrai, et voyant sa persévérance et son bon sens, et deux si beaux petits garçons, aussi pour garder ce qu'il avait promis et complaire à tous ses sujets et aux dames qui le priaient toutes de la recueillir désormais comme sa légitime épouse et l'honorer, relâcha son obstinée rigueur et la fit lever, puis l'embrassa, et la baisa, et la reconnut pour sa légitime épouse et les deux garçons pour ses enfants. Et après l'avoir fait vêtir d'habits convenables à elle, avec grand plaisir de tous ceux qui y étaient, et de tous les autres vassaux qui le surent, il fit non-seulement tout ce jour-là, mais plusieurs autres, très-grandes chères, et de ce jour en avant l'aima et honora comme sa femme et épouse. Et elle lui fut très-grandement chère.

FIN DE L'APPENDICE.

TABLE

DU TOME SIXIÈME

	Pages.
Introduction	7
LA SAUVAGE APPRIVOISÉE	65
TOUT EST BIEN QUI FINIT BIEN	191
PEINES D'AMOUR PERDUES	323
NOTES	455

APPENDICE :

Extrait du Décaméron de Boccace, traduit par maître Antoine Lemaçon. 493

www.ingramcontent.com/pod-product-compliance
Lightning Source LLC
Chambersburg PA
CBHW050607230426
43670CB00009B/1302